economics | 经济读物

公共
住房的未来
东西方的现状与趋势

陈杰　【英】马克·斯蒂芬斯　【美】满燕云 编著
陈杰 译

中信出版集团 · CHINA CITIC PRESS · 北京

图书在版编目（CIP）数据

公共住房的未来：东西方的现状与趋势／陈杰，（英）斯蒂芬斯，（美）满燕云编著；陈杰译．—北京：中信出版社，2015.9

书名原文：The Future of Public Housing：Ongoing Trends in the East and the West

ISBN 978－7－5086－5350－1

Ⅰ．①公…　Ⅱ．①陈…②斯…③满…④陈…　Ⅲ．①城市—住宅—研究—世界　Ⅳ．①F293.3

中国版本图书馆 CIP 数据核字（2015）第 166563 号

公共住房的未来——

东西方的现状与趋势

编　　著：陈　杰　［英］马克·斯蒂芬斯　［美］满燕云

译　　者：陈　杰

策划推广：中信出版社（China CITIC Press）

出版发行：中信出版集团股份有限公司

（北京市朝阳区惠新东街甲 4 号富盛大厦 2 座　邮编　100029）

（CITIC Publishing Group）

承 印 者：北京诚信伟业印刷有限公司

开　　本：787mm × 1092mm　1/16　　印　　张：23　　字　　数：360 千字

版　　次：2015 年 9 月第 1 版　　印　　次：2015 年 9 月第 1 次印刷

京权图字：01－2014－6936　　广告经营许可证：京朝工商广字第 8087 号

书　　号：ISBN 978－7－5086－5350－1/F·3432

定　　价：58.00 元

目录

第二部分　西方的公共住房

第三部分 结论

致　谢

该书的中文版与英文版出版得到国家自然科学基金“快速城市化进程与住房公共政策：交互性与协调性发展研究”（NSF 71173045），国家自然科学基金“中国城市住房供应模式变迁对居民住房选择行为的影响及经济社会效应”（NSF 71573166），美国林肯土地政策研究院、教育部哲学社会科学研究重大攻关项目“我国城镇住房保障体系及运行机制研究”（13JZD 009），上海市曙光学者计划“房地产业与经济社会发展和谐共生研究”（项目批准号：13SG 35）和住房与城乡建设部住房保障司委托课题“建立与完善我国住宅政策性金融机构体系研究”（项目批准号：2015-2）的共同资助。

序言*

该书致力于研究近年来亚洲和其他新兴经济体在公共住房领域所呈现的引人瞩目的兴盛，并与西方国家在公共住房领域所呈现的持续停滞和衰退进行比较。

20世纪，在西方资本主义社会、欧洲和亚洲的社会主义国家以及发展中国家，公共住房是各国应对城市化和解决城市住房问题常见的措施。但直到千禧年来临，公共住房却被广泛视为一项失败的政策——它因排斥最贫穷和最弱势的人群而被批评，还因导致贫穷的积聚而被谴责。随着"华盛顿共识"成为主流意识，私有化已然成为如今的流行规则（世界银行，1993）。1990年以后，几乎所有欧洲前社会主义国家都进行了大规模的住房私有化，导致出现了大量的"超高住房自有率"国家，这些国家的住房自有率超过了任何西方资本主义社会（Lowe，2003；Stephens，2005）。城镇化过程中的中国也紧跟其后，尽管与东欧转型国家的经济和人口状况完全不同，但在房屋所有权结构方面却出现了惊人的相似变化（Stephens，2010）。

---

* 序言由陈杰（上海财经大学公共经济与管理学院教授），满燕云（美国印第安纳大学公共与环境事务学院终身教授、北京大学城市与环境学院教授），马克·斯蒂芬斯（Mark Stephens）（英国赫瑞瓦特大学建筑环境学院教授）共同执笔。

但这种世界范围内住房系统的相似性并没有一直延续。当前,在西方社会和欧洲的转型经济体中,住房的"金融化"被突然叫停。这首先是因为美国的次贷危机演变成为信贷危机,而信贷危机进一步发展为蔓延至北美和欧洲的全球性金融危机。财政紧缩使得公共住房不可能在"旧世界"中复兴,事实上,(越来越多的)"政府将从房屋直接供应者这个角色中脱离"(Priemus and Dieleman,2002)。选择性的拆迁、鼓励混合型的住房产权结构和提高补贴是大多数西方国家住房政策的主旋律(Whitehead,1999)。

与之相对比,亚洲的经济增长和城市化为住房系统带来了巨大压力(Chen 等,2010; Stephens,2010; Chen 等,2011)。在亚洲,政府认为公共住房形式的多样化在城市化进程中发挥着重要作用(Lui,2007)。

更令人震撼的是,在过去几年里,中国的公共住房项目以惊人的速度迅速扩张。2011 年年初,时任国家总理温家宝宣布中国政府将在"十二五"规划期间(2011 ~2015 年)建设 3 600 万套公共住房(陈杰等,2015)。在中国政策制定者头脑中,采用公共住房的新模式主要是为了解决城市外来移民、新就业者和无居所家庭的临时性住房需求。但是中国政府也明确表示,希望公共住房的发展能成为推进城镇化进程的一项重要政策工具。

显然,不断增长的公共住房项目需求不仅来自政治压力的驱使,也来自这些地区城镇化进程的推动。然而,西欧和美国的经验教训告诉我们,公共住房的扩张会对私人房地产市场、整体经济社会的发展和城市规划产生深远的影响。

本书列举了欧洲和北美等国家成熟公共住房部门发展的案例,也试图通过系统性的研究来评价新型公共住房政策在亚洲和其他新兴市场国家中所发挥的作用。

在此序言的后续部分,我们将会为此书的各个章节提供综述和评价,而结论将会在最后章节得出。

亚洲的公共住房

赵丽霞(2013)概括了亚洲国家所有公共住房的发展模式和类型。她在文中提到,公共住房在新加坡的住房供应体系中占到"绝对主导地位",在中国香港起到"重要作用",而在日本、韩国和中国台湾,公共住房只起到了"无足轻重"的作用。"公共住房"这个术语在各个国家的含义并不相同。一方面,它意味着政府直接提供的住房;另一方面,它意味着政府在供应环节以各种形式干预住房市场以提高住房的"可负担性"。

赵丽霞教授探讨了是否存在这样的条件,使得中国香港的公共住房模式(也带有一定程度的新加坡公共住房模式)能够在中国内地移植并得以运用。她认为香港模式不能适应中国内地更加复杂的经济社会和城市环境,并解释了中国内地为什么要采取多种公共住房模式。赵丽霞教授列举了公共住房在香港繁荣的诸多因素:在香港高速城市化的早期阶段政府就开始干预公共住房,当时的殖民政府愿意腾出土地来建设公共住房;同时,香港作为一个城市政体,来自农村外来人口移民的压力相对可控。赵丽霞教授也对中国内地公共住房模式的财政基础提出了一些质疑。在香港,政府提供的"居者有其屋"计划(简称居屋计划)使得资金能被循环用在未来的公共房屋发展之中。然而,在中国内地,经济适用房等这类公共住房不仅由私人开发商提供,个人还有几乎完全产权。这样的项目设计限制了中国政府对公共住房财政投入资源的回收。此外,香港已有的致力于确保公共住房质量的公共参与及咨询治理机制在中国内地也未建立。

中国内地

陈杰等(2013)总结了中国内地20世纪90年代末住房制度改革前后公共住房的发展情况,并讨论了为什么在30多年的住房改革和大规模私有化后,中国政府近期再次把公共住房作为解决城市住房问题的一个重要方案。作者认为,最近中国政府对于公共住房的推进,不应该被视为是一种后退或是改革前福利房制度的一种回归。相反,它代表着中国的政府决策者越来越意识到,在现代市场经济国家中构建现代城市住房体系的复杂性。有趣的是,"生产至上主义"的住房政策假说可以被用来解释,为什么近期中国大规模建设公共住房被广泛视为是抵御全球经济低迷冲击的一种经济刺激手段,它也被视为一种为过热的中国房地产市场降温的监管工具。

同时,住房政策的转变反映了从全球金融危机以来中国社会和经济政策出现的许多新动向。过去几年,中国政府显然更加小心防范住房市场的失灵,同时也重新强调政府在诸多经济和社会领域有直接控制资源配置的权限。鉴于低成本的住房供给越来越少、高通货膨胀以及贫富差距加大的现状,政府通过大规模的新建公共住房项目来平衡经济增长与保持社会稳定。然而,这一章也反映了中国的公共住房模式在近年来中国经济社会发展指导思想剧烈改变的背景下正在得到重塑。根据中国共产党从2006年提出来的"和谐社会"的新指导思想,社会政策不再从属于经济政策,而是经济政策的重要组成部分。保障性住房的供应在中国成为一项政治任务,其目的在于缓解住房改革后由市场和经济增长为主导的发展带来的不平等和收入差距。这一章提供的一些初步的证据表明中国公共住房政策的改变可以被视为中国经济导向由"生产主义至上"向"发展型社会"转变的一个强烈信号。

杨赞等(2013)研究了"后改革时代"中国首都北京在公共住房项目方面取得的进展。他们的重点在于检验北京的公共住房项目对目标群体而言是否是可获得和可负担的。基于对北京的两个公共住房项目即经济适用房和限价房的研究,作者发现中低收入家庭的收入远不能承受政府补贴房的价格。他们认为,为了达到公共住房的政策预期目的,中国的地方政府应将公共住房的分配纳入到更加广阔的城市规划环境中,同时应保证公共住房社区拥有较为完善的公共服务。

常莹和陈杰(2013)总结了中国最大的城市——上海的公共住房近几年的发展经验。这一章以上海为例进行研究,详细阐述了中国公共住房项目背后的多重目的。它聚焦于两大公共住房项目,即动迁房和新的公共廉租房在上海近年来的社会空间动态中所发挥的作用。研究指出,上海的公共住房政策是城市发展政策的衍生物,是与其他战略如城市营销和市中心老旧小区改造——住宅高档化等相配套的结果。作者认为,上海市政府将新的公共住房制度作为提高本地经济竞争力的一种途径。来自上海公共廉租房租户的问卷调查数据也有力地支持了作者的分析。问卷调查显示,公共廉租房项目是一个选择性很大的项目,其目标是吸引并保留优秀人才,从而提高城市的竞争力。

中国香港

叶毅明(2013)认为,香港的公共住房项目是亚洲首个“政府深度干预”的例子。他探讨了在一个普遍高度发达的自由经济体中,住房是如何成为“社会政策的最重要的支柱”。土地的短缺,国家所有的土地所有权以及香港的高人口密度都发挥了各自的作用。然而,持续支持公共住房的动力来源于英国殖民者强烈的“生产主义至上”的统治理念,以及把房屋供给作为一种抑制动乱与获得合法权利的方式。在英国政府的统治下,香港的贫民窟地区被公共住房项目代替,以支持香港经济发展,同时新的城镇被建立起来为新行业发展所需的劳动力提供住房。1997 年殖民统治结束与亚洲金融危机不期而遇,随后又在 2003 年爆发非典型肺炎(SARS),这促使新的香港特区政府于 2002 年撤销了自 20 世纪 70 年代后期就建立起来的援助房屋业主的项目。这是政府有意通过限制供给以保护个人财产价值的一个信号。一开始,公共住房项目发展迅猛,房屋数量成倍增加,2000～2001 年有超过 10 万套新住房,达到了顶峰,但是从那以后公共住房数量一直在降低,最后差不多只有住房供应鼎盛时期的四分之一。叶毅明教授认为,“政府和开发商之间根深蒂固的利益关系”抑制了打压房地产市场所采取的相关措施的效力,同时这样也可以解决由房价上涨和收入不平等加剧导致的潜在的不断恶化的住房可负担性问题。土地销售收入和印花税似乎是政府和房地产商保持利益关系的根源。尽管如此,公众仍非常支持公共住房项目,不仅是那些公共住房的受益者支持,所有的民众都支持。

中国台湾

张金鹗和袁淑湄(2013)介绍了中国台湾公共住房政策的发展历史与最新演变。他们认为,台湾当局没能处理好社会上弱势群体的住房问题,同时也没能考虑为弱势群体提供公共住房以降低他们的住房成本等问题。迄今,公共住房问题在台湾还没有取得实质性进展。作者认为,台湾公共住房供给的不足在很大程度上归因于政治体系。在这一章,作者建议政府部门应简化公共住房政策的目的导向,最小化政治干预,从而不至于混淆公共住房的最终目标。此外,作者还指出了台湾公共住房政策的新方向。

韩国

张英姬和金秀顯(2013)介绍了韩国首都首尔公共住房近来发展的一些教训。1990 年以来,韩国政府快速增加公共住房的供给,目前已经覆盖 5% 左右的家庭。此外,韩国各政党都在互相竞争,纷纷承诺尽可能多地为民众提供公共住房。首尔市政府的目标是在 4 年内(2011 ~2015 年)提供 8 万套公共住房,这将有效地将公共住房占有率提高到 7% 。然而,首尔市政府很难拿到足够的土地来建设公共住房。为此,首尔市政府通过一系列新的方法来提供公共住房。例如,购买现有的个人房屋,在城市更新项目中获得公共住房,以及鼓励小规模的公共住房项目等。在人口高度集中、可用土地较少且公共住房项目起步较晚的国家中,这些尝试对于找到实际可行的方法以提高公共住房供给是有益的。

日本

平山洋介(2013)探讨了日本公共住房与日本新自由主义政策发展之间的联系。作者注意到,日本的战后住房政策逐步偏向提高中产阶级的住房自有率,但公共租赁住房仍然得到保留,然而住房租赁补贴制度却没有建立。这一缺陷与新自由主义的社会与经济政策结合,导致低收入家庭住房在社会中更加被边缘化。在日本,公共住房(包括中央政府兴建的公团住宅和地方政府兴建的公营住宅),员工住房和一些个人租赁房屋共同构成了日本的廉租房屋体系。在发达国家中,相对而言,日本的住房保障网络体系属于特别脆弱的。随着日本经济的长期停滞,在住房市场为低收入家庭寻找到足够多的房源变得越来越难。此外,公共住房、雇员住房和廉价私人租赁住房数量的下降,使得为低收入群体提供可负担住房的保障系统瓦解。随着公共住房和其他廉租房的供应减少,新的住房危机使得无法找到合适住房的人数急剧上升。作者总结,日本政府可能被迫修改基于新自由主义制定的房屋政策，并加大对低收入家庭住房的投资。

新加坡

邓永恒等(2013)讨论了公共住房是如何帮助新加坡从独立时一个住房极度匮乏的国家，变成一个居民几乎人人拥有自有住房的国家。这一章记录了在过去50年中使新加坡的公共住房情况发生改变的关键政策和措施。这也证明，新加坡的公共住房是将国民财富转移到中等收入家庭和低收入家庭的一个重要渠道。新加坡政府在住房发展局(HDB)和中央公积金制度构成的公共住房体系中扮演了双重角色，它既是房屋开发商，又是金融家，这有助于建立一个高效、有用的公共住房部门。作者认为，新加坡公共住房的成功是建立在高效的中央集中规划系统之上。这包括体制结构，例如一个占主导地位的执政党和一个执行力强的行政部门，同时也需要强有力的政府管理和促使公平分配的机制作为补充。作者强调，新加坡公共住房面临两大挑战：首先，平衡被管制的组屋一级市场和自由化的组屋二级市场之间的价格波动是具有挑战性的任务；其次，为了满足居民日益高涨的住房需求，新加坡住房发展局需要在越来越大的压力之下寻找更多的公共资金和资源。

欧洲和北美

缪里(2013)为我们提供了北美和欧洲公共住房在地理分布和历史发展方面的综述。他认为，严格意义上的"公共住房"在北美和欧洲现在相对稀缺。许多国家从来没有采用过国家直接拥有住房这样的模式，同时有过这一做法的国家现在基本也已经不再采用这种模式。除了美国(在美国没有足够的政治选民来支持创建一个大的公共住房部门)之外，瑞典和英国为我们提供了现存最清晰的由政府拥有和管理的公共租赁住房模式。公共住房在欧洲南部则非常边缘化，同时，东欧和中欧的国有住房已经逐渐被私有化。在这些国家，随着非政府和非营利性的房地产商提供的住房增加，而且在公开市场上这种形式的房屋租金也较适中，从而出现了一种更加广泛的"社会化"住房体系的发展趋势。缪里(2013)认为，从"公共"到

“社会”的转变,意味着住房政策的重点从谁来供给转变为谁来居住。因为“公共”住房并不都是或不主要是为穷人提供,言下之意,“社会”住房应更加清晰地定位在为穷人提供住房。

缪里(2013)认为,在一个艾斯平－安德森(Esping-Andersen)的福利制度理论所默认的住房系统中,预测住房的去商品化水平非常困难。一些只提供了低水平的非商品化福利的国家,其社会保障系统却拥有高度去商品化的住房保障体系,尽管这样的联系可能只在某种程度上存在因果关系。缪里(2013)认为,更加复杂的政策和措施,包括在地方层面执行的措施,可能有助于解释为什么一个社会住房体系可能从福利体制中分化出来。缪里(2013)研究了大量的背景因素,包括住房体系中影响结果和驱动转型的人口统计学、经济环境和政治压力等因素。

然而,期待中的社会住房自筹资金模式似乎比一些作者期盼的更加难以捉摸(可参见本书中布豪威尔关于荷兰的篇章)。正逐渐成熟的社会租赁住房,虽然原则上可以使租金更低,但实际上其租金已非常接近市场租金水平。在不少国家,社会住房或者公共住房由于私有化而大幅收缩,例如在东欧、中欧以及英国这些国家和地区,政府已将房屋折扣销售给了租户。私有化使得公共住房和社会住房产生“剩余化”现象,即使在那些还没有采取大面积私有化的国家,这种现象也很明显。

缪里强调了实践的多样性,认为公共住房和社会住房的性质在国家内部和不同国家之间变化很正常。考虑到市场天生的缺憾,如果在给大量人口提供住房时政府不提供资助会很难实现。他认为政治上支持保留公共住房可能重新获得民众的支持,并且这种支持在未来会有新的扩大。

美国

邓岚和朱小棣(2013)调查了公共住房在美国这样与多数欧洲国家政治文化不同的国家所发挥的作用。一种对市场本身优越性的信仰,一种对政府的不信任和一种对个人主义的推崇,这三者结合起来导致公共住房从来没有在美国住房政策中占据主导地位。这反映了除20世纪30年代罗斯福新政时期和20世纪60年代约翰逊总统提出的大社会计划外,美国的福利体制一直没有系统建立起来。20世纪90年代克林顿政府尝试扩大医疗保险覆盖面的失败，近期针对奥巴马总统医改成功的激战，都反映了美国政治上激烈的党派之争。当这样的党派偏见与宪法规定的立法权、执法权的两权分立以及联邦政府结构结合时，党派之争会阻碍政府发挥重要作用。

与其他许多国家一样，经济危机促使国家不得不干预房地产市场。以美国为例，邓岚和朱小棣(2013)告诉我们，在20世纪30年代的经济大萧条中，美国半数的住宅抵押贷款出现违约，同时建筑行业也完全崩溃。但是，政府的应对措施并不是转向公共住房，相反美国联邦政府反而建立了联邦住宅管理局(FHA)，引入贷款保险。随着银行部门的进一步改革，这为战后自有住房群体的不断扩大奠定了基础。

尽管在20世纪30年代美国联邦政府就通过立法促进了公共住房的发展，1949年在具有里程碑意义的《住房法案》之后也有扩大公共住房项目的计划，但因为朝鲜战争带来的战事经费支出而受阻。20世纪60年代联邦政府住房机构——美国住房和城市发展部(HUD)的形成伴随着一个宏大的公共住房项目的产生，尽管按国际标准来看这个项目覆盖面不算大，但是，这是在之前公共住房项目搁置后不久就发生的。现在美国依然存在公共住房项目，但是被广泛地认为是失败的。邓岚和朱小棣认为，这说明没有广大公众的支持，公共住房项目几乎不可能维持。

因此，20世纪70年代以来，美国住房政策的目标已经相应转变成为穷人提供可负担得起的租赁住房，但这同样需要公众支持。公众支持，意味着美国住房政策的转变要略微不同于欧洲住房政策的变化。这里的关键转变，并不是从由供给方补贴转到需求方补贴(虽然这也是发生的)，而是由原先的政府对供应的直接补贴转为基于市场机制的供给补贴。因此，在1974年《住房法案》和随后的“低收入住房税收抵免计划”(LIHTCs，1986年以后正式推出)中，基于项目的“第八条款”着重为中低收入人群提供个人住房补贴。在这个框架之下，需求方的住房代金券有助于为收入最低的家庭提供有针对性的帮助，并且能使收入非常低的人群得到由“低收入住房税收抵免计划”补贴的房屋。然而，不同于欧洲的住房补贴方案，美国政府的住房代金券并不是基于权利的，因此只能限量供应，许多符合条件的人并没有拿到这个代金券。

“低收入住房税收抵免计划”作为美国政府的一个住房政策工具已经存在了20多年，在2008年金融危机的时候有过波动，目前这个计划实施很稳健，对项目支持者很有利。美国体系的支持者也认为,采用这些政策工具可以帮助避免补贴型公共住房集中在同一社区,那种低收入人群的聚集对公共住房项目非常有害。但具有讽刺意味的是,对"低收入住房税收抵免计划"的部分褒奖来自政策的不透明。这意味着,在美国,政府已经学会了隐身介入,用一只"看不见的手"来干预。

英国

英国中央政府资助公共住房的历史可以追溯到1919年。回顾英国公共住房的发展历史,斯蒂芬斯(2013)提出了任何公共住房项目都会面临的三个两难困境:一是补贴的深度与项目的广度之间的平衡;二是租金水平与房屋质量及位置之间的平衡;三是为目标贫穷群体提供住房和贫困人群不断增加之间的平衡。

与其他国家一样,英国早期的公共租赁住房并不是为最贫穷的家庭而准备,事实上,这些家庭连补贴后的房租都难以负担。第二次世界大战以后,政府把公共租赁住房的重点从安置各种类型的社会阶层转移到优先安置因为贫民窟拆除而无家可归的人(几乎所有这些住房由私人业主所有)。政府通过采取降低住房面积标准、将房屋建在偏远地区以及增加密度(高层建筑)等措施使无家可归的人能负担得起公共租赁住房。另外,自20世纪30年代以来执行的由地方政府运作的级差地租方案在20世纪70年代转变为全国性的房屋补贴项目。如今,在英国有超过60%的社会住房租赁者享受着这项住房补贴。

住房补贴项目在1980年左右达到一个峰值,有三分之一左右的家庭居住在公共租赁房中。从那以后,住房补贴项目有两个重要的转变:第一,在"购买权"政策下让租户以折扣价购买租赁房;第二,地方政府现在只保有社会住房一半的存量。第二种现象的出现是因为在20世纪90年代和21世纪初地方政府将他们的房屋转移给独立的非营利性机构——住房协会。此外,几乎所有的1988年以来新建的社会租赁房屋都由住房协会开发。

这些改变在某种程度上反映了公共租赁住房的成熟:资产价值的增长与未偿还的债务相关。政府能以折扣价格向租户售房,但不会在政府资产负债表上表现为亏损,同时也使许多存量房屋本可以不用补贴就可以转移。事实上,他们允许存量住房能够被用来进行再融资,以支付其现代化进程所需的费用。而其他低价值的存量住房则需要政府补贴以加快转移。但是促使这些房产转移的第二个动机是,住房协会的债务没有出现在政府的账簿上。

英国社会租赁部门被经常形容为“残余部队”:社会租赁住房的租户其收入与就业水平要远低于其他租户。斯蒂芬斯认为可以解释这种现象的一个原因是,英国经济产生了较高水平的相对贫困率,社会租赁房屋的一个重要作用就是为贫困人群提供保障。然而,他提到,英国政府制定了一个为新的“可负担”住房提供融资的财务模式,预计租金会增加,房屋租赁的地位会降低,同时房屋津贴也受到限制。

法国

法国社会租赁住房体现了这个国家许多独特的政治和文化风貌。勒·柯布西耶(Le Corbusier)的现代主义表现在法国社会房屋的建筑设计中。同样,在莱维(2013)的文章中,她认为“社会住房历史与这个国家的工业化和经济发展同步,这种印象在法国可能比任何国家都强烈”。虽然法国的政治话题从来都与国际趋势同步,但可能比任何西欧国家更加强烈地抗拒新自由主义经济思潮。

法国社会住房的复杂性在大众中有截然不同的舆论观点。80%的法国人认为社会住房是必需品,同时,74%的法国人认为社会住房形象差。正如莱维提到的,“社会住房是好的,但是这只是对某些人而言。”“有益于他人”使得社会住房获得了足够的支持基础,使得几乎只有在欧洲,无论是绝对数还是相对数,法国的社会租赁住房的规模越来越大。

当然,法国社会租赁住房属于国家住户系统的“多面手”,因为它不仅仅只租给穷人。事实上,其他国家的住房系统可能会非正式地分层(如在斯堪的纳维亚国家)。在法国,自20世纪60年代以来,有三种不同类型的社会住房:“标准型”、“高收入型”和为穷人提供的“完全社会型”。这些建立于20世纪60年代和70年代位于市郊的大型房屋,现在租给穷人和移民家庭居住,与位于市中心的高质量的房屋相比,这些房屋有一种侍从主义的样子。通用型社会住房模式并没有阻止贫穷的聚集,20世纪90年代,贫穷社区成为城市规划的焦点问题。然而法国社会住房覆盖了更加广泛的社会群体，甚至比美国的覆盖面还广，有助于获得大众对社会住房的支持。

在法国住房政策发展过程中，居民如何获得社会住房成为主要焦点。20 世纪 70 年代末，一个中央右翼政府将房屋补贴由供给方补贴转向需求方补贴。虽然这经常表现为政府省钱的一种手段，但需要记得的是，住房补贴能使最贫穷的无力支付房租（如果没有补贴）的家庭增加获得社会住房居住的可能性。这个政策趋势已经让收入分布在最底层 25% 的人群因住房补贴而大大获益，同时住房补贴分配给收入分布在前 50% 的人群已经逐渐减少。最近，法国也效仿英国推出法律上可强制执行的“住房权”。

现在，法国社会租赁房的融资方式已经出现了重要的变化。政府正在退出并逐渐扮演“辅助者”的角色，以鼓励公私合作。其他地方的社会资产正在蒸发和减少，但是与其他欧洲国家相比，社会租赁住房作为法国住房政策的主流在未来仍然是有保证的。

荷兰

荷兰社会租赁房屋的显著特点是它的规模非常大。社会租赁住房几乎占据房屋存量的 1/3，尽管它已经比 20 世纪 90 年代早期顶峰时期的 41% 有所减少。正如布豪威尔（2013）所提到的，荷兰的租赁房屋比欧洲其他许多国家开始得晚，但是增长很快，这在某种程度上反映了荷兰的人口压力很大，所以在 20 世纪 70 年代和 80 年代，当欧洲其他国家正经历社会租赁房屋规模缩小之时，荷兰并没有缩减其规模。布豪威尔认为，荷兰的社会租赁住房是其国家覆盖面更广的福利体系的产物，体现了一种劳动力主导的社团主义。当然，社会租赁住房的规模是如此大，以至于成为主流住房市场的一部分，所以它必定影响私人房屋租赁市场，同时也可能影响住房自有率。

荷兰的社会租赁住房为我们提供了一个“良性发展”的好案例，即住房的资产价值大于其负债。在 20 世纪 80 年代，政府开始放松对社会租赁住房的管制，1995 年，“总收益和总收支平衡”的做法使住房协会实际上没有负债，但也没有对未来住房补贴的预期。互助担保基金允许住房协会在房地产市场上低息借贷，另一只基金则帮助陷入财务困境的协会进行重组，这种做法具有一种“循环基金”的特点。在这样的运作下，由成熟化的住房项目所产生的盈余，可以循环用以补贴未来社会租赁住房的投资。

荷兰社会住房协会在新的住房体系下繁荣发展，当然这也得益于恰逢较长时期的经济增长和住房价格的提升。尤其是在经济危机后当政府迫切希望减少财政赤字时，社会租赁住房已经不可避免地被视为是政府的一种潜在的财政收入来源。但社会住房协会富有而又不承担责任的公司化形象，并没有帮助它加强其在社会住房体系中的地位。

因此，社会住房协会正处于一个十字路口。来自欧盟的干预使得按照国家援助规则进行的谈判被拖延，欧盟认为荷兰政府对社会住房提供的帮助导致了与私人业主的不公平竞争。因此，荷兰政府根据居民收入水平限制了购买资格，但仍然有40%的家庭是具有购买社会租赁住房资格的，还有10%能在收入限制之外得到分配。尽管所有人可以购买社会租赁住房的政策已经结束，但实际操作中受此政策影响的人还是相对较少。

更具有争议的是，荷兰政府试图从公共租赁房屋中获取收益。针对最高收入群体的租金上涨政策已经出台，但是更有争议的是用房地产税来补充房屋津贴。然而，这与社会住房协会作为私人机构的地位相违背，这样的措施会变为一种征用形式。在短时间内，联合政府的组成困难，解除了对社会住房协会的迫切威胁。

然而可以感觉到，如果不进行改革，荷兰社会租赁住房体系将难以继续存在。布豪威尔指出了各种可能性，包括区分营利性活动和非营利性活动的功能，甚至引入私募股权投资。然而，他总结，现存政府扮演更强有力的监管角色的社会租赁住房体系的延续，需要与其国内盛行的现代社团主义福利政体相一致。

瑞典

在社会民主主义的福利体制下，瑞典早就是“一元”社会住房系统的典范。当然瑞典发展的公共住房模式是与众不同的。很长一段时间以来，“社会”的标签在瑞典不被采纳，因为它为公共住房带来了误导性的美国式的社会隔离的意味。安德森提醒我们,公共房屋(由市政府房地产公司所有的房产)的形式是如何在瑞典发展起来的。在1965~1974年的"百万住房项目"建设期间,建设阶段是十分紧张激烈的。尽管修建的房屋数量惊人,但它显示了政府与众不同的治理方式。为市政公共住房设定的租金讲求"效用"标准,主要是基于成本回收和建筑标准,较少考虑地理位置。租金上涨需要经过社团组织的集体许可,主要采取每年由房东与租户集体谈判的形式。重要的是,为市政房屋制定的租金,成为在私人租赁市场租金的定价基础。通过引导私人租赁市场如何制定房租,一个"一元化"的租赁住房模式就形成了,为此市政公共住房的影响远远大于它的规模。

然而,自20世纪90年代早期发生财政预算危机后,瑞典住房系统的关键基础已经被削弱。利息补贴没有了,此后很少建设新的公共住房。20世纪90年代瑞典政府还推出了市政公共住房的私有化,经过一段时间的严格控制后,2007年后进一步加强了私有化。私有化政策使得市政公共住房公司将其住房集体出售给租户(采取住房合作社的形式),尤其是在首都斯德哥尔摩。在其他城市,一些市政公共住房也开始转移给私人业主。2010年,市政公共住房公司以租金为主导运营的角色被废除了,他们基本按照商业原则来运营公司。

在瑞典,公共住房的相对规模正在逐渐下降,这可归咎于新建公房的缺乏、低需求地区的公房拆除和私有化。从20世纪80年代中期起,公共租赁住房存量的比重从1/4下降到1/5,2008年只有14%的人口居住在公共租赁住房里。在瑞典发展起来的公共住房模式体现了1936~1976年连续40年执政的社会民主党在选举上的显著优势。然而,这个党派的选举优势现在已经没有了。此外,瑞典的经济管理体系也不再那么独特:它从1995年开始已经成为欧盟的一员,尽管货币上仍然独立于欧洲的单一货币。

罗格·安德森提出一个重要的论点,即当中央政府从住房政策中撤离后,地方政府(瑞典有300多个市)在设计公共住房未来的时候变得非常重要。值得注意的是,在公共住房中居住的人口比例已经发生了巨大变化。在斯德哥尔摩,这一比例下降尤为惊人,居住在公共住房的人口比例从1990年的1/3下降到2010年的1/4。与此相反,在马尔默这一比例是稳定的。安德森(2013)证明,对市政当局的政治控制有助于解释1990~2008年市政房屋所占的人口比例的改变。安德森总结说,尽管政治只在某种程度上解释了市政房屋的规模及其变化,但说明这种改变“与政治有关”。

匈牙利

当一个国家放弃几乎所有的公共住房会发生什么?和其他欧洲转型国家一样,匈牙利在1990年以后对其几乎所有的公共住房进行了私有化,黑格迪斯(2013)记录了这一历程。在1990年,匈牙利有大约23%的住房是公共所有的,但是这一比例现在已经降到了3%左右。像许多其他转型国家一样,匈牙利已经成为一个“超高住房自有率”的国家。这使得剩下的公共住房影响非常有限,无论是从居住在那里的人基本上比较贫穷来看,还是从房屋的地理位置和质量问题来看。虽然有改善公共住房质量的工程,特别是修缮和改善样板住房能源效率的项目,公共住房也越来越远离主流的住房政策。

在从社会主义国家转型为资本主义国家期间,为了缓解银行和建筑行业的压力,匈牙利政府为居民抵押贷款买房,并为建筑行业提供税收补贴。随着20世纪90年代末相对活跃的经济增长,抵押贷款市场开始发展,但是有一个显著特点:很大比例的贷款是用外币标价的。所以,金融危机之后,住房价格下降了1/4,匈牙利货币大幅贬值,金融危机对以贷款购买的房屋业主产生了严重的恶劣影响。

住房市场遇到的困难,正好发生在匈牙利经济整体不景气的时候,匈牙利需要获得国际基金货币组织的贷款支持。随着更大范围的公开借款可能性降至零,匈牙利政府决定通过转移借款人在银行的货币贬值成本来帮助民众借款。这属于某种“非正统的”经济政策,通过对银行和其他公司征税借以实现公共支出大幅提高,使好起来的一方得益。正如在转型时期的其他干预措施,“非正统的”住房政策看起来使得好起来的一方获利最多。为了使自有房业主免于丧失抵押品赎回权,让拖欠贷款国有化的另外一种方法就是将房屋再回租给以前的所有人。正如黑格迪斯提到的,这是1989年以来社会租赁房屋的最大一次扩张,也是政府长期推动住房自有率政策的具有讽刺意味的结局。然而,考虑到租金没有覆盖维修费用,公共租赁房屋的可行性和可持续性问题突出。黑格迪斯于是得出了悲观的结论:除非建立社会住房的新模式,否则住房问题将会成为匈牙利社会矛盾的重要来源。

第一部分

东方的公共住房

第 1 章　公共住房政策在亚洲的可转移性：香港—中国内地的个案研究*

1.1　引言

“公共住房”一词在亚洲国家中有不同的意义。在中国香港和新加坡，“公共住房”是指由政府直接提供及投资的租赁住房或者自购住房，但在其他地方，如中国内地、韩国、中国台湾和日本，“公共住房”只包括由政府补贴及直接提供给低收入家庭或特殊人群的租赁住房。为了使讨论更全面，本章将取其广义，采用中国香港和新加坡对“公共住房”（简称“公房”，下同）的释义，即由政府或开发商提供，但在建设过程当中涉及政府资金或公共资源（如减免地价的政府土地），并由政府拟定建筑规格或直接掌控建筑过程，然后政府规定以低于市场价格出租（简称“公租房”，下同）或出售（简称“公售房”，下同）的住房，此即补贴住房生产者的资助模式。纯粹经由政府以现金补贴而获得的市场住房，则属补贴住房消费者的资助模式。中国内地所用的“保障性住房”一词的含义比本章的范围更广，泛指按住房使用者的社会经济地位向他们提供的经济适用房及可负担住房，其中除了含现金或实物补贴外，还包括对价格和套型面积给予限制的商品房。按中国国务院的英文翻译，“保障性住房”是指“可负担住房”。

---

* 本章由赵丽霞（香港大学城市规划与设计系教授）执笔。本章所涉及研究于 2011 年由香港大学基础研究种子基金资助。

公共住房的供应量及重要性在亚洲主要的经济体中颇有差别，它在新加坡是最主要的住房来源，在中国香港，则只是住房的主要供应来源之一；而在日本、韩国和中国台湾，则只占少量的供应。公共住房的供应一般是住房福利政策的一部分。至于补贴的广度和深度，则取决于亚洲各地区政府对住房在经济、社会及政治发展策略中所扮演的角色。而政府的财政及拥有住房资源的多寡，例如国有土地，也会影响补贴供应的方式。例如在新加坡，住房被认为对政治及社会有重要作用，住房福利政策也就涵盖绝大部分人口。当经济运行职能主导时，住房福利主要以从事经济活动的群体为对象，例如香港在 20 世纪 60 ~ 70 年代以劳工家庭为主要对象的公共租住房屋政策，以及日本在 20 世纪 50 ~ 90 年代以中产阶级为主的资助自置房屋政策（Chiu，2008；Chiu，2010）。

在过去 15 年里，亚洲国家经历了两次金融危机及紧随其后的经济衰退。特别是给亚洲地区带来更大影响的亚洲金融危机，令大部分受影响的亚洲国家重新调整其住房政策，以协助挽救经济、促进社会稳定，并弥补现有住房政策由经济动荡所反映的不足。其中一项主要的政策调整是削减（新加坡）甚至终止（香港）鼓励自置住房政策。同时，两次金融危机导致各国经济衰退，再加上全球化和知识经济激化了社会的两极化，使得各国政府（如韩国和新加坡）再次强调要为低收入家庭提供住房租赁补贴，这构成了另一重要的政策趋势。虽然中国内地受经济危机影响较小，但中国政府自 20 世纪 80 年代起在市场经济下所推行的住房改革，逐渐导致可负担住房供应不足，尤其是到 20 世纪初的那几年，根本满足不了所有的住房需求。鉴于此，2007 年，中国政府重新将保障性住房政策纳入政府议程中，并于 2011 年决定在所有城市修订及扩大住房补贴政策。同时，自 2011 年以来，亚洲的经济再次反弹，由于欧美流入亚洲地区的热钱增多，以及亚洲地区经济体的强劲增长，使得住房价格异常高涨。为了解决住房难以负担的问题，亚洲各国政府又纷纷恢复自置住房补贴（Chiu，2013）。

当然，正如过去若干年一样，亚洲的公共住房政策必将继续，随社会变迁而不断演变。重整政策过程中常见的一步是要找出其他政府如何处理相似的问题，以及其他国家的成功经验能否被借用。中国政府曾于 2011 年责成各地方政府在制定可负担住房政策时参考其他亚洲城市特别是中国香港和新加坡的公共住房政策。但政策是否可以转移？应考虑的因素是什么？有关的研究应可为住房政策的发展提供重要的参考。

然而，现有的住房比较文献却很少讨论政策可转移性的课题。除了 Chiu（2010）和 Pawson 与 Hulse（2011）近期的著作，只有 Oxley（2001）对住房政策的可转移性做了简短的概念性论述。要了解亚洲公共住房政策未来可能发生的改变，就需要彻底讨论亚洲背景下的政策可转移性问题。以转移中国香港的公共住房政策至内地城市为案例，本章将对亚洲公共住房政策的可转移性进行开拓性研究。直接提供公共住房是亚洲国家提供住房补贴的最常用方式之一。鉴于香港的公共住房政策被普遍认为是成功的例子，内地中央政府亦曾公开要求地方政府以香港政策为参考，因此开展这两个地区的政策可转移性研究对此有莫大帮助。

本章主要探讨住房政策转移至中国内地城市的可能性，而非实际转移过程。研究会集中考虑从香港转移住房政策的原因，以及预测转移后影响政策成败的因素。讨论的问题包括社会经济因素，尤其是中国内地快速城镇化的环境；同时讨论政策环境因素如不同的补贴方式所需要的主要资源，以及住房政策拟定过程中需要考虑的要素。本章还将研究分析并说明两地在住房政策和政策环境的异同，希望有助于未来的政策借鉴及转移。

1.2　理论概念

政策可转移性的课题在住房文献中鲜有涉及，在某种程度上是因为这类研究比较复杂（Oxley，2001），同时也是因为跨国政策转移的分析直至 20 世纪 90 年代才在公共政策研究领域中得到关注（Dolowitz and Marsh，1996；Mossberger and Wolman，2003）。从那以后，全球化和日新月异的信息科技为政策转移带来契机，政策转移的相关文献在公共政策比较研究中开始崭露头角。Chiu（2010）的开创性著作以政策转移的文献为基础，探讨了效仿香港公租房政策体系的可能性。文章指出，要研究政策转移，必须综合宏观和中观的角度进行分析，研究输出国家或城市的政策环境（土地所有权和开发管控，融资机制和管理模式等）及其政治、社会和历史发展方面的基础因素。Chiu（2010）指出，评估政策环境能有助厘清复制政策的可能性及限制，这一点在与输入国家或城市做比较分析时十分重要。

Chiu（2010）建议，在讨论住房政策转移至输入国家的可行性和政策转移后的成效时，可采用政策转移文献中的三层次分析法，即宏观、中观及微观分析。宏观分析比较输入及输出地区住房系统的社会、政治、经济、历史和意识形态的兼容性；中观分析研究政策转移涉及的法律、体制、文化和财政框架，即政策环境，研究的主要议题包括政策目标、财政预算及决定权力关系的治理结构；微观分析主要关注实际的转移过程，即当中的参与者及有关部门如何推行政策。本章不包括微观层面的分析，因其更侧重于转移的过程而非政策转移的可能性。

1.3 分析

1.3.1 社会经济及政治背景：从香港转移住房政策的原因

政策转移的相关文献指出，被选作转移的政策通常是曾取得成效、与欲输入政策的地方在背景上有显著的相似或曾经用来处理相似的问题（Mossberger and Wolman，2003：430）。香港在开发和运营亚洲其中一个最大的公共住房计划上取得公认的成果是其公共住房政策被选择的重要原因。2013 年，香港公共住房系统总计有 72 万套租赁住房和 44 万套自置住房（主要为“居者有其屋计划”的住宅），它们为 46.3% 的香港家庭提供居所（Hong Kong Housing Authority，2013；Census and Statistics Department，2011）。除了规模以外，选择香港的其他原因还包括香港公共住房计划能够在运营上做到财政自给自足，并提供配套齐全的小区设施来满足居民日常需要，也能够保持一个有秩序、洁净、安全和总体上令人满意的居住环境。

香港与中国内地的许多大型城市一样，都是高楼大厦林立的高人口密度城市，但就发展密度和混合土地用途而言，香港的密集程度比多数内地城市更高。虽然香港的法律、政治及制度体系与内地城市不同，但两者在经济、社会和种族上有相同背景，特别是文化上的关联，使内地城市更容易了解香港的经验。基于这些异同，香港为内地城市提供了一个窗口，近距离地展示了一个体制不同但文化及城市背景相似的地方是如何解决城市和住房问题的。

自20世纪60年代末起，香港的经济和城市发展迅速。在经济起飞的早期阶段，政府为保持经济的推动力，通过公共住房留住来自中国内地的迁移人口，以支持正蓬勃发展的制造业。到了20世纪70年代，公租房的质与量大大提升，并作为社会发展的一个目标，以促进社会及政治稳定。到20世纪80～90年代，政府扩展“居者有其屋计划”（居屋），旨在响应市民日益强烈的自购房期望和解决越发严重的住房负担问题，这又为公共住房增加了新的一层社会意义（Chiu，2003；Yeung and Wong，2003）。即使住房价格在1981～1982年、1990～1993年、1996～1997年及2010～2013年这几个时期明显上涨，但大规模的公租房计划仍然能非常有效地满足低收入家庭的住房需要。自20世纪70年代起，除了亚洲金融危机后前所未有的长时间经济衰退外，一直以来强劲的内部需求和接下来的外部需求，使香港的私营住房市场持续兴旺。由于公共住房计划已经保障了较低收入群体的住房需要，所以政府便可在住房市场操控上保持最少干预，并促使房地产成为经济发展的主要驱动力之一。

到目前为止，香港住房政策曾处理或解决的问题与内地许多城市现在面对的问题很相似，但内地城市要面对的问题更多、更复杂。首先，内地城市化的规模，以及间接带来的人口增长，都较香港的大，例如，1990～2012年，北京和上海的城市人口分别增长了880万和390万，而今日香港的总人口只有700万，因此，内地城市的住房需要及需求较香港更庞大。其次，中国内地的户籍制度令住房补贴政策变得更复杂，排除流动人口后，2010年北京和上海有超过35%的常住人口是非户籍人口（Chiu，2012）。住房补贴资格的规定不但对土地和财政资源的运用有深远影响，也影响着人口政策，特别是关于城乡迁移和人力资源政策，如涉及吸引有专长的劳动力。那么，住房补贴政策能同时解决这些相关问题吗？

保持社会稳定无疑是中国香港和中国内地城市住房政策的共同目标。但中国内地市场力量的释放，以及急速的城镇化进程，导致农村贫困人口迁移到城市，加快了中国城市社会经济结构的两极化，使其所面临的社会稳定和社会矛盾等问题比20世纪60年代末的香港殖民地政府所面临的问题更多、更复杂。在经济方面，中国也可以利用公租房政策来确保大量安分守己的劳动力的稳定供应，以支持制造业和加工业的发展（广东的情况表明，宿舍型住房并不能完全维持稳定而安分的劳动力供应）。然而，更深入的问题是，保障低收入家庭免受住房市场剥削的保障性住房政策，是否同时担当着一个令商品房市场更开放、市场主导性更大，以及令房地产可以无顾虑地发展的间接角色呢？

因此，要决定是否要转移一个政策，不仅需要评估政策的成效，判断转移政策的潜在作用及具体的转移过程和内容，还需要分析和比较政策输出城市和输入城市的社会、经济、政治及地理发展的背景和兼容性。基于以上讨论，中国内地城市的住房补贴政策的目标和意义应该比香港广泛，香港的公共住房政策只能实现内地住房政策的一部分社会目标。中国内地政府必须制定一套更多元化的住房政策才能实现住房政策的多重目标及功能，这并不是单一的公共住房计划可以做到的，而另一个影响政策可转移性的主要因素就是政策环境。

1.3.2 政策环境

基于以上的宏观分析，中观层面的分析焦点在于政策环境。政策环境直接影响输入城市复制政策和达到与输出城市相近成效的能力。由于法律或法规工具及文化因素在香港的住房补贴系统的作用相对轻微，本章略过这些因素。探讨重点会放在对香港公共住房政策表现至关重要的因素上，即土地、住房融资、管理模式和制度结构。

1.3.2.1 土地因素

中国香港和内地城市的土地都是国有的。然而，正如赵丽霞教授（2010）所指，因为租约通常可以更新，香港的土地批租后即变成私有土地。赵丽霞指出，香港可以运行一个大规模的公共住房计划，是因为在城市开始扩大前，公共住房系统已经开始运行，政府在扩张城市的同时，也预留了新土地来建设公共住房。因此，现在香港有74%的公租房位于主城区（45%）或新城镇（29%）。中国内地大城市的快速增长始于20世纪90年代初期，在20多年后的今天才推行大规模的保障性住房项目，寻找合适的土地便十分困难。基础设施的建设尤其是公共交通的不发达，导致通勤时间增加以及居住地与工作地点失衡的问题。不仅如此，在一个发展成熟的城市，土地资源竞争激烈，若将土地留作建设公共住房，而不将土地用于商品房开发，地方政府财政收入便会受到影响。因此，中国内地城市的地方政府要下定决心来预留土地开发保障性住房，是一件不容易的事。解决此困境的一个办法就是增加土地利用效率，即允许发展保障性住房的住宅土地有更高的开发密度。然而，高层居住的负面影响需要通过更审慎的土地利用规划和住宅小区规划与设计来清除，以免降低生活环境质量。

1.3.2.2　公共住房财政

1987 年，香港政府一次性注入 164 亿港元的计息永久资本，之后，公共住房项目便开始自负盈亏运作。之所以能够以这方式推行，主要有以下几个原因：第一，政府无偿提供建设公租房的土地，公售房即“居屋”所需土地也只计算成本价。第二，无论在政府机构（香港房屋委员会）还是非政府机构（香港房屋协会），都同时供应和运营公租房和公售房，销售“居屋”的收益用来建设和运营亏损性的公租房。第三，由于“居屋”的售价一直以来与商品房价格挂钩，而商品房价格刚好在整体上不断上升，这使香港房屋委员会及香港房屋协会能够从中获得额外收益。第四，从公租房及“居屋”附设的零售物业得到的租金收入是公共住房计划的主要收入来源，虽然租金收入需要与政府平分来支付零售物业的土地价值。以上因素均与政策设计相关。

但是，除了土地因素外，以上政策环境的其他因素都难以在中国内地城市体现。要复制其他因素，就必须调整内地的保障性住房供应结构至香港的模式，如果不将供应结构集中化，其他两个因素（价格挂钩和零售物业的收入）便不能为保障性住房的供应者带来资金。目前，内地城市所有的保障性出售住房均由私营开发商直接生产和供应，而公共租赁住房则由政府机构提供。这种供应模式的优点在于政府不需要为营运含补贴的出售住房项目支出资本，但缺点是这些项目产生的收益也不会归政府所有。

内地城市采用香港的供应模式的障碍是住房项目需要巨额的启动资金，但地方政府却不能负担或不愿意承担。另外，项目存在亏损的风险，尤其当公售房的价格与容易波动的市场价格挂钩时。归根结底，香港能够从“居屋”项目和零售物业积累庞大资金，当中其实包含了历史性的偶然因素，即商品房价格从20世纪50年代到90年代整体不断上升。即使如此，更深层次的意识形态问题是，当内地成功地将住房制度改革为市场导向后，恢复一个由政府部门主导的补贴住房制度，在政治上也是不合适的。然而，若未能建立一个良性的住房资金循环，要在内地城市复制一个像中国香港或新加坡那样的大规模保障性住房系统也是不可能的。

1.3.2.3 管理模式和制度因素

赵丽霞指出，在20世纪90年代，虽然香港运营大型公共住房计划的迫切经济原因消失，一个以精英为主导且公众监督逐渐增加的管理模式却能促使政府不断改善公共住房的质量。香港房屋委员会是公共住房的主要供应者，它是根据房屋条例而运作的法定机构。房屋署是房委会的执行机关，隶属政府部门。房委会成员包括5名官方委员及26名非官方委员，其中包括有领导地位的专业人士、政界人士、学者及利益团体代表等。新的住房政策方向或重大住房计划由1997年前的港督或1997年后的行政长官制订；详细的政策设计和执行，以及监测实施情况，则由房委会及其辖下管理公共住房不同范畴的常务小组委员会负责。房屋署的职位由公务员出任，负责落实执行房委会的决定，例如分配出租及出售的住宅单位和管理公租房的屋邨[①]等。

由于有大量人口居住在公共住房里，各个参政者都会留意公共住房事务以取得选民支持。因此，很多有关公共住房的新措施都来自参政者。房屋署官员经常需要平衡不同政治阵营的利益。各个政党通过他们在立法会的议员监察房屋署的工作。在住房层面，各政派也通过他们的区议员积极参与屋邨管理的监察工作。属于屋邨层面的屋邨管理咨询委员会和互助委员会也相当影响屋邨的管理工作，两者主要由居民组成，并由房屋署成立或支持。这些咨询机构直接影响公共住房的生活环境质量。由此可见，房委会的管理模式对维护及提高香港公共住房的数量和质量都起到了很大的作用。因为公共住房的管理模式根植于政治文化和总体管理架构，而内地城市的管理模式通常缺乏公众参与，所以这可能是最难以在内

---

① 屋邨，在香港是指由香港房屋委员会或香港房屋协会兴建的公共房屋。

地城市复制的政策环境因素。虽然有一些内地城市设立了房屋委员会，但一般都是咨询性质的，没有决策和执行权力。

1.4　结论

由于内地城市存在比香港更加复杂的社会经济和城市背景，香港的公共住房政策只能部分地实现中国城市保障性住房政策的多重社会目标。在内地城市，直接提供公共住房是不够完善的模式，这解释了为什么内地城市构建了一个涵盖更多人口类型的多样化保障性住房政策体系，包括市区重建项目。在政策环境方面，建议提高各级政府提供保障性住房的决心及提升住宅地块的开发密度，来尽量增加中国内地城市保障性住房建设的土地资源。可是，单有可用的土地资源并不能够确保有大规模的保障性住房供应。要支撑一个大型的公租房计划，就需要开发可循环的资金流，要实现这一目标，保障房供应者需要同时运营一个大型公售房计划，而此供应者应该是致力为低收入家庭提供可负担住房的非营利性政府机构或非政府组织。但是，从大部分内地城市现有的保障性住房供应系统来看，这似乎是遥不可及的。最后，为了让保障性住房可以适时供应，满足低收入家庭的需要，以及提高和维护保障性住房的质量，更需要建立一个具有更强的参与度和咨询性质的住房管理体制。

在评估政策目标的可转移性时，本章将重点集中于分析社会经济和政治背景。当输入及输出城市在历史、文化、意识形态和城市背景方面存在较大差异时，比较分析的范围需要扩大。同样，在研究政策环境时，要根据被转移的政策类型以及需要达到的效果来确定需要分析和比较的关键问题。例如，要研究以补贴消费者的模式供应可负担住房的可转移性时，分析两地金融市场的结构和状况以及商品房市场的承受能力便非常重要。再者，评估转移政策的绩效时，需要构建完全不同的分析模型，以便将重点放在政策制定过程之上，但政策环境和目标仍将是不可或缺的分析元素。

综上所述，像中国香港和新加坡这样的大规模保障性住房建设模式，是不可能在亚洲城市复制的。中国香港和新加坡都是发展成熟的城市，有清楚的政治边界和极少数的乡村人口，不需要面对因城乡迁移不受控而导致的住房问题，这样政府就能够规划及运营惠及大量人口的公共住房计划。香港能够以土地作为公共房屋发展的基础，缘于其曾经是殖民地的独特政治背景。至于新加坡，则是由于第一届新加坡政府赋予了住房非常重要的政治功能。在其他亚洲国家，公共住房的政治影响较弱，其社会和经济角色也远较香港和新加坡轻微。虽然公共住房政策可以作为吸引和稳定劳动力供应的手段，但其他的经济考虑比这个更重要，例如将土地投放于房地产市场以产生更高的经济回报，推动房地产行业发展或者开发商品房来塑造地方形象等。从长远来看，若要扩大公共住房系统，可增加同时提供公租房和公售房的小型住房机构，以提高住房资金的可循环利用率。而在一些政治制度较民主的亚洲国家，可推行参与度较高和具有咨询性质的住房管理体制，以提升公共住房的质量。

参考文献

1. Census and Statistics Department (2011). 2011 Census Results [Online]. Census and Statistics Department, the Government of the Hong Kong Special Administrative Region, Hong Kong. Available from: http://www.census2011.gov.hk/en/main-table/E123.html. Accessed 5 May 2013.

2. Chiu RLH (2003). Analysis on policy trends. In: Yeung YM, Wong KY (eds) Fifty years of public housing in Hong Kong: a golden jubilee anniversary public housing volume. Chinese University Press, Hong Kong, pp 221 – 242 (In Chinese), pp 235 – 258 (In English).

3. Chiu RLH (2008). Editorial introduction: Urban housing policy issues in resurging Asia. Urban Policy Res 26 (3): 245 – 247.

4. Chiu RLH (2010). The transferability of Hong Kong's public housing policy. Int J Housing Policy 10 (3): 301 – 323.

5. Chiu RLH (2012). The sustainability of the urban forms of China's leading cities: Beijing, Shanghai and Guangzhou. Urban Policy Res 30 (4): 359 – 384.

6. Chiu RLH (2013). A comparison of housing welfare policies among major Asian countries in the modern era. LHI J Land Housing Urban Aff 4 (1): 23 – 32.

7. Dolowitz DP, Marsh D (1996). Who learns what from whom: A review of the policy transferliterature. Political Stud 44 (2): 343 -357.

8. Hong Kong Housing Authority (2013). Hong Kong Housing Authority Home Page [Online]. HongKong Housing Authority, the Government of the Hong Kong Special Administrative Region, Hong Kong. Available from: http://www. housing authority. gov. hk/en/public -housing/index. html. Accessed 5 May 2013.

9. Mossberger K, Wolman H (2003). Policy transfer as a form of prospective policy evaluation: challenges and recommendations. Public Adm Rev 63 (4): 428 -440.

10. Oxley M (2001). Meaning, science, context and confusion in comparative housing research. J Housing Built Environ 16: 89 -106.

11. Pawson H, Hulse K (2011). Policy transfer of choice-based lettings to Britain and Australia: How extensive? How faithful? How appropriate? Int J Housing Policy 11 (2): 113 -132.

12. Yeung YM, Wong KY (eds) (2003). Fifty years of public housing in Hong Kong: A golden jubilee anniversary public housing volume. Chinese University Press, Hong Kong.

第 2 章　中国内地的公共住房：历史、现状与未来展望[*]

摘要：中国在公共住房发展方面有着非常独特的经验。1998 年以前，中国城市住房供应是以公有住房为主体。1998 年，基于职工福利分房的城市住房供应体制被正式废除，大量的公房迅速被私有化。然而，2007 年，中国政府再次大力推动发展公共住房，从 2009 年开始，大规模的公共住房建设项目接连推出。这一章首先简要总结改革前后中国公共住房的发展历程，然后讨论为什么近期中国政府再次推出公共住房项目，并把它当作解决市场化房改后遗症的一个主要途径。中国最近推进的公共住房不应被视作一种倒退，也不是简单回归改革前的福利住房制度。相反，它反映了中国政府加强对现代市场经济环境下的城市住房体系复杂性的认识。

最近中国政府重新强调公共住房对解决城市贫困阶层的重要性，这是一个反映如何将政府资源用于解决迫切的社会需要的好例子（世界银行 2012：47）。

2.1　引言

中国在公共住房发展方面有着十分独特的历史经验。1978 年以前，中国的城

---

* 本章由陈杰（上海财经大学公共经济与管理学院教授、不动产研究所执行所长）、景娟（北京大学林肯土地中心研究员）、满燕云（北京大学环境与城市学院教授、北京大学—林肯研究院城市发展与土地政策研究中心主任）、杨赞（清华大学恒隆房地产研究所副教授）共同执笔。本章的研究由国家自然科学基金项目“快速城市化进程与住房公共政策：交互性与协调性发展研究”（项目批准号：NSF71173045）、教育部哲学社会科学研究重大攻关项目“我国城镇住房保障体系及运行机制研究”（13JZD009）、上海市曙光学者计划“房地产业与经济社会发展和谐共生研究”（13SG35）资助。

市住房供应有着强烈的社会主义指导思想：住房并不被视为一种有交易价值属性的商品，而是被视为一种不应服从市场机制而应以满足人们基本生活需求为目标的基本福利品（Angel，2000）。但从1978年开始，城市里原有的福利公房逐渐被私有化，基于按需分配原则的职工福利住房制度逐步被淘汰。在城市住房实行市场化改革后，中国城市居民的居住条件得到了极大的改善，人均居住面积由1978年的6.7平方米增长到2011年的32.7平方米，居民住房自有率在2011年也达到了89.3%（中国国家统计局，2011）。然而，中低收入家庭的住房保障却没有跟上住房市场化的步伐。最近几年，快速上涨的房价和为中低收入家庭提供的保障房匮乏同时存在，尤其在大城市中表现明显，引发了城市潜在购房需求者的诸多抱怨（Chen等，2010；Logan等，2010），也影响了社会经济发展甚至威胁政治稳定（Naughton，2010）。

鉴于此，在过去几年里，中国政府住房政策的重点开始由商品房转向公共住房①。中国的公共住房项目以惊人的速度扩张。官方数据显示，“十一五”规划期间（2006~2010年）中国开工建设1 630万套公共住房，完工1 100万套（住建部，2011）。2011年年初，中国时任总理温家宝公开承诺，中国政府将在“十二五”规划期间（2011~2015年）建设3 600万套保障房。

然而，最新的研究表明，中国近期的公共住房项目和改革开放前传统的职工福利住房有本质区别。新的公共住房不再由雇主和工作单位建设和管理，而是由地方政府联合开发商来共同提供。新的公共住房，即使在某个时点出现大规模的建设，在中国仍然只被视为支撑住房市场的辅助性住房供应机构，而不是住房供应的主体或住房市场的替代品。因此，最近中国推进公共住房不应被视为倒退，或者说是试图恢复改革开放前的福利住房体系，它只是代表了中国中央政府提高了对现代市场经济中城市住房问题复杂性的认识。

同时，本章也介绍了近些年中国社会福利的整体发展理念正经历从“生

① 在中国内地，公共住房常被称为“保障房”。在中国语境下，习惯用“保障房”，后文中保障房与公共住房经常混用。

产主义福利”向“发展主义福利”的转型，因此，中国城市住房模式也在被重塑。大量的证据显示，近年来中国政府以经济建设为重心的发展战略已开始转向强调兼顾社会民生。2006年，时任中国国家主席胡锦涛提出建立“和谐社会”的构想。这个构想强调“以人为本”、民生建设优先于简单追求经济增长。“和谐社会”的构想与“发展主义福利”理念一脉相承，社会政策不再从属于经济政策，其本身就是经济政策的一个有机组成部分。这一章的内容旨在说明，中国公共住房政策的新进展，是中国整体社会发展理念从“生产主义福利”到“发展主义福利”转变的一个强有力信号。“发展主义福利”强调，政府对社会民生福利的支出不应将其看作是消费，而是一种社会投资，不是挤压对经济发展所需的投资，而是对经济发展的直接而积极的贡献（Midgley and Tang，2001）。

2.2 中国改革开放前的公共住房

中国现阶段的公共住房体系是改革开放前公共住房体系的遗留物。一方面，改革开放前的存量公共住房仍占中国城市存量住房的很大一部分；另一方面，公共住房在城市住房存量中占主体地位，这是计划经济和市场经济最大的一个不同点（Szelenyi，1987）。因此，了解改革开放前的公共住房历史和住房改革对于理解现阶段中国的公共住房政策很有必要。

2.2.1 改革开放前的公共住房时代：1949～1978年

1949年新中国成立时，中国城市中的存量住房大部分是私有的（见表2.1）。然而，在社会主义意识形态下，住房不被视为一种商品，而是一种由国家免费提供的社会福利，这与当时的现实情况是冲突的（Wang and Murie，1999）。在社会主义意识形态下，国家以极低的租金甚至免费为居民提供可长期居住的住房，被视为社会主义优于资本主义的一个突出表现（Lim and Lee，1990）。然而，受诸多政治和经济因素影响，直到20世纪50年代中期，中国的存量住房一直都是私有产权占主导地位。

表 2.1　1955 年中国大城市存量住房的产权分布

	公有（%）	私有（%）	外国人持有（%）
北京	44.35	53.85	1.80
天津	43.41	53.99	2.60
上海	25.80	66.00	7.60
济南	22.00	78.00	
青岛	57.90	37.90	4.16
沈阳	64.00	36.00	
哈尔滨	55.31	40.20	4.46
南京	37.75	61.30	
无锡	19.75	80.25	
苏州	14.00	86.00	

资料来源：中共中央书记处第二办公室《关于目前城市私有房产基本情况及进行社会主义改造的意见》报告（1955 年 10 月）

20 世纪 50 年代后期，中国政府对所有城市区域内的私有房屋和土地所有权实施了大规模的国有化措施（Wu，1996）。在数年内，大约有 10 亿平方米的私有房屋被国有化（侯淅珉等，1999）。同时，政府对所有新增住房给予公有产权。到 20 世纪 70 年代后期，私有住房占整个城市住房总量的比例下降到 20% 左右，国有房屋开始成为主要形式，比例达到 74.8%（侯淅珉等，1999）。

与前苏联与东欧社会主义国家相似，福利住房制度成为中国一项重要的福利制度。政府的房屋机构和工作单位是福利住房的两个主要供给方。然而，与前苏联和东欧社会主义国家不同的是，在计划经济时代的中国，福利公房的分配和管理主要是由工作单位而不是政府机构负责。工作单位在分配社会资源时占据支配地位可以说是与中国基于家族的传统文化息息相关（Zhao and Bourassa，2003）。通过单位来提供住房，可以将职工的工作和生活整合为一体，既有利于促进劳动力的再生产和降低再生产成本，也有利于增加员工对企业的忠诚度，提高劳动生产率，降低社会流动性和保障社会稳定（Wu，1996；Zhao and Bourassa，2003）。除了意识形态和文化因素的影响，公共住房的主导地位与经济因素也密切相关。

例如，出于当时建筑部门建设能力较低、以低成本满足新增加城市居民获得居所的迫切需要，保证国有企业员工的健康和生产率的需要，以及“高积累、低工资”分配体制下的职工收入偏低，缺乏住房消费的金融工具等原因，导致中国城市家庭没有足够能力自主消费体面的住房（Huang，2004；Zhang，2000；Rosen，and Ross，2000）。

20 世纪 50 ~ 60 年代，基于工作单位的福利公共住房制度在一定程度上成功地解决了中国城市里快速扩大的公共部门和国企员工的住房问题。然而，公共住房制度在中国仅存于城市。在 1958 年引入户口制度后，农村居民被限制进入城市居住和生活。公共住房仅面向城市户籍居民开放，而这部分人在 20 世纪50 ~ 70年代大约仅占中国总人口的 12% ~ 18%。在福利公共住房时代，即使在中国城市户籍家庭中，住房供应不平等现象也十分突出（Zhou and Logan，1996）。由地方政府机构直接拥有的住房，其融资的难易程度在很大程度上依赖于地方政府和中央住房管理部门的博弈协商能力（Zhao and Bourassa，2003）。对于单位住房建设资金的分配也是不均等的，重要的企业，如优先发展产业中的重点企业、政治位次排名靠前的政府机构，通常能拿到更多的配套资金和额外资源（例如额外的土地使用权）。这样就导致优质的住房不成比例地被分给了党的领导、政府官员和国企高层精英。与此同时，根据职工在单位中的职务与地位，职工公房的质量也存在着显著的区别（Zhou and Logan，1996）。在几乎所有中国城市中，为工人和底层提供的住房从数量和质量上都经常不能达到计划目标的要求。

对于政府直接主管的公共住房项目，房屋的开发和维护资金都直接来源于国家财政资金（侯淅珉等，1999）。单位公房的开发成本同样主要来自政府的住房专项建设资金，但是国有企业可以将自有留存资金的一部分作为补充。在两种体系下，国有资金几乎承担了土地购置、房屋建设、完工后的维护等环节中的所有成本，公房住户只需支付很微薄的名义租金。

尽管计划经济时代中国城市里公共住房的供应规模十分有限，但公共财政仍远不足以满足所有的住房需求。因为事实上所有的公共住房都由国家财政预算来提供资金，最终都无偿地分配到最终住户，无偿使用、没有回流的住房投资资金无法跟上持续增长的住房需要。此外，与其他国家早期发展阶段相似的是，中国政府视住房为一种非生产性的社会支出，会抑制经济增长，因此政府极其不鼓励投资住房（侯淅珉等，1999）。基于这些原因，1978 年前，中国的住房投资一直保持很低水平：1950～1978 年，住房投资占全社会固定资产投资的平均比例在 6.7%左右（见图 2.1），远低于同期 20%～30%的国际平均水平（World Bank，1993）。

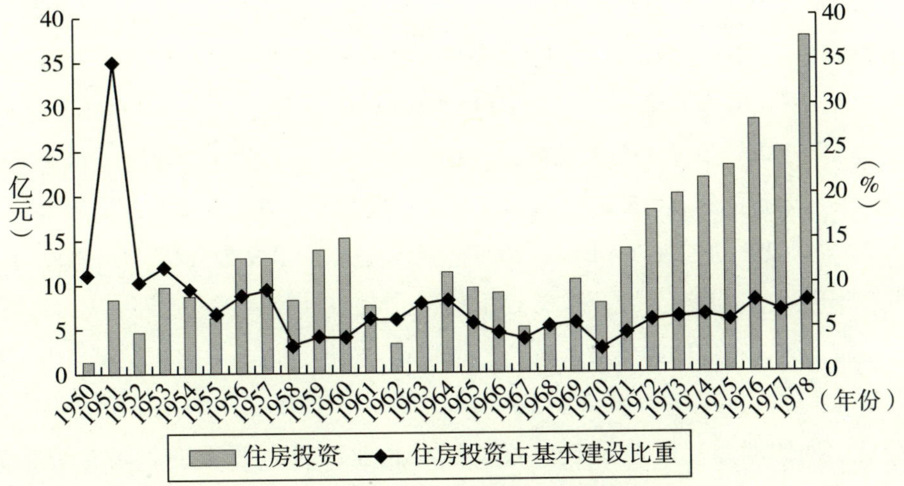

图 2.1　1950～1978 年中国城市的住房投资

资料来源：《中国统计年鉴》（1981）

住房投资的长期不足导致的后果就是，中国城市的住房短缺在 20 世纪 70 年代变得极其严重（Wang and Murie，1999）。1978 年，中国城镇人均居住面积只有 3.6 平方米（人均住宅建筑面积 6.7 平方米），甚至低于解放初 1950 年的 4.5 平方米。数据还显示，当时 41.5%的城市家庭属于居住条件极为困难的家庭（侯淅珉等，1999）。与此同时，福利公共住房制度还成为经济增长的一种重要阻碍因素（Wang and Murie，1999）。

2.2.2　中国的住房改革时代：1978～1998 年

20 世纪 80 年代初期，城市住房制度市场化改革是中国由计划经济向市场经济转轨过程中重要的一环。中国城市住房制度改革涉及六个重要组成部分：住房实物商品化、住房消费货币化、住房分配市场化、住房供应商业化、存量公房私有化和住房管理社会化（Wang and Murie，1999；Zhao and Bourassa，2003）。

然而，住房市场化改革进程在20世纪80年代遇到了很大的阻力。直到20世纪90年代初期，中国城市住房部门一直被视为传统住房制度的最后一块堡垒（Angel，2000）。世界银行的一份调查报告显示，1990年超过90%的中国城市居民住着公共住房，这在当时是世界上公房比例最高的国家（World Bank，1991）。

作为应对1997年亚洲金融危机所采取的经济刺激政策的一部分，中国国务院在1998年6月颁布了城市住房制度改革的里程碑式的政策文件（国务院〔1998〕23号文），正式废除了基于单位福利分房的城镇公房制度，这多少有些出其不意。在短短一年半内，超过60%的城市公房被出售给个人。1998～1999年，被私有化的公共住房面积达到1 812.2万平方米，潜在的市场价值达到2.5万亿元，约为1998年中国GDP的32%（Adams，2009）。鉴于已有大量文献介绍了中国20世纪八九十年代的住房改革，在此本章不再赘述。

尽管如此，我们仍需要强调职工住房的大规模私有化是中国社会主义市场经济改革的重要一步（Gibson，2009；Adams，2009）。切断员工与由单位提供的廉价公房之间的联系，是中国政府推动国有企业和银行改革的一项重要措施（Rosen and Ross，2000）。同时，住房市场的开放是经济改革中促进劳动力流动的重要一步。特别需要指出的是，这极大地增加了那些无法获得单位公房的城市移民的工作机会（Fleisher等，1997）。此外，一旦单位依赖型社会在市场经济中被破除，以私有化为主导的住房市场的发展不仅仅成为繁荣经济的一种手段，更成为构建基于资产的福利制度的一个支柱（Stephens，2010）。最后，住房的市场化供应也极大地提升了日常生活中个人的选择与行动自由（Rosen and Ross，2000）。

2.3　中国改革开放后的公共住房

福利住房供应制度在1998年被终结后，中国城市的公共住房部门规模快速缩小，市场开始走到城市住房供应的舞台中央。尽管城市住房存量由此迅速扩大，以市场为主导的住房供应模式也促使房价快速上涨，这使得住房负担成为当前中国最关切的社会问题之一，并由此带来了社会的不稳定（Chen 等，2010）。在这些社会和政治压力下，中国政府在 2007 年 8 月认为，公共住房是解决中国城市中低收入和贫困家庭住房问题的必由之路（国发〔2007〕24 号）。公共住房同样也被视为推进城镇化的一个重要工具，而城镇化对于中国的长期发展战略至关重要。

2.3.1　改革后期的中国城市住房发展

1998 年的住房改革为中国城市住房的市场化发展铺平了道路。自此，中国的商品房建设经历了高潮，一直延续至今。1998 ~ 2011 年，在中国城市里完成了 93 亿平方米的住房建设，几乎是现在英国存量住房的 2 倍，与日本住房存量也相差无几（EIU，2011）。住房供应的迅猛增长，不仅导致了住房存量的增加，也极大改善了中国城市居民的居住条件。例如，从 1998 年开始，中国城市居民的人均住房建筑面积平均每年增加 1 平方米（见表 2.2）。到 2011 年年底，中国城市居民的人均住房建筑面积已达到 32.7 平方米，是 1978 年的 4 倍多。

表 2.2　中国城市的人口与住房条件（部分年份）

年份	人均住房建筑面积（平方米）	住房存量面积（亿平方米）	住房竣工面积（亿平方米）	城市人口（亿）	城镇化率（%）
1978	6.7		0.3800	1.7245	17.92
1982	8.2	—	1.3831	2.1480	21.13
1987	12.7	—	1.9313	2.7674	25.32
1992	14.8	—	2.3140	3.2175	27.46
1997	17.8	36.22	4.0550	3.9449	31.91
2002	22.8	81.85	5.9794	5.0212	39.09
2007	27.5	112.89*	6.8821	6.0633	45.89
2010	31.6	178.98*	8.6880	6.6978	49.95
2011	32.7	—	10.2513	6.9079	51.27

资料来源：《中国统计年鉴》（1980 ~ 2012）

注：2006 年后国家统计局不再公布城镇住房存量面积，表中 2007 年数据实为 2006 年的，2010 年数据则根据第六次全国人口普查公布数字推算。

同时，得益于20世纪90年代后期和21世纪初期存量住房的大量私有化（Adams，2009），中国从世界最高的住房公有化水平国家快速转变为住房自有率最高的国家之一。中国国家统计局的数据显示（见表2.3），2011年中国城市的住房拥有率达到了89.3%，其中接近一半的自住房是由原有公房私有化而来。

表2.3　2011年中国城市住房土地使用权分布的官方统计

土地使用权种类	描述	占比（%）
自住		89.3
自有的私有化住房	1949年后的自建房或1949年前的原有私房	11.2
自有的市场化住房	通过市场购买的或开发商建的	38.0
私有化的公共住房	1980~2000年改革期间购买	40.1
出租	包含私有和国有的出租房	10.7

资料来源：国家统计局（2011）

2.3.2　1998年以来的中国公共住房发展

1998年以来，中国的公共住房供应结构随着经济和社会的发展逐渐变化（见表2.4~2.7）。1998年起实行的二元公共住房体系，由廉租房和经济适用房组成（廉租房和经济适用房的定义见下一节）。其中经济适用房曾被确定为后改革时代最主要的公共住房提供形式（国发〔1998〕23号）。然而，由于需要通过商品房的发展来刺激经济增长（Rosen and Ross，2000），公共住房的重要性在1998年之后事实上逐步下降了（见表2.4）。2003年，国务院正式放弃将经济适用房作为后改革时代主要住房供应方式的计划（国发〔1998〕18号）。从此，公共住房在整个城市住房体系中正式被降格为辅助角色（见表2.5）。

表 2.4　改革开放后中国住房政策的里程碑式文件

日期	发布机关和政策文件	目标和意义
1998 年 7 月	《国务院关于进一步深化城镇住房制度改革加快住房建设的通知》（国发〔1998〕23 号）	福利住房制度完全被废除；建立以经济适用房为主体的住房供应体系
2003 年 8 月	《国务院关于促进房地产市场持续健康发展的通知》（国发〔2003〕18 号）	以市场手段解决住房问题为主，以经济适用房和其他公共住房项目为辅
2007 年 8 月	《国务院关于解决城市低收入家庭住房困难的若干意见》（国发〔2007〕24 号）	政府再次通过公共住房/保障房再次介入住房市场，廉租房要作为首要的保障房，经济适用房计划要修订
2008 年 12 月	《国务院办公厅关于促进房地产市场健康发展的若干意见》（国办发〔2008〕131 号）	到 2011 年努力解决 747 万城市低收入住房困难家庭的基本住房问题
2009 年 6 月	《关于印发 2009～2011 年廉租住房保障规划的通知》（建保〔2009〕91 号）	出台详细年度建设计划，到 2011 年，为 747 万城市低收入住房困难家庭解决住房问题，每个省设定目标
2010 年 1 月	《国务院办公厅关于促进房地产市场平稳健康发展的通知》（国办发〔2010〕4 号）	力争到 2012 年年末解决 1 540 万户城市中低收入住房贫困家庭的住房问题
2011 年 9 月	《国务院办公厅关于保障性安居工程建设和管理的指导意见》（国办发〔2011〕号）	保障房覆盖面计划在 2015 年达到 20%，增长重点转向公租房
2012 年 5 月	《公共租赁住房管理办法》（住建部 2012 年第 11 号令）	公租房建设和运作的详细管理办法

资料来源：作者根据官方文件整理

但是，通过市场化的方式发展城市住房使得房价飙升，令中低收入阶层，尤其是城市外来打工者和年轻白领越来越难买得起房（Chen 等，2010；Yang and Shen，2008）。住房市场的发展也使得财富分配在买房者与租房者、不同的社会阶层之间越发变得两极分化（Logan 等，2010；Man，2011）。

有证据显示，中国政府高层已逐渐达成共识，住房市场的迅猛发展与社会经济发展水平的不匹配，主要原因在于政府提供的公共住房（保障房）数量不足而且效率低下。2007 年 8 月中国国务院颁布（国发〔2007〕24 号）文件，从满足城市低收入人群住房需求角度出发，决定重新大力发展保障性住房。这份里程碑式的文件是中国后改革时代住房体系发展的转折点，同时也扭转了自 1998 年以来公共住房发展式微的趋势（见表 2. 5）。

表 2. 5　1999 ~ 2010 年中国城市住房建设情况

年　份	新建商品房套数（单位：千套）	政府支持的新建经济适用房	
		套数（单位：千套）	占所有商品房的比例（%）
1999	1 946. 4	485. 0	24. 9
2000	2 139. 7	603. 6	28. 2
2001	2 414. 4	604. 8	25. 0
2002	2 629. 6	538. 5	20. 5
2003	3 021. 1	447. 7	14. 8
2004	4 042. 2	497. 5	12. 3
2005	3 682. 5	287. 3	7. 8
2006	4 005. 3	338. 0	8. 4
2007	4 401. 2	159. 4	8. 1
2008	4 939. 2	144. 6	7. 2
2009	5 548. 9	143. 6	7. 2
2010	6 019. 8	163. 2	6. 6
2011	7 219. 2	—	—

资料来源：《中国统计年鉴》（多年）

注：1. 即使 1998 年实行了住房改革，但并不是所有的中国城市住房都是商品房。1998 ~ 2011 年，中国城市有近 90 亿平方米（约为 1 亿 ~ 1. 1 亿套）的新建住房，但是只有 59% 是商品房，剩下的是居民自建房或企业自建房。

2. 这里的商品房是指所有开发商建造的房屋。因为经济适用房、廉租房、棚改房都是由开发商所建并出售的，它们在中国官方统计中也被归为商品房。然而，国家层面的廉租房和棚改房完工数据无法获取。

过去几年，中国公共住房建设经历了一次又一次的“大跃进”，其发展目标不断提高，发展模式不断调整。例如，2008 年 12 月中国政府承诺在 2011 年前为 747 万城市低收入家庭提供保障性住房，主要通过廉租房和棚户区改造实现（国办发〔2008〕131 号）。此项计划是 2008 年全球金融危机后政府为提振经济而出台的 4 万亿投资计划中的重要部分（齐骥，2009）。随后的 2009 年 7 月，住建部发布了详细的省级廉租房 2009 ~ 2011 年度发展计划（建保〔2009〕91 号）。但很快，中国政府将原定的保障房建设计划翻番，计划在 2012 年前为 1 540 万户城市低收入家庭提供保障性住房（国办发〔2010〕4 号）（见表 2.4）。仅 2010 年一年，中国就有 590 万套保障性住房动工，并完成了 330 万套的建设。虽然这项成就在全球公共住房建设中已创下了最高纪录，但后来的发展显示它仅仅是更大的公共住房计划的序幕而已。2011 年 1 月，温家宝总理宣布了“十二五”规划期间（2011 ~ 2015 年）将建设 3 600 万套保障房的宏大计划，目标是到 2015 年保障房能覆盖 20% 的城市人口（见表 2.6）。

表 2.6　“十二五”规划期间中国的公共住房计划

年份	新开工（百万套）	新开工（10 亿平方米）	完工（百万套）	完工（10 亿平方米）	投资（10 亿人民币）
2011	10.43	73	4.32	30	37
2012	7.00	49	5.00	35	25
2013	7.00	49	4.00	28	25
2014	6.00	42	3.00	21	21
2015	6.00	42	3.00	21	21

资料来源：2011 的数据是确切数值，但只有 2012 年是基于官方文件宣布的预测数据，剩余年份的数据都是基于作者的预测，假设每套公共住房的平均面积为 70 平方米，单套建设成本为 35 万元。

由于地方政府一半的收入来自卖地以及房产税收，可想而知，地方政府对发展公共住房的计划会有很多抵触。同时，地方政府也担心一旦将土地用于公共住房建设，该地块附近的地价将会受影响。另外，截至 2011 年，地方政府债务已超过 14 万亿元人民币，地方政府也因此推托它们没有足够的资金建设公共住房。

尽管有诸多矛盾，但考虑到公共住房项目的重大政治意义，2011～2015年建设3 600万套保障房的项目将不可能大幅调整。然而，直到目前，“公共住房”或“保障房”的内涵与范畴都还没有被清楚地界定。

2.3.3 后改革时代中国的公共住房计划

目前，中国城市的公共住房通过不同层次的体系提供。廉租房、经济适用房、棚改房作为公共住房计划自1998年起便存在，而限价房和公租房则刚推出不久。限价房作为面向中低收入家庭提供的一种住房形式，第一次出现在国务院政策文件中是在2010年1月（国办发〔2010〕4号）。

公租房计划借鉴了香港的公屋模式，最早于2009年出现在深圳等部分南方城市，不久便被提升为全国性计划。根据中国“十二五”规划（2011～2015年）公共住房发展计划（见表2.7），公租房将逐渐取代经济适用房成为中国公共住房的主导模式。中国政府认为，公租房的发展将有利于那些既不符合廉租房和经济适用房申请条件，也没有足够的经济实力购买商品房的中低收入家庭。

顾名思义，廉租房和公租房仅用于出租，而经济适用房、棚改房和限价房则以低于市场价的价格出售给那些符合条件的家庭。其中，棚改房是为由于城市改造计划而被迫搬迁的家庭提供的；经济适用房主要针对低收入家庭；而限价房的主要适用群体是中等收入家庭（SCGO〔2010〕No.4）。在经济适用房计划中，开发商免费获得土地，而最终的房屋售价被限制在覆盖成本后尚余微利（约为3%）的水平。在限价房计划中，开发商通过竞标获得土地，房屋售价被限定在可比市场价格70%～75%的水平。在这两项计划中，房屋购买者都受到限售期的约束，只有在一定时间后才能再次出售房屋。

廉租房和公租房计划也有所不同。廉租房仅针对很少一部分城市最低收入家庭，其房租几乎可忽略不计。公租房的目标人群则是那些不愿买房或买不起房的中低收入家庭。此外，公租房是目前唯一对非户籍人口开放的公共住房计划，其他计划仅限于拥有本地户口的居民。

表 2.7　后改革时代中国城市的公共住房种类

种类	描述	
老公共住房	1949 ~ 1998 年由国家建造的公房	
私有	以极低价格出售给原住户的公房	
非私有	仍由地方住房管理部门控制的剩余公房	
新公共住房	1998 年后由国家建造或资助的公共住房	
	目标群体	**申请要求**
出售		
经济适用房（ECH）	低收入、住房困难家庭	本地城市户籍 收入和资产要求 人均居住面积要求
限价房（CPH）	中低收入和中等收入家庭	本地城市户籍 收入要求 无自有住房
棚改房（SRH）	城市更新和重大建设项目的拆迁户	被征收房屋的家庭
出租		
廉租房（CRH）	低收入、住房困难家庭	本地城市户籍 收入和资产要求 人均居住面积要求
公租房（PRH）	涵盖大范围的城市居民，包括非户籍人口	没有户籍要求 收入要求宽松或没有收入要求

如表 2.8 所示，在 2011 年新建的公共住房中，棚改房所占比重最大（40%），其次是公租房（21.8%）和廉租房（15.8%），经济适用房的比重则滑落到了第 4 位（10.6%）。这与中国“十二五”规划的指导意见一致，该规划要求地方政府将发展公共住房的重心从经济适用房转向公租房。

表 2.8　2009～2011 年各种类的新建公共住房/保障房　（单位：千套）

年份	廉租房	公租房	经济适用房	限价房	棚改房	合计
2009	1 710 (51.8%)	—	590 (17.9%)	—	800 (24.2%)	3 300
2010	1 800 (30.5%)	—	1 300 (22.0%)	—	2 800 (47.5%)	5 900
2011	1 650 (15.8%)	2 270 (21.8%)	1 100 (10.6%)	830 (8.0%)	4 150 (40.0%)	10 430

资料来源：《中国统计年鉴》（多年），住建部年鉴（2011）和住建部网站。

注：表内数据都是作者基于原始数据所做的粗略估计，并假设经济适用房在 2009～2010 年的单套面积为 85 平方米。各类型的公共住房占所有新建公共住房的比例都在图表的括号内。

由于国家统计局在住房部门的统计体系中将用于出售的公共住房/保障房（经济适用房、限价房和一部分棚改房）均统计为商品房，研究者想要准确知道公共住房在目前中国城市住房中所占的比重是很困难的。但根据国家统计局在 265 个地级市开展的住房普查，2010 年约 7.8% 的城市家庭住在 1998 年房改后新建的公共住房中（见表 2.9）。当然，该比例在各城市有所不同。在 115 个地级市中，公共住房的比重不足 5%；仅有 6 个城市该比例超过 30%（见表 2.9）。根据住建部 2012 年 8 月发布的报告，截至 2011 年年底，约有 2 650 万户城市中低收入家庭受助于各类公共住房项目，占全部城市家庭数量的 11%。

表 2.9　2010 年中国 265 个地级市的公共住房比例

房屋种类	中位数	平均值	最大值	最小值	标准差
经济适用房	1.6%	3.4%	48.5%	0%	5.3%
廉租房	2.8%	4.3%	55.7%	0%	5.3%
合计	5.6%	7.8%	58.3%	0.2%	7.4%

按公共住房比例的城市分布

< 5.0%	5.0% ～ 9.9%	10.0% ～19.9%	20.0% ～29.9%	>30%
115 (43.4%)	81 (30.6%)	57 (21.5%)	6 (2.3%)	6 (2.3%)

资料来源：2010 年中国国家统计局进行的覆盖 265 个地级市的大样本城市家庭调查数据

2.4　解读最近中国公共住房的扩张

为什么在城市住房制度市场化改革和大规模公房私有化 10 年后，中国政府又重新将公共住房视为一种重要的城市住房解决方案？导致这个剧烈变化的主要驱动因素是什么呢？这一节旨在回答这两个问题。

判定什么因素确切驱动了住房政策动态变化是非常具有挑战性的，因为住房政策往往是以非住房目标而发起的（Kemeny，1992）。长期以来，有学者一直认为住房政策不应该仅限于住房需求，应该经常在房地产市场进行公共干预，以满足大量的社会和经济的需求（Angel，2000：111）。Whitehead（2003）曾提出，在公共经济的基本原理下，国家干预房地产市场有三个目标：提高配置效率，促进再分配和增进市场稳定。这主要是因为住房被典型地认为是一种具有重要社会外部性的商品（Oxley，2000；Sullivan and Gibb，2003）。然而，住房政策的"嵌入性"（与其他经济与公共政策的交织性）使得要弄明白到底是什么构成了住房政策最本质的驱动力变得非常困难。

因为中国公共住房市场和住房政策仍然在不断演变，所以现在就下定论评价它的表现或判定它的整体影响都还为时尚早。然而，可以强调的是，在一个高速增长的转型经济体下的住房政策，必须时时响应经济、人口和社会的动态变化。特别是，这一章节我们尝试展现在意识形态由"生产主义福利"到"发展主义福利"的转变过程中（Holliday，2000；Midgley and Tang，2001），中国的公共住房模式如何得以重塑。

2.4.1　经济动机

基于我们的观察，在中国发展公共住房的最主要理由是基于经济增长需求。长期以来，东亚地区整体被认为奉行"生产主义福利资本主义"，即社会政策让位于经济政策，这里基本上没有"社会权利"的概念，国家为公民提供社会福利不是公民有这个权利，而只是为了更好地服务于高于一切的经济增长目标（Holliday，2000）。作为最有名的"生产主义福利资本主义"的例子之一，中国一直有一个传统，就是把经济增长视为高于一切的目标，以经济增长的需求来制定社会政策。不少文献已经在亚洲的“生产主义型国家”模型中定位中国的住房政策（Stephens，2010）。在这些社会制度背景中，有学者提出，“（在中国）公共住房更多是经济因素驱动而不是在社会福利上觉得必要”（Wang and Murie，2011）。

例如，中国住房政策制定者期望通过发展公共住房来调解开发商的盈利要求和普通工人的住房负担能力之间的矛盾。此外，多种形式的公共住房都带有很强的经济发展目标，尤其是促进城镇化和在大城市中留住技术人才（国务院办公厅〔2011〕45 号文）。值得注意的是，没有证据表明中国政策制定者尝试压缩建筑部门和房地产部门在经济中的重要性。反之，中国政府看起来对通过扩大公共住房部门来保持房屋投资的经济刺激影响是有很强兴趣的（国务院办公厅〔2010〕4 号文）。例如，改革后公共住房的第一波建设高潮，就是因为它成为了 2008 年年末 4 万亿经济刺激计划的一个重要组成部分，该计划明确地以对冲来自全球经济下滑负面影响为目标（齐骥，2009）。这也是中国住房政策中实物补贴比货币补贴更受到决策者偏爱的重要原因之一，因为前者对增加 GDP 和就业更有帮助。

进一步看，在中国领导人的脑海中，在城市中增加更多平价房会有助于刺激居民消费，扩大内需。刺激国内消费和扩大内需，被认为是中国在下一个 10 年内调整经济不平衡和促进经济转型最重要的措施之一。为此，中国政府对公共住房建设具有很高的期待。

2.4.2 稳定动机

尽管一些观察者认为 3 600 万套公共住房项目非常可笑，并将其视为中国政府发起的又一次大跃进，许多分析师相信中国政府发起公共住房项目是一石二鸟之计：一方面，为处在社会底层的民众提供廉价可支付的房屋；另一方面，可刺激需求，从而缓冲几十年的高速增长后经济下行产生的压力。在许多情况下，公共住房被政府机构强调为一种平滑不动产周期和稳定房价的有效方法（国务院办公厅〔2008〕131 号文；国务院办公厅〔2010〕4 号文）。这是从 2007 年美国次贷危机导致全球经济衰退所获得的一个根本教训（Yao 等，2010）。

2.4.3　城市发展动机

对于各地方政府，提供公共住房的主要利益是由降低拆迁安置成本的急迫需求所驱动的，这种成本随着房地产市场中房价高速增长而高涨。有理由相信，在最近几年的公共住房建设中（见表2.8），棚户区改造住房比重这么大，必定直接与当地政府希望通过为动迁居民提供低成本房屋来加速旧城区改造、加快城市更新直接相关。当地政府已然无法按照快速增长的市场房价来补偿拆迁户。

从属于各地方政府的战略，城市更新已经被市政府广泛地用来作为“增长发动机”（Wu等，2006）。在所谓的“房地产导向的城市更新”计划下，市中心破烂老旧的房屋被征收，原有住户被重新安置到郊区，位于市中心的居住区转变为高档购物中心或其他高盈利的房地产开发项目。通过这样的方式，当地政府获得了大量的土地出让收入，也拓宽了筹资渠道以支持城市基础设施建设，并因此提高了城市的竞争力。“房地产导向的城市更新”计划反映了在中国城市中当地政府具有企业家式的逐利行为（Yang and Chang，2007）。因此，棚户区改造住房的主要功能就是以低成本为被征用房屋的城市住户提供房屋，进而帮助实现“增长促进型”的城市更新。

2.4.4　城市化问题

官方数据显示，中国现在正在经历人类文明史上最大范围的城镇化进程。2011年，在中国历史上是第一次有超过一半的人口——51.72%（或者6.907 9亿人口）——在城市生活，这个数字比1997年增长了19.36个百分点，也意味着这段时间内城市居民有了将近3亿的净增长。进一步讲，根据联合国《世界城市化前景2011》预测，2030年中国的城镇化率将会达到69%，2011～2030年城镇人口将增长3亿有余。这意味着，在未来中国几十年的城镇化进程中，仍然将会有一股房屋需求和消费扩张的强劲发展势头。然而，相对于高速增长的城镇人口，中国可用于城市居住用地的土地非常少。而且，为了确保食物安全，中国对农业土地有严格的配额保护。因此，适于城市居住用地的土地供给日益减少。然而，低成本的公共住房项目的扩张有望增加可支付住房的供给，用以满足那些以市场价格几乎没有希望购买商品住房的越来越多的城市新进入者的住房需求。

对城市居民来说，住房不仅仅是提供住所（Whitehead，2003），它也通过与社区及公共服务的连接深刻地影响家庭的福利。因此，社会学中的住房含义经常超出了房屋的物质范畴。从这一点来看，发展公共住房有一些积极的影响：它常被认为可能对中低收入居民的儿童发展具有积极的影响（Newman and Harkness，2002；Currie and Yelowitz，2000），能促进居民的非住房消费（Le Blanc and Laferrere，2001），甚至可能改善家庭的健康状况（Baker and Tually，2008）。此外，通过调解土地个人所有者的盈利要求和工人房屋可支付力之间的矛盾（Tutin，2008），公共住房能够吸引和保留大城市的熟练工人和半熟练工人，并因此影响区域的竞争力（Ross，2008）。

因此我们认为，如果考虑国家所在的发展阶段，中国目前的住房供应模式实际上与西方国家历史上的住房供应模式并非完全不同。中国正处于高速工业化和城镇化阶段，城镇人口的社会构成不仅包括新兴的中产阶级，还包括不断扩展的工人阶级（这不同于改革开放前的社会主义学说中的工人阶级）。然而，尽管在21世纪前10年中以城市中新兴中产阶级为目标的商品房繁荣发展，但普通工人阶级的住房问题却没有得到妥善解决。四处蔓延的“城中村”所提供的非正规私人租赁房屋，在过去为这个问题提供了一个暂时的解决方案，但品质是十分低劣的，存在很多社会安全隐患，是不可持续的（国家人口计生委流动人口服务管理司，2012）。农民工和受过良好教育的年轻人现在占城镇流动人口的较大份额，这样一个群体是新型公共住房的重要目标群体（住建部，2011）。在许多西方国家，公共住房也是在高速工业化阶段用以解决产业工人的住房问题而发展起来的（Malpass and Murie，1999）。从这一点来看，我们或许可以得出结论，世界上的各国政府都爱采用“相似的策略”来处理相似的住房问题，唯一的不同就是时间不同而已。

2.4.5 再分配问题

从2003年开始，中国主要大城市房价的高涨，已经使住房负担问题成为一个非常重要的社会问题（Chen 等，2010）。有明显的证据表明，中国住房市场正快速地在不同的群体，尤其是有房者和无房者之间，制造财富的两极分化（Logan

等，2010）。高涨的房地产市场价格时刻在为有房的业主积累增加财富，而那些因为房屋支付能力不足而仍然居住在租赁房的城镇人口则会面临越来越低的福利效用。2005年，家庭财产占中国城市家庭总财富的71.34%（梁运文等，2010）。伴随着近年来加速的房价高涨，中国房屋所有者和租赁者之间的财富差距已经变得非常巨大（原鹏飞、王磊，2013）。不平等的住房财富分配拉大了经济和社会层面的差距，带来了越来越严重的问题，它又进一步推动了房价的高速增长，形成房价与财富两极分化的恶性循环。

在中国发展战略发生全面转型的情况下，住房政策方向的改变是一种必然。许多研究者指出，近年来中国政府的发展理念，已经从经济增长高于一切部分地转移到兼顾社会发展。2006年，胡锦涛主席提出了“和谐社会”的构想。2007年，在中共十七大上，他着重提出了“科学发展观”的指导思想，并将其作为中国未来的发展方针。这一方针将促进大众的福利与社会和谐，优先于追求纯粹的经济增长目标。从这个角度看，中国住房政策的转变是其宏观经济转轨的一部分。

2.4.6　社会和人口原因

公共住房优先地位的确立，也基于社会变迁和人口流动的背景。在高速的城市化进程中，“城市贫民”面临着越来越多的生活与住房困难。大量的农民工被排除在正规的住房市场外，并集中居住在所谓的“城中村”。中国官方的一份报告披露，2011年只有37%的农民工通过个人租赁市场获得居住房屋，剩余部分则居住在他们工作地拥挤的宿舍或者简陋的工棚内（国家人口计生委流动人口服务管理司，2012）。不发达的私人租赁住房市场，为身处迅速变化的经济和社会环境中的城市弱势居民提供了一个不是那么吸引人的解决方案。除了从农村来的农民工，许多受过良好教育的年轻人希望加入到城市的中产阶级行列，他们急切需要一个更高质量的生活。但是，这些人中的大部分无法从工作一开始就负担得起商品房（Chen等，2010）。

过去10年，在中国出现的对住房的需求膨胀，也广泛被归咎于这期间高速的人口结构转型。在过去10年里，中国人口经历了从年龄结构到家庭结构的急剧变化（Peng，2011）。社会总抚养比（1个劳动力对应的抚养人口）在1997年还有

0.481，在2011年它已经急剧下降到只有0.344。社会总人口中高速增长的成年人比例，是导致房屋需求急剧上升的重要原因。同时，最近几年在中国城市中出现的平均每户家庭规模的下降，从1997年的3.08下降到了2011年的2.88，也是促使房屋需求增加的因素之一。

城市公共住房供给增加，将有助于政府应对广大弱势群体的住房压力，这些群体急切地需要公共政策的支持。公共住房的增加，可能也会通过增加大量的小户型公寓来帮助影响住房供给结构，小户型公寓目前在市场上十分匮乏。如李克强总理所认识的那样，“城镇人口每年增加1 000多万，流动人口较多，住房总量不足、结构不合理的问题十分突出，亟须增加保障性住房供应规模。”

2.4.7　政治原因

除了上述这些经济和社会原因，公共住房的大力推动也有重要的政治意义。尽管房屋价格高涨和住房支付力问题看起来是经济不平衡所致，但根本原因是根深蒂固的政治问题。对工薪阶层的住房支持（通过公共住房）的要求已经成为一种非常重要的政治需求，中国政府不再忽视这个问题。最近城市人口构成的变化，特别是农民工和大学毕业生大量增多，需要执政党的发展战略发生重要的调整。在城市，大约20%的公共住房供给就能够吸引一大群城市新居民进入这个系统。公共住房的发展因此能够成为重要的战略来保持社会和政治的稳定性（Naughton，2010）。这个表现形式也与在中国有悠久历史的“父母官政府”传统有关。国际经验也表明，当政府支持是通过一种直接的物质形式提供的话，其政策更容易得到公众支持，在住房政策上尤为如此（Whitehead，2003；Hills，2007）。

“住有所居”在2007年10月的中共十七大上第一次作为一个政治承诺被提出来。2009~2011年，这一目标被时任总理温家宝在每年的全国人民代表大会年度政府工作报告中反复提及。当然，“住有所居”不完全意味着每人都拥有自己的房屋。然而，它却意味着人们的基本住房需求能够被最大化满足的情形，而公共住房就被认为是实现这一目标的关键政策工具（齐骥，2009）。在这种情况下，中国执政党已经把公共住房的供给作为一项庄重的政治责任。正如现任中国总理李克强所表达的那样，“保障性安居工程成为重大民心工程”。

2.4.8　总结

总之，中国政府认为，政府对公共住房的支持不足是城市中低收入家庭得不到足够多的可负担房屋的主要原因。另外，在中国，公共住房的建设具有多项功能。正如从 2007 年就开始负责经济和社会政策制定的现任中国总理李克强曾经做过的如下表述：

> “大规模实施保障性安居工程，是转变经济发展方式、调整经济结构的有效途径。扩大内需是我国经济发展的基本立足点和长期战略方针，也是转变经济发展方式、提高增长质量效益的内在要求。保障性安居工程建设一头连着发展，一头连着民生，既能增加投资，又能带动消费，对扩内需、调结构、转方式具有重要作用……近年来，我国不少城市通过实施保障性安居工程特别是推进棚户区改造，既解决了贫困人口集中成片居住的问题，促进了社会结构优化，又改善了城市环境和形象，吸引各类生产要素集聚，有利于实现产业再造和经济转型，起到‘建设改造一片、带动提升一方’的作用。”①

2.5　结论

与许多将公共住房保持在最低水平的西方国家相比，中国最近几年大规模建设公共住房的新政策看起来有些不可思议。Wang and Murie（2011）研究了中国住房市场化改革后公共住房发展的早期阶段，他们发现，在西方现有的住房比较研究理论文献中，很难将当前中国住房模式定位为任何一个现有模式。他们认为，中国住房改革后的城市住房模式是十分独特的，具有混合色彩。虽然经济适用房也发挥了救济安全网的作用，类似于公共住房在西方市场经济中所起到的作用，但经济适用房在中国的驱动原理同西方仍然很不一样。在西方市场经济体制下，

① 李克强．大规模实施保障性安居工程　逐步完善住房政策和供应体系．求是［J］，2011（11）．

公共住房处于边缘化剩余状态，主要是基于最小化政府干预的思想意识，但在中国则主要归咎于服务于经济增长的需要。一些研究将住房政策中的这种差别，归咎为在东亚流行的“生产主义福利”的观念（Holliday，2000）。

有趣的是，“生产主义住房政策”假说也能被用来解释为什么最近中国公共住房会突然出现大规模建设。一种直观的理解是，它是一种抵消全球经济下滑冲击的经济工具和使过热的房地产市场降温的管制工具。同时，中国住房政策的转变，也印证了从全球金融危机爆发以来在中国已经出现的社会和经济政策的许多趋势。在过去几年中，中国政府对市场失灵已经明显地变得更加小心翼翼，并且也越来越直白地对经济和社会领域的资源配置进行重新掌控（Naughton，2010）。

中国公共住房目前重新得到的优先定位，是过去几十年中国住房政策一直剧烈变化的缩影，也体现了政府重新正视中国住房市场化改革后在住房领域所出现的负外部性和无效率问题。尽管房地产行业因其复杂性还无法被决策者完全掌控，但从增加短缺的廉价房屋供给、抑制房价和防止贫富分化加剧等角度看，大规模的公共住房建设项目还是有助于平衡经济增长和增加社会稳定的。

土地和房屋政策一向是中国政府微调经济的最重要工具之一。满足大多数人住房需求的住房政策在经济下滑时期对任何政府都是重要的。在中国面临大量失业的20世纪90年代末期，政府采取了市场化的办法来刺激工作机会的产生，尤其包括通过增加公共负债来刺激大规模基础设施建设项目，以此来保证就业岗位。今天，中国政府仍然把土地配置计划作为经济结构调整的一个工具来调控宏观经济周期。

目前，公共住房中快速增加的投资和大规模建设的计划，有望使可支付住房供给增加。然而，我们认为政策性住房金融系统的建立是同等重要的。中国政府应该促进许多创新性金融工具的使用，来吸引社会资本参与公共住房投资，同时降低中低收入家庭在住房方面的融资成本。一个运行良好的政策性住房金融系统，将会刺激房屋自有率的提高，使房地产市场和就业均衡发展，同时还能促进经济增长和财富积累，以及有助于社会和政治的稳定。

参考文献

1. 李克强．大规模实施保障性安居工程 逐步完善住房政策和供应体系［J］．求是，2011（11）：3－8.

2. 国家人口计生委流动人口服务管理司．中国流动人口发展报告 2012［M/OL］．北京：中国人口出版社，2012.

3. 侯淅珉，应红，张亚平．为有广厦千万间——中国城镇住房制度的重大突破［MJ］．桂林：广西师范大学出版社，1999.

4. 梁运文，霍震，刘凯．中国城乡居民财产分布的实证研究［J］．经济研究，2010（10）：33－47.

5. 齐骥．中国低收入家庭的住房难题．在联合国人居组织 22 届大会上的发言．肯尼亚内罗毕．2009.

6. 原鹏飞，王磊．我国城镇居民住房财富分配不平等及贡献率分解研究［J］．统计研究，2013（12）：33－47.

7. 中国国家统计局．“十一五”经济社会发展成就系列报告之九：全国城镇居民收支持续增长 生活质量显著改善［EB］．2011．http：//www.stats.gov.cn/ztjc/ztfx/sywcj/201103/t20110307_71321.html.

8. 住建部．住建部姜伟新部长在 2011 年 10 月 27 日人大常委会专题咨询会所做的汇报［EB］．2011．新浪网．http：//finance.sina.com.cn/g/20111027/095210702419.shtml.

9. Adams，Bill. 2009. “Macroeconomic Implications of China Urban Housing Privatization，1998－1999.” Journal of Contemporary China 18（62）：881－888.

10. Angel，Shlomo. 2000. Housing Policy Matters：A Global Analysis. New York：Oxford University Press.

11. Baker，Emma，and S. Tually. 2008. “Women，Health and Housing Assistance：Implications in an Emerging Era of Housing Provision.” Australian Journal of Social Issues 43（1）：123－138.

12. Le Blanc，David，and Anne Laferrère. 2001. “The Effect of Public Social Housing on Households’ Consumption in France.” Journal of Housing Economics 10（4）：429－455.

13. Chen，Jie，Qianjin Hao，and Mark Stephens. 2010. “Assessing Housing Affordability in

Post-reform China: A Case Study of Shanghai." Housing Studies 25 (6): 877 -901.

14. Chen, J., Yang, Z., & Wang, Y. P. (2014). The New Chinese Model of Public Housing: A step forward or backward? Housing Studies, 29 (4), 534 -550.

15. Currie, Janet, and Aaron S. Yelowitz. 2000. "Are Public Housing Projects Good for Kids?" Journal of Public Economics 75 (1): 99 -124.

16. EIU. 2011. Building Rome in a Day: The Sustainability of China's Housing Boom. Intelligence. Beijing.

17. Fleisher, Belton M., Yong Yin, and Stephen M. Hills. 1997. "The Role of Housing Privatization and Labor-market Reform in China's Dual Economy." China Economic Review 8 (1): 1 -17.

18. Gibson, Neil. 2009. "The Privatization of Urban Housing in China and Its Contribution to Financial System Development." Journal of Contemporary China 18 (58): 175 -184.

19. Hills, John. 2007. Ends and Means: The Future Roles of Social Housing in England. London.

20. Ho, Lok Sang. 1988. "Towards an Optimal Public Housing Policy." Urban Studies 25 (3): 204 -211.

21. Holliday, Ian. 2000. "Productivist Welfare Capitalism: Social Policy in East Asia." Political Studies 48 (4) (June): 706 -723.

22. Huang, Youqin. 2004. "The Road to Homeownership: A Longitudinal Analysis of Tenure Transition in Urban China (1949 -1993)." International Journal of Urban and Regional Research 28 (4): 774 -795.

23. Kemeny, Jim. 1992. Housing and Social Theory. London: Routledge.

24. Lim, Gill-Chin, and Man-Hyung Lee. 1990. "Political Ideology and Housing Policy in Modern China." Environment and Planning C: Government and Policy 8 (4): 477 -487.

25. Logan, John R., Yiping Fang, and Zhanxin Zhang. 2010. "The Winners in China's Urban Housing Reform." Housing Studies 25 (1): 101 -117.

26. Malpass, Peter, and Alan Murie. 1999. Housing Policy and Practice. 5th ed. Hampshire: Palgrave Macmillan.

27. Man, Joyce Yanyun. 2011. China's Housing Reform and Outcomes. Ed. Joyce Yanyun

Man. Policy. Cambridge, MA: Lincoln Institute of Land Policy.

28. Midgley, James, and Kwong-leung Tang. 2001. "Social Policy, Economic Growth and Developmental Welfare." International Journal of Social Welfare 10 (2): 244 – 252.

29. Naughton, Barry. 2010. "The Turning Point in Housing." China Leadership Monitor 33 (1): 1 – 10.

30. Newman, Sandra J., and Joseph M. Harkness. 2002. "The Long-Term Effects of Public Housing on Self-Sufficiency." Journal of Policy Analysis and Management 21 (1): 21 – 43.

31. Oxley, Michael. 2000. The Future of Social Housing: Learning from Europe. IPPR.

32. Peng, Xizhe. 2011. "China's Demographic History and Future Challenges." Science 333 (6042) (July 28): 581 – 587.

33. Rosen, Kenneth T., and Madelyn C. Ross. 2000. "Increasing Home Ownership in Urban China: Notes on the Problem of Affordability." Housing Studies 15 (1): 77 – 88.

34. Stephens, Mark. 2010. "Locating Chinese Urban Housing Policy in an International Context." Urban Studies 47 (14) (June 8): 2965 – 2982.

35. Sullivan, Tony, and Kenneth Gibb, eds. 2003. Housing Economics and Public Policy. Science. Blackwell Science Ltd.

36. Szelenyi, Ivan. 1987. "Housing Inequalities and Occupational Segregation in State Socialist Cities." International Journal of Urban and Regional Research 11 (1): 1 – 9.

37. Tutin, Christian. 2008. "Social Housing and Private Markets: From Public Economics to Local Housing Markets." In Social Housing in Europe II: A Review of Policies and Outcomes, ed. Kathleen Scanlon and Christine M. E. Whitehead, 47 – 61. London: London School of Economics and Political Science.

38. United Nations. 2012. World Urbanization Prospects: The 2011 Revision. New York.

39. Wang, Ya Ping, and Alan Murie. 1999. "Commercial Housing Development in Urban China." Urban Studies 36 (9): 1475 – 1494.

40. Wang, Ya Ping, and Alan Murie. 2011. "The New Affordable and Social Housing Provision System in China: Implications for Comparative Housing Studies." International Journal of Housing Policy 11 (3): 237 – 254.

41. Wells, Jill. 1985. "The Role of Construction in Economic Growth and Development."

Habitat International 9 (1): 55 – 70.

42. Whitehead, Christine M. E. 2003. "The Economics of Social Housing." In Housing Economics and Public Policy, ed. Tony O'Sullivan and Kenneth Gibb (Chapter 8), 135 – 192. Oxford: Blackwell Science Ltd.

43. World Bank. 1991. Housing Indicator Program. Washington, D. C.

44. World Bank. 1993. Housing: Enabling Markets to Work. Washington, D. C.

45. World Bank. 2012. China 2030: Building a Modern, Harmonious, and Creative High-Income Society. Washington, D. C.

46. Wu, Fulong. 1996. "Changes in the Structure of Public Housing Provision in Urban China." Urban Studies 33 (9): 1601 – 1627.

47. Wu, Fulong, Jiang Xu, and Anthony Gar-On Yeh. 2006. Urban Development in Post-Reform China: State, Market, and Space. Routledge.

48. Yang, You-Ren, and Chih-Hui Chang. 2007. "An Urban Regeneration Regime in China: A Case Study of Urban Redevelopment in Shanghai's Taipingqiao Area." Urban Studies 44 (9) (August): 1809 – 1826.

49. Yang, Zan, and Yue Shen. 2008. "The Affordability of Owner Occupied Housing in Beijing." Journal of Housing and the Built Environment 23 (4) (August 28): 317 – 335.

50. Yao, Shujie, Dan Luo, and Stephen Morgan. 2010. "Impact of the US Credit Crunch and Housing Market Crisis on China." Journal of Contemporary China 19 (64): 401 – 417.

51. Zhang, Xing Quan. 2000. "The Restructuring of the Housing Finance System in Urban China." Cities 17 (5): 339 – 348.

52. Zhao, Yingshun, and Steven C. Bourassa. 2003. "China's Urban Housing Reform: Recent Achievements and New Inequities." Housing Studies 18 (5): 721 – 744.

53. Zhou, Min, and John R. Logan. 1996. "Market Transition and the Commodification of Housing in Urban China." International Journal of Urban and Regional Research 20 (3): 400 – 421.

第3章　北京的公共住房及可支付性研究*

3.1　引言

作为中国的政治、经济以及文化中心，北京吸纳了全国大量的人口和产业。在快速的工业化和城市化进程的推动下，截至2011年，北京市的人口总量已达2 020万（北京市统计局，2012），城区面积增加至1 425.9平方公里（国家统计局，2012）。此外，北京还存在大量的城市更新、棚户区改造和新城发展。日益膨胀的住房需求催生了更高的房价，并使北京的房价增速远高于全国的平均增速。2001～2009年，北京市商品房均价增长了2.6倍，而与此同时人均可支配收入仅增长了2.4倍（国家统计局，2010）。住房增速和收入增速的失衡导致了住房支付能力不足及住房消费低迷的问题，并在中低收入家庭中尤为严重。住房问题威胁到了北京的城市经济稳定（Yang and Shen，2008；Yang and Wang，2011），拉大了不同阶层之间的社会差距（Yang and Wang，2011；Man，2011）。

在社会与政治的双重压力下，2007年8月，国务院发布了《关于解决城市低收入家庭住房困难的若干意见》（国发〔2007〕24号），提出，到2007年年底，所有城市要对符合规定住房困难条件、申请廉租住房租赁补贴的城市低保家庭基本做到应保尽保；到2008年年底，所有县城要基本做到应保尽保。该《意见》是房改后中国住房历史的重大转折点，并从本质上扭转了保障性住房自1998年以

---

* 本章由杨赞（清华大学恒隆房地产研究所副教授）、易成栋（中央财经大学管理科学与工程学院教授）、张蔚（清华大学研究生）与吴淑萍共同执笔。

来出现的下行趋势。在过去的几年里，中国的保障性住房规模急速扩张：中国的官方数据显示，在“十一五”规划期间（2006～2010年），中国新建保障性住房1 630万套，竣工1 100万套。仅2010年一年，中国就新开工保障性住房590万套，竣工330万套。2011年年初，国务院总理温家宝宣布在“十二五”规划期间（2011～2015年）中国政府计划完成城镇保障性公共住房3 600万套。若这一目标得以实现，到2015年，中国城镇保障性住房覆盖面达到20%左右。

在政策初期，很难对中国的住房政策进行全面的评价。基于独有的数据资料，本章将以北京市为例，运用剩余收入法对销售型保障性住房，即经济适用房和限价商品房进行可支付性研究。在此计算方法中，住房可支付能力与社会定义的贫困线标准（最低消费商品预算）和保障性住房支出相关。研究发现，符合销售性保障型住房申请条件的家庭的收入水平普遍远低于保障性住房准入标准所要求的收入水平——尽管经济适用房和限价房的价格已经低于普通商品房的价格，但对于大多数中低收入家庭而言，其价格仍然太高。符合条件家庭的支付能力不足限制了保障性住房的发展。

3.2 北京的公共住房：经济适用房和限价商品房

作为中国首都，北京的公共住房体系包括廉租房、经济适用房、限价房和公租房等所有类型的保障房。其中，廉租房和公租房及其租金补贴的形式仅限于符合条件的中低收入家庭或个人申请。设计保障房的目的是为了解决难以负担商品住房支出的中低收入家庭所面临的住房困难。

在北京，保障房资金主要来自地方政府财政，提取贷款风险准备金和管理费用后的住房公积金增值收益余额不低于10%的部分，贷款主要来自住房公积金①。2011年，北京市政府允许通过私人借款以及政府债券来为保障房建设筹集资金。

① 住房公积金由员工及其雇主共同缴纳，是一项以住房消费为目的的匹配储蓄。2011年，在28个试点城市中，住房公积金储蓄被用于公租房开发（中华人民共和国住房和城乡建设部，2011）。

3.2.1　北京的经济适用房项目

北京市政府于 1993 年启动安居工程项目，于 1998 年提出经济适用房项目。建设经济适用房项目的目的在于改善中低收入家庭的居住状况，同时鼓励经济适用房供应体系的建立和完善（Meng and Feng，2005）。为鼓励开发，对经济适用房项目采取以划拨方式供应土地、减免税收等政策优惠，使得经济适用房的均价低于同质的商品房。经济适用房的价格由住建部和发改委共同制定，制定原则是以成本价定价，限制开发商利润，以提高中低收入家庭的支付能力。如图 3.1 所示，经济适用房的价格在 2006 年之前一直保持平稳，2007 年后开始快速增长，变化趋势与商品房价格相对一致。从图 3.1 我们可以看出，1999～2004 年，共有 78 121套经济适用房成交，占同期全国市辖区商品房成交总量的 7%。由于经济适用

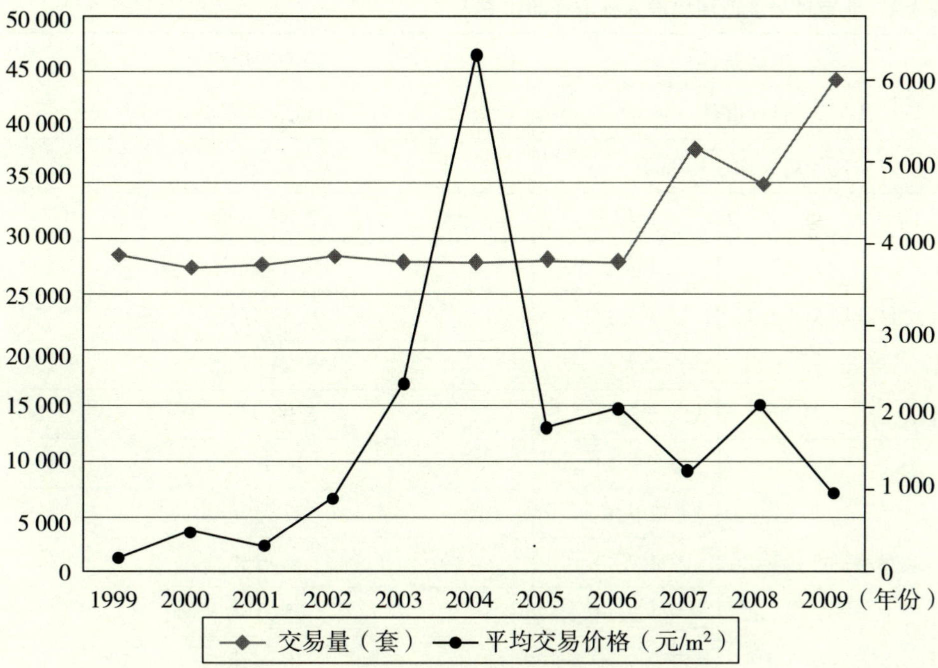

图 3.1　北京市经济适用房交易量及交易价格

资料来源：北京市住房和城乡建设委员会

房均价仅为市场价格的1/3，因此，相当于转移了30%的住房财富来保障中低收入家庭的住房支付能力。然而由于经济适用房交易政策的出台，2004年之后经济适用房的成交量出现了急剧下降，2010年全年经济适用房成交量仅占同期新增商品房成交总量的3%。自2004年起，北京市经济适用房家庭在取得房屋所有权证和土地使用证5年，并完整缴纳增值收益（按初始购买价格和当前交易价格差价的70%计算）后，可以将该房屋在商品房市场上进行交易。

在北京，符合下列条件的家庭可以申请购买一套经济适用住房（详细要求见表3.1）：

（1）有北京户籍。

（2）家庭收入及总资产净值满足限定的标准。

（3）现居住住房人均使用面积低于10米^2/人（包括租赁住房和自有住房）。

表3.1　北京市经济适用房准入标准（2010年）

申请条件		经济适用房
目标群体		中低收入家庭
现住房人均使用面积		10 m^{2}及以下
家庭年收入（元）	1人户	2.27万元
	2人户	3.63万元
	3人户	4.53万元
	4人户	5.29万元
	大于等于5人户	6.00万元
家庭总资产（元）	1人户	24万元
	2人户	27万元
	3人户	36万元
	4人户	45万元
	大于等于5人户	48万元

资料来源：北京市住房和城乡建设委员会官方网站

3.2.2　北京的限价商品房项目

为了解决中等收入家庭的住房困难，北京市出台了《北京市限价商品住房管理办法（试行）》，来促进并规范面向中低收入阶层的低成本和中小套型限价商品房的建设、交易和管理行为。限价房是指交易价格和房屋面积都受到严格限制的“两限”商品房。交易价格由相关地方政府部门基于成本及开发商合理利润设定。一般来讲，限价房的利润空间为3% ~5%，略高于经济适用房，但仍显著低于普通商品房。政府的土地租赁招标协议规定，限价房开发用地以较低的价格通过招标拍卖获得，单套面积不得超过90平方米，已完工的限价商品房必须以特定的价格出售给符合条件的购房者，如果开发商不接受这一规定，将无法中标获得土地开发权。

相较于经济适用房，限价房对申请家庭的收入和资产限制相对宽松，老年人、残疾人以及住房在城市发展进程中被拆迁的家庭在限价商品房分配中享有优先权。与经济适用房类似，只有满足一定条件的本地户籍的家庭才有资格购买限价房，居住满5年并缴纳差价（按当初购买价和现在交易价格的差价的35%计算）后，房屋所有者可以将该限价房上市交易。北京市限价房的申请条件如表3.2所示。

表 3.2　北京市限价房准入标准（2010 年）

申请条件		限价房
目标群体		中等收入家庭
现住房人均使用面积		15 m^2
家庭年总收入（元）	3 人或少于 3 人户	8.8 万元
	多于 3 人户	11.6 万元
家庭总资产（元）	3 人或少于 3 人户	57 万元
	多于 3 人户	76 万元

北京市限价商品房的发展在2009年达到顶峰：仅2009年一年，全市新建限价商品房64 000套，总面积达683万平方米。而在2007年和2008年分别为30 000套和42 000套。2010年，随着保障房政策重点向公租房项目转变，限价房计划新建量减少至30 000套，比2009年缩减了一半。

3.3 文献综述及住房可支付能力计算

对住房支付能力的准确估计在公共政策建议及住房贫困测度中至关重要。然而，由于住房可支付能力缺乏统一定义，同时现有计算方法存在缺陷，因此之前学者对于可支付能力的理论和实证分析结论各不相同。

住房可支付能力是指家庭在不降低基本生活标准的前提下负担住房支出的能力（Grigsby and Rosenburg，1975）。住房可支付能力概念的核心是住房消费和非住房消费之间选择的机会成本。住房可支付的含义是家庭可支配收入减去住房支出的剩余收入不低于最低满意度标准，即贫困线（Bramley，1990）和最小市场篮（Grigsby and Rosenburg，1975）。换言之，如果家庭剩余收入不能满足给定的最低水平的需求和效用，则这个家庭被认为是住房支付能力不足的。因此，Bramley（1990）在对住房可支付能力的定义中描述了住房消费和非住房消费之间的机会成本，抓住了收入、住房支出及非住房消费这三个住房支付能力计算的重要维度，同时强调了社会基准住房消费的概念。

与这一定义相对应的剩余收入法在住房可支付能力的研究中受到特别关注（Thalmann，1999；Kutty，2005；Stone，2006）。剩余收入法强调了收入、住房支出和非住房必需品消费之间的关系。从政治的角度来讲，这一方法有显著优势，它回答了住房“对谁而言可支付”的问题，并可以指导住房服务标准的制定和颁布（Stone，2006）。Freeman等（2000）在住房支付能力的研究中提供了一个国际化的视角，并对剩余收入法进行了讨论。Kutty（2005）将剩余收入法运用于美国的研究，认为计算结果更加准确地刻画了美国的住房贫困状况。Yang and Shen（2008），Yang and Wang（2011）在对北京市的研究中改进了剩余收入法，并在中国的实证分析中讨论了这一方法的优点。

首先，本章的研究使用剩余收入法，基于北京的家庭贫困线也即低保线，对符合申请条件的家庭所需要的最低非住房消费支出进行估计。设定贫困线的目的是为经济困难的城市家庭提供最低生活保障，收入或资产位于贫困线以下的家庭需要接受社会资助，以支付包括衣、食、住以及义务教育等在内的基础需求的消费支出。贫困线水平由北京市民政局基于 CPI 变化每年调整并发布。然而，社会普遍认为现有贫困线设定得并不合理，设定过低并且调整速度远低于经济增速。在此我们将贫困线与北京市统计局公布的收入位于后 40% 的家庭的非住房消费均值进行比较后发现，贫困线低于中低收入家庭非住房消费水平。然而，在对经济适用房和公租房可支付能力的研究中，这两种不同的非住房消费计算方式对结论的影响不大。

其次，本章基于购买经济适用房和限价商品房的单套总价（均值）来估计符合申请条件的家庭的住房支出。基于经济适用房和公租房的单套总价和首付比例及贷款利率，我们可以计算出家庭住房消费的首付款和年还款额。在考虑了融资成本后，我们可以得到住房消费以及非住房支出总和的最小预算约束。将该预算约束同北京市住房保障申请家庭实际收入比较后，我们可以判断经济适用房和公租房项目对于符合申请条件的家庭是否是可支付的。用同样的思路，我们也可以计算廉租房和公租房的住房支付能力。

3.4　数据说明及分析

根据北京住房保障办公室收集的北京市住房保障申请家庭的相关数据，从 2007 年到 2010 年第一季度，北京市有 4 000 多个家庭符合经济适用房的申请条件，有 7 000 多个家庭符合限价房的申请条件。表 3.3 概括了两类家庭的主要财富特征。

在表 3.3 中，年收入是指包括工资、补贴、金融资产收入及其他收入在内的所有家庭收入的总和。从表 3.3 中我们可以看出，限价商品房申请家庭的资产和

表 3.3　北京市符合经济适用房和限价房申请条件的家庭的主要财富特征

<table>
<tr><th colspan="2">年收入（千元）</th><th colspan="2">比例（%）</th></tr>
<tr><td rowspan="7">经济适用房</td><td>0 ~ 5</td><td colspan="2">7.93</td></tr>
<tr><td>5.001 ~ 10</td><td colspan="2">6.00</td></tr>
<tr><td>10.001 ~ 20</td><td colspan="2">26.58</td></tr>
<tr><td>20.001 ~ 30</td><td colspan="2">26.74</td></tr>
<tr><td>30.001 ~ 40</td><td colspan="2">23.15</td></tr>
<tr><td>40.001 ~ 50</td><td colspan="2">9.00</td></tr>
<tr><td>50.001 ~ 60</td><td colspan="2">0.61</td></tr>
<tr><td rowspan="6">限价房</td><td>0 ~ 10</td><td colspan="2">2.94</td></tr>
<tr><td>10.001 ~ 30</td><td colspan="2">13.93</td></tr>
<tr><td>30.001 ~ 60</td><td colspan="2">43.30</td></tr>
<tr><td>60.001 ~ 70</td><td colspan="2">15.21</td></tr>
<tr><td>70.001 ~ 100</td><td colspan="2">23.59</td></tr>
<tr><td>100 以上</td><td colspan="2">1.03</td></tr>
<tr><td colspan="2">家庭资产（千元）</td><td>经济适用房</td><td>限价房</td></tr>
<tr><td colspan="2">0 ~ 50</td><td>45.94</td><td>27.54</td></tr>
<tr><td colspan="2">50.001 ~ 100</td><td>21.25</td><td>19.44</td></tr>
<tr><td colspan="2">100.001 ~ 500</td><td>32.81</td><td>49.80</td></tr>
<tr><td colspan="2">500.01 ~ 600</td><td>0.00</td><td>2.74</td></tr>
<tr><td colspan="2">600 以上</td><td>0.00</td><td>0.47</td></tr>
</table>

资料来源：北京市住房保障办公室工作报告

收入状况普遍优于经济适用房申请家庭。例如，半数以上具备经济适用房申请资格的家庭年收入为 20 000 ~ 50 000 元，而半数以上具备限价商品房申请资格的家庭年收入为 50 000 ~ 100 000 元。收入上的差异也证实了前文提到的经济适用房政策和限价商品房政策在目标人群上的不同。图 3.2 和图 3.3 分别描述了两类家庭在子女年龄分布和家庭年龄分布上的表现。从两图中可以看出，两类家庭在年龄分布上并无明显差异，半数以上的家庭中有学龄儿童，80% 以上的家庭为上班族。

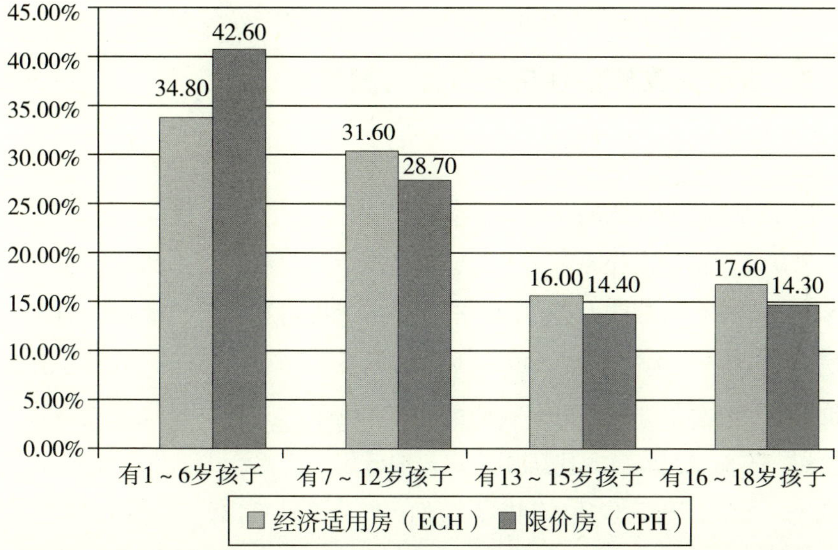

图 3.2　北京市符合经济适用房和限价房申请条件家庭的子女年龄分布（%）

资料来源：北京市住房保障办公室工作报告

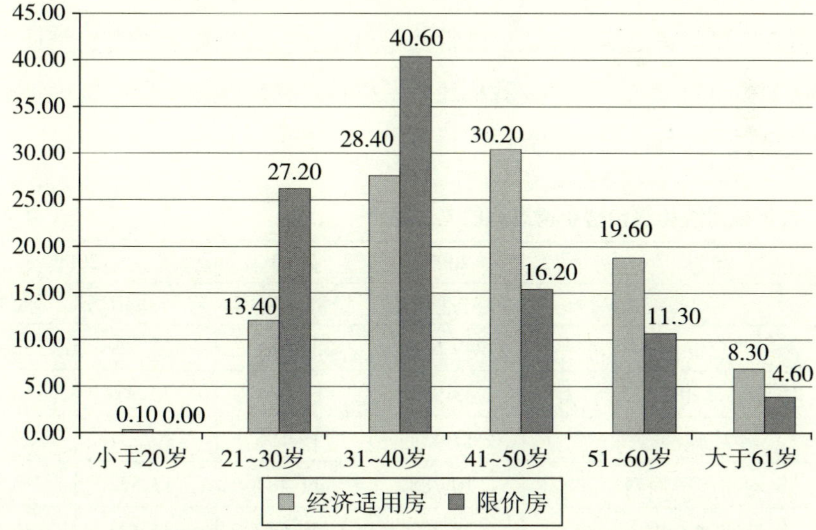

图 3.3　北京市符合经济适用房和限价房申请条件家庭的户主年龄分布（%）

资料来源：北京市住房保障办公室工作报告

3.5 低收入家庭的住房支付能力测算

在这一部分，我们运用剩余收入法计算2007~2009年北京市符合经济适用房和限价房申请资格的家庭的住房支付能力。

我们从北京市住房保障办公室获取了经济适用房和限价房的单位成交均价数据。参照北京市住房保障办公室的标准，经济适用房和限价房的标准面积分别取70平方米/套和80平方米/套。单位成交均价乘以标准面积即可得到经济适用房和限价房的单套总价，基于此，我们可以计算等额本息贷款模式下的贷款首付和年还款额。等额本息贷款是中国刚需房普遍采用的贷款模式，贷款期限30年，首付比例低于20%。代入贷款年利率，我们可以分别计算出经济适用房和限价房项目的年还款额，加上家庭年非住房消费支出，便可得到不同家庭每年最小的收入预算约束。因为2008年北京市的限价房项目很少，因此，我们只计算了2009年限价房项目的支付能力，计算结果如表3.4所示。将表3.4中最低年收入的计算结果同表3.3中的家庭实际年收入进行简单对比后，我们可以获得经济适用房和限价房的贷款支付能力。此外，我们还可以将首付款总额同家庭总资产进行比较后分析经济适用房和限价房的首付支付能力。

表3.4 经济适用房和限价房申请家庭的支付能力 （单位：元）

年份	2007	2008	2009	
	经济适用房	经济适用房	经济适用房	限价房
总价	249 603	331 731	362 529	582 465
首付（20%）	49 921	66 346	72 506	116 493
年还款额	17 454	19 156	20 731	33 309
年均非住房消费	10 788	11 484	13 572	13 572
年最低收入约束	28 242	30 640	34 303	46 881

注：1. 计算经济适用房和限价房总价时假定住房的人均建筑面积为30平方米。

2. 假设贷款期限为30年。

3. 贷款利率设定为2007年为7.83%，2008年为5.94%，2009年为6.94%。

4. 非住房消费值依据北京市民政局每年发布的贫困线数据计算。

我们将表3.3中的家庭实际收入同表3.4中的最低收入要求进行比较后发现，2009年，超过67.25%的经济适用房申请家庭面临支付能力不足的问题，这表明经济适用房项目并没有成功解决困难家庭面临的住房支付能力不足的问题。限价房的可支付能力相对好一些，有接近61.48%的家庭的年收入可以负担房贷的年还款额及年非住房消费支出。对大部分家庭而言，经济适用房和限价房项目首付款的支付难度不大，超过半数的家庭均可负担贷款首付。

为了更好地理解经济适用房的可支付能力，我们对不同规模的家庭的支付能力进行了分别分析（见表3.5）。我们发现1人户家庭面临的住房支付困难最大，2人户家庭支付能力最好。在2009年，80%以上的1人户家庭住房支付能力不足，而这一比例在3人户家庭中同样超过了50%，而在2人户家庭中仅为40%。

表3.5　分家庭规模的经济适用房申请家庭的支付能力

年份	2007	2008	2009
家庭规模	1人户		
总价	86 070	114 390	125 010
首付（20%）	17 214	22 878	25 002
年还款额	6 018.47	6 605.62	7 148.57
年均非住房消费	3 720.00	3 960.00	4 680.00
年最低收入约束	9 738.47	10 565.62	11 828.57
家庭规模	2人户		
总价	172 140	228 780	250 020
首付（20%）	34 428	45 756	50 004
年还款额	12 036.93	13 211.25	14 297.14
年均非住房消费	7 440.00	7 920.00	9 360.00
年最低收入约束	19 476.93	21 131.25	23 657.14
家庭规模	3人户		
总价	258 210	343 170	375 030
首付（20%）	51 642	68 634	75 006
年还款额	18 055.40	19 816.87	21 445.71
年均非住房消费	11 160.00	11 880.00	14 040.00
年最低收入约束	29 215.40	31 696.87	35 485.71

3.6 结论

飞涨的房价引发了人们对日益扩大的贫富差距以及不可持续的经济发展的关注，同时使得中国的保障房供给被越发广泛地视为一个政治问题。在北京，随着城镇化的快速推进以及住房质量的不断改善，房价一直面临上行压力。保障房的大量供给，也是稳定房价的一个手段。2011 年，北京市计划新建约 10 万套保障房。

本章的研究表明，对于保障房项目效果的检验，不仅需要关注保障性房屋供给的数量，更应该关注项目本身对于住房可支付性和住房可获得性的改善程度。基于对北京市经济适用房和限价房可支付能力的研究，我们发现，北京市的中低收入家庭普遍面临保障房支付能力不足的问题。

中国政府对保障房的发展提供了土地供应优惠和税收减免的政策支持，并对保障房的价格进行了严格的限定，确保开发商的名义利润维持在 3% 左右。因此，从供给方的角度来讲，保障房售价可下降的空间很小。这意味着，需要将买房补贴以及收入补贴等相应的买方补贴等政策纳入住房政策体系。这样可以为买房者提供更多的选择，使他们可以在合适的位置买到可支付的住房。此外，还可以在低收入家庭和政府之间建立共有产权住房，以减轻低收入家庭所面临的财务负担及未来住房资产贬值风险。

在中国，地方政府全权负责保障房项目的供给。中央政府需要保证困难家庭在最需要的时候获得高品质住房及服务。政府需要保证保障房的地域配置与城市规划相互协调，确保保障房项目周边公共设施的配套完善。然而，这并不意味着政府必须要全权负责保障房项目的供给。中国保障房项目并未成功解决目标群体的住房支付能力不足问题，可能恰恰说明国外普遍认同的公私合作模式是更加有效的保障房供给模式。

参考文献

1. Bramley G (1990). Access, affordability and housing need. ESRC housing studies conference,

University of Surrey, September. SAUS, University of Bristol, Mimeo.

2. Chen J, Hao Q, Stephens M (2010). Assessing housing affordability in post – reform China: A case study of Shanghai. Hous Stud 25 (6): 877 – 901.

3. Freeman A, Kiddle C, Whitehead C (2000). Defining affordability. In: Monk S, Whitehead C (eds) Restructuring housing systems: From social to affordable housing? York Publishing Services, York, pp 42 – 49.

4. Grigsby WG, Rosenburg L (1975). Urban housing policy. APS Publications, Inc. /Center for Urban Policy Research Rutgers University, New York.

5. Kutty NK (2005). A new measure of housing affordability: Estimates and analytical results. Housing Policy Debate 16 (1): 113 – 142.

6. Man J (2011). China's housing reform and outcomes. In: Man JY (ed) Policy. Lincoln Institute of Land Policy, Cambridge, MA.

7. Meng FY, Feng CC (2005). The rudiments of affordable housing in China. J Asian Arch Building Eng 437: 431 – 437.

8. MOHURD (2011). Report on construction and management of urban affordable housing. http://finance.sina.com.cn/focus/rdxwbzf/index.shtml.

9. NBSC (2012). China statistical yearbook 2000. National Bureau of Statistics of China. China Statistical Press, Beijing.

10. State Council (2007). Several opinions on solving the housing difficulties of low-income households in urban areas. State Council of the People's Republic of China, No. 24, 2007 – 8 – 7, Beijing.

11. Stone ME (2006). What is housing affordability? The case for the residual income approach. Housing Policy Debate 17 (1): 151 – 184.

12. Thalmann P (1999). Identifying households which need housing assistance. Urban Stud36 (11): 1933 – 1947.

13. UNECE (2004). The future of social housing. United Nations Economic Commission for Europe (UNECE), Vienna.

14. Yang Z, Shen Y (2008). The affordability of owner occupied housing in Beijing. J Housing Built Environ 23: 317 – 335.

15. Yang Z, Wang ST (2011). The impact of privatization of public housing on housing affordability in Beijing: An assessment using household survey data. Local Economy 26 (5) 384 – 400.

第 4 章　上海的公共住房：多重目的的工具*

摘要：由政府直接提供住房仍然是一些国家住房政策中的重要方式。本章以上海最近的动迁安置房和公租房政策为例，剖析了上海在新一轮社会空间变迁中的公共住房政策。主要结论包括上海最新的公共住房政策是深思熟虑的城市发展政策和其他战略结合的结果，例如城市营销及中产阶级的绅士化。本章因而归纳上海市政府利用新的住房政策作为提升地方竞争力的手段。本章主要数据来自上海公租房住户的调研。最后，本章提出了未来中国公共住房发展将面临的挑战。

4.1　引言

城市发展的许多方面都深深地受到当地住房政策的影响（Glaeser 等，2006）。公共住房政策一直以来都备受争议，因为其直接与市场竞争，同时其建设和维护又耗费大量公共资源（Green and Malpezzi，2003）。然而，政府直接提供住房依然是许多国家住房政策的重要手段之一。Green and Malpezzi（2003）提出，“政府在与扩大生产相关项目上的支持力度往往比居民补贴项目要高得多。”

中国是一个发展中国家，中国政府将经济发展作为巩固政权合法性的最重要的方式。1998 ~ 2011 年，中国房地产市场蓬勃发展，住宅总面积增长了 93 亿平

* 本章由常莹（西交利物浦大学城市规划与设计系教授）、陈杰（上海财经大学公共经济与管理学院教授）共同执笔。本章的研究由国家自然科学基金（71173045），住房与城乡建设部软科学基金（2012 - 21）以及复旦大学 985 - III 项目（2012SHKXQN012）资助。

方米，为解决2.8亿从农村进入城市的流动人口的居住问题提供了前提保障。然而，正如Wu（2001）所指出的，中国改革开放后的住房政策具有两个相关但又自相矛盾的目标：一方面，通过住房商品化和市场化有效增加住房供给以满足快速城市化的需求；另一方面，通过吸引利润驱动型的房地产投资刺激地方经济的发展。

近几年，住房政策自身存在的矛盾对国家政权的威胁变得更明显，具体表现在不断攀升的房价、过度的房地产投机行为以及宏观经济的不稳定上。面对这些威胁，中国政府从2009年起要求各地政府大力建设保障性住房（Wang and Murie，2011）。2011年春，国务院制订了“十二五”规划期间（2011～2015年）提供3 600万套保障性住房的计划，预计到2015年将覆盖到20%的城镇居民。

然而，大家普遍认为，中国“保障性住房供给在更大程度上是服务于经济增长而不是社会保障”。根据胡锦涛主席在2006年提出的“和谐社会”发展观，社会保障政策应该进一步与经济政策相结合，而且成为衡量当地政府业绩的新参照标准。例如，最近一份由世界银行和国务院发展研究中心合写的报告指出，中国未来的发展要么是“积极的福利社会”，要么是“发展型福利”（developmental welfare）模式（世界银行，2012，第298页）。

类似于新加坡建屋署的建屋项目，上海新的保障房政策融合了各种不同的思想体系，包括新自主主义、干涉主义、专制资本主义以及发展主义。在本章中，我们将论证上海最近的公租房项目是一项考虑了城市营销以及为中产阶级建设新的封闭式的社区而采取的灵活的住房政策方案。总之，我们认为，上海政府最新推出的住房政策是以加强地方经济竞争力和稳定性为主要目的的。

4.2　上海住房现状和近期发展

4.2.1　上海住房现状

2011年，上海常住人口超过2 300万，年国内生产总值（GDP）达19 200亿元人民币（合 2 970 亿美元）[①]。上海是中国最大也是最国际化和最有活力的城市。与中国其他城市一样，上海的住房供给向新自由主义方向的转变也源于 20 世纪 80 年代国家经济体制由集中计划经济体制向社会主义市场经济体制的转变（Wang and Murie，2011）。自 20 世纪 90 年代末，全球化以及以市场经济为主导的改革，深深地影响了上海的住房需求和供给。自 20 世纪 90 年代以来的住房发展，大大地改变了上海城市住房的所有权结构。在 20 世纪 80 年代早期，上海 80% 的住房归国家（及单位）所有，仅有 20% 归私人所有（《上海统计年鉴》，1983 年）。然而，到 2011 年，82% 的上海户籍人口拥有自有住房（见表 4.1）。

表 4.1　上海户籍人口住房所有权结构（%）

住房所有权类型	2004	2008	2010	2011
租赁房	26.6	21.6	19.9	17.19
原有公房	25.9	17.4	16.4	13.89
私人租赁	0.7	4.2	3.5	3.3
自有住房	72.9	77.6	80.1	82.09
继承	2.2	0.7	0.7	0.89
购买原有公房	42.9	37.8	37.4	37.9
购买商品房	27.8	39.1	41.1	43.3
其他	0.5	0.8	0.9	0.69
合计	100	100	100	100

资料来源：《上海统计年鉴》（2005 ~ 2012 年）

新自由主义经济刺激了住房市场的投资热潮。到 2011 年年底，上海房屋总存量面积达到 5.5 亿平方米，这是 1978 年的 13.4 倍，是 1988 年的 2.9 倍。2011 年，上海人均居住面积是 18.7 平方米，是 1998 年的 2 倍。住房的质量也显著提高。2011 年，低标准的住房（主要是棚屋与老式里弄房子）只占到住宅总存量的 1.46%（见表 4.2）。

① 根据官方汇率转换计算，2011 年上海国内生产总值在世界所有城市中排名第 13 位。资料来源：http://en.wikipedia.org/wiki/List_of_cities_by_GDP。

根据2010年第六次全国人口普查的数据，2010年，上海常住人口2 300万（825万户），其中上海户籍的人口占61%，外来人口占39%。农民工是外来人口的主要群体。

第六次全国人口普查数据显示，上海户籍人口和外来人口的住房所有权有着显著差别：80%对20%。同时，在所有的住户中，7.4%的住房没有抽水马桶，15%没有卫生间（其中7%与他人共用卫生间），27.2%没有浴室。这离实现人人享有适当住房的目标仍然有很大差距，特别是对于外来农民工。

同时，也有研究发现计划经济的影响和新自由主义市场经济一起，使得低收入家庭集中居住在几种特定的社区里（He等，2010；Wu and Webster，2010）。

表4.2 1949～2010年上海住房存量结构 （单位：10 000平方米）

年份	总计	别墅	公寓	职工住宅	新里弄	旧里弄	棚居
1949	2 359	224	101		469	1 243	323
1950	2 361	224	101	1	469	1 243	323
1960	3 602	224	101	500	478	1 800	500
1970	3 871	225	101	741	492	1 853	459
1978	4 117	128	90	1 140	433	1 777	464
1990	8 901	158	118	4 884	474	3 067	123
1998	18 587	214	191	14 868	445	2 758	49
2000	20 865	250	206	17 939	428	1 896	84
2005	37 997	1 380	491	33 610	541	1 836	37
2010	52 640	2 064	492	47 951	528	1 275	29

资料来源：《上海统计年鉴》(1985，2000，2011)

4.2.2 后改革时期上海的住房保障系统

虽然在福利住房改革以后，中国住房供给是以市场引导为主，但中国政府从来没有真正完全退出住房供给舞台。2001年，上海成为中国第一个实行廉租房的城市。有住房困难的最低收入家庭可以从政府那里得到租金或者实物补贴。然而，廉租房政策作为保障制度的保底手段，对申请者的要求非常严格。到2009年年底，一共只有61 500户家庭享受了廉租房政策的支持（其中大约90%是租金补贴，只有10%是实物补贴），其总数只占上海户籍家庭的1%。

直到2009年，当地政府在保障性住房供给的数量和方式上都有极大的自主权。保障性住房建设的动机主要是迫于当地经济发展的压力和目标，当然也由当地政府的资源多少来决定。然而，自2010年以来，中国政府将公共住房建设作为首要的社会和政治目标（住房与城乡建设部，2011）。保障性住房的建设规模大大加快：全国计划从2008年的100万套，发展到2009年的330万套，到2010年的590万套，直至“十二五”规划期间（2011～2015年）的3 600万套。同时，自2010年以来，住房与城乡建设部为各地政府下达了严格的保障性住房建设计划和标准。

2008年，上海重新开始启动经济适用房项目。与其他城市的经济适用房项目类似（Wang and Murie，2011），上海的经济适用房项目旨在解决中低收入家庭的住房困难，使他们拥有自己的住房。为了控制价格，经济适用房用地由政府无偿划拨，减免各种服务费和税费，销售价格以成本价为主。每户面积控制在60～80平方米。对所有权和转手销售也有限制，例如5年内不允许上市进行交易。上海的经济适用房最近更名为“共有产权房”，因为政府和所有者各占有50%～70%的产权。这一做法在一定程度上避免了投资者利用经济适用房作为投资手段。至2010年，上海市完成了1 000万平方米的经济适用房建设。

2010年，福利房制度结束十几年之后，上海市政府开始了公租房项目，并将其包括在“四位一体”的全面保障性住房体系之中。这“四位一体”的全面保障性住房体系旨在为不同人群提供不同类型的住房保障：最低收入家庭有廉租房，中低收入家庭有经济适用房（共有产权房），动迁家庭有动迁安置房，那些买不起房却又不能享受其他三种类型保障性住房的家庭有公租房。公租房项目是目前唯一一个外来人口可以申请的保障性住房项目，但是还是有需要持有上海长期居住证的硬性要求。

根据2012年2月7日公布的上海“十二五”（2011～2015年）住房发展规划，

上海在“十二五”规划期间计划提供 100 万套保障性住房，其中有 40 万套经济适用房，35 万套动迁安置房，5 万套廉租房，20 万套公租房。保障性住房用地供给，加上中小面积普通商品房，大约每年 70 ~ 80 公顷，占全部住宅用地的 70%（见表 4.3 和表 4.4）

表 4.3　上海“四位一体”的保障性住房供给计划（2011 ~ 2015 年）

类型	2011 ~ 2015 年（计划净增）	
	套数（1 000 套）	覆盖范围（%）
廉租房	50	1.5（2.6）
经济适用房	400	4.2（7.6）
动迁安置房	350	3.5（6.0）
公租房	200	1.2（1.9）
合计	1 000	11.8（19.2）

资料来源：“十二五”规划期间（2011 ~ 2015 年）上海的住房发展计划

注：覆盖范围括号内的数据是只包括户籍人口的比率，括号外的数据是包括外来人口在内的所有人口的比率。2015 年人口是作者预测的。对于廉租房和公租房，包括了购买和通过其他途径收集的住房。

表 4.4　上海 2010 ~ 2012 年土地供应计划　（单位：公顷）

年份		经济适用房	动迁安置房	公租房	中小户型普通商品房	其他	合计
2010	公顷	250	450	0	70	330	1100
	百分比	（23%）	（41%）	0%	（6%）	（30%）	
2011	公顷	200	400	100	140	360	1200
	百分比	（17%）	（33%）	（8%）	（12%）	（30%）	
2012	公顷	100	450	50	100	300	1000
	百分比	（10%）	（45%）	（5%）	（10%）	（30%）	

资料来源：上海土地供应“十二五”规划

注：廉租房是没有土地供应计划的，2010 年也没有公租房的土地供应计划。

4.3 上海城市发展与保障性住房

4.3.1 企业式城市、城市营销及绅士化

有不少学者认为，上海在其重拾国际地位的过程中，城市发展由地方政府主导，城市运营与经营企业类似（Wu，2003；He and Wu，2005；Zheng，2010）。

城市营销（city marketing）是企业式城市的主要特点之一，特别是当城市加入到全球化的竞争中时。Sager（2011）强调了城市营销背后新自由主义的背景，"城市营销、推广和品牌化是增强城市竞争力，吸引投资和旅游而采取的手段，"另外也是为了吸引两种"地方消费者"。这两种"地方消费者"具体是指：（1）希望在一个有吸引力的地方生活、工作和休闲的个人；（2）寻求新的地方办公，开厂，经营和招募的公司。城市营销常用的手段包括旗舰项目和超大型活动（例如，一级方程式赛车，众所周知的2010年上海世博会）。上海早已有各种各样的优惠政策，用来打造吸引工业发展和投资的城市形象（Marton and Wu，2006；Wu and Barnes，2008）；众多的创意产业园基地也成为举办世界文化和艺术盛会的中心（Zheng，2010）。也有研究显示，上海的发展体现了绅士化、全球化和逐步浮现的新自由城市主义中复杂的联系，当地政府通过发展规划，在上海大规模的绅士化过程中起了主要的推动作用（He，2010）。

4.3.2 动迁安置房和绅士化

许多学者都发现上海政府作为一个企业式政府，土地转让收入也是其主要财政来源（Wu，2004；He and Wu，2005；Yang and Chang，2007）。同时，保障性住房也是上海当地政府推动城市发展的方法之一。下面将阐述上海市动迁安置房在上海旧城改造和绅士化过程中所起的作用。

1987～1995年，上海开始了小规模的"住房解困"项目，为住房极其困难的

家庭改善住房。共有 6 万家庭通过这个项目改善了住房（Wu，2004）①。自 1992 年以来，旧城改造“365 规划”计划到 2000 年以前改造 365 公顷棚户区。这个项目的成功完成在很大程度上取决于开发商和当地政府的利益驱使。

上海旧城改造规模在经济改革后得以继续扩大。2001 年，“新一轮旧城改造”计划出炉，几乎包括了中心地区所有的房屋现况不善的房屋。然而，自从 2002 年上海房价开始攀升以来，拆迁补偿费大幅度提高（He and Wu，2005）。为了降低拆迁成本，使旧城改造项目实施更加顺利，2003 年上海提出了新的动迁安置房政策。

根据 2003 年的新规，动迁家庭得到不低于市场价格的补偿，同时可以以附近商品房市场价格的 70% 优惠价格购买动迁安置房。中心地区的房价较高，而在郊区的安置房价格远远低于市场的价格，这吸引了很多家庭选择动迁安置房。

2005 年，上海市政府提出要建设 1 000 万平方米动迁安置房和 1 000 万平方米的限价房，简称为“两个 1 000 万”项目。然而，该项目在 2006 年中止。但是动迁安置房的建设仍然保持着相当大的规模：在“十一五”规划期间（2006 ~ 2010 年），有 296 万平方米、大约 33 万套动迁安置房建成。根据上海“十二五”住房发展规划，有 15 万旧城区的居民将被动迁，350 万平方米的住宅将被拆除。

从表 4. 5 可以看出，1995 ~ 2011 年，共有 1 159 899 户家庭因为动迁从中心城区搬出，共有 7 665. 2 万平方米住宅被拆除。数据显示，大约每 4 户上海户籍人家中就有 1 户被动迁。由此也可推断出，如果没有大规模的动迁和土地的再次分配，住房市场不会有如今这样大的规模（见表 4. 5）。

表 4. 5　上海拆迁住宅面积及家庭（1995 ~ 2011）

年份	拆迁家庭户数	被拆迁的住宅面积（10 000 m^2）
1995	75 777	253. 90
2000	70 606	288. 35
2005	75 857	851. 85

① 1987 ~ 1988 年，只有人均居住面积少于 2 平方米的居民可以申请。1991 年这个标准提高到 2. 5 平方米，1995 年提高到 4 平方米。

（续表）

年份	拆迁家庭户数	被拆迁的住宅面积（10 000 m^2）
2006	81 126	848.35
2007	51 354	690.00
2008	53 583	753.71
2009	68 286	612.56
2010	39 721	389.87
2011	23 112	182.83
总计	1 159 899	7 665.2

资料来源：《上海统计年鉴》（2012）

注：数据只包括9个中心城区和浦东新区。

上海"十二五"规划中指出，动迁安置房是促进城市发展的重要手段之一，"十二五"规划中的40万套动迁安置房是决定"十二五"规划城市发展的重要条件。动迁安置房在上海"十二五"规划中保障性住房建设中占有的比例最重，分配的土地最多，总共450公顷，占2012年上海所有土地供应量的45%（见表4.3和表4.4）。

低收入家庭过去主要居住在老城区和单位福利房里，但是现在被动迁到较远地区。原来的旧城区如今大多高楼林立，而且主要居住者为中高收入家庭。老工业区也被购物中心、办公楼和银行所取代。

动迁安置房既是地方政府主导型城市发展的一个结果，同时也是城市发展过程中的重要一部分。有大量的证据显示，动迁安置房确实为许多住房困难的家庭改善了居住条件（He and Wu，2005；Yang and Chang，2007；Weinstein，2009；Wang，2011）。然而，这其中并没有考虑动迁前后地段的价值差别；另外，有一个事实也往往被忽视了，那就是真正居住在旧城区的往往并不是房屋所有者，而是外来的租客。

4.4 上海新公租房的发展

公租房项目已经成为中国保障性住房的新趋势。自2011年起，公租房建设已经成为衡量当地政府业绩的一项重要指标。

4.4.1　上海公租房的特点

上海“十二五”规划中计划建设20万套公租房，其中一半是市属项目，另外一半由各区完成。到2012年年底，上海已经成立21家公租房公司。

这些公租房公司具有独立法人资格，启动资金由市和区级政府共同提供。公租房公司负责公租房项目的投资、规划、设计、行政以及管理。公租房公司保持财政独立，这意味着，除了启动资金外，其他资金运作自负盈亏。从这一点来看，上海公租房公司和瑞典的政府房屋公司以及荷兰的社会住房公司很相似。然而，目前还不是很清楚如果公租房公司经营不善，应由哪一方来负责。

根据政府有关条例,[①] 上海市公租房的建设原则可以总结为“政府主导，多方参与，市场价格，多种方式补贴”。具体来说，政府负责政策制定、规划、组织和协调不同部门，公私营部门都可以参与建设，成为公租房提供者，租金略低于市场价格，无法承受市场价格的部门由政府和雇主共同补贴。

总的来说，上海新的公租房政策主要满足以下人群的需求：

（1）买不起房又不满足条件申请其他保障性住房的来上海工作的专业人才。

（2）有住房困难的家庭，包括那些有住房产权的家庭，只要他们符合人均建筑面积小于15平方米的条件。

（3）没有本市户口也可以申请，但是申请者必须已经持有上海长期居住证，并且已经连续12个月缴纳社保。

这里需要强调的是，上海市公租房的价格只是略低于市场价格。这个问题我们将在后续章节进一步讨论。

4.4.2　人才竞争与公租房

上海一直在改革开放过程中起着龙头作用，以成为全球经济中心为长期发展目标。经济全球化和中国社会主义市场经济之间有着紧密的联系（Witt and Red-

---

① 参见 http：//www. shfg. gov. cn/fgdoc/qyfc/zfbz/201202/t20120229_ 540238. html.

ding，2013）。同时，也有学者建议全球化和竞争战略紧密联系重新构建中国城市的景观（Xu and Yeh，2009）。同时，也有文献提到上海多样的城市营销和地方推广手段（Wu，2001；Wei 等，2006；Yang and Chang，2007）。

为了使一个创业型城市不断发展，上海需要输入更多的人才作为城市发展的动力。然而如果只考虑上海户籍人口，上海从 20 世纪 90 年代早期就开始出现人口老龄化。2010 年第六次全国人口普查结果显示，在上海户籍人口中，有23%为 60 岁以上老人。2010 年上海户籍人口自然增长率为 -0.6 ‰。人口老龄化不仅带来劳动力减少的威胁，同时也给城市社保带来压力。

财政地方化为上海创业型的发展创造了条件。然而，社保基金的不足成为当地财政的软肋。另外，上海同时还面临着长江三角洲周边地区对人才的竞争。

正如 Sager（2011）总结的一样，“创意人才需要消费、休闲和生活的场所……此外，创意人才的住房要求不同于工薪阶层，他们需要时髦的、多样的，以及高质量的居住小区。”

上海市政府的公文和会议纪要多次记录并强调了为来沪人才提供合适的住房的重要性。上海“十二五”发展规划提出，“现在到了上海实现四个中心的关键时期，但是我们面临许多挑战……我们需要为专业人才制定更加创新的公共政策，同时改善专业人才的生活文化环境。”

以上观点并不只是一个新的提议。实际上，这是对上海最近出现的将住房和就业联系起来的做法的正式认可和采纳。早在 20 世纪 90 年代末，很多合资企业为了吸引人才就开始将提供商品房作为条件（Wu，2001）。2005 年左右，张江高科技园区已经利用工业用地修建了 27 万平方米的职工住宅（人才公寓）①。最近，媒体报道了新一轮的单位职工住房建设情况（例如，上海宝山钢铁集团、上海铁路集团都利用他们的工业用地为员工修建了宿舍）。② 另一方面，最近几年上海还出现了另一种专为来沪人才修建的住房（人才公寓）。2011 年，长宁区政府通过改造和再利用闲置的办公楼、酒店和工业建筑的方法筹集了 500 套人才公寓，租

① http：//news.hexun.com/2011 - 12 - 18/136420803.html.

② http：//www.21cbh.com/HTML/2010 - 1 - 8/161128.html.

户可以享受政府的租金补贴。①

这些新的做法为新的公租房政策提供了启发。在上海“十二五”人才规划中，强调将公租房作为吸引人才的手段之一：“（我们需要）改善来沪人才的居住环境。建设公租房，减轻来沪青年人才的短期住房困难。”②

4.4.3　公租房项目和公租房租客调研

这一部分我们将介绍上海市两个公租房项目的基本情况。这两个项目一共提供了5 100套住房，从2012年3月起开始对外出租。不同于中国其他毛坯商品房，公租公寓提供全套装修和家具，租客可以拎包入住。到2012年年底，两个项目的租客一共大约有2 400人（见表4.6）。

表4.6　上海首批公租房项目

	尚景园	馨宁公寓
所属区	杨浦	徐汇
投资成本（10亿元）	14.98	22.5
总建设面积（m^2）	158 562	192 000
总住宅面积（m^2）	151 818	172 000
每平方米成本（元）	9 500	11 700
总套数	2 201	2 900
至2012年年底已出租套数	954	843
入住率（至2012年年底）	71.9 %	29.1%
套型面积	1居室：50～68 m^2 2居室：67～72 m^2 3居室：80～82 m^2	1居室：40～42 m^2 2居室：62～63 m^2 3居室：75～78 m^2
户型套数	1居室：100 2居室：2 001 3居室：100	主要是2居室公寓

① http：//sh. people. com. cn/GB/134952/211179/215602/15533216. html.

② http：//www. shfg. gov. cn/fgdoc/qyfc/zfbz/201202/t20120229_ 540238. html.

（续表）

	尚景园	馨宁公寓
月租金（元）	1 居室：1970 2 居室：2540 ~ 2930 3 居室：2970 ~ 3240	1 居室：1 694 ~ 1896 2 居室：2 533 ~ 2 772 3 居室：3 033 ~ 3 311
每平方米月租金（元）	约 40	约 45
（年）租金回报率	1:23	1:24

资料来源：作者根据政府公文和媒体报道整理

注：这两个公租房项目都是直接购买的已建成的其他类型的保障性住房；尚景园原来是经济适用房，馨宁公寓原来是动迁房。表中的投资成本指的是购买价格，不包括装修（大约 700 ~ 800 元每平方米）、家具、设施、物业管理的成本。此外，公租房居民不用再付物业管理费，因为已经包含在每月租金里了。

从表 4. 6 可以看出，公租房项目的投资成本非常高，两个项目都在每平方米一万元左右。

因为公租房的租金不得超过市场租金，每年的投资回报率远远低于 1:20，意味着至少要 20 年才能收回投资成本。

另外，因为公租房的租金相对于周边市场租金没有太大优势，这两个项目一开始并没有很受欢迎。① 高空置率使项目所有者的经济压力非常大。然而，到目前为止，上海市政府主要将公租房的建设看作是一项政治任务（试点项目），而几乎不考虑成本或者项目的可持续性。

为了了解首批公租房到底吸引了哪些租客，我们对首批公租房的租客的特点和满意度进行了分析，主要数据来自在上海两处公租房进行的调研（样本量一共 333 份，128 份来自尚景园，205 份来自馨宁公寓）。调研于 2012 年 6 ~ 10 月由复旦大学公共住房研究中心完成。

调研结果显示，大多数公租房租客为中产阶级：64% 的问卷完成者的人均年可支配收入高于 6 万元，30% 高于 9 万元，13% 高于 12 万元（上海人均年可支配收入中位数为 36 230 元）。另外，大部分公租房租客为中年人：65% 的租客年龄低

① 例如，至 2012 年年底，馨宁公寓的入住率只有 30%；尚景园的入住率要高得多，达到 72%，主要是因为周边高校和研究所职工的需求旺盛。

于35岁；44%的租客年龄低于30岁；只有14%年龄高于50岁。高教育水平是另一个显著的特点：65%的租客拥有本科以上学历。

本项调研同时也显示，大部分租客对公租房的质量表示满意：59%租客认为公租房达到了他们的预期设想，17%认为超出了他们的预期设想；然而，也有24%的人认为公租房没有达到他们的预期。其中最满意的方面包括：租期稳定（30%），住房质量（18%），以及小区安全（17%）。租客觉得较不满意的地方包括租金（3%），上班便利程度（4%），以及小区布局和设计（6%）。

因为在中国私人租赁市场往往无法给租客提供稳定的租赁关系（Man，2011），公租房对于那些看重稳定租期的中产阶级更有吸引力。另外，对公房租满意度较高的原因也是因为它们都是“封闭式门禁小区”。Wu（2005）提出，封闭式门禁小区的出现是出于中产阶层对生活方式的保护和自我认同，也是因为市场转型的背景下，“当地政府没有为那些较为富裕的阶层提供差异化的服务。”从这个角度来说，公租房为新中产阶级提供了一种可以替代所有权的可承受的、稳定并且适宜的居所。

然而，本次调研同时发现了公租房存在的一些问题。例如，有几乎一半被访者在问卷中抱怨租金太高。如果采用租金收入比0.3作为衡量公租房的租金是否可承受的指标，本调研显示25%的被访者无法承受当前公租房的租金。另外，公租房租客还要承担其他的费用。超过一半的被访者（51.52%）表示他们的出行时间增长；90%的被访者表示在搬入公租房后出行时间在半小时以上（相比而言只有57%的被访者在搬入前需要半小时以上）。

实地调研发现，这两处公租房都处在工作机会较少的地区，而且乘坐地铁和其他交通转换服务也不太方便。很明显，除了高租金，地段不便也是公租房低入住率的原因之一。后者也是西方国家公共住房普遍面临的问题（Green and Malpezzi，2003）。为了节省投资成本，全世界的政府都趋向于将公共住房建在土地转让价较便宜的区域。当然，这样就降低了这些项目对于工薪阶层的吸引力。

同时，虽然大规模建设公租房可以降低建设成本（规模经济），我们还是建议最好避免这样的做法。一个小区很难吸引到很多申请者。相反，我们建议在配套成熟且交通便利的地区小规模分散建设公租房。我们同样认为，采用新建的方式建设公租房在经济上并不划算，我们提倡购买或者改造现有的闲置房。另外，当地政府需要制定有针对性的补贴政策，补贴经济困难的家庭，增加公租房对低收入人群的吸引力。

4.5 结论

改革开放以来，由市场和以经济增长为主要目的发展加剧了社会不公平和贫富差距。保障性住房建设在中国已经成为一项用来减少这种差距的政治任务。作为一项重要的城市政策，保障性住房政策本应该通过为所有人提供适当住房来增加社会和经济公平（Li，2011）。本章以上海为例分析了中国保障性住房建设的多重目的。通过对两类主要的保障性住房——动迁安置房和公租房的具体分析，说明了最近几年中国保障性住房的建设主要还是受经济增长的需求驱使。

动迁安置房建设与将土地转让收入作为主要财政收入的政府财政导向相符，同时，也与旧城改造、经济转型、超大型活动、旗舰项目等城市营销手段目标一致。公租房也是吸引人才、打造中产阶级向往的封闭式门禁小区、对城市进行营销的手段之一。现有的公租房项目为年轻白领提供了可承受的适宜住房，暂时缓解了他们买房的压力。现有公租房可以暂时满足新中产阶级对居住在封闭式门禁小区、成为业主的向往。根据我们的调研，公租房现有居民主要是受过高等教育的年轻中产阶级，这个群体非常认可门禁式小区的设施、私有化的景观和可靠的保安。

然而，公租房的价格超出了低收入家庭经济承受能力范围。因为接近于市场价格，以及其他条件的限制，公租房成为一个非常好的选择性项目，其主要目的是吸引可以增强城市竞争力的“人才”。然而，如果住房政策的长期目标是为所有人提供适当住宅，那么我们需要给予低收入人群更多的关注。另外，目前公租房项目很少考虑投入回报的问题。现有公租房存在着严重的建设和管理费用融资的问题。公租房项目的设计和地段并不是特别能吸引租客。

最后，虽然上海公租房项目仍然处于初期发展阶段，但我们相信继续研究上海公租房可以为其他城市提供有价值的政策参考。

参考文献

1. Chen J, Hao Q, Stephens M (2010). Assessing housing affordability in post-reform China: A case study of Shanghai. Hous Stud 25 (6): 877 - 901.

2. Chen J, Guo F, Zhu A (2011). The housing-led growth hypothesis revisited: Evidence from the Chinese Provincial Panel data. Urban Stud 48 (10): 2049 - 2067.

3. Glaeser EL, Gyourko J, Saks RE (2006). Urban growth and housing supply. J Econ Geogr 6 (1): 71 - 89.

4. Green RK, Malpezzi S (2003). A primer on US housing markets and housing policy. Regulation. Madison, Wisconsin.

5. He S (2010). New-build gentrification in Central Shanghai: demographic changes and socioeconomic implications. Popul Sp Place 16 (5): 345 - 361.

6. He S, Wu F (2005). Property-led redevelopment in Post reform China: A case study of Xintiandi redevelopment project in Shanghai. J Urban Aff 27 (1): 1 - 23.

7. He S, Liu Y, Wu F, Webster C (2010). Social groups and housing differentiation in China's urban villages: An institutional interpretation. Hous Stud 25 (5): 671 - 691.

8. Li K (2011). Massive-scale implementation of security housing program and step-by-step improvement of housing policy and provision system. Qiu Shi (in Chinese), 2011 - 04 - 16, Beijing.

9. Man JY (2011). China's housing reform and outcomes. In: Man JY (ed) Policy. Lincoln Institute of Land Policy, Cambridge, MA.

10. Marton AM, Wu W (2006). Spaces of globalisation: Institutional reforms and spatial economic development in the Pudong new area, Shanghai. Habitat Int 30 (2): 213 - 229.

11. MOHURD (2011). The Minster of MOHURD's report of latest progress of Public HousingProgram on the meeting of the 11th NPC (National People's Congress) standing committee held in October 27, 2011. Beijing. http: //finance. sina. com. cn/focus/rdxwbzf/index. shtml.

12. MOST (1995). Housing settlement project in Shanghai. Shanghai Housing Settlement Project Office, Shanghai. http: //www. unesco. org/most/asia7. htm.

13. Sager T (2011). Neo-liberal urban planning policies: a literature survey 1990 - 2010.

Prog Plan 76 (4): 147 – 199.

14. Shen J, Wu F (2012). Restless urban landscapes in China: A case study of three projects in Shanghai. J Urban Aff 34 (3): 255 – 277.

15. Wang SW-H (2011) The evolution of housing renewal in Shanghai, 1990 – 2010: A "Socially Conscious" entrepreneurial city. Int J Hous Policy 11 (1): 51 – 69.

16. Wang J (2012). The developmental state in the global hegemony of Neoliberalism: A new strategy for public housing in Singapore. Cities 29 (0): 369 – 378.

17. Wang YP, Murie A (2011). The new affordable and social housing provision system in China: Implications for comparative housing studies. Int J Hous Policy 11 (3): 237 – 254.

18. Wei YD, Leung CK, Luo J (2006). Globalizing Shanghai: Foreign investment and urban restructuring. Habitat Int 30 (2): 231 – 244.

19. Weinstein L (2009). The changing right to the city: Urban renewal and housing rights in Globalizing Shanghai and Mumbai. City Commun 8 (4): 407 – 432.

20. Witt MA, Redding G (2013). China: Authoritarian capitalism. In: Witt MA, Redding G (eds) The Oxford handbook of Asian business systems. Oxford University Press, Oxford.

21. World Bank (2012). China 2030: Building a modern, harmonious, and creative high-income society. Washington, DC.

22. Wu F (2001). Housing provision under globalisation: A case study of Shanghai. Environ Plan A33 (10): 1741 – 1764.

23. Wu F (2003). The (Post-) socialist entrepreneurial city as a state project: Shanghai's reglobalisationin question. Urban Stud 40 (9): 1673 – 1698.

24. Wu F (2004). Intraurban residential relocation in Shanghai: Modes and stratification. Environ PlanA 36 (1): 7 – 25.

25. Wu F (2005). Rediscovering the "Gate" under market transition: From work-unit compounds to commodity housing enclaves. Hous Stud 20 (2): 235 – 254.

26. Wu J, Barnes T (2008). Local planning and global implementation: Foreign investment and urban development of Pudong, Shanghai. Habitat Int 32 (3): 364 – 374.

27. Wu F, Webster C (2010). Urban poverty in China. Edward Elgar Publishing, Cheltenham.

28. Xu J, Yeh A (2009). Decoding urban land governance: State reconstruction in contemporary Chinese cities. Urban Stud 46 (3): 559 – 581.

29. Yang Y-R, Chang C-H (2007). An urban regeneration regime in China: A case study of urban redevelopment in Shanghai's Taipingqiao area. Urban Stud 44 (9): 1809 – 1826.

30. Zheng J (2010). The "Entrepreneurial State" in "Creative Industry Cluster" development in Shanghai. J Urban Aff 32 (2): 143 – 170.

第 5 章　后殖民时代香港面临的公共住房挑战*

5.1　引言

当 700 万人口拥挤在 1 050 平方公里的土地上时，住房问题自然成为绝大多数人所关心的问题。事实上，当遇上住房在区域上的不均衡分配，以及严重的收入两极分化，问题就更难以处理了。香港的超高平均房价早已名闻天下，严重的贫富差距也导致了房屋质量的巨大差异；一般而言，住房质量水平取决于个人的收入水平，但现在，甚至连中产阶级家庭都认为不能负担高昂的房价；贫穷的家庭想入住较体面的房屋，就算不是一个遥不可及的梦想，也绝对是一个沉重的经济负担。

鉴于以上原因，就不难理解香港为什么是亚洲第一个大规模建设公共住房的城市。虽然现在香港已经是经济发达的城市，但是普通家庭对公共住房的依赖程度反而有增无减。这与香港一直倡导的“新自由主义”与“积极不干预”政策形成鲜明对比。公共住房不断增长的背后也有着巨大的民意支持。顺应社会环境的剧变，新任行政长官梁振英也不得不把住房问题作为其施政重点。

在过去 15 年里，香港不仅要面对主权移交的政治环境变化，也经历了全球范围的多轮经济动荡。亚洲金融危机导致香港经历了“二战”以来最长时间的经济衰退，直到 2003 年“非典”爆发才开始复苏。但复苏的道路并不平坦，2008 年的全球金融海啸又带来新一轮的冲击，幸好最终因为中央政府的大力支持，经济

---

* 本章由叶毅明（Ngai Ming Yip）（香港城市大学公共政策系教授）执笔。

有所回升（Yip，2011）。与此同时，香港社会也在经历迅速的人口结构改变。晚婚、低生育率和高离婚率等因素，使香港的家庭规模迅速缩小。过去的30年间，家庭平均人口数从1981年的3.9迅速下降至2011年的2.9，单亲家庭及单身人士数量亦迅速上升。人口老龄化问题亦不容忽视，2011年的数据显示，香港人口的13%为年龄超过65岁的人士，接近1/10（8%）的长者为独居老人。

以上所有变化都对住房需求有很大影响，因而产生了不同需求，这使政府对房屋市场进行了不同程度的干预。不过，以上因素并不是三言两语可以分析透彻的，也不是本章讨论的重点。有兴趣的读者可参考笔者的其他文章（Yip，2011，2012，2013a，b；Forrest and Yip，2013）。

本章将重点讨论和分析香港公共住房问题近几年所发生的变化，以及公共住房发展所面临的挑战。首先，我们将对香港公共住房的发展做一个简单的回顾，分析20世纪50年代至90年代中期，以及90年代中期至今的发展历程。在回顾之后，本章第四节将列出现有的一些政策争议，并就此进行一些分析和讨论。最后，我们将进行简要总结。

5.2　香港公共住房发展历史回顾

香港公共住房发展的历史可追溯至1954年，1954～1997年，全香港兴建的出租公房多达88万套。这不仅使得香港成为亚洲第一个政府大规模干预住房市场的城市，更使香港房屋委员会成为世界上最大的业主。不过香港的公共住房从一开始就不把穷人作为其目标群。1954年同时推出的两个公屋计划，就没有一个是只让穷人入住的（Yip，2003）。“徙置区计划”是两个计划当中规模较大的一个，主要用于安置寮屋①区大火后无家可归的灾民，当时并不需要入息审查。另一个计划“廉租屋”计划，主要针对技术工人和初级白领阶层，该计划设有最低收入门槛，以保证租户能够支付得起租金（Yip，2003）。

① 寮屋：在香港是指非法占地而建的临时据所，其建筑通常相当简陋，大多以铁皮及木板搭建而成，又称铁皮屋、木屋。

20世纪六七十年代，当殖民地政府的社会和经济政策都采取“自由放任”方式的时候，这么大量的“去商品化”房屋的出现，自然会让人感到诧异。一个简单的解读指出，公共房屋是仁慈的政府为人民所提供的福利；不过随着不断增加的批判性研究，公共房屋政策的神秘面纱被慢慢地揭开。事实上，一开始公共住房计划已经是经济政策的一部分；徙置项目虽然主要用于安置因天灾和贫民区拆迁而无家可归的居民，然而迁徙地区是选择性的，筛选标准不在于居民是否贫困或生活条件是否恶劣，而是依据哪一区的土地需要用于发展工业，而居民通常也被迁徙去需要大量劳动力的工业区域（Keung，1985；Cuthbert，1991；Drakakis-smith，1979）。另一方面，因为要尽可能降低租金，徙置区房屋的整体质量较差，仅提供最基本的遮阴功能，根本没有独立卫生间和厨房等配套设施，居住条件十分恶劣，如一家四口只蜗居于12平方米的小房子里，需与邻居共用卫生间，没有厨房而需到走廊做饭菜。但低廉的租金亦同时帮助降低了劳动力成本，作为促进工业发展的间接因素（Castells 等，1990），虽然这不一定是十分有效的方法（Wong，1991；Smart，2006）。

另有观点认为，殖民地政府建立公共房屋，是为了应对中国的社会主义体制和当地支持者的政治压力（Smart，2006）。另外，在20世纪70年代早期香港发展新市镇的时候，公共房屋能够吸引大量的人口流入，成为新市镇发展的重要驱动力。这不仅可以带动当地公共交通、零售业、社会服务等行业的发展，更能够令当地土地升值。因此，公共房屋再次成为影响经济发展的直接因素。

20世纪70年代是香港公共房屋发展的分水岭。当时香港已经有超过160万人（近40%人口）居住在公共房屋里，其中有72%住在拆迁安置房里（Yip，2003）。殖民地政府于1972年宣布了一项名为“十年建屋计划”的公共计划，目的是要在10年内为180万居民建造足够的公共房屋。第二年成立的（新）香港房屋委员会（在1954年曾经存在过一个与香港房屋委员会一样英文名的组织，但中文名已经更改以作区分），负责策划、兴建及管理香港的公共房屋。

新机构的成立为香港的房屋发展带来重要的变化。为了改善公共房屋的质量，质量差又形式单一的徙置大厦将重建为拥有更好配套设施的新公屋，并将建造更多的新市镇以安置不断增长的人口，新市镇的房屋类型也主要是公共房屋。

20世纪70年代中提出的“居者有其屋”（居屋）计划更开创了香港房屋政策的新局面，计划主要是为一些公屋租户与收入较低的首次购房者。

事实上，居屋计划是香港房屋政策转变的重要标志，代表着公共住房由出租转变为可以购买并拥有产权的公共房屋。因为在“居者有其屋”计划中，房委会和初次购买者将共享产权①，这有效地降低了售价，减轻首付款负担和房贷的还款数额，因此令更多的中产阶层有能力买得起住房。

“居者有其屋”计划被证明非常成功。该计划不仅在1979～1996年之间建造了20万套住房，更使房屋自有率上升了11%，“居者有其屋”项目的销售额也为出租公屋提供了长期而稳定的资金来源。居屋购买者也很有机会成为私人楼盘的购买者，尤其是那些在20世纪80年代在楼价低位时买房的人。有接近20%的居屋购买者事实上最终是转换了私人房屋的（Transport and Housing Bureau，2010）。在20世纪90年代早期，对初次购房者的现金补贴也出现了，但由于效率太低，该计划没有维持多长时间。

尽管政府干预并大力推动，但在2001年只有大约一半（49%）的单位是屋主自用，虽然这对比1981年时的24%已有很大提升，但仍落后于邻近的亚洲国家。如果我们细看数据，在私人房屋市场，当经历了“房屋自有率”在20世纪80年代大幅度上升（从24%上升到35%）之后，20世纪90年代“房屋自有率”的上升趋势几乎停止，只上升了一个百分点。2001年总的“房屋自有率”是49%，这主要是受居屋的政策影响；其中1/3的人在置业时选择居屋（见图5.1）。

1997年是一个重要的年份，不仅因为香港结束了150年的殖民统治回归中国，而且当年下半年席卷亚洲的金融风暴对香港地区的房屋市场和房屋政策产生了巨大的冲击。回归后，为了彰显特区政府的管治能力，特区政府推出了“八万五建屋计划”的宏图，即要在10年时间内，每年供应不少于85 000套住房（Hong Kong Government，1997）。这不但反映了香港特区政府对长期以来房屋供应

① 共享产权是指居屋的产权由香港房屋委员会和购买者共同持有。如果居屋购买者想要将房屋转售，则需要首先补回产权所相应的价格给房委会。

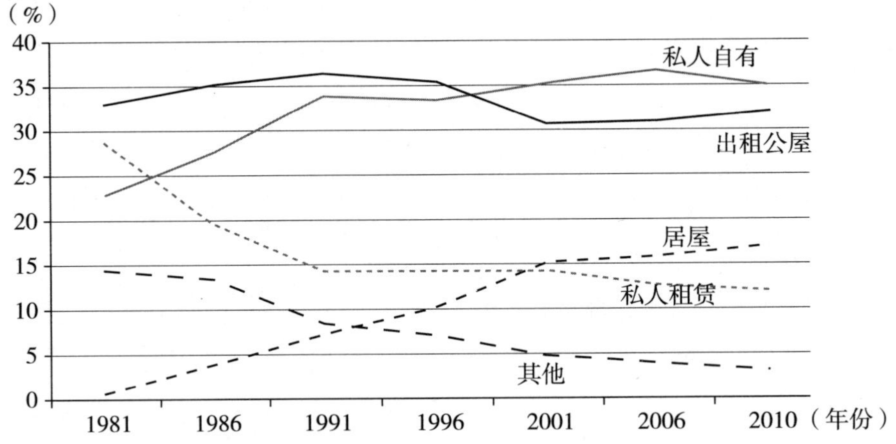

图 5.1　房屋产权分布（1981～2001）

资料来源：作者在人口普查数据的基础上分析整理

不足问题的关注，而且也反映了香港特区政府解决住房困难的长远决心。同时，计划也希望全香港能有70%的家庭可以自置居所，轮候公屋的时间可以从原本的5年缩短为3年。这个目标，需要香港政府在未来10年，提供总数不少于50万套可供出租的公屋和私人楼房，同时更要以8.8折的优惠价格售出25万套“租者置其屋”的公屋。

亚洲金融风暴的后遗症就是经济萧条，它不仅暴露了房地产市场的脆弱性，也对楼价造成严重冲击，楼价一落千丈。相对于金融危机前，1998年楼价已跌了1/3，到了2003年“非典”爆发时，香港的平均楼价更是大约只有1997年的1/3（Midland Reality，2012）。楼价大跌使很多香港市民的资产沦为负资产，经济一片萧条。尽管香港已经有严谨的贷款政策，通常要求贷款不能超过资产评估的70%，但仍然难以抵御这么大幅度的楼价下跌。到2001年，数据显示有105 697个房贷者的资产变为负资产，相关贷款总额多达212亿美元（占抵押贷款总额的17%）（HKMA，2003）。幸运的是，严谨的贷款政策和收紧的抵押品赎回权（foreclosure）政策共同发挥了作用，缓解了拖欠抵押贷款还款者的压力，超过90天未偿还贷款的比例，在2002年为大约2.5%（HKMA，2003），而因为欠款要回收物业的比例则一直维持在很低的水平。

1997年之前，由于强大的市场信号而开展的房屋开发建筑活动，在2000年年初就变为新一轮的房屋供应，新的供应进一步加剧了房价的下跌压力。为了稳定市场及保障自己的利益，房地产开发商以及其他利益相关者，如银行业，在负资产业主的支持之下，罕有地公开挑战特区政府的房屋政策，并要求政府立即改善供需失调的局面。政府也前所未有地实施积极的调控措施，立刻暂停土地供应。同时，由于开发商认为居屋是房屋供求失衡的“元凶”，政府也史无前例地宣布“永远”退出房屋市场，在适当时候把已兴建的居屋卖掉后，再也不建造居屋（HKHA，2002）。事实上，居屋也受到1997年之后需求萎缩的影响，销售惨淡，这与20世纪70年代至1997年之间高达10倍超额认购的情况产生了强烈的对比。居屋及租置计划等鼓励购房的政策在2002年终止，可以被视为一个“政策信号”，反映政府不惜一切代价稳定楼市的决心：可以为阻止楼价进一步下滑而大幅修改实施了多年的房屋政策。

除了对于房屋市场的调控仍然不够成熟之外，第一届香港特区政府事实上已经做了很多改善公共房屋的事情。除了建造大量的公共屋邨之外，更大大地改善了公屋的居住条件，新的公屋都有着现代化的设计和便利的设施。一些未被售出的公共房屋经过改造，住房质量也得到很大改善。同时，房屋供应大增亦缩短了轮候时间：从1997年的平均6.5年缩短到了2003年的平均2.1年（Hong Kong Report，1997，2003）。虽然每年仍然有很多人申请轮候公共房屋，例如1999～2003年，有大约35 000个家庭递交了申请，但是大量的公屋和居屋供应（居屋业主也被允许转售自己的房屋）足以让轮候的人很快得到房屋（香港政府统计处《统计年刊》）。

因此，香港的房屋市场就呈现出了一种非常矛盾的情景：一方面，由于房价奇高，与其他发展程度相近的经济体相比，住房质量却大大落后；另一方面，香港特区政府对于房屋市场的干预程度又是发达国家或地区之中最高的。香港房屋政策的确与其在其他社会政策方面实行的不干预政策非常不同。独特的土地所有权制度（土地为共有并只出让使用权），使得政府能运用有效的政策工具干预房屋市场。1997年更是一个分水岭，那年不仅香港回归了中国，年底的亚洲金融风暴也逼迫香港政府对房屋政策做出了重大的调整。

5.3 当前的发展

5.3.1 资助房屋

2003 年，香港在经历了“非典”之后经济下行探底，并开始强劲复苏。2003～2011年，香港的经济实现了年平均 5.6% 的增长。到了 2011 年，随着高档住宅的需求日益增加，名义价格和实际价格更是达到历史的最高峰。向好的经济形势和逐渐增强的投资信心，以及从中国内地流入的游资，都是推高房价的因素，不过最主要的因素还是新房屋供给的大幅减少。事实上，1979～2007 年，平均每年供应大约 26 000 套房屋，到 2008 年和 2009 年，只有大概不到以前供应量的 1/3（分别是 8 776 和 7 157 套）（香港政府统计处《统计年刊》）。

从 2003 年年中到 2013 年年初，房价已经翻了 4 倍（Centaline，2013）（见图 5.2）。

民众的不满开始积累，尤其对政府的监管不力感到失望，并形成压力要求政

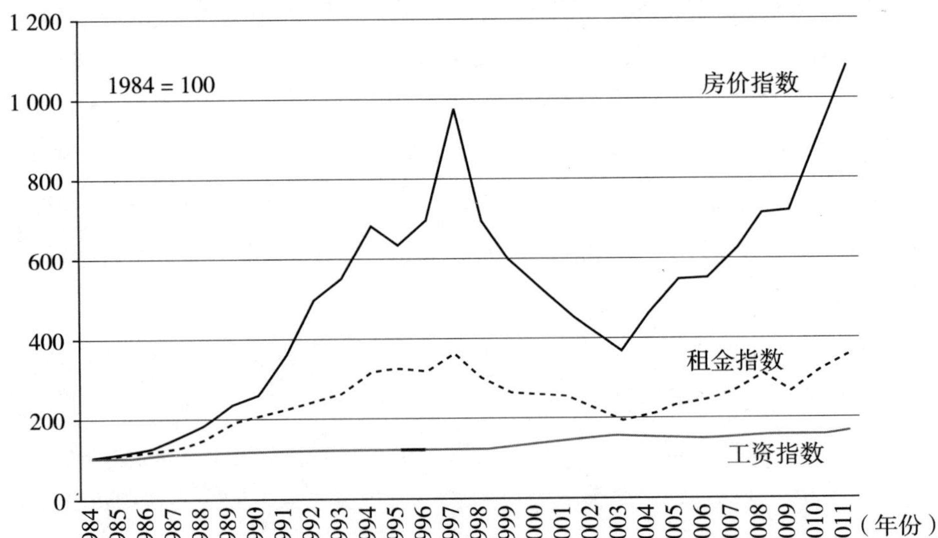

图 5.2　房价、租金和工资指数（1984～2011 年）

资料来源：历年统计年鉴数据

府拿出压制房价上涨的措施。最终在 2010 年年底，政府出台了一个关于物业交易的额外税项（额外印花税）。不过单靠这个轻微的税项根本不能令过热的楼市平稳下来，楼价在 2012 年又增长了 1/3。尽管政府其后出台了“双辣招”（购买住宅 6 个月内卖房，需支付 15% 的“额外印花税”；非香港永久性居民和所有公司购房需缴纳 15% 的“买家印花税”），企图通过征税来打压楼价，但是，除了市场交易有所减少外，截至 2014 年年底，香港的房屋价格并没有出现回落，似乎还有继续上涨的势头。

快速上涨的房价和庞大的公屋轮候队伍，不仅加大了公屋的需求，也驱使香港房屋委员会需尽快恢复资助房屋的计划。事实上，资助房屋不仅让中、低收入家庭有能力购房，同时也让房委会积累资金支持出租公屋的发展。香港前一届政府曾荫权政府明显不想推翻自己 2002 年做出的《永远退出房屋市场》的决定，恐怕这样会影响政府的公信力，所以最终只是推出了一个计划：5 年内惠及 4 000 户家庭的小型“我家购房计划”（参考英国的先租后买计划，即 Rent to HomeBuy Scheme）。

不过“我家购房计划”收效甚微，在公众的压力下，曾荫权政府最终做出了让步，并在 2011 年推出了一个新的居屋计划。新的居屋计划与旧有的不同，不再实行“共享产权”的安排，而居屋购买者得到的折扣，则会转为贷款，并在业主将房屋出售时偿还；但这样对长期拥有这些房产的人很不利。在旧计划的共享产权安排下，业主需要偿还给房委会拥有的产权部分与购买时折扣与卖出时房价有关，但跟业主持有物业的时间没关系，业主可根据楼市情况做出卖出决定。但在新安排下，业主需偿还的利息与时间挂钩，尽快卖出自己的居屋付的利息越少；也许政府希望这样可以加快居屋的流转，但这对低收入家庭购买房屋的帮助有多大就成疑问。政府计划在 2017 年前建成 17 000 套新居屋，主要面向年收入低于 30 000 港币的市民（大约为中等收入家庭收入的 1.5 倍）。

5.3.2　出租公共房屋

1997 年金融危机所造成的经济下滑，不仅使得私人房屋的供应减少，同时也减少了公共房屋的供应。香港特区政府所提出的要在 10 年间提供 50 万套公屋的宏伟目标，实际上早已没有了踪迹。根据 1997 年计划动工的公屋，在 2000 年达到供应高峰，共推出了 46 756 套，在此之后，供应开始减少。2003 年，时任行政长官董建华压力重重，将整体房屋供应减少至每年 20 390 套。而继任的曾荫权就只能继续减少供应，相比他的前任政府每年提供近 24 000 套公屋，曾荫权任内只能每年供应公屋 14 363 套，仅及前任政府供应的 60%。居屋兴建也严重不达标。虽然第一任特区政府制定了宏伟目标——在接下来的 10 年内建成 25 万套居屋，但至计划停止时（宣布计划的 6 年半后），只有近 6 万套建成或在建设中。

居屋计划的突然终止，对于出租公屋所产生的影响，远大于居屋计划本身。因为居屋计划一旦停止，不但影响了公屋轮候的周期（公屋租户不能购买居屋而迁出，减少了公屋的供应），更因为没有出售居屋收入，公屋发展的资金急需另想办法。为解决这个问题，房委会遂将公屋配套的商场和停车场重新包装为“领汇房地产投资信托基金”，以筹募 200 亿港元用于公屋发展。再加上多年来积累的巨大盈余（2004 年约为 220 亿港元），这应可暂时减轻停建居屋对房委会财政结构的影响，同时，也让房委会有足够的时间寻求其他融资方案。

停建居屋也影响了公屋 - 居屋的循环。本来绿表申请者（公屋居民）所释放的出租公屋，是公屋供应的一个重要来源，在居屋停建后这部分供应差不多停止；加上新建出租公屋数量又在同时期减少，这大大影响了房委会处理公屋轮候户的能力。因此，轮候户明显增加。在 2003 年（居屋停建时）至 2013 年的这几年间，公屋的轮候人数增加了 2 倍以上（220%）（见图 5. 3）。尽管如此，房委会仍然能够维持它的承诺，让申请人在 3 年内获得公屋编配；2012 年年底的数据显示，公屋的轮候时间平均为 2. 7 年（LCQ2，2013）。

但是，官方统计数据其实并不能反映房屋需求的实际情况，因为在统计轮候时间的时候，只包括家庭和独居长者，“非长者一人家庭”则被单独处理和统计。所以如果按照前一种统计方法，2001 ~ 2012 年申请人数只是增加了 2. 2 倍，但是一旦把“非长者一人申请者”包括在内的话，这段时间就增加了 4. 8 倍（Hong Kong Report，2001，2012）。截至 2012 年第四季度的统计数据显示，在 199 600 个公屋申请之中，有接近一半（47%）为未满 60 岁的单身人士。“一人申请者”在现行的“配额及计分制”下实际处于非常不利的位置，该制度设立于 2005 年，目的就是要限制编配给“一人申请者”的公屋数量；房委会只为他们提供不符合比例的少量公屋配额。例如，尽管轮候申请的“一人申请者”接近总申请人数的

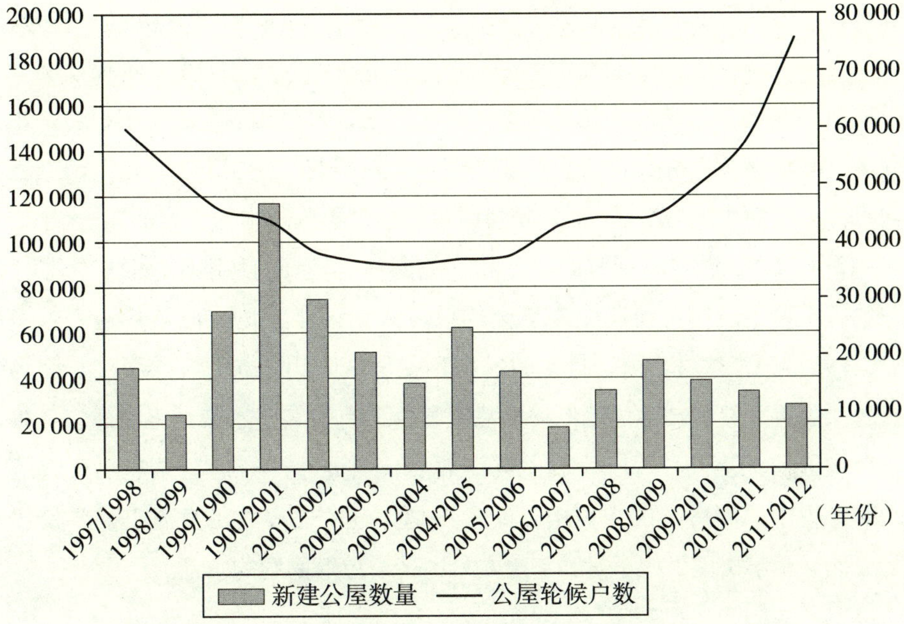

图 5.3　公屋数量和申请人数统计（1997 ~ 2012 年）

资料来源：香港房屋委员会年报（多年数据），香港年鉴（多年数据）

一半，最终配给这些人的公屋比例在 2012 年与 2013 年也只有约 8%（LCQ17，2010）。因此，所谓编配服务承诺可以达标，其实是以牺牲“非长者一人申请者”的需求和利益而实现的。

现行的针对“一人申请者”所设立的“配额及计分制”，主要根据申请人的年龄和轮候时间来打分。年龄占很大的权重，换句话说，年轻的“一人申请者”能申请到公屋的概率非常小。例如在 2010 年中，30 岁以下“一人申请者”的平均分为 36 分，而相应的，50 岁以上申请者的平均分高达 125 分（LCQ17，2010）。但分配公屋的门槛很高。31 ~ 40 岁年龄段为 138 分，而 41 ~ 50 岁年龄段则高达 141 分（LCQ17，2010）。事实上，30 岁以下的申请者根本不可能申请到出租公屋。

房屋供应的减少不仅影响房价，更抬高了租金水平。私人房屋的租金上涨比薪酬上涨幅度要大得多。2003 ~ 2011 年，平均工资只上涨了 7%，而私人房屋的租金却上涨了 82%（Census and Statistics Department，多年数据）。由于收入差距越来越大，贫富悬殊越来越严重，租金的飞涨显然对低收入租客的影响最大。长久以来，私人租赁市场是调节房屋供应的重要环节（Yip and La Grange，2006）。例如，当房屋需求增加时，大量价格低廉的“木板隔间房”（简单木板分割）和“笼屋”（双层、三层的睡床用铁网保护财物）迅速被推出。而近几年，与“木板隔间房”和“笼屋”相比而言，居住条件相对较好的“劏房”（固定间隔内置卫生间）亦应运而生。“劏房”通常是将原有的公寓再分隔出的“房间”，大小通常为8～12平方米，较“木板隔间房”和“笼屋”有较好的私密性，而居住在“劏房”的人主要是能够付得起较高租金的单身人士或小家庭。但随着越来越多的“劏房”被推出，这种公寓所存在的卫生和安全风险也引起了社会关注。因为大多数的“劏房”是由市区内的旧楼非法改建的，有些甚至本来是工业建筑，根本不适合人居住。经历了几场致命火灾事故后，当局才严查房屋被非法改建的情况。在这些住“劏房”的人群中，大多数是年轻的夫妻或单身人士，严禁“劏房”必然又引起居屋供应不足和年轻人难申请公屋等问题的争论。

5.4 当前的争议

5.4.1 年轻人住房

目前，发达国家普遍存在年轻一代就业前景和收入不理想的问题，这已经影响了年轻人的住房问题（Forrest and Yip，2012）。香港的问题可能更严峻——高房价及严格的房贷政策（30%首付）使购房负担很重。居屋的“共享产权”政策实质上既降低了购买者需要付的房价款，又降低了贷款者的还款压力，让许多中产的年轻夫妻都有机会购置自己的房产。随着居屋计划的终止，许多人的购房计划化为泡影。因为如果要支付整套房屋的价格，单靠现在年轻人的收入根本连支付首付都十分困难。因此，父母是否能够提供资助成为许多年轻一代能否购房的关键。这也说明，除了年轻一代本身的收入差距和工作前景外，父母一辈所带给他们的生活机遇也发挥着至关重要的作用，至少在购置房产这一方面是这样的（Yip，2012）。

就算居屋计划重新启动，所发挥的作用也不大。因为首先，少量的居屋（对于“非长者一人申请者”数量而言）供应不能满足庞大的年轻置业者的需求；其次，就算有一定比例的折扣，不断上涨的房价（居屋价格需与私人房屋市场挂钩）对于绝大多数年轻人来说也难以承担。因此，对于想离开父母独立生活的年轻人而言，租屋无疑是比较可行的一个方式。而面对租金飞涨的情况，就不难理解为何这么多的单身年轻人（通常被媒体称为“80后”的一代）要依赖于租住公屋，因为如果申请获得通过，这至少能够满足他们未来的房屋需求。

近几年，单身年轻人申请公屋人数的迅速增加，引起了社会上不少人质疑有滥用公屋资源之嫌。2010年“一人申请人”的数据显示，有接近一半（40%）的申请者低于30岁并拥有大专以上学历。但反过来看，这些未来的中产阶级需要提前申请公屋，正反映了他们对于自己未来住房问题的担忧。

不过，也不需要太强调年轻人滥用公屋资源的问题；因为我们有理由相信，绝大多数年轻人申请公屋其实是出于其他原因。由房委会针对“非长者一人申请者”所做的调查发现（HKHA，2011）正好反映了这个问题。在被访者中，差不多所有（接近90%）30岁以下的“一人申请者”还与父母同住，而且其中近1/3（31%）的收入其实已超过了申请所规定的收入上限（2010年水平为月薪9 300港元）。如果他们不是有急切的房屋需求，那他们申请公屋的主要原因就应该是他们想要离开父母独立生活。该调查亦证实，绝大多数（81%）的年轻人提出申请的首要原因是“想独立生活”。而相应的，对于年龄在30岁以上的申请者而言，“改善居住环境”和“缓解租房压力”则是最重要的申请原因（HKHA，2011）。

香港未婚的年轻人独立生活的比例明显比其他发达国家或地区的同龄人低，这就不难解释近几年香港晚婚、教育程度提高、对私人空间的需求推动越来越多的年轻人渴望能够自己独立生活。尽管能够住进公屋是很遥远的事情，但毕竟为实现以上目标提供了一个可能。政府可能也了解到年轻人的房屋需求，但也许“80后”积累的不满和沮丧所可能导致的社会和政治风险才是政府关注的焦点。至今鲜见政府对于年轻人住房问题做出什么政策方面的大调整，只在曾荫权政府执政期间，试推行过一个由非政府组织提供少量的“青年宿舍”计划，供有需要的单身年轻人居住。此计划在梁振英所提交的施政报告中也有提及，但没有太多细节。

5.4.2　公共住房的边缘化

公共住房一直被认为是解决房屋问题的一个“社会安全网”（Castell等，

1990），只要有需要的申请者能耐心轮候（虽然轮候时间可能真的很长），最终都可以入住体面、安全且价格合理的房屋（Lee and Yip，2006）。房屋分配政策的转变实际上改变了香港公共住房计划的初衷，公共住房从面对所有人群到只针对社会边缘人群。这与一些西方国家的做法很相似。在西方国家，公共住房已经演变成安置穷人的居所。事实上，香港也有向着这样的方向发展的趋势。

统计显示，公共住房住户的平均收入水平呈现明显的下降趋势。在 20 世纪 80 年代初期（当人口普查数据第一次可以显示房屋使用权时），公共住房住户收入分配颇平均：接近 1/4（26%）的租户属于社会上最富有的 30% 人群，而这 30% 与最贫困家庭的比例几乎一样（28%）。这样的分布也不难理解，当时绝大多数租户为不需要收入审查的徙置灾民，而其他廉租房租户则是中层白领或技术工人，而不是贫困家庭（Yip，2003）。

从那时开始，公共住房的租户开始出现两极分化。2006 年，公共住房租户中只有 1/10 为最富有的 30% 家庭，而最贫困（最底层的 30%）的人数则上升至近一半（46%）（见图 5.4）。较富有和较贫困租户的收入差距也变得越来越大。1981～2006年，最底层租户（收入最低的 10%）的收入只增加了 1.8 倍，而最顶端阶层的收入却增加了 3.1 倍（Forrest and Yip，2013）。

这样的变化不仅对收入的两极分化有影响，更会影响公共住房政策的演变。由于越来越多的贫民区要拆迁，从而产生了越来越多的公共住房需求，从 20 世纪 70 年代之后，申请租住公共住房都需要通过“收入审查”，只有那些收入低于收入中位数的家庭才能够获得租住公共住房的资格。同时，居屋计划也被认为是将富裕的租户赶出公共住房的推力。那些对居屋没有兴趣的公共住房富裕户，“富户计划”（官方叫“房屋资助政策”）要求较富裕的租户支付更高租金或收入达到某一水平后要搬离公共住房，则被认为是最直接的驱赶手段。另外，老人房屋计划的成功推广安置了一大批没有收入的退休人士、也因而进一步把公共住房租户的平均收入水平拉低。

香港的公共住房是否将发展为“边缘化”的住房还言之尚早。虽然香港的公共住房已经越来越面向退休人士，贫困家庭和残疾人士，但尚无证据表明公共住房会变成安置长期失业人士的公共房屋，因为香港的长期失业率还是比较低的。另外，由于不断有资金用于维修保养，20 世纪 80 年代兴建的公共住房也没有破

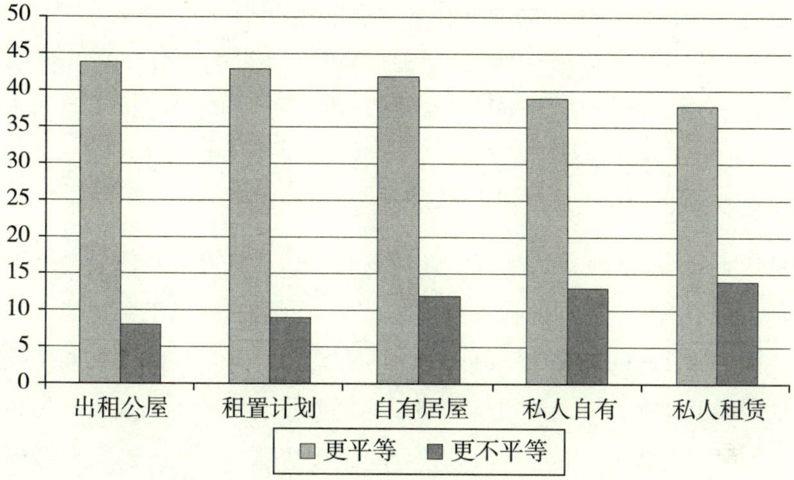

图5.4　出租住公共住房真的能够帮助实现社会公平吗?

资料来源：本章作者所进行的家庭问卷调查

旧的感觉（Forrest and Yip，2014），因而破落屋村的形象还没有出现。

5.4.3　香港发展公共住房的承诺

香港的公共住房发展是依靠大量财政补贴的。粗略估算，每年香港特区政府发放72万套公共住房的“经济补贴”（公营和私营相同单位的租金差距）达到70亿港元①。如果只计算用于管理维护和更新的费用（不包含地价）的补贴，1997~2011年，也造成租住公共住房运营账户平均每年达10亿港元赤字（HKHA多年年报数据）。过去，房委会依靠出售居屋所得的收入、商业运作和其他投资所回报的收益交叉补贴出租公共住房的赤字。但当再没有居屋收入，而金融市场的投资回报又受到挫折时，外界开始对房委会将来的财政感到担忧。事实上，为了减少类似的财政负担，政府已经慎重地考虑收紧公共住房的申请标准以抑制房屋需求；同时，通过尽量赶走公共住房的富户，以增加可供编配的公共住房数量。

随着居屋计划的恢复和投资回报的稳步改善，似乎政府没有必要着急考虑上述

① 假设公共住房租金水平只达到市场价格的1/3，面积为30平方米，30平方米的小户型每个月租金大约为40美元/平方米。

问题。事实上，任何想要撤回或抑制公共住房发展的尝试都不受公众欢迎。因为公共住房在20世纪七八十年代其实已被普遍视为一个重要的“安全网”（Castells 等，1990），公共住房所产生的社会影响近年来更是被不断强调。公共住房计划对于促进社会公平有很大的贡献，有观点更认为，公共住房应该向更多的人开放，而不只是关注那些贫困家庭。

本章作者近期做的一个调研显示，40%的受访者认为公共住房有助于促进社会公平，不认同这个观点的受访者则只占10%。对公共住房的支持也比较平均地分配在不同的居住权属（Housing tenure）（见图5.5）。当被访者被问及公共住房所面对的目标群体时，有大约一半（53%）的受访者认为，公共住房应该可以惠及更多的群体，而认为公共住房只应该分配比较贫困人士的比例则为42%。有趣的是，受访者不管是业主还是租户，支持公共住房应该惠及更多群体的比例都较高。在受访者中，有85%表达了类似的观点，由此可见，公众对公共住房问题有很高的关注与支持（见图5.6）。

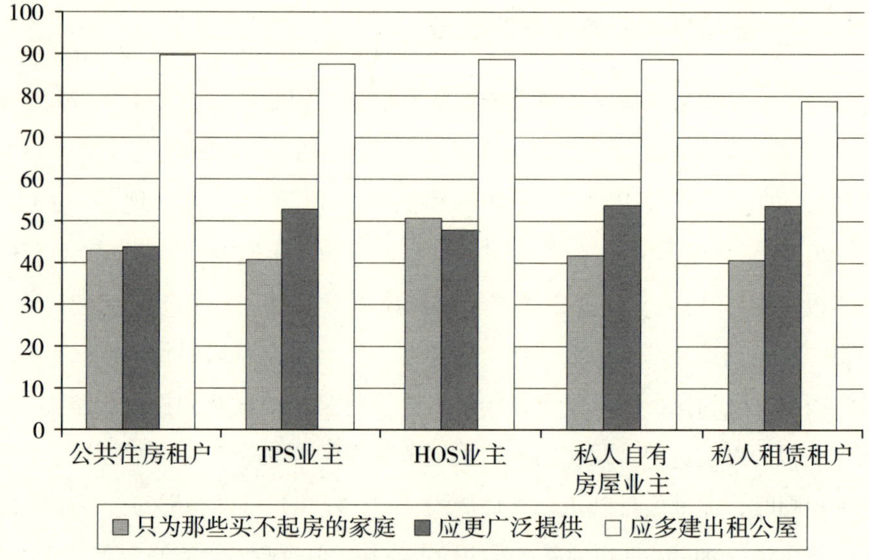

图5.5　公共住房应只提供给穷人还是惠及更多群体?

资料来源：本章作者所进行的家庭问卷调查

注：TPS（租者置其屋计划），HOS（居者有其屋计划）。

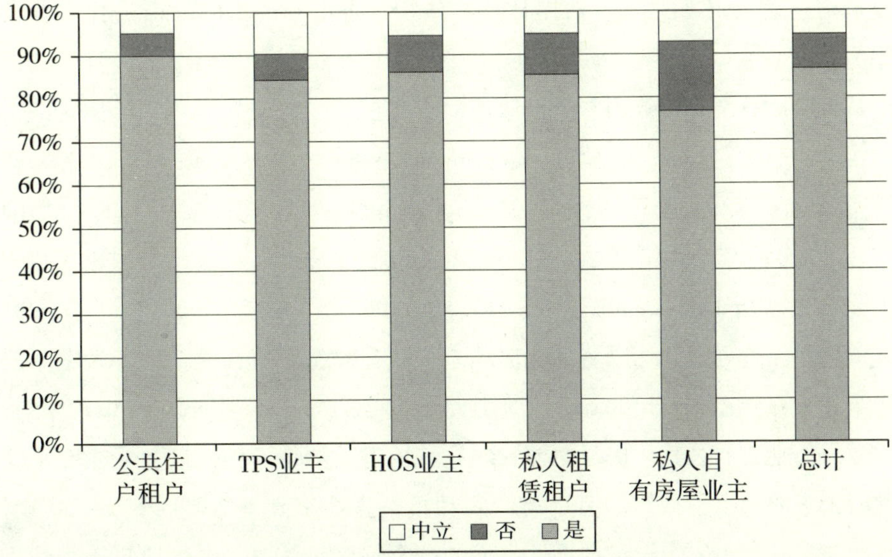

图5.6　政府应该建更多的公租房吗?

资料来源：本章作者所进行的家庭问卷调查

注：TPS（租者置其屋计划），HOS（居者有其屋计划）。

不过，虽然公共住房的发展有广泛的社会支持，但想要为公共住房选址也不是一帆风顺的；反对声音主要来自当地的区议员和邻近的居民（LCQ16，2012）。他们反对的原因通常是发展密度过高，或者是剥夺了邻近住户享用公共空间和设施的权利。但其实只是邻近私人屋业主担心公共住房的建设会影响他们的房价，所以这又是一个典型的“邻避运动”（HKET，2012）。

5.5　结论

香港一直在经济和社会政策上奉行“新自由主义”思想，并且已经连续18年被评为“最自由”的经济体（Heritage Foundation，2012），所以尽管香港特区政府在其他社会政策领域，诸如公共医疗和收入转移都有较多的参与，但是当政府对于房屋市场有过多干预的时候，仍然会引起关注。结构性的因素，例如土地短缺、人口密度过高和政府拥有土地产权的制度，都能在一定程度上解释为什么需要政府干预房屋市场，但是又还不足以证明为什么要让公共房屋部门发展得这么大（如果加上居屋计划的住户，香港有一半的人口是住在公营房屋里）。

从批判的分析角度来看，香港政府对于房屋市场的干预并不单纯出于改善人们的福利，它更是出于对生产主义（productivsist）的考虑（Holiday，2000）。对房屋市场的干预不仅在20世纪50～60年代期间以“社会福利工资”的形式出现，并有效地提高了工业的竞争力；它更能将被寮屋“霸占”的土地释放出来用来推动工业发展（Drakakis-smith，1979；Keung，1985）。同样，在20世纪80～90年代，资助居屋计划被认为以资助购房的方式，有效地填补了“以资产为本”的福利政策之下社会福利不足的部分（尤其是养老金的部分）（Yip，2013b）。尽管殖民地政府最初发展公共住房是想要加强它统治的政治合理性，以及减少由于住房问题所带来的社会不稳定，但是类似的动机一直持续到了20世纪70～80年代，因为面对持续的房屋短缺和周期性出现的社会不稳定情况，殖民地政府依然需要依靠房屋政策来维持政治的稳定和统治的合理性（Castells等，1990）。

房屋问题所包含的政治经济影响，直到香港要回归和特区政府将要成立时仍然发挥着作用。公共住房问题被认为是殖民地政府在移交政权前所设立的一个政治挑战（Castells等，1990）。无独有偶，第一任特区政府也将房屋问题作为社会政策中最重要的一个环节。因为第一任政府成立之时，正好是房价问题最严峻的时候，干预房屋市场的目的很明显就是要为在有限选举权下产生的政府争取政治合法性。

这就不难解释，为何在2012年行政长官选举期间，房屋问题又一次成为政治辩论的议题。但与以往的选举不同，政府不再是提高“少数代表”（由1 200名代表组成的选举委员会）所选出政府的政治合法性，因为下一届（2017年）的行政长官在计划中应是普选，因而公众的支持将会比以往任何时候都重要。

另外，因为政府与房地产开发商的关系如此密切，而且政府这么依赖房地产相关税收（土地出让收益和房屋交易印花税），下一届政府如果再出台加强压制房价的政策，就等同于政治自杀。然而，在日益增长的反对“土地霸权”的声音之下，什么都不做也不是一个好的选择。面对这样一个两难之选，发展公共住房和资助居屋计划就被认为是一个简单又有效率的政策手段，因为这样不但能够舒缓公众对于房屋的需求和要求政府加强干预的压力，同时也不会对私人房屋市场造成太大的伤害。一方面，公众对于租住公共住房的需求得到满足，并且居屋计划也为买不起私人房屋的首次购房者带来置业的可能性；另一方面，如果急需购买房屋的群体能够解决他们的住房问题，那么也就不需要再去想办法打压房价了。

看来，公共住房问题在一段长时间内，仍然会成为后殖民时代香港公共政策问题的一个重点。但是，对于政府干预的程度，则会根据经济和房屋市场的周期性变化而发生变动，有时加强，有时放宽。但同时，与房屋相关的技术议题也会相应出现，例如新公共住房选址，旧屋村改建或发展一个可持续的住房资助体系。近年来由于环境保护、“反发展主义”和本土主义有着上升的趋势，所以每当新土地要开发的时候，就不可避免地会引起政治辩论，而保护海港和海洋生物，以及反对农业用地转化成为城市发展用地的争论也会变得越来越多。

参考文献

1. Castells E, Lee G, Kwok YW (1990). The Shek Kip Mei syndrome. Pion, London.

2. Census and Statistics Department (2012a). Population census 2011, domestichouseholds by household size (table D103) . www. census2011. gov. hk/en/main-table/D103. html. Accessed 23 Mar 2012.

3. Census and Statistics Department (various years) Annual digest of statistics. Government Printers, Hong Kong.

4. Centaline (2013). Centa-city index. http://hk. centadata. com/cci/cci_ e. htm. Accessed 8 Aug 2013.

5. Chiu SWK, Lui TL (2003). Testing the global city-social polarization thesis: Hong Kong since the1990s. Urban Stud 41 (10): 1863 – 1888.

6. Cuthbert AR (1991). For a few dollars more: Urban planning and the legitimation process in Hong Kong. Int J Urban Reg Res 15 (4): 575 – 593.

7. Drakakis – smith DW (1979). High society: Housing provision in metropolitan Hong

Kong, 1954 – 1979. Centre of Asian Studies, Hong Kong.

8. Forrest R, Yip NM (forthcoming) The reluctant interventionist, Housing Studies.

9. Heritage Foundation (2012). Hong Kong remains world leader in economic freedom, 2012 IndexShows. http://www.heritage.org/research/reports/2012/01 /hong-kong-remains-world-leader-in-economic – freedom – 2012 – index – shows. Accessed 20 Jan 2012.

10. HKET (2012). Is NIMBY for public housing justified? Hong Kong Economic Times, 17 Dec 2012.

11. HKHA (Hong Kong Housing Authority) (2011). Operation of the quota and points system fornon-elderly one-person. http://www.housing authority.gov.hk/hdw/content/document/en/aboutus/ha/paperlibrary1/shc/shc0811.pdf. Accessed 20 Dec 2011.

12. HKMA (2003). Survey on residential mortgages in Hong Kong, 11 Nov 2003, Hong Kong Monetary Authority. http://www.info.gov.hk/hkma/eng/press/category/resident _ index.htm. Accessed 16 Nov 2011.

13. Holliday I (2000). Productivist welfare capitalism: Social policy in East Asia. Political Stud 48: 706 – 723.

14. Hong Kong Housing Authority (various years) Hong Kong housing authority annual report. Hong Kong Housing Authority, Hong Kong.

15. Hong Kong Housing Authority (HKHA) (2002). Memorandum for the housing authority - statement on housing policy by the secretary for housing, planning and lands on 13 November 2002, HA 59/2002. HKHA, Hong Kong.

16. Hong Kong Government (1997). Long term housing strategy. Hong Kong Government, Hong Kong.

17. Hong Kong Report (1997). Hong Kong report 1997. Government Printers, Hong Kong.

18. Hong Kong Report (2001). Hong Kong report 2003. Government Printers, Hong Kong.

19. Hong Kong Report (2003). Hong Kong report 2003. Government Printers, Hong Kong.

20. Hong Kong Report (2012). Hong Kong report 2003. Government Printers, Hong Kong.

21. Hopkins K (1971). Housing the poor. In: Hopkins K (ed) Hong Kong the industrial colony. Oxford University Press, Hong Kong.

22. Keung J (1985). Government intervention ns housing policy in Hong Kong. Third World

Plann Rev 7 (1): 23 -44.

23. LCQ2 (2013). Distribution of waiting time of Public Housing applicants. http://www. info. gov. hk/gia/general/201301/30/P201301300329. htm. Accessed 20 Mar 2013.

24. LCQ16 (2012). Supply of public housing, Press Release LCQ16. http: //www. info. gov. hk/gia/general/201211/14/P201211140251. htm. Accessed 5 Mar 2013.

25. LCQ17 (2010). Allocation of public rental housing flats - Reply of the Government to Legislative Councilor Fred Lee Wah Ming. Press Release LCQ17, 1 Dec 2010, http: //www. info. gov. hk/gia/general/201012/01/P201012010154. htm. Accessed 5 Nov 2012.

26. Lee J, Yip NM (2006). Public housing and family life in East Asia: Housing history and social change in Hong Kong 1953 -1990. J Fam Hist 31 (1): 66 -82.

27. Midland Reality (2012). Property price chart. http://www. midland. com. hk/eng/living_in_hk/hk_property_market. shtml. Accessed 1 Feb 2012.

28. Policy Address (1997). Policy address 1997. http://www. policy address. gov. hk/pa97/english/paindex. htm. Accessed 20 Dec 2011.

29. Smart A (2006). The Shek Kip Mei myth. University of Hong Kong Press, Hong Kong.

30. Transport and Housing Bureau (2010) Consultation on Subsidising Homeownership. http: //www. thb. gov. hk/eng/policy/housing/policy/consultation/con_ framework1005. pdf. Accessed 20 Dec 2011.

31. Wong R (1991). On privatizing public housing. City University of Hong Kong Press, Hong Kong.

32. Yip NM (2003). Managing and serving the estates. In: Yeung YM, Wong KY (eds) Fifty years of public housing in Hong Kong. Housing Authority, Hong Kong, pp 357 -382.

33. Yip NM (2011). Business nearly as usual: Global financial crisis and its impacts on the households. in Hong Kong. In: Forrest R, Yip NM (eds) Housing markets and the global financial crisis: The uneven impacts on households. Edward Elgar, Gloucestershire.

34. Yip NM (2012). Homeownership, cohort trajectories and Hong Kong's post - eighties generation. In: Forrest R, Yip NM (eds) Housing and young people. Routledge, London.

35. Yip NM (2013a). Housing policy in the Tsang administration. In: Cheng YS (ed) An evaluation of the Donald Tsang administration. City University of Hong Kong Press, Hong Kong.

36. Yip NM (2013b). Housing in Hong Kong: Intensive intervention continues. In: Ronald R, Doling J. (eds) Housing in East Asia: socio-economic and demographic challenges. Palgrave, London.

37. Yip NM, La Grange A (2006). Globalization, de-industrialization and Hong Kong's private rental sector. Habitat Int 30: 996 – 1006.

第6章　台湾地区的公共住房政策*

摘要： 本章介绍台湾地区自国民党从中国大陆撤退后的公共住宅政策。检视过去的资料与台湾目前的公共住宅存量，台湾当局似乎并未投入太多心力于公共住宅政策上。因此，中低收入家庭和弱势群体的居住权利也未曾被台湾当局所重视。本章作者认为公共住宅政策的目的应该单纯化，且应尽量减少政治干预，以免混淆公共住宅政策的施行目的。此外，作者亦提出了台湾未来住宅政策的新方向。

6.1　引言

在台湾地区，公共住宅的概念依照适用对象大致可分为两类：一类是指由政府出资兴建的公共住宅，此类公共住宅具有以下特点：(1) 只为困难弱势家庭提供少量的公共住宅；(2) 只卖不租；(3) 对申请者的资格要求很低，只要申请者的家庭年收入低于台湾地区的家庭平均收入，那么申请者一般就会获得通过。另一类公共住宅的概念是，针对社会或经济弱势家庭，政府以补贴、出租国有公共住宅或其他方式，通过住宅政策改善其居住水平，例如自然灾害之后的灾民安置，为公务员、军人及其眷属提供的住宅，为低收入家庭提供的住宅抵押贷款补贴等。

台湾地区的公共住宅政策一直未被政府所重视。相较于其他国家或地区，台湾当局对于公共住宅的投入相当少。供社会弱势者居住的社会住宅比例仅有

* 本章由张金鹗（台湾政治大学地政系特聘教授）、袁淑涓（台湾政治大学地政研究所博士生）共同执笔。

0.08%，约为6 000户；供经济弱势者居住的一般国有公共住宅的比例为2.27%，约为17万户，即使加上当前政府正积极推动的经济适用住宅政策，2014年推出的8 000余户，台湾公共住宅的总量占台湾房屋存量的比例仍低于3%。如此低的公共住宅占有量，并非台湾的住宅市场相当健全而无须政府介入干预，相反，台湾地区面临的住宅问题相当严峻：根据内政部2011年进行的社会住宅需求调查，台湾社会弱势者对于社会住宅的需求量约为33万套，远高于政府所提供的数目；此外，在中心城区，房价与收入比已升至10倍以上，对于中低收入家庭来说，如果他们要从市场购买商品房，那么他们将承受相当大的财务压力。

民间社会团体不断向政府建言，希望政府增加公共住宅的投入，缓和社会或经济弱势者的居住问题，台湾当局却以追求短期政权稳定或政治宣传为目的，实施看似相应的住宅政策，实则未曾正视社会弱势者的居住问题，亦未曾将国有公共住房作为降低经济弱势者居住成本的政策，所以，台湾所面临的公共住宅问题至今未见明显改善。

本章分为6个部分，除第一部分引言外；第二部分介绍台湾住宅市场概况；第三部分描述公共住宅政策的历史背景；第四部分讨论台湾当前的两项住宅政策；第五部分论述台湾的公共住宅数量为何如此少；第六部分为本章小结，提出了台湾未来在公共住宅政策上的发展方向与建议。

6.2 台湾住宅市场发展概况

台湾公共住宅政策失败的原因与住宅市场的发展有关。台湾住宅市场相当活跃，一般认为过去40年里，台湾房地产市场曾经历4次市场景气时期（见图6.1）。第一次景气时期是1972～1974年，该次房价上涨与石油危机有关，油价突然上涨导致物价膨胀，也造成住房兴建成本大幅提升。第二次景气时期为1978～1980年，刺激房价上涨的因素类似于第一次房价上涨，石油危机导致的通货膨胀再次引发房地产生产成本的提升，同时也使需求方面临房价的预期上升。第三次景气时期为1987～1989年，此次房价上涨主要是因为货币供给大幅增加所导致，而货币供给增加又是因为台湾持续维持12%～13%的经济增长率。第四次景气时期为 2004 ~ 2010 年，此次景气循环不同于之前几次，房价仅在大台北都会区有大幅上涨，台北以外的地区房价并没有明显变化。造成此现象的原因是台湾地区区域资源分配不均，台北是台湾地区的政治和经济中心，相较其他城市也有较多工作机会，所以导致房价飙涨。另一个不同于前几次景气时期的现象是，这次景气维持的时间较长，主要原因是低利率政策使得房地产开发商和投资者

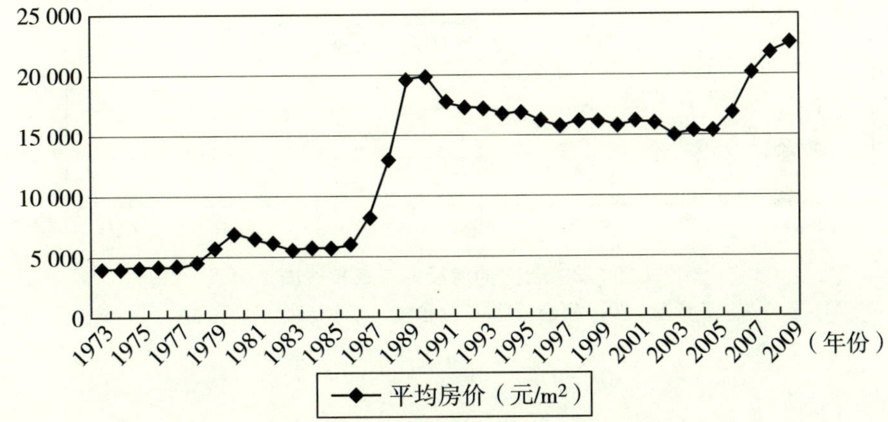

图 6.1　1973 ~ 2010 年台北房价折线图

资料来源：台湾政治大学房地产研究中心

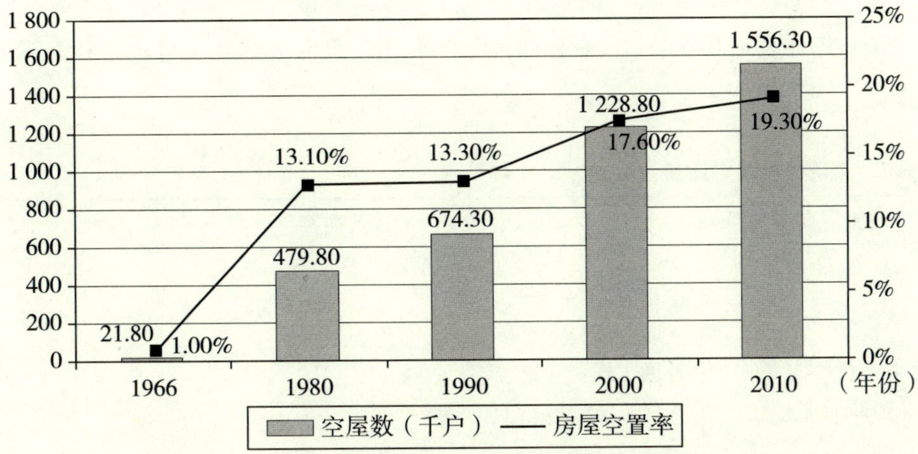

图 6.2　台湾空屋数和房屋空置率

资料来源：人口及住宅普查（1966、1980、1990、2000 和 2010 年），台湾“行政院”主计总处

有空间操作财务杠杆。过去40年间，台湾当局对于住宅市场的失败袖手旁观，消极的管理态度造成台湾住宅市场的怪象：高房价、高房价收入比、高房屋空置率以及高房屋自有率（见图6.2和图6.3）。

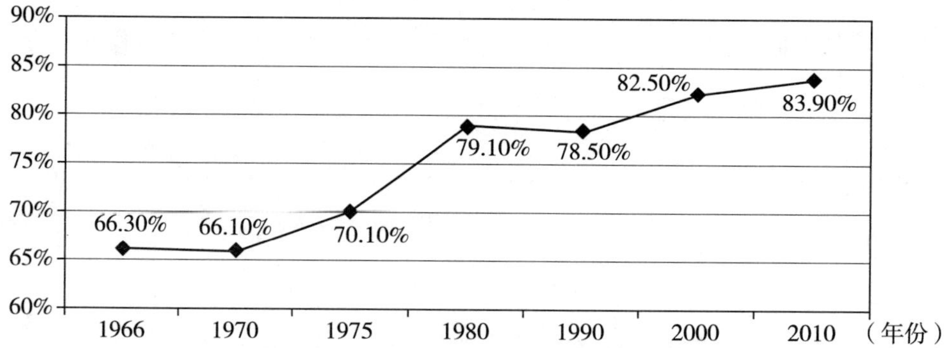

图6.3　台湾的房屋拥有率折线图

资料来源：人口及住宅普查（2010年），台湾“行政院”主计总处

6.3　公共住宅政策的历史背景

在不同的政治体制下就有不同的公共住宅政策施政理念，台湾主要的公共住宅政策整理如表6.1所示。本章依政治体制变迁，将台湾公共住房政策分为三个时期。

表6.1　台湾公共住宅政策

住宅政策（负责单位）	政策内容
公务人员住宅 （人事行政局）	申请资格： • 政府或公立学校员工，至少一年资历 补助方式： • 优惠贷款（依职位等级不同） 结果： • 截至2000年，总共提供了88 385笔贷款与住宅单元

（续表）

住宅政策（负责单位）	政策内容
军人及其眷户住宅（防卫部门）	申请资格： • 军人及其家庭未拥有不动产 补助方式： • 提供补助金给眷村者 • 提供利息补贴给购买私人住宅者 结果： 截至 2000 年，提供了 55 153 笔贷款
供出售的公共住宅	申请资格： • 有意取得公共住宅所有权者 • 已登记于公共住宅清册名单上超过 6 个月者 • 低收入户（依据“行政院”的标准，收入必须低于平均家庭收入所得） 补助方式： • 优惠利率贷款 • 免征不动产转移税 结果： 截至 2000 年，政府共兴建 165 545 套公共住宅
抵押贷款利息补贴（公共住宅部门）	申请资格： • 如同上述公共住宅计划的申请资格 补助方式： • 政府补贴利息 • 限制最大购买住宅面积 结果： 1990 ~ 1999 年，共提供 117 110 笔贷款

资料来源：Yip and Chang（2003）

6.3.1　国民党接管台湾至《公共住宅法案》施行（20 世纪 40 年代 ~ 70 年代）

1949 年国民党自中国大陆撤退来到台湾，在政治上以戒严令限制社会活动，并集中台湾社会大部分资源于国防部门①。在经济政策方面，政府的重点是经济

① 约有 40% 的政府预算花费于国防部门。

增长并努力摆脱贫困。对国民党而言，台湾被视为反攻大陆的跳板，并作为其自大陆撤退后的暂时栖息之处。台湾当局主动规划兴建的公共住宅，乃是提供给政府官员、政府议员和官兵居住的官邸和眷舍，对社会的一般市民并未提供公共住宅。

6.3.1.1　眷村安置

1949年，国民党及数百万军民由大陆迁往台湾，导致人口大量增加，对于这种情况，由于不可能立即为这些人提供大量住宅，所以导致台湾到处都是临时违章建筑。此外，其他公共设施也不完善，土地利用一片混乱，这段时期，台湾面临严重的战后住房问题。但此时政府急于稳定军事、内政，无暇顾及住宅问题。

1946年台湾人口约610万，1950年激增至745万人，增加的人口大多数为来自中国大陆的新住民。为了解决新增加的约150万人口的住房问题，政府开始兴建房屋或者安排宿舍，并将新住民按军种、职业等，分别群聚于一定范围居住，即所谓"眷村"。根据"中华民国妇联会"1982年的统计数据显示，若不包含违建，全台湾共有"眷村"879个，总计达98 535户家庭。

早期的"眷村"用地多为日本统治时期或日本移民村所遗留的，而房屋除一部分来自旧有建筑外，其他多为战后兴建。1950年，简单常见的"眷村"都是稻草屋顶、竹泥墙的结构。房屋面积有A、B、C、D四种不同大小：A为41平方米，B为33平方米，C为28平方米，D为25平方米，当然，并非每个"眷村"都有这四种面积的房屋。眷舍的分配由军人、公务员、教师、议会代表等，按职等之不同抽签安排面积不同等级不同的无产权住房。1960～1970年，经军方修建的大多数眷舍都是砖结构，具有独立卫生间、浴室、厨房及主梁、屋瓦与电线线路等设备。

6.3.1.2　灾后安置

台湾经常受台风和地震侵袭。早期因房屋结构不牢固，而且城市防灾系统与土地容量等观念未建立，自然灾害往往造成人民生命与财产的重大损失，政府着重于以救灾和临时避难所进行灾难安置。例如，1959年8月7日，台风侵袭台湾中南部，暴雨成灾。造成667人死亡，27 466间房屋全部倒塌，18 303间房屋部分倒塌。政府安置灾民达30万人，这次台风是"二战”后最严重的一次自然灾害。政府动员军队参与救灾工作，以及征召上百万的民众参与救灾与重建工作；同时，在公共场所，地势较高的学校、公共建筑物等处成立临时避难所，作为临时收容灾民之处。1964年1月8日，台湾嘉义发生6.1级地震。地震共造成106人死亡或失踪，倒塌房屋10 502间、部分倒塌房屋为25 818间，并且在市区引起大火，共有174间房屋成为废墟，政府只能建立临时收容所安置灾民。

国民党接管台湾初期并未有公共住宅政策。在公共住宅上，台湾当局所采取的措施只有“眷村安置村”、“灾后安置项目”和“公共住宅贷款”。出台这些公共住宅政策的原因主要包括不期而至的自然灾害与美国政府的压力。为了稳固政权，国民党政府才被动而暂时采取了这些公共住宅政策。

6.3.2　《公共住宅法案》施行至总统直选（20世纪70年代~90年代）

1975年，政府发布《公共住宅法案》，并宣称此政策可实现多个目标：其一，作为经济发展的指标建设计划。公共住宅政策以“六年公共住宅兴建计划”迅速地被纳入台湾经济发展计划中，并计划在1976～1981年兴建公共住宅10万套，且自1979年再纳入12个建设项目，预计在1980～1989年兴建房屋60万套。其二，实现民生主义的“居者有其屋”目标。此外，该政策也能遏制房地产行业的投机行为，政府通过兴建大量的廉价公共住宅，以照顾中低收入者。其三，兴建的公共住宅可以作为“示范住宅”，扫除公共住宅低质量的形象，以提高人们住宅生活和居住环境质量。政府通过宣传公共住宅政策在意识形态上安抚民心、改善政府的能力与形象，同时企图压制房地产市场，支持经济发展。

此计划执行结果与宣称的目标相差甚远，造成这个结果的原因包括：第一，计划推动进度缓慢。由于机构组织未健全，人力及资金未能配合，加上土地难以取得[①]（Mi，1988；Yip & Chang，2003），到1985年年底，仅兴建了公共住宅68

① 台湾土地为所有权制，且多为民间持有，公有土地有限，征收困难。

347套（见表6.2）。第二，分配给一般民众公开承购的住宅套数不多。配售公共住宅的程序并未公开，公益拆迁户、军眷户经常列为优先配售对象，一般民众往往必须排长队抽签才能买到公共住宅。第三，贷款比例增加的幅度低于房价增加的速度，中低收入家庭无力购买。1978～1980年，台湾经济迅猛发展，房价逐渐飙涨，以1980年的公共住宅售价与贷款状况为例，售价约为70万～80万新台币，低于邻近都市地区百万新台币以上的售价，然而公共住宅的贷款比例仅为30%，之所以定这么低，与借款人的经济条件有关，但顾此失彼的是，所余自备款并非一般中低收入家庭所能支付，于是，购买公共住宅者已逐渐不是那些政策原想照顾的对象。第四，公共住宅作为公共建设项目之一，其规划、施工质量在部分地方政治人物、派系贪污腐败的行为下，公共住宅的规划设计施工质量得不到保障。接下来的十多年，房地产市场呈现严重不景气，公共住宅也出现了供过于求的状态。

公共住宅政策并未达到政府宣称的效果，不仅弱势群体和中低收入家庭买不起住宅，而且不断创下高价的房价已经成为社会问题，导致1989年8月26日的“无壳蜗牛运动”。买不起房屋的市民组成“无住房者团结组织”，为了抗议高涨的房价和不合理的住宅政策，他们睡在台北市最贵的一条路——忠孝东路上。成

表6.2　台湾地区政府兴建的公共住宅数量

年份	兴建套数	年份	兴建套数
1976～1981	68 347	1992	8 208
1982～1985	26 472	1993	2 862
1986	1 830	1994	6 010
1987	60	1995	11 092
1988	818	1996	9 478
1989	500	1997	6 035
1990	14 097	1998	6 043
1991	3 605	1999	88

资料来源：台湾“行政院”内政部营建署

千上万的市民身上盖着一条薄毯，肩并肩躺在地上。他们要求合理房价，抗议因为财团和投机者炒作导致的高房价。

“无壳蜗牛运动”引起了政府和媒体的注意，政府于是开始评估租金和房价管制的可行性，然而，随着新闻和大众关心逐渐消退，政府并未施行应对高房价的相关住宅政策。

6.3.3　“总统”直选至今（20世纪90年代至今）

在这一阶段，台湾在政治上处于国民党（KMT）与民进党（DPP）政治拉锯的时期；在经济方面，出现了经济停滞，GDP增长放缓，房地产市场陷入不景气，房地产开发商面临高风险；同时，政府面临大量兴建公共住宅失败之经验。于是政府决定缓建公共住宅而回到住宅需求面，转而以优惠房贷、税制改革来处理公共住宅政策。优惠房贷政策为此时期重要的公共住宅政策。

优惠房贷政策是指政府补贴利息，帮助人们购置住宅。在针对一般民众的优惠房贷方面，政府陆续拨款1.08万亿新台币（约360亿美元）为优惠购房项目贷款。购房者只要年满20岁，无论是何种购房目的或购买何种类型的房屋，皆可申请贷款，每个家庭以新台币200～250万元为限。政府补贴利率额度为，前4 000亿元的固定年利率为0.85%，后2 000亿元的固定年利率为0.425%，其余优惠房贷补贴利率为0.25%。除了针对一般民众，此时亦有其他政策性优惠房贷，针对普通工人、公务员和教师，亦有补贴购房利息，然而，其最高贷款额度、利率条件各有不同。

优惠房贷政策无疑增加了住宅的短期需求，刺激了房地产市场的发展。住宅价格和数量的支撑降低了房地产面临的风险。政府甚至曾一度于1999年实施了针对购买房地产开发商的存量房屋的补贴利息。优惠房贷政策施行初期，房地产景气略有回温，其后，则因整体利率水平下降，甚至低于优惠房贷的利率，使优惠房贷政策的影响逐渐降低。

这个政策看似有刺激经济发展、助推民众购房之效。政府宣称，优惠房贷政策将使公共住宅部门减少新建住宅供给，可降低房屋空置率；同时，可协助一般民众换房，提高居住质量；带动建筑产业景气；协助收入较低家庭及有稳定职业的年轻人实现购房愿望；促进金融体系的稳定；促进台湾中南部的公共建设及工业发展。

而在该政策实际执行之后，检视其施行成效，政府宣称可实现的优惠房贷政策效果有限，政府在政策宣传上于是改变说法，强调优惠房贷政策的政策执行成本远低于直接兴建公共住宅，且房地产开发商、购房者、银行都受益。对政府而言，此政策避免了政府直接兴建住宅的无效率与浪费，且贷款补贴利息的供给弹性较大，补助高低可依补助利率调整，政府可以灵活运用资金降低政策执行成本。对受补贴者而言，可提升其购房能力，且申请者可自由选择住宅区位及产品属性。对银行而言，房价反映了担保品的价值，而房价不致跌落过低，这样也就降低了银行认列呆账的可能性。

然而政府没有说明的是，优惠房贷政策造成了国民贫富差距的增加。第一，不限申请对象补助购房利息，如同补贴有能力购买住宅的消费者，加大了有房者和无房者之间的财富差距，让暂时无力购买住宅的消费者未能因资产升值而增加财富，显得更无力购买住宅，宽松的补贴审核标准，让原本不需要被补贴的购房者获得补贴，在政府资源有限的情况下，补贴发放显得有些泛滥，间接排挤了其他优惠房贷的发放。第二，公务员与教师在台湾已是薪资高于平均水平者，并非中低收入者，政府额外予以住宅补贴，排挤其他相对弱势者之权益，且住宅贷款对不同职等官员给予不同补贴额度，职位高者补贴较多，与补贴的初衷不符。第三，低利贷款促使无购房能力的低收入家庭或青年提前购房，在其缺乏合适能力的情况下，每月还款金额增加了其生活负担，导致不得不减少其他消费支出，生活质量下降。

比较优惠房贷政策施行前宣称达到的政策效果与施行后实际达到的效果，政府似乎选择夸大政策的正面效果，而隐瞒政策执行后的负面效果。政府提供低利贷款，让民众购房支撑房价，政府甚至担心没有撑住房地产开发商手上的剩余房价，让房地产开发商恐有套牢风险，一度还针对购买房地产开发商的存量房屋补贴贷款利息。优惠房贷政策的最大受惠者其实是房地产开发商，以及贷款给房地产开发商的金融机构。受补贴的消费者固然以低利率购得了住宅，却是以支付较高房价换取而来的，尤其在受补贴的消费者中，属于收入较低的中低收入家庭、青年，以为自己受到政府的照顾支付较少的利息购得了住宅，实则居住成本原可以更低，被补贴而购置了住宅，使得居住成本超过了其负担，牺牲了生活质量以助推整体房价的上涨，使消费者感觉不到实际损失。而不符合补贴资格的消费者，由于房价应下跌而未能下跌，使他们更难以进入住宅市场，导致贫富差距进一步拉大。

公共住宅的本质是为了出租。然而台湾当局长期忽略住宅租赁市场的政策，台湾的租赁市场并不活跃，因为住宅所有权人并不愿意将住宅放到出租市场中，主要的原因是租金低廉，房屋出租市场法律不规范，以及后续难以管理维护。因此，住宅需求者只能以购买的方式取得住宅。但是，面对台湾住宅市场的高空置率、高房价和低房租，政府实应健全住宅租赁市场，鼓励房屋所有权人通过一个平台或系统，将空屋释放到住宅租赁市场。并且，政府应该尽快建立健全住宅租赁市场的法规，例如建立租屋管理制度，或引进第三部门作为租屋管理者，帮助无力购买房屋或无法租到房子的市民，如老人或者受家暴的妇女等弱势群体也能获得良好的居住质量。政府不应坐视房屋需求者因为租赁市场的不健全就只能以购买的方式取得住宅这种情况不管不顾。

6.4　当前台湾的公共住宅政策

2012年1月，台湾进行了台湾地区领导人大选，国民党政府过去4年的执政并未带领台湾实现经济的腾飞，反倒是台北都会区高涨的房价让民众深感不满。2010年行政院票选十大民怨，“房价过高、一般人无力购买住宅”成为十大民怨之首，优惠房贷政策不再是吸引选票的政策诱饵。有一群未受房贷补贴，却受害于过去错误住宅政策而买不起房子的人们，组成“无壳蜗牛联盟”①，在2010年3月23日走上台北街头，高声抗议房价过高，大喊居住没有正义。另一方面，2010年台湾12个社会福利团体集结成立“社会住宅联盟”，抗议政府长期漠视社会弱

① 与第一次无壳蜗牛运动不同，除了买不起房子的民众之外，还加入了其他社会团体、NGO。

势群体的居住权利。国民党政府迫于2012年1月台湾地区领导人大选的压力，在选举之前“很有效率地”推出公共住宅政策，以转移不满房价过高和政府漠视社会群体居住权利的注意力。

6.4.1 合宜住宅政策

“合宜住宅政策”是台湾当局面对房价过高所产生的民怨的一种立即回应。政府迅速于人民抗议的同年，规划出让位于机场、捷运周边尚未开发完成的公有土地，以限制房屋售价的方式，经房地产开发商竞标地价后兴建住宅。合宜住宅政策的购买者必须为家庭年所收入低于一定水平的中低收入家庭，且无自有住宅家庭，该政策还限定房地产开发商的出售价格必须固定于政府规定的水平，约为当地市价的七成。台湾“行政院”2010年核定后，2011年以公开方式标售位于新台北市郊的四处公有土地，由中标开发商按政府规定的工程标准、销售价格，兴建并销售合宜住宅，预计四处基地约可兴建8 241套住宅，其中7 594套为出售住宅，647户为出租住宅。

合宜住宅政策在选举前大肆在媒体上曝光。政府官员在媒体前表达对房价过高的关注，并表示合宜住宅政策只是初步试点，政府还将陆续出台公共住房政策来抑制房价，而在公众尚未了解政策内涵与实质推动进度之前，国民党政府出台的这项积极响应民怨、照顾弱势群体的公共住宅政策，为国民党成功获得大选做出了一定的贡献。然而，合宜住宅现仍在兴建当中，尚未见到政策的实施效果，此政策能否达到政府宣称的抑制房价、照顾弱势群体的效果，颇令人质疑。因为，其一，合宜住宅项目仅推出8 241套，以如此低的住宅供给量，实质上不可能抑制房价，而在国民党当选之后，新上任的“内政部长”宣布暂停执行合宜住宅政策。其二，仅647套住宅作为出租给中低收入家庭的住宅，对于弱势群体的照顾也是有限的。

根据截至2012年7月的统计数据，第一批供抽签分配的住宅共有4 009套，而符合资格登记购买的消费者约有25 000户，民众对于自己是否能抽中便宜的合宜住宅感到兴致勃勃，媒体及大部分舆论转移房价高涨的焦点。更为严重的问题是，一般中低收入家庭仍无力购买房屋，却因为合宜住宅政策的推出与执行，备受媒体和舆论的冷落。国民党政府是这项政策的最大获利者，在台湾地区领导人大选前迅速推出此项政策，不仅转移了焦点，舒缓了民间埋怨政府无能的压力，国民党政府也顺利赢得台湾地区领导人大选连任。

6.4.2　社会住宅[①]政策

饱受高房价之苦的社会和经济弱势群体，2010 年集结为“社会住宅推动联盟”，要求政府正视弱势群体的居住权利。发起的群体包含老人、家暴妇女组织、普通工人、智障者家长、残障人士等相关 12 个团体。他们抗议政府的公共住宅政策都是为了“买得起”房子的人的住宅政策，而弱势群体既买不起房子，又往往因为受到歧视连租房子都不容易。他们提出了以下要求：第一，政府应将“社会住宅”列为住宅政策必要且重要的项目，并以住宅总量的 5% 作为现阶段推动目标。第二，社会住宅应视为社会福利的公共投资，不应以财务获利或民间投资与否为主要考虑，故政府必须承担主导推动兴建之责任。第三，社会住宅是用以满足经济与社会弱势群体的居住权，应建立合宜标准（如对象认定、租金标准、续住评估等），结合社会福利照顾补助体系，以及引入第三方团体建立永续经营模式。第四，应使社会住宅政策制度化，尽快推动《住宅法》与地方《住宅自治条例》之立法。

在 2012 年 1 月台湾地区领导人大选的压力下，国民党政府“很有效率地”于 2011 年 12 月 30 日通过《住宅法》。这是台湾第一次以立法方式通过住宅政策保障弱势者的居住权益，不再仅以租金补贴提供社会福利。《住宅法》明确规定社会住宅由政府兴办或奖励民间兴办，专供出租之用，并应提供至少 10% 以上比例的房子出租给有特殊情形或身份者。该法案也制定了“反歧视条款”，确定公平居住权利，不得拒绝阻碍住宅使用人进行必要的修缮（包括公共空间），允许导盲犬进出，同时，合法使用公共空间、公共设施、设备及相关法律服务。

截至 2012 年，社会住宅早已成为发达国家一项重要的住宅政策，相比之下，台湾地区现有的社会住宅仅占总住宅存量的 0.08%，约为 6 000 套，远低于台湾

① 社会住宅是指出租给社会团体的住宅，而合宜住宅是指出售给中低收入的住宅。

社会住宅的需求量33万套；供经济弱势者居住的一般公共住宅比例为2.27%，约为17万套。与台湾地区相比，其他国家或地区的社会住宅比例远高于台湾的0.08%：荷兰为34%、英国为20%、丹麦为19%、芬兰为18%、瑞典为18%、欧盟平均为14%、美国为6.2%、日本为6.06%、香港为29%、新加坡为8.7%。即使《住宅法》通过，台湾地区的社会住宅要达到先进国家的发展状况，仍有一段漫长的路要走。

6.5 为什么台湾的公共住宅如此少

为什么台湾的公共住宅数量这么少？为什么政府不想投注太多心力来改善弱势群体的居住状况？我们相信答案与政治体制有关。第二次世界大战之后的台湾，在政治上处于国民党接管台湾初期，政府以威权的统治对社会施行严密控制，以及进行“白色恐怖”的威吓，1947年发生的军队武装镇压台湾人民就是威权统治的证明①，1949年国民党自中国大陆撤退来台，在政治上以戒严令限制社会活动，并集中台湾社会大部分资源于国防部门。

在戒严令实施38年之后，民进党于1986年成立，国民党也在1987年宣布解除戒严，自此之后，台湾开始发展民主思想，也进入政党轮替的民主政治社会。然而，公共住宅政策却从未是真正的公共住宅政策，只是政党用以攫取政治利益的工具。

1975～1996年，侍从主义日益盛行。1975年开始施行《公共住宅法案》，台湾各地陆续兴建公共住宅，一方面，政府表达对公共住宅质量的关心；另一方面，公共住宅作为公共建设项目之一，亦成为地方派系、部分地方政治人物贪污腐败的工具。1996年迄今，台湾迈入民主政治体制后，公共住宅政策的工具性目的除了转变为政党用来开立选举支票的政策诱饵，亦为政府回馈房地产开发商在

① 1947年2月27日的傍晚，烟酒公卖局在街道攻击一名贩卖私烟的妇人，造成路人被枪杀而亡。2月28日，台北市民集结到相关政府机关抗议此事，但遭到机关枪扫射，人民的不满与抗争迅速蔓延全岛。国民党派军从大陆来台湾，开始全岛扫荡和逮捕，全案转为国民党对台人的屠杀事件。台湾精英人士几乎被歼灭殆尽，造成大量平民死伤，估计死亡人数为10 000～20 000人。

选举过程鼎力协助的工具。初具民主雏形的台湾社会，对于利益团体的游说与政治献金并无明显管制①，与住宅领域相关的房地产开发商公会作为利益团体之一，延续侍从主义时期累积的人脉与运作经验，政府成为被“绑架”的对象，在公共住宅政策上的作为，看似照顾弱势群体，实则以不抵触或符合利益团体之利益为施政前提。

台湾公共住宅政策逐渐产生了“规制俘获理论”（Capture Theory of Regulations）所论述的影响，该理论主张：规制受到特定利益团体的影响，他们利用各种资源俘获政府，导致规制最终的结果符合利益团体的利益，却背离公共利益（Stigler，1971；Etzioni，2009）。

除了以上论述的政治体制以外，有其他学者提出台湾的公共住宅数量很少的原因与宪法对于人民财产的保护有关（陈东升，1995；Grange，Chang and Yip，2006）。他们认为公共住宅提供与土地难以取得及政府财务困难有关。因此，政府采取短期策略，例如贷款给购房者或鼓励私人部门提供公共住宅。虽然土地取得困难看来是原因之一，但我们也未见到政府以其他方式改善社会或经济弱势群体的住宅情况。

6.6　结论

本章介绍国民党自中国大陆撤退来到台湾之后的公共住宅政策。政府并未投入太多心力在公共住宅政策上，从而造成台湾严峻的公共住宅问题：在民主制度之下，赢得选票为重要考虑，中低收入家庭和弱势群体的居住权利未被重视。

我们希望台湾能正视当前存在的公共住宅问题，推动政策朝以下几个方向发展：第一，完善出租市场。根据“行政院”主计处 2010 年住宅普查数据，全台的房屋空置率达到 19.4%，换算成套数高达 156 万套。这些空屋代表过去住宅政

---

① 2000 年之后，一系列关于“阳光法案”的法规逐一通过，包括：“公职人员利益冲突回避法”、“政治献金法”、“公职人员财产申报法”和“游说法”。

策的错误，造成资源配置错误与浪费。若能利用这些闲置空屋，使其进入出租市场，将有助于解决经济弱势者买不起又租不到住宅的困境。第二，引入第三方的力量，例如非营利性政府组织（NGO）。公共住宅应以出租为主，未来应引入第三方力量，协助政府营运管理公共住宅。

参考文献

1. Adorno TW, Frenkel-Brunswik E, Levinson DJ, Sanford RN (1950). The authoritarian personality. Harper & Brothers, New York.

2. Chang CO (1990). A research on housing problem and housing policy. Chinese Housing Studies Association, Taipei (in Chinese).

3. Chen DS (1995). A city of money and power: sociological analysis of local factions, conglomerates and development of Taipei metropolitan. Chuliu Publisher, Taipei (in Chinese).

4. Clapham CS (1982). Clientelism and the state. In: Clapham CS (ed) Private patronage and public power. St. Martin's Press, New York.

5. Directorate General of Budget, Accounting and Statistics (2010). Population and housing census. Executive Yuan, Taipei.

6. Etzioni A (2009). The capture theory of regulations-revisited. Symp: Public Dilemmas Revisited 46: 319 – 323.

7. Grange AL, Chang CO, Yip NM (2006). Commodification and urban development: A case study of Taiwan. Hous Stud 21 (1): 53 – 76.

8. Lande CH (1977). Introduction: The dyadic basis of clientelism. In: Schmidt SW, Lande LGCH, Scott JC (eds) Friends, followers, and factions: a reader in political clientelism. University of California Press, Berkeley/Los Angeles.

9. Mi FG (1988). Public housing policy in Taiwan. Taiwan: Radical Quart Soc Stud 1 (2): 97 – 147 (in Chinese).

10. Stigler G (1971). The theory of economics regulation. Bell J Econ 5 (2): 335-358.

11. Yip NM, Chang CO (2003). Housing in Taiwan: State intervention in a market driven housing system. J Comp Asian Dev 2 (1): 93 – 113.

第 7 章　新加坡公共住房的发展演变：一个“居者有其屋”的成功典范*

摘要：许多亚洲国家都面临城市加速与土地资源短缺的问题，为城市贫困人群提供大量可负担的住房是一项极具挑战性的任务。独立以后，新加坡成功地完成了从全民居无定所到全民居者有其屋的转变。截至 2011 年年底，新加坡公共住房占全部住房存量的 82.6%，并且近 90% 的新加坡家庭拥有他们住房的所有权。新加坡公共住房的成功是建立在一个高效的中央集权体系上的。政府承担的公共住房活动涵盖面广泛：从国有土地转让、房屋建设、分配占有权让给具备资格的公民，提供房贷融资，到资产价值提升。建屋发展局（Housing and Development Board，简称 HDB）和中央公积金局（Central Provident Fund Board，简称 CPF）是政府实施各项公共住房政策的两个主要执行机构。本章将主要阐述过去 50 多年塑造新加坡公共住房特色的关键政策与策略。

7.1　引言

新加坡住房市场由私人住房市场和公共住房市场两部分组成。私人住房是在自由市场经济体系下，由私营开发商建造并销售，房屋价格完全由市场决定。在新加坡，公共住房不是一项社会公益，而是由政府建造，并以特定折扣价格销售

---

* 本章由邓永恒（新加坡国立大学房地产研究院院长兼房地产系主任、校教务长讲席教授）、程天富（新加坡国立大学房地产系副教授）执笔。

给符合条件的新加坡公民。这些由建屋发展局承包、建造、分配的组屋被称为预购组屋（Build – To – Order，简称 BTO），或一般所谓的一级市场。在满足最低 5 年的使用期（Minimum Occupation Period，简称 MOP）后，预购组屋的所有权才可以在转售市场上自由转让。转售市场，即所谓的二级市场，为那些无法向建屋局直接购买公共住房的居民提供住房需求。这些被拒于公共住房市场外的人，包括收入超出最高收入上限的新加坡公民、单身公民、永久居民（SPR）、有非新加坡籍配偶或家庭成员的新加坡公民，或已故新加坡公民或永久居民的遗孤。

公共组屋转售市场的运作，与私人住房市场一样，转售组屋的价格完全由市场供需来决定。一个有效的二级市场有助于一级公共住房市场的价格发现。自 2001 年起，新加坡政府修改了预购组屋（BTO）的定价模式，由基于成本的模式转变为基于市场的模式。这个新的定价方法是以市场上相同的二手转售房的价格作为参考的基准价格，用该价格减去房屋补贴后的价格作为新组屋的基准价格。预购组屋的价格随着转售市场的波动而水涨船高，因此，政府于 2013 年 4 月宣布将预购组屋和转售市场的价格脱钩，以更能反映居民可负担能力的方式来决定预购组屋的价格。

预购市场与转售市场的房价差异为许多新加坡家庭带来一笔可观的房屋财富，并帮助他们实现拥有私人住宅的梦想。Stein（1995）和 Ortalo-Magne & Rady（2006）的流动性约束模型非常适用于新加坡家庭不断提升的住房需求变化情况。

公共组屋满足了 80% 的新加坡人的住房需求，是整个住房市场的最大组成部分。有地和非有地私人住宅供给有限，主要是为中高收入阶层提供了更多的住房选择。在一个典型的住房提升过程中，因面对资金流动性的约束，一般家庭会先向政府购买享有津贴的公共组屋，通过公共组屋的升值来累积财富。在满足最低 5 年的居住期限后，他们可以通过转售公共组屋，将赚来的利润用作提升私人公寓的资本。这种住房提升的过程是不间断的，从私人公寓到有地的住宅，从排屋到半独立式、独立式房屋到洋房等。在土地稀缺的新加坡，公共住房和私人住房市场在不同层面的鲜明分割，产生了显著的溢价。

在新加坡实现居者有其屋的过程中，有两个机构扮演了举足轻重的角色。首先是创建于 1960 年 2 月 1 日的建屋发展局（HDB），它承担了公共组屋开发和销售的职责。其次是始建于1955年7月1日的中央公积金局（CPF），它是一个为新加坡公民和永久居民提供强制性储蓄制度的机构。公积金的用途也扩充到可用来满足成员购买公共组屋或私人住房的融资需求。本章将阐述支撑新加坡高住房拥有率的公共组屋政策和住房融资制度。

7.2　公共组屋的历史

建屋发展局（HDB）的成立取代了当时由英国殖民统治在战后成立的新加坡改良信托局（Singapore Improvement Trust），成为国家级的公共组屋管理机构，担负起解决新加坡独立后住房短缺问题的责任。建屋局（建屋发展局的简称），负责公共组屋项目的各个环节：从土地合并与获取、重新安置、城市规划、建筑设计、工程作业、建筑材料生产，到已完工组屋的分配、管理与维护。建屋局对公共组屋各个环节的决策有充分灵活的自主权，让工业、商业与机构用途，以及各种社区和娱乐等基础设施可以与每个公共组屋区域无缝衔接、浑然一体。

1964年，新加坡政府将“居者有其屋计划”纳入国家议程，以鼓励人们拥有属于自己的住房。拥有属于自己的住房，并不仅仅是为人民提供一种经济上的保障，更主要的目的是让他们能扎根于这个国家。新加坡领导人把这个理念当作要取得经济、社会与政治全面稳定的基本前提条件。新加坡前总理、前内阁资政李光耀先生在他的回忆录中写道：

> 我想要一个居者有其屋的社会。我见过那些住在缺乏维护、破烂不堪的老旧屋里的人，与那些以拥有其住房为荣的人之间的巨大反差。这使我确信如果每个家庭都能拥有属于自己的住房，这个国家将会更加稳定……1965年独立以后，我被新加坡完全的城市选区问题所困扰。我不明白为何城市的选民总是在选举时倾向于投反对票。因此，我决定让我们的家庭拥有属于他们自己的房子，否则我们就难以拥有稳定的政治环境。我的另一个动机是给所有父母让他们儿子服兵役和捍卫新加坡的根本理由。如果一个士兵的家庭并不拥有他们自己的房子，他可能会认为他是在为保护有钱人的财富而战斗。

从这个意义上来说，我深信拥有自己的房子是让新加坡人民在这个新生国家扎根的重要基石。

成立后的头20年中，建屋局所采取的公共组屋规划策略是尽可能在短时间内建造大量的公共组屋，以缓解独立后过度拥挤、卫生环境恶劣的住房问题。它采取了高层、高密度的住房建造策略，务实地克服了土地资源极限，并在不挤占其他经济活动用地的前提下，满足大部分家庭的住房需求。早期的公共组屋设计简单又实用：典型的12层结构，每层由一条走廊贯穿、电梯只停留在固定的楼层，其他楼层的居民必须上下楼梯才能去到他们组屋的楼层。组屋底层的空间可供居民用来举办婚宴、丧礼等活动。有些底层的空间还包括固定性社区设施，如幼儿园、托儿所、老年中心等。这是建屋局公共组屋独有的典型特征。

经过20年的密集建设后，建屋局建造了多种面积的组屋，从一居室至五居室，以及中等行政公寓在内的各种大小。截至1980年，组屋数量共计有324 000套，满足了当时68.54%的新加坡人口的住房需求（见图7.1）。与1960年9%的公共住房

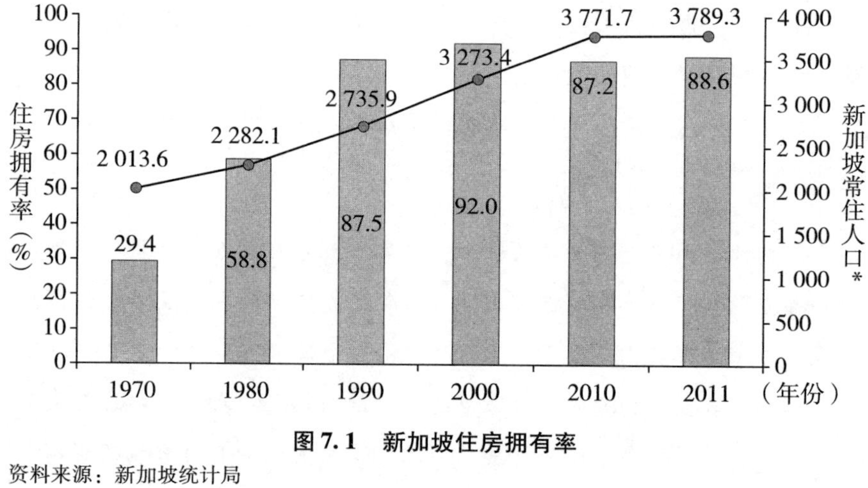

图7.1　新加坡住房拥有率

资料来源：新加坡统计局

注：*新加坡常住人口包括新加坡公民和永久居民，非常住人口并未包含在统计内。

率相比，增速相当惊人。1990 年，公共组屋存量的占比达到了 85.64%，并在 1995 年达到 88.07% 的高峰值。2010 年 11 月，建屋局完成了它 50 年公共组屋建设历史上的一个里程碑事件，位于东北部榜鹅镇的公共组屋项目“绿馨苑”（Treelodge@ Punggol）竣工，完成了它在新加坡所建的第一百万套公共组屋。

“居者有其屋”计划成功地将新加坡转变成一个高住房拥有率的国家，1990 年，92% 的新加坡人拥有属于自己的住房。在民众基本的住房需求得到满足后，20 世纪 90 年代后期，建屋局放缓了公共住房建设的步伐，给予私人开发商更多参与住房建设的空间，以满足人们不断增加的住房需求。

7.3　满足住房需求：多样性与均衡

7.3.1　公共组屋类型

建屋局建造了各种大小户型的公共组屋，以满足不同家庭的需求。20 世纪 60 年代建屋局建造的公共组屋以一居室至三居室为主。随着经济的发展，这些小户型组屋被大户型的四居室和五居室组屋所取代。四居室和五居室公共组屋的面积分别为 90 平方米和 110 平方米。1995 年，建屋局停止建造面积为 150 平方米的中等行政公寓。1998 年，建屋局开始建造面积为 35 ~ 45 平方米的小型公寓，以满足 55 岁及以上的年长居民的住房需求。这类小型公寓以 30 年的短期合约形式销售。

1995 年，建屋局首次以公开招标的形式出售土地给私人开发商，让它们开发设计与基础设施足以与私人公寓相媲美的执行共管公寓（Executive Condominiums，简称 EC）。将私人开发商引进公共住房市场的主要目的是希望为公共住房设计和建筑注入多样化的元素。2005 年 3 月，建屋局继续推出了由私人开发商“设计、兴建和销售”的计划（Design，Build，and Sell Scheme，简称 DBSS）。这些“私人组屋”是没有公寓设施的公共组屋。首个私人组屋项目 Premiere@ Tampines 于 2006 年在淡滨尼推出。迄今为止，新加坡已通过土地招标的方式卖出了 13 块地给私人开发商建造私人组屋项目。①私人组屋和执行共管公寓是由私人开发商设计、建设，并以市场价格销售的公共组屋项目。这两种类型的优质公共组屋的客户对象，主要是那些因超过最高收入上限，无法向建屋局直接购买公共组屋的中产阶级家庭。这些家庭购买这两类私人开发的住房时会获得政府提供的购房补贴。②

7.3.2 公共组屋的供给与库存管理

要达到公共组屋的供需平衡，是一项充满挑战性的任务。房屋建设的周期较长，供应有一定程度的"黏性"，无法有效地应付短期需求的变化。既然公共组屋是一种获得补贴的住房，那么用高库存来满足顾客的成本太高，并不适用于公共组屋。对建屋局来说，以具有反馈性的库存管理模式来提高服务水平是更具成本效率的供给体系。在销售私人组屋和执行共管公寓项目时，私人开发商采用的以价格为基础的分配体系，虽然有效率，但会导致价格波动，并对低收入家庭产生"排挤"效应。相反，建屋局采用了兼顾效率与公平的抽签和排队方式来分配新建成的组屋。③

在 1994 年 10 月之前，由于公共组屋的需求数量远超过供给数量，建屋局采用抽签的方式向具备资格的申请人分配公共组屋。中签获得公共组屋不仅有不确定性，成功的申请者往往还得等待一段时间才能获取完工组屋的钥匙，等待时间有时长达 7 年。④在一个依赖运气的抽签体系中，后申请者可能比先申请者幸运，中签就会获得公共组屋，未中签的先申请者会因此感到失望和沮丧。⑤ 1994 年，新的"组屋登记系统"（Registration of Flat System，简称 RFS）以排队方式代替了

---

① 私人组屋的土地销售于 2011 年被政府终止。资料来源：Lim，Linette，"DBSS land sales halted，" Channel News Asia，4 July 2011.

② 这两种类型的房子受到与建屋局的公共组屋相同的购买资格、转售条件的约束。

③ Mah，Bow Tan，Minister for National Development，"Housing Supply：Allocating Scarce Resources，" TODAY，1 October 2010，pB7.

④ 同上。

⑤ Lim. Allison，"First applications to pick flats under queuing system are all praise，" Straits Times，19 July 1995.

原来的抽签系统。新系统对多次抽签失败的申请者来说更加公平且确定性更强。组屋登记系统会根据每个申请者选择公共组屋的所在地区（分为北区、东北区和西区）分配给每个申请者一个队列号，然后，根据号码的顺序来决定选择公共组屋的优先权。

在每批预售的公共组屋中，15%会优先分配给那些符合特定计划的申请者，如多代家庭组屋计划（Multi-Tier Family Scheme）、合选组屋计划（Joint-Selection Scheme）、第三个孩子优先购房计划（Third Child Priority Scheme）等。另外，60%的预售组屋会分配给首次申请者。剩余的组屋将分配给那些小房换大房的住房改善者。系统根据先到先得的原则，保证参与排队的每个人都有选择自己心仪组屋的机会。

在1997年4月，房地产周期达到峰值，在组屋登记系统内的申请者共有146 000位，远超过建屋局每年30 000套新组屋的供应量。据统计，即使不考虑新增需求、也需要花4.8年的时间来满足系统内现有申请者的需求。1997年亚洲金融危机爆发后，需求大量萎缩，许多人自愿放弃他们的申请权。到2002年，组屋登记系统的申请者人数缩减到8 800人。到2002年5月，未销售的公共组屋库存增加至17 000套。2002年4月，为了清理库存，建屋局通过直接选购的方式（Walk-In-Selection，简称WIS），让新的申请者或是仍留在组屋登记系统的申请者，以先到先得的方式在已完工但尚未销售的库存中挑选他们心仪的组屋。2002年后，组屋登记系统被预购组屋制度（Build-to-Order，简称BTO）所取代。

在预购组屋制度下，当新项目被选定后，建屋局一般在通过电脑抽签来决定顺序后，邀请申请者前来选择合意的房子。但只有在至少70%的组屋被预订的情况下，这个新公共组屋项目才会被启动。这个以需求主导的体系，大大增加了组屋供给和库存管理的灵活性。在一个需求不足的疲软市场，建设项目和交房时间可能会被耽搁延迟。当市场强劲时，新公共组屋申请成功的概率也会因供不应求而下降，未成功的申请者必须等到下一个预购组屋项目推出时重新申请。

2002年的预购组屋制度和紧缩的组屋建设政策，导致大量的组屋需求被压抑。2005～2006年，市场需求显著回升，供需不均衡导致转售组屋的价格急速飙升。2011年5月，新加坡国家发展部长许文远先生（Mr. Khaw Boon Wan）指示建屋局要增加组屋供应量和提高建造组屋的速度。他取消了预购组屋制度中以70%最低预定额来决定未来的供给制度。①他同时还给予首次申请者优先选择权，以保证年轻夫妇可以通过预购组屋制度买到他们的第一套住房。

建屋局还定期向潜在的购房者开放库存组屋，让他们能从剩余的住房和回购的住房中选购合意的组屋。这项剩余组屋销售计划（Sales of Balance Flats，简称SBF），扩大了购房者的选择范围。这些剩余组屋包括在建项目以及临近完工的项目。有一些项目会吸引很多感兴趣的申请者，当需求不匹配时，建屋局会采取抽签方式来分配库存的组屋。

7.4 组屋分配政策

截至2012年，88.6%的建屋局组屋居民拥有其住房的所有权。在新加坡，公共组屋所有权指的是转让给屋主的99年租赁权益。由于建屋局的公共组屋是以补贴价销售的，为了确保真正有居住需求的新加坡公民获得分配的组屋，申请者需要符合一定的资格标准（见表7.1）。成为合格公共组屋申请者的首要条件是家庭核心成员中至少有一位是新加坡公民。这一家庭核心成员也可以属于以下三类人之一：已经公开的未婚夫、未婚妻和孤儿。

表7.1 建屋局组屋、私人组屋和执行共管公寓的申请资格标准

住房类型	建屋局组屋	私人组屋	执行共管公寓
国籍	新加坡公民（SC），或家庭核心成员至少有一位为新加坡公民，或新加坡永久居民（SPR）		

① “Khaw tells HDB to build ahead of demand”, Channelnewsasia. com, 27 May 2011.

（续表）

住房类型	建屋局组屋	私人组屋	执行共管公寓
年龄	≥21岁		≥21岁，单身联购计划需≥35岁
家庭核心成员	（a）公共计划：	申请人 + 配偶 + 子女（如果有） 申请人 + 父母 + 兄弟姐妹（如果有） 申请人 + 依法监护、照料和管理（因为寡居或离婚）的孩子	
	（b）未婚夫妻计划：	申请人 + 未婚夫/未婚妻	
	（c）孤儿计划：	申请人 + 未婚的兄弟姐妹	
	（d）单身联合计划：申请人 + 另一单身人士		
收入上限（月家庭总收入）（新加坡元）	10 000[1a]	10 000[2a]	12 000[3a]
	5 000[1b]		
	2 000[1c]		
MOP期限内的同期所有权限制	在申请日期前的30个月内，或者在申请与开始拥有住房期间，申请人、他/她的配偶、家庭成员及其配偶不得拥有、处置或在其他任何的住房、公寓、建筑或土地上拥有地产或利益，包括（但不限于）HUDC住房（私人或非私人的）、获得馈赠的房产、根据遗嘱或《无遗嘱继承法》继承的房产，或者被指定拥有/获取/处置的房地产（不论何处）		
拥有住房上限	符合条件的新加坡家庭只能购买以下类型住房两次：建屋局住房，有公积金住房津贴的转售住房，私人开发商的DBSS住房，或者私人开发商的EC住房		

资料来源：新加坡建屋局

注：1a. 于2011年8月15日修订，适用于三居室（已建成的城镇/地产，或者是溢价房）、四居室或更大的住房。

1b. 适用于三居室（未建成的城镇/地产）或两居室（已建成的城镇/地产）。

1c. 适用于两居室（未建成的城镇/地产）。

2a. 于2010年8月30日修订。

3a. 于2011年8月15日修订。

由于公共组屋的主要对象是中低收入家庭，因此可申请家庭的每月税前收入上限为10 000新加坡元。[①] 2011年8月15日之前，上限为8 000新加坡元。如果申请者计划购买包括父母和其他子女（已婚或单身）共同居住的大家庭组屋，家庭的每月税前收入上限则为15 000新加坡元。成熟公共组屋区（mature estate/towns）的两居室和非成熟公共组屋区（non-mature estate/towns）的三居室组屋严格保留给月收入低于5 000新加坡元的家庭。只有月入低于2 000新加坡元的家庭才有资格在非成熟公共组屋区购买两居室组屋。从2010年8月30日起，私人组屋的家庭月入上限从8 000新加坡元提高到10 000新加坡元。执行共管公寓的家庭月收入上限也从10 001新加坡元提高到12 000新加坡元。

2010年8月29日，政府实施了好几项抑制公共组屋投机活动的措施[②]。其中一项措施是限制公共组屋的屋主在未住满5年的期限内购买私人住宅。私人住房的屋主也不允许购买新的公共组屋，除非他们在30个月内卖掉他们的私人住宅。由于建屋局公共组屋是以补贴价销售的，如果一个家庭已经购买过新建公共组屋，或者他们在购买转售组屋、私人组屋或执行共管公寓时曾获得两次补贴，他们将不再具备申请资格。

自2011年开始，建屋局与私人开发商都为首次申请者预留了更多的新建组屋以增加他们申请预购组屋的成功率。首次申请者包括以下几种情况：未曾拥有过建屋局组屋、私人组屋或执行共管公寓，或者在购买转售组屋、私人组屋或执行共管公寓时未获得公积金住房补贴的家庭。

新加坡政府推出多种优先计划来实现特定的社会目标。例如，鼓励已婚的孩子居住在靠近他们父母的组屋区，以方便互相照顾和扶持；让有两个以上孩子的家庭优先获得分配组屋；帮助租房者拥有自己的组屋；支持就地养老等计划。

自1989年起，新加坡建屋局通过实施种族融合政策（Ethnic Integration

① 本章所有的计价单位均为新加坡元。

② 李显龙总理在2011年8月29日的国庆群众大会上宣布了这些新措施。

Policy，简称EIP），来保持社区内和每栋组屋内的不同种族家庭比例的平衡，以促进不同种族间的和睦相处。建屋局新建的组屋和私人组屋的分配和销售，必须严格遵守种族家庭比例限制。种族融合政策同样适用于转售和租赁组屋。在选购新组屋时，如果某一种族家庭比例达到所规定的限制，那么该种族的家庭将不再允许购买这一单位的组屋。作为新加坡人数最多的种族，华人在社区内和每栋组屋层内的比例上限分别为84%和87%；马来人的比例上限分别为22%和25%；印度和其他种族的比例上限分别为12%和15%。

7.5　建屋局提供的购房信贷

一个典型的购房者可以依赖3种资金来源购买公共组屋，即个人资金（现金）、抵押贷款和公积金累积储蓄（包括公积金住房补助金）。建屋局为合格购房者提供的低息贷款，是帮助新加坡公民有能力购买公共组屋的基石之一。

7.5.1　建屋局的优惠利率贷款

建屋局为符合信贷评估和资格条件的预购组屋与私人组屋购买者提供优惠利率贷款（Concessionary Rate Loan，CRL）。优惠贷款的利息率是以公积金普通账户利率再加上0.1%来计算。优惠贷款（CRL）的利息率会根据每个季度的公积金利率变动进行调整，调整时间为每年的1月、4月、7月和10月。自1993年7月以来，目前2.60%的优惠贷款年利率就一直未曾变动过。在2003年1月1日之前，建屋局还为那些不具备优惠贷款资格的购房者，在购买建屋局和私人组屋时提供以市场利率为基准的贷款。

建屋局只为符合条件的新加坡公民提供低息优惠贷款。符合条件的建屋局组屋购买者只能享受不超过两次的低息贷款优惠。那些以前曾享受过一次优惠贷款和一次住房补贴的购房者，只能在更换大房子时享受第二次低息贷款。从2010年3月6日起，建屋局也允许购房者在更换较小或面积相同的房子时，享受第二次低息贷款。[1]这个政策旨在鼓励购房者慎重地选择房子的户型，而并非为了享受第二次低息贷款而购买更大的房子。

建屋局的优惠贷款具有以下特征：

（1）最长贷款期限为30年或借款人年龄达到65岁，取两者之间较短的限期。

（2）建屋局的优惠贷款是以公积金普通账户每月利息率另加0.1%的连续复利方法来计算。

（3）每月分期付款的上限为贷款人税前月收入的40%。

（4）贷款的最人额度为建屋局组屋价格的90%（在2005年7月19日前，贷款额度上限为80%）。

7.5.2 支付首付现金

购买者在预订建屋局组屋后，他/她必须以现金支付从500新加坡元（一居室）到2 000新加坡元（四居室、五居室或执行共管公寓）不等的选择权费用。私人组屋和执行共管公寓项目的选择权费用一般为房价的5%，且必须以现金支付。当购房者行使选择权，并签订销售合约后，购房者可以使用现金或公积金储蓄，或两者兼用的方式来支付首付款、印花税以及法律费用等。对于符合建屋局优惠贷款条件的购房者，他/她在签订销售合约时支付10%的首付款。如果购房者有足够的公积金储蓄，他/她将无须以现金来支付10%的首付。

那些使用商业银行贷款的购房者，他们的首付款比例受到政府于2010年和2012年实施的两轮房地产市场降温的宏观政策的影响。新政策降低了商业银行贷款对价值的比例（loan to value，简称LTV）（见表7.2）。自2012年10月6日开始，政策规定个人的贷款期限不超过30年或贷款人不超过65岁，取两者时间较短者；首付金额为房产价值的40%～60%。10%的房产价值的首付款必须在签订销售合约时以现金支付，其余金额可以使用公积金储蓄、公积金住房补贴和现金来支付。

---

① Shankari, Uma, "HDB revises policies to stamp out speculation," *The Business Times*, March 6, 2010.

表 7.2　使用商业贷款的个人购买者的 LTV 上限和首付要求

	2010 年 2 月 20 日前	2010 年 8 月 30 日		2011 年 1 月 14 日		2012 年 10 月 6 日		
贷款特征*：								
未偿还贷款？	—	否	是	否	是	否	否	是
贷款期限 > 30 年或 65 岁？	—	—	—	—	—	不	是	是
LTV 最大值	80%	80%	70%	80%	60%	80%	60%	40%
首付总额	10%	20%	30%	20%	40%	20%	40%	60%
支付方式：								
（*a*）签订销售协议阶段								
（i）现金	5%	5%	10%	5%	10%	5%	10%	10%
（ii）以公积金储蓄、公积金购房津贴和现金		5%		5%		5%		
（*b*）住房分配阶段								
（i）以公积金储蓄、公积金购房津贴和现金	5%	10%	20%	10%	30%	10%	30%	50%

资料来源：新加坡建屋局、新加坡金融管理局（MAS），作者整理

注：*仅限个人借款者。

7.6　中央公积金：从支持养老到购房的社会保障制度

7.6.1　公积金账户与缴纳金额

公积金是为了保障受雇的新加坡公民（Singapore Citizen，SC）和永久居民（Singapore Permanent Resident，PR）退休后的生活而设立的强制性储蓄制度。公

积金的用途现已拓展到医疗、住房甚至投资等多个领域。在现有的公积金制度规定下，在职的公民、永久居民和他们的雇主必须每月向公积金账户缴纳月收入的一定比例。每月缴纳比例根据公积金会员的年龄和月收入而变化。每月缴纳基数以月收入 5 000 新加坡元作为上限。公积金的每月储蓄额会被分配到 3 个不同的账户里，即普通账户（Ordinary Account，OA）、特别账户（Special Account，SA）和保健储蓄账户（Medisave Account，MA），以满足会员不同的需求。每月缴纳与向 3 个账户的分配比例是不固定的，图 7.2 描述了过去多年来的缴纳和分配比例的调整与变动。

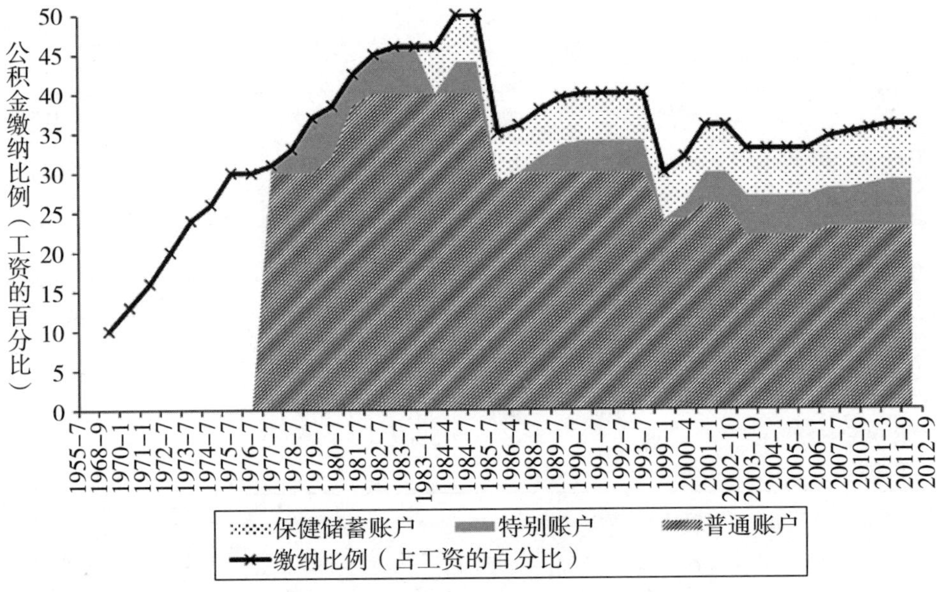

图 7.2　月度公积金缴纳比例与各公积金账户分配

资料来源：新加坡公积金局与作者整理

1976 年之前，公积金会员的每月缴纳额全数被存进单一账户，并且这个账户中的存款可有多种用途，比如购买住房、保险、投资和支付教育费用等。随着公积金会员将越来越多的存款用于购买住房，公积金局于 1977 年推出一个针对退休需求的"特别账户"。会员的年龄必须达到 55 岁或以上才能从这个账户里提取储蓄，并且必须在该账户中保留最低存款。2012 年 7 月 1 日前执行的最低存款计划

（Minimum Sum Scheme，MSS）规定最低储蓄额为 113 000 新加坡元（以 2003 年不变价格计算）。到 2015 年 7 月 1 日，这个账户的最低存款将会被提升到 120 000 新加坡元（以 2003 年不变价格计算）。而从 2013 年 1 月 1 日执行的规定，公积金会员还需在医疗账户里存储最低 25 000 新加坡元。

保健储蓄账户设立于 1984 年，目的是为了满足会员及其家属医疗保健需求。这个账户的储蓄可以用来支付住院费用和购买经过批准的医疗保险。

截至 2012 年，普通账户享有政府担保的 2.5% 年利息率；特别账户和保健储蓄账户享有政府担保的 4% 的年利息率。公积金账户的总存款中的首笔 60 000 新加坡元（其中包含首笔 20 000 新加坡元的普通账户储蓄额）将享有额外的 1% 年利息。

7.6.2　居者有其屋计划

1968 年，新加坡政府推出的公共组屋计划（Public Housing Scheme，简称 PHS）允许公积金会员使用他们的公积金储蓄来购买建屋局组屋。1981 年，政府继而推出特批住宅房地产计划（Approved Residential Properties，简称 ARP），允许会员使用公积金储蓄购买私人住宅。这两个计划在推动居者有其屋计划，帮助居民拥有属于自己的住房方面发挥了重要作用。

根据公共组屋计划，公积金储户可以使用他们的普通账户储蓄来支付首付、部分或是全部的购房贷款。印花税、法律费用以及其他相关费用也可以从普通账户储蓄中支付。公积金会员在使用建屋局优惠贷款来购买新的建屋局组屋时，如果他们公积金的普通账户有足够的储蓄，他们无须用额外的现金来支付首付。在支付了首付后，如果他们的公积金普通账户还有剩余的储蓄，他们还可使用它来支付部分房价，然后再利用建屋局的优惠贷款去支付其余不足的部分。除此之外，他们仍可从公积金普通账户里，提取每月缴纳额来支付优惠贷款的债务。

公积金的公共组屋计划受到两项提款限制，即估价限制（Valuation Limit，简称 VL）和提款限制（Withdrawal Limit，简称 WL）（见表 7.3）。估价限制，顾名思义，就是指在购买组屋时，公积金的提款上限是以房子的买价和估价两者间较低者为准。提款限制则是不超出估价限制的 120% 。这种双重限制让公积金会

表 7.3　公积金住房资助计划的价值限制与提款限制

住房类型	建屋局新建住房		建屋局转售住房	
借款人年龄：	< 55 岁	≥55 岁	< 55 岁	≥ 55 岁
（A）建屋局优惠贷款：				
价值限制（VL）	—	—	是	是
公积金提取限制（WL）*	—	—	不[1]	不[2]
（B）商业银行贷款：				
价值限制（VL）	是	是	是	是
公积金提取限制（WL）*	是[1]	是[2]	是[1]	是[2]

*住房公积金提取限制如下：

执行期间[3]	住房资金提取限制
2003. 1. 1 ~ 2003. 12. 31	VL 的 150%
2004. 1. 1 ~ 2004. 12. 31	VL 的 144%
2005. 1. 1 ~ 2005. 12. 31	VL 的 138%
2006. 1. 1 ~ 2003. 12. 31	VL 的 132%
2007. 1. 1 ~ 2007. 12. 31	VL 的 126%
2008. 1. 1 ~至今	VL 的 120%

注：1. 受到最低现金比例要求影响。

2. 受到最低总额限制影响。

3. 对于转售的住房，指的是建屋局收到申请的日期；对新建住房，指的是预定日期。

员可以每月从账户里提取储蓄来支付贷款的本金和利息，直到 120% 的估价限制。如会员的年龄达到 55 岁，他还可在满足最低存款额计划的现金组成的前提下，使用超过提款限制的储蓄来偿还贷款，直到最低存款额为止。当账户储蓄用尽后，它必须要以现金来偿付贷款余额。

截至 2012 年 9 月，公积金储蓄总额达到了 18 59 亿新加坡元，其中 7. 08 亿新加坡元被提取并用来购买公共组屋（4. 94 亿新加坡元）和私人住宅（2. 15 亿新加坡元）。图 7. 3 描述了 1981 年 7 月至 2012 年 9 月间，公积金账户流入与流出额的比例（实线）和用来购买私人住宅和公共组屋资金提取比例（虚线）。总体而言，公积金会员使用公积金账户中约 41.8% 的资金来购买房子，而用于购买私人住宅对购买公共住房的占用比例约为 58.64%。1992 ~ 1996 年是私人房地产的繁盛期，公积金资金流入私人住宅市场也在这两年内达到高峰期。然而，在 2008 ~ 2012 年房地产繁盛期，据估计用于购买私人住宅的公积金储蓄提取额仅占用于公共组屋购买的 27.73%。

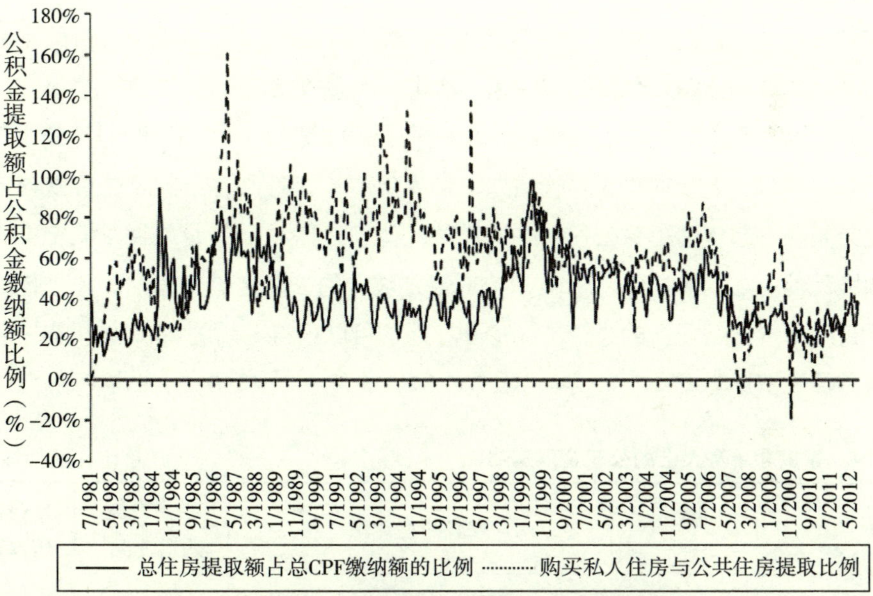

图 7.3　购买私人住宅和公共住房公积金提取额情况

资料来源：新加坡统计局、作者整理

7.6.3　公积金购房津贴

政府以通过公积金账户向首次购买转售组屋、私人组屋和执行共管公寓的新加坡公民提供购房津贴。符合条件的家庭选择购买以公开市场价销售的住房（包括转售组屋，私人组屋和执行共管公寓）时，他们可利用公积金购房津贴来支付部分或全部的购房首付和剩余的房款。但是购房津贴不能用来支付现金溢价（Cash Over Valuation，简称 COV）的部分，溢价即是卖家要求的转售卖价和实值估价的差额。

目前，政府提供的公积金购房津贴有两种，一种是给家庭的津贴，另外一种是给单身人士的津贴（见表7.4）。一个以新加坡公民（SC）或新加坡永久居民（SPR）为核心成员的家庭，在满足收入与年龄条件后，可以申请公积金家庭购房津贴。如果夫妇都是新加坡公民，他们将一次性获得30 000新加坡元购房津贴，如果夫妇其中一人是新加坡公民，另一人是新加坡永久居民，他们将可获得20 000新加坡元购房津贴。如果购买靠近父母或已婚子女的公开市场的房子（包括转售组屋、私人组屋和执行共管公寓），新加坡公民或新加坡永久居民家庭会获得更高的购房津贴，分别为40 000新加坡元（夫妇都是新加坡公民的家庭）和30 000新加坡元（新加坡公民和新加坡永久居民的家庭）。在单身购房计划下，35岁或以上的单身人士在购买转售组屋、私人组屋或执行共管公寓时，可以与未婚的兄弟姐妹一起申请单身公积金购房津贴，他们只需满足每月总收入低于10 000新加坡元的上限。他们可以获得11 000新加坡元的公积金购房津贴。如果他们购买靠近父母或已婚子女的公开市场房子，他们可以获得更高的20 000新加坡元的一次性津贴资助。

表7.4　家庭和单身人士的公积金购房津贴　（单位：新加坡元）

	家庭购房津贴		半个家庭购房津贴[1]	单身购房津贴
	新加坡公民的家庭	新加坡公民和永久居民组成的家庭		
（A）私人组屋购买者				
月平均家庭总收入至多8 000	30 000	20 000[5]	15 000	11 000[6]
月平均家庭总收入达8 000；并且临近父母/已婚子女[2]居住	40 000	30 000[5]	20 000	20 000[2,7]
月平均家庭总收入为8 001～10 000[3]	30 000	20 000[5]	15 000	

（续表）

	家庭购房津贴		半个家庭购房津贴[1]	单身购房津贴
（B）执行共管公寓购买者				
月平均家庭总收入至多 10 000	30 000	20 000[5]	15 000	
月平均家庭总收入为 10 001 ~ 11 000[4]	20 000	10 000[5]	10 000	
月平均家庭总收入为 11 001 ~ 12 000[4]	10 000	0[5]	5 000	

资料来源：新加坡建屋局与作者整理

注：1. 如果你是首次申请的新加坡公民，但你的配偶以前已经享受过购房津贴，可以申请一半家庭购房津贴。

2. 你的父母与你共同居住，或你的父母中至少有一人为新加坡公民或永久居民。

3. 这一规定仅适用于 2010 年 8 月 30 日之后兴建并公开销售的 DBSS 项目。

4. 这一规定仅适用于 2011 年 8 月 15 日之后兴建并公开销售的 EC 项目。

5. 如果你来自 SC/SPR 家庭，当你的 SPR 家庭成为新加坡公民或当你有了 SC 子女时，你可以申请补齐与新加坡公民住房津贴的差额，享受全额住房津贴。

6. 在孤儿计划下，你与未婚的兄弟姐妹一起申请。

7. 自 Yishun PH1 和 Tampines PH2 以来，月平均家庭总收入在 8 000 新加坡元以上的 DBSS 购买者不可以申请。

已经申请过公积金家庭购房津贴的新加坡公民或新加坡永久居民，在其非新加坡公民的配偶或子女后来成为新加坡公民后，可以继续申请先前所得津贴和最高津贴之间的差额。已获得公积金单身购房津贴的新加坡公民，在与另一位满足申请条件但未申请过公积金津贴的新加坡公民结婚后，可以申请补齐另一半家庭公积金购房津贴。

7.6.4　补贴低收入家庭

2006 年 3 月 3 日，政府推出额外公积金购房津贴（Additional Housing Grant,

简称 AHG)，以帮助月收入在3 000新加坡元以下的家庭，他们在购买首套建屋局预购组屋、转售组屋或私人组屋时，给予符合条件的家庭5 000 ~ 20 000新加坡元额外公积金购房津贴，帮助他们支付购房的首付款。该计划分别于2007年8月和2009年2月被两度加强。目前加强的额外公积金购房津贴（Enhanced Additional Housing Grant，简称EAHG）的月收入上限为5 000新加坡元，而最高津贴额已提高到40 000新加坡元。

新加坡政府在2011年3月3日宣布了一项新的特别公积金购房津贴（Special Housing Grant，简称SHG)，以进一步缓解月收入低于2 250新加坡元的家庭在首次购房时的资金压力。特别公积金购房津贴的金额为5 000 ~ 20 000新加坡元，并可与额外公积金购房津贴同时申请。但特别公积金购房津贴仅可以用来购买非成熟建屋局住宅区较小的两居室或三居室式组屋。在购买非成熟组屋区的三居室组屋时，一个月收入低于1 500新加坡元的家庭，可以获得共计60 000新加坡元（40 000新加坡元EAHG和20 000新加坡元SHG）的津贴，而月收入在2 001 ~ 2 250新加坡元的家庭可以获得共计35 000新加坡元的津贴。

7.7 住房提升的过程

新加坡公共组屋在整个国家不动产财富中的比例接近一半（Phang，2001)。公共组屋转售市场（二级市场）自1971年建立起来后，组屋屋主可以在该市场将组屋售出套现。组屋转售可帮助家庭缓解资金流动性约束，并有助于他们实现住房提升的梦想。屋主可以在转售市场上以买卖双方的协议价格（市场价格）将组屋售卖给具有购买资格的买家。这些买家必须满足种族融合计划（Ethnic Integration Policy，简称EIP）的规定[①]。当然，在转售组屋时，屋主必须满足5年最低居住年限（Minimum Occupation Period，简称

① 根据2010年3月5日开始执行的政策，非马来西亚籍的新加坡永久居民在社区和组屋楼层内的上限分别设定为5%和8%。

MOP）的要求。

自 1997 年 4 月起，具备资格的家庭可享受最多两次购房津贴，该津贴可用于购买建屋局的预购组屋，转售住房或私人组屋。家庭在转售市场出售首次购买的组屋后，在购买第二套享受补贴的建屋局组屋时，将会被征收转售税（resale levy）。如果组屋并未获得公积金购房津贴，屋主在售卖组屋时可以免缴转售税。在 1982 年前的旧制度下，转售税的征收比例随房屋面积的大小而定，从三居室组屋的 15% 到中等行政公寓（HUDC）的 30% 不等。自 2006 年 3 月 3 日起，新的转售税征收标准是根据第一次享受补贴的组屋类型征收介于 15 000 ~ 50 000 新加坡元的固定税额。

在销售组屋后，享受建屋局优惠贷款的屋主必须要按以下顺序分配他们的售房款：（1）未偿还的建屋局贷款/银行贷款；（2）建屋局组屋转售税（如有）；（3）补充公积金账户。如果屋主是利用商业银行贷款来购买建屋局的组屋，那么售房款将按顺序先偿还银行贷款、补充公积金、最后缴纳建屋局转售税（如有）。如果售房款不足以偿还购房贷款，屋主还需要根据贷款类型向建屋局或者银行补齐售房款与未偿还贷款之间的差额。

如果屋主的年龄低于 55 岁，他/她必须填补从公积金账户中提取的本金和累计的利息。如果屋主的年龄在 55 岁或以上，他/她只需填补部分本金和累计的利息，或为公积金的最低存款额赤字（Minimum Sum Deficiency，简称 MSD）①，取二者之间的最小值。填补的资金将会被直接转入退休账户（Retirement Account，简称 RA）②。如果填补的资金少于最低存款额赤字，售房者必须以现金的方式填补退休账户。如果组屋是以市场价值销售的，屋主可免于用现金补齐退休账户。

① 最低存款额赤字是指储户适用的最低存款额（Minimum Sum），即 55 岁之前退休账户的余额（不包括利息）。

② CPF 的成员达到 55 岁时将设立退休账户。退休账户中的最低存款额由 OA 账户和 SA 账户中的储蓄和（或者）最多占到最低存款额 50% 的财产抵押组成。对于那些没有能力用现金满足最低存款额要求的成员，他们利用 CPF 储蓄购买的房产将自动被抵押，抵押额以最低存款额的 50% 为限。

7.8 结论

公共组屋是向新加坡的中低收入家庭转移和增进财富的重要渠道。在过去50年中，政府通过建屋局和公积金系统，同时扮演着组屋开发商和贷款提供者的双重角色，使新加坡从一个全民居无定所转变为一个全民居者有其屋的国家。在这一过程中，公共组屋体系发挥了重要作用，实现了为普通市民提供可负担得起的住房目标。同时，它也为人们创建了资产财富，促进了社会的团结①。

建屋局和公积金两大体系在向新加坡民众提供大量住房福利方面取得骄人的成绩。许多国家曾试图仿效新加坡的成功经验，但效果却并不理想。建屋局与公积金局支撑了新加坡公共组屋规划，并将这宏伟蓝图一步一步地转变为现实的两大支柱。这种体制结构的特征包含了执政党的绝对领导地位、高效的行政服务网络、强有力的政府管理和公平的分配体系。

新加坡的公共组屋体系面临两大挑战。首先是如何平衡受管制的预购市场与自由的转售市场之间的价格差异。一方面，建屋局需要确保新建的组屋价格是公众所能负担得起的；另一方面，它还需尽量避免转售市场的定价机制受到扭曲，以保障现有屋主的房产财富。近期，由于私人住房价格上涨导致建屋局转售组屋的价格也随之水涨船高，再加上土地价格和其他投入成本（材料、劳动）的上涨，建屋局在控制新建组屋价格上面临很大压力。② 其次是尝试改进新一代公共组屋的设计与质量，以满足新加坡家庭不断提高的需求。质量提升是一项开支庞大的公共政策，需要投入大量的公共组屋基金来支撑。

参考文献

1. Deng Y, McMillen DP, Sing TF (2012). Private residential price indices in Singapore: A

---

① "Something for Everyone," *The Straits Times*, 19 February 2005.

② 参见 Deng, McMillen and Sing (2012) 对近期新加坡私人住房价格上涨的讨论。

matching approach. Reg Sci Urban Econ 42 (3): 485 – 494.

2. Lee KY (2000). The Singapore story: memoirs of Lee Kuan Yew, vol 2, From third world to first, 1965 – 2000. Time Media Private Limited, Singapore.

3. Ong SE, Sing TF (2002). Price discovery between private and public housing markets. Urban Stud 39: 57 – 67.

4. Ortalo-Magne F, Rady S (2006). Housing market dynamics: On the contribution of income shocks and credit constraints. Rev Econ Stud 73: 459 – 485.

5. Phang SY (2001). Housing policy, wealth formation and the Singapore economy. Hous Stud 16 (4): 443 – 459.

6. Phang SY (2007). The Singapore model of housing and the welfare state. In: Groves R, Murie A, Watson C (eds) Housing and the new welfare state: Perspectives from East Asia and Europe. Ashgate, Aldershot.

7. Sing TF, Tsai IC, Chen MC (2007). Price dynamics in public and private housing markets in Singapore. J Hous Econ 15 (4): 305 – 320.

8. Stein JC (1995). Prices and trading volume in the housing market: A model with down-payment effects. Q J Econ 110: 379 – 406.

9. Wong A, Yeh S (eds) (1985). Housing a nation: 25 years of public housing in Singapore. Housing and Development Board, Singapore.

第 8 章　韩国首尔公共住房供应的新尝试：可能性及限制性*

摘要：从韩国的经济发展和住房严重短缺的状况来看，韩国公共住房的项目开始得相对较晚。然而自 1990 年以来，韩国政府加速发展公共住房项目，已经覆盖到大约 5% 的韩国家庭。此外，韩国的各个政党都在相互竞争，尽可能多地提供公共住房。韩国政府计划在 2018 年前使公共住房福利覆盖 12% 的家庭。

首尔市政府的目标是在 2011 ~ 2015 年 4 年间提供 80 000 套公共住房，这样公共住房可以覆盖 7% 的家庭。然而，首尔市政府没有足够的土地来兴建公共住房。由于土地短缺，需要新的住房政策来推动，例如购买已建成的私人住宅，获取城市更新项目中的公共住房，并鼓励利用小规模土地发展公共住房。

这些切实可行的方法，能使土地资源稀缺、人口密集并且较晚开始实施公共住房政策的国家提高公共住房的覆盖面。

8.1　引言

欧洲国家有悠久的公共住房发展历史，在过去 10 年里，公共住房政策在

---

* 本章由张英姬（Yeong-Hee Jang）（韩国首尔研究院副院长）、金秀顯（Soo-Hyun Kim）（韩国世宗大学城市与房地产研究研究生院副教授）共同执笔。

欧洲国家经历了重大转变。由于政府鼓励居民买房，公共住房的供应量因而缩减。然而，住房价格和私房租金的上涨使得大量低收入家庭被迫扎堆在公共住房内。穷人和富人在空间上的分离问题仍然持续。贫富空间隔离问题导致了公共住房政策的变化，降低了居民申请公共住房的标准并使得住房补贴项目扩大。公共住房市场和私人住房市场的整合是应对公共房屋需求增长的另一种方法。与欧洲国家不同，东亚国家已制定了不同的政策来应对公共住房的财政负担。韩国、日本以及中国的大城市都处于高住宅密度和高增长状态。

公共住房政策在韩国起步相对较晚，但已获得较多的关注，这主要是因为房价上涨和廉价住房的拆除。鼓励购房的政策加剧了家庭债务。这个问题在持续放大，现在韩国全国都很担心住房债务问题。公共住房由此被提上重要的政策议程，但土地短缺一直是解决公共住房的障碍。

韩国政府于 1989 年开始兴建公共房屋，相较于欧洲国家来说起步比较晚。自那时起，韩国持续稳定地供应公共住房，所以公共住房占房屋总存量比例略有增加，1995 年达到 2.0%，2000 年为 2.5%，2010 年达到 5%。这一增长将持续，因为政府计划到 2022 年使公共房屋占房屋总存量的比例达到 10%（韩国人居环境研究院，2013）。韩国保守派和激进派政党都认为增加公共住房供应量是必要的。韩国的公共住房政策虽起步较晚，不过已经在短期内有了相当大的发展（Kim，2011）。

首尔的现任市长朴元淳是在鼓励建设公共住房方面最积极的政治家之一。他承诺到 2015 年提供 80 000 套公共住房，使公共住房覆盖 7% 的家庭（SMG，2012a）。首尔前市长吴世勋也曾积极发展公共住房项目，通过一种新的公共住房项目——周转住房（shift housing）——把中等收入阶层纳入公共住房计划，这本可以成为前市长在位时候的一个政绩。然而，市政府没有能够获得足够的土地来兴建公共房屋。首尔几乎没有空地了。因此，市政府用容积率（FAR）作为奖励，以确保公共住房在大规模重建项目中的份额。然而，因为 2008 年的金融危机和房市衰退，公共住房的供应没有得到保障，进而导致大规模的新开发和重建项目的延迟。

市政府试图引进新的公共住房供给模式，例如购买现有的或新建的私人住宅，与私人业主签订合约把他们已有的房屋作为公共住房。同时，用非营利性的投资在公共土地上建造协作公寓。大部分供给方法都与私营公司或私人资金相关。

这些切实可行的方法，能使土地资源稀缺、人口密集并且较晚开始实施公共住房政策的国家提高公共住房覆盖面。本章介绍了这些新的方法和背景，并研究各种方法的可能性和局限性。本章还将对这些供给方法与其他国家利用私营投资供应公共住房做一比较。

8.2 韩国公共住房的历史和存在的问题

8.2.1 公共住房的历史

韩国的第一批公共住房出现在 1989 年，那时的公共住房可以被贴上国际标准的标签。私人住房租金上涨导致政府为最低收入家庭启动了 19 万套永久性公共住房，这和享受生活补助的家庭数量大致相等。

1990 年，由于居住在公共住房区域的租户有比较严重的社会冲突，永久性的公共住房通过重建项目得以扩建。重建项目的公共房屋占到新建成公共住房的 17%，这些是为城市更新项目搬迁的租户家庭提供的动迁安置房。这仍然是城市更新项目的一个条件。

1993 年，永久性公共住房项目改为 50 年期。它的目标人群从接受福利的家庭转向平均收入低于 70% 的家庭。政府还制定了未来 5 年供应 10 万套公共住房的计划。1998 年，公共住房项目再次变更，此次是应对亚洲金融危机，国家公共住房也是用来维持百姓生活水平的一种途径。目标是在接下来的 10 年时间里，即到 2010 年，公共房屋存量满足 100 万户家庭的需要。2003 年，韩国中央政府启动了一项计划，到 2010 年建设 100 万套公共租赁房；通过制定一部专门的国家公共住房的法律，在 2003 年建设了大约 75 万套住房，这些住房的建成也归功于其他一些方法，如采购现有住房（购置的公共住房）和租赁现有住房（租赁的公共住房）。

然而，自2008年以来，国家公共住房的供应量减少，新的政府管理部门增加可出售的房屋的建设量，而不是公共住房的供应量。2007年，首尔市政府开始为中等收入阶层提供周转住房，其目的在于鼓励中产阶级居住在周转住房里，而不是购买住房，并改变大家认为公共住房只是让低收入家庭居住的观念。

2010年，公共住宅存量在全国覆盖约73万个家庭，这大致占到全国所有家庭的4.4%。在同一时期，政府供应了165 000套公共住房，相当于首尔家庭数的4.6%（见图8.1）。

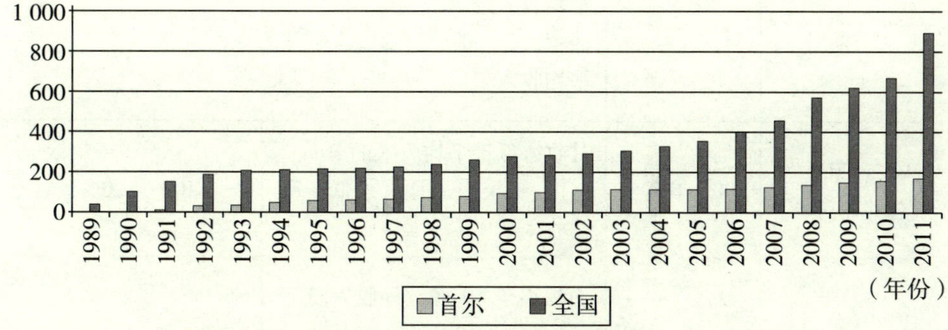

图8.1　公共住房存量累积增长

资料来源：数据来自韩国土地及房屋公司（LH），国土资源部，交通运输和海洋事务部（国土海洋部 MLTM），首尔住房公司（SH）；作者做了相应修改）

8.2.2　公共住房项目

过去20年，韩国发展了各种类型的公共住房。韩国的公共住房可分为永久租赁住房，最低收入人群的购买住房和租赁住房，收入低于平均收入50%的国家租赁住房，城市更新项目中的动迁安置租赁住房以及为中等收入阶级准备的周转住房。动迁安置租赁住房和周转住房最初是由首尔市政府发起的，然后中央政府把项目逐渐扩大到全国。公共房屋的分配根据租户的收入和租金支付能力来划定（见表8.1）。租金基于生产成本，这使公共住房租金比市场价格要低得多。公共房屋是否应仅限于提供给低收入家庭还是应扩展到中产阶层，是韩国公共住房最重要的问题之一。

表 8.1　公共住房项目的申请条件

项目	供应期	申请条件	租金占市场租金的比例
永久性公共住房	1989～1995	收入低于平均收入的 50%	10%～20%
50 年期公共住房	1993～1997	收入低于平均收入的 70%	50%～70%
重建项目公共住房	1992 年至今	城市改造区域的租户 拥有住房储蓄账户的用户	50%～70%
国家公共住房	1998 年至今	面积小于 50 ㎡，月收入低于平均收入的 70%（后者优先） 面积小于 60 ㎡，月收入低于平均收入的 70% 面积大于 60 ㎡，月收入低于平均收入	70%～80%
购买和租赁公共住房	2002 年至今	月收入低于平均收入的 50%（注：残疾人，月收入低于平均收入）	10%～20%
周转住房	2007 年至今	面积小于 60 ㎡，月收入低于平均收入的 70% 面积小于 85 ㎡，月收入低于平均收入的 150% 面积大于 85 ㎡，月收入低于平均收入的 180%	大于 80%

资料来源：Easy Finding Life Statute（http：//onclick. law. go. kr），Homepage of SH Corporation（http：//www. shift. or. kr/），Sale and Rent Application System by LH Corporation（http：//myhome. lh. or. kr/rent/）

公共住房计划可以根据租户的收入简单分为三类：第一类是针对最低收入水平，低于全国平均月收入的 50%，包括永久性公共住房和购买公共住房。第二类针对月收入低于 70% 的群体，包括动迁安置房和国家公共住房。第三类是周转住房，提供给那些达到月平均收入 180% 的人群。上述三类分别占到首尔公共住房总量的 36.4%、52.7% 和 10.9%；占到全国范围内公共住房总量的 31.7%、66.1% 和 2.2%。图 8.2 反映的是首尔公共住房的累积存量类型。

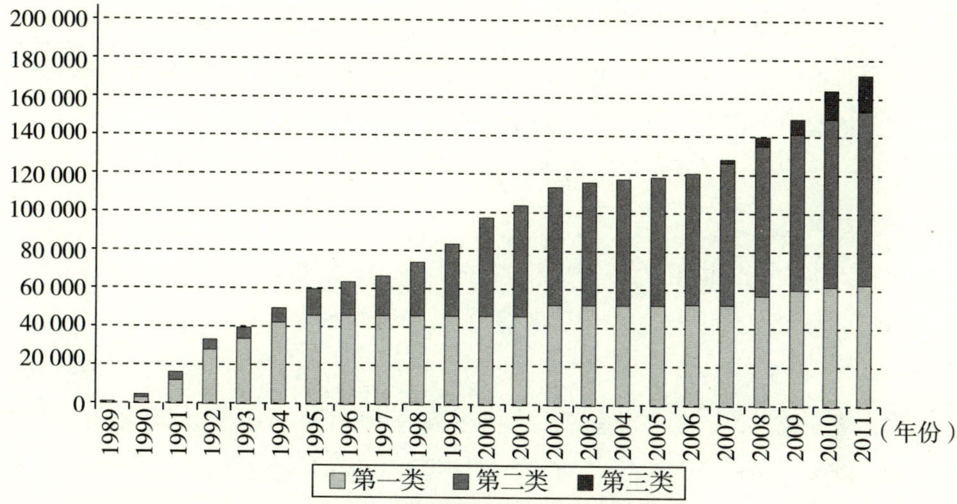

图 8.2　首尔公共住房增长类型

资料来源：首尔市政府首尔住房政策署

注：第一类是永久性、购买和租赁的公共住房；第二类是国家公共住房、50 年周期和重建项目公共住房；第三类是周转住房。

8.2.3　问题和主要挑战

8.2.3.1　公共住房政策的主要问题

韩国的公共住房起步于韩国“经济发展”阶段，这与其他福利好的发达国家相比起步较晚。不过韩国公共住房的数量已经得到了稳步增长。此外，每一个韩国政治团体都认为必须进一步提高公共住房的房屋储备，至少覆盖 10% 的韩国家庭。尽管韩国在公共住房方面有所改善，但仍面临诸多挑战。

第一，公共住房的套数仍然不足。公共住房尚未覆盖 5% 的家庭，因此，不能满足低收入阶层的需要。而私人租赁市场的租金从 2009 年以来一直在上涨，公共住房数量不足被认为是涨价的原因之一。一项对韩国住房专家的调查显示：“如果公共住房存量提高到 10%，私人租房市场的租金价格可能会比较稳定（Lim，2010）。”

第二，公共住房的选址离现有的城市区域太远。在城市区域寻找合适的土地很难，因为在公共住房推出的时候，韩国的城市化水平已经达到 90%；在 21 世纪初，韩国的城市化已经全面完成。在卢武铉政府执政时期（2002～2007年），在城市周边地区推出大型住宅项目势在必行，因为政府每年都要建设10万套住房。在此过程中，租赁住房都建在诸如绿带地区（greenbelt - lifted areas），公共交通不便。这类城郊结合部的大规模开发，引发许多人在现有城市地区启动购买和租赁公共房屋项目。

第三，永久性公共住房，一种早期的公共住房，严重地与社会分离出来，而与经济弱势群体近在咫尺。从一开始，永久性公共住房是为了安置韩国最低收入人群；这其中85%的住户一直接受国家生活补助（MOCT，2005）。国家公共住房社区因为是新近建设的，并没有集中太多经济弱势群体，不过这个区域仍然是被孤立的，因为这是一个为500～2 000个家庭设计的大型居住区。

第四，现有公共住房的融资机制看来难以为继。这是因为大量的公共住房资金依赖于国家土地住房公司（LH's，土地和住房公司，原名韩国国家住房公司），而不是用政府的财政资金。土地住房公司利用销售住宅和土地开发项目的利润来投资公共住房。只有约10%～20%的公共住房建设资金来自政府财政；30%来自全国住房基金（MHF）；另外20%～30%是由土地住房公司筹措。然而，2008年国际金融危机导致房地产市场低迷，这个融资过程已经不可行。土地住房公司的债务已经增长到超过百万亿韩元（约9亿美元），使得解决这笔债务的问题提上了国家议事议程。另外，全国住房基金，这个政府经营的为低收入家庭准备的住房公积金也已接近它的极限，因为房市衰退，资金已经收紧。全国住房基金的主要来源是新房的房屋申购账户以及所有新的购房者需要购买的住房债券。

第五，虽然公共住房的租金价位一般为市场价格的10%～70%（其中永久性公共住房租金价位只是市场价格的10%～20%），但没有考虑收入水平的差异。目前，公共住房租金是根据生产成本来确定的。

第六，地方政府在公共住房的管理和运作方面所发挥的作用受限。在韩国，80%的公共住房是住户所有，由中央政府下属机构土地住房公司管理和经营；20%由首尔政府下属机构首尔房产公司所有。尽管公共住房具有强烈的地方特色，租户的选择、房屋的管理和运作却是由中央机构来操办。这样操作是因为韩国高度集中的行政体制和财务制度。制定住房政策是中央政府的责任，而不是地方政府的。然而，当地政府参与公共住房的管理已变得越来越有必要，因为这样可以满足地方居民的住房需要。

第七，公共住房状况变差也是另一个严重问题，因为维修和管理的预算没有得到好好拨付。低廉的租金和管理费很难维持正常的住房维护。20 年前建的永久性公共住房，在短短的时间里因为管理问题已严重老化。现在政府正在考虑重建或改建（MOCT，2005）。

8.2.3.2　公共住房面临的主要挑战

在韩国，公共住房政策面临 6 个相互关联的重要挑战和任务。

第一个问题是要确保未来公共住房的供应。韩国的政治和民间团体设定很高的公共住房目标。然而，专家预测，增加公共住房到覆盖韩国 10% 的家庭的目标很难实现。由于韩国的公共住房项目起步较晚，获得合适的位于市区的土地难度较大。此外，私人租赁住房已在房地产市场发挥了显著的作用。其他通过与私营部门合作来增加公共住房的比例的方法已经讨论过了。这将在本章第四部分讨论首尔公共住房的新实验中提到。

第二个问题涉及公共住房建设用地的获得。因为传统的方法涉及在城郊结合部或绿带地区建设新的公共住房，当前的挑战是在现有范围内确保土地供应。这讨论了有关公共住房是否应该全部新建的问题。新建住房不再行得通，因为房子的数量超过了家庭的数量。因此，购买现有住房或利用私人住房作为公共住房的做法是更加积极的。

第三个问题是有关公共住房的社会整合。有必要通过缩小公共住房的规模打破收入阶层之间的界线，让不同收入的家庭混合居住在同一个小区内。按收入水平调整租金是必要的，让付不起租金的租客和其他收入阶层的住户住在同一个小区（LH，2009）。然而，整合将需要做进一步的努力，因为公共住房的租户主要是贫困家庭，他们不太可能参加社区活动。

第四个问题涉及融资方式。如上所述，韩国的公共住房处于一个不寻常和不可持续的状态，因为政府财政资源非常有限。因此我们需要讨论不同的融资方案，是否有必要让政府承担所有成本，土地住房公司是否应该支付大部分的费用，还是应该寻找其他的资金来源，例如国家养老基金。

第五个问题涉及租金的制定机制。租金目前主要基于生产成本确定，而不是家庭收入。今后可以适当考虑每个家庭的能力，根据家庭能力制定租金补充方案。然而，目前尚不能确定租金补助计划根据收入水平来制定会不会成功，因为确认低收入群体的验证方法尚没有建立（MLTM，2011）。

第六个问题是决定哪些群体应该被列为公共住房政策扩大之后的招租对象。永久性公共住房瞄准最贫困的群体，如果5是收入水平中间数，国家公共住房定位收入水平在3~4之间。而周转住房可以定位在4~6之间。因此，应确定是否扩大公共住房福利到中等收入阶层还是继续将其限制在低收入家庭。

8.3 首尔的住房市场和公众对公共住房的需求

8.3.1 住房市场趋势

8.3.1.1 房屋价格和租金引起的高负担

作为韩国首都，首尔仅占韩国国土面积的0.6%，却容纳了全国总人口的22%，差不多有1 000万人。当然，首尔的住房价格和租金也是韩国最高的。一个标准的85平方米公寓花费大约4.6亿韩元（40万美元），这是全球住房成本最高的城市之一（SMG，2012b）。首尔2010年房屋价格与收入比（PIR）指数为9.9，与一些亚洲国家的价格与收入比相比偏低，例如北京、上海、香港，但与西欧国家相比偏高①。

在过去10年里，首尔住宅存量增加了140万套，但房屋自有率因为不断上涨的房价一直保持在40%左右。虽然在2000~2005年房地产市场繁荣的时候房屋自有率的比例有小幅上升，但是在2005年和2010年住房市场低迷时都现出了下跌。在首尔房屋自有率实际只占到51.3%；房主不居住在自己房子里的约占10%。这些人最有可能是在房地产市场繁荣期间购买的房屋，却由于高额贷款还

---

① 房价与家庭年收入的比例：香港，12.6；纽约，6.2；伦敦，6.9（以上是根据平均收入和平均房价）；新加坡，4.4；东京，10.0；上海，15.9；北京，22.3（以上是基于一个70平方米房子的价格除以税前家庭年收入）。资料来源：香港环亚经济数据有限公司（CEIC）数据，第八次人口统计年度国际房屋负担能力调查，各国国家统计局和国际货币基金组织工作人员估算值。

没有付清，现在打算出售（Lee，2012）（见图 8.3 和图 8.4）。

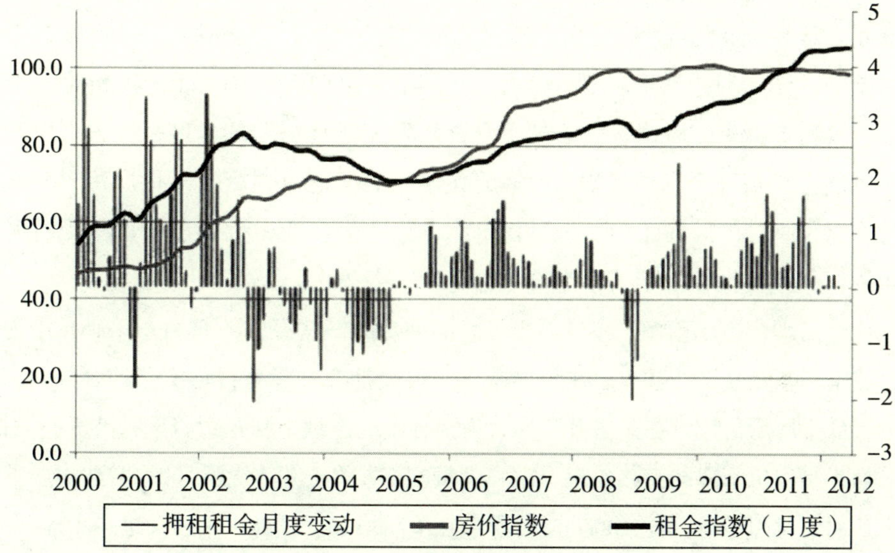

图 8.3　韩国的住房销售价格和租金波动

资料来源：2012 年 6 月韩国国民银行（Kukmin Bank）住房和租金价格指数

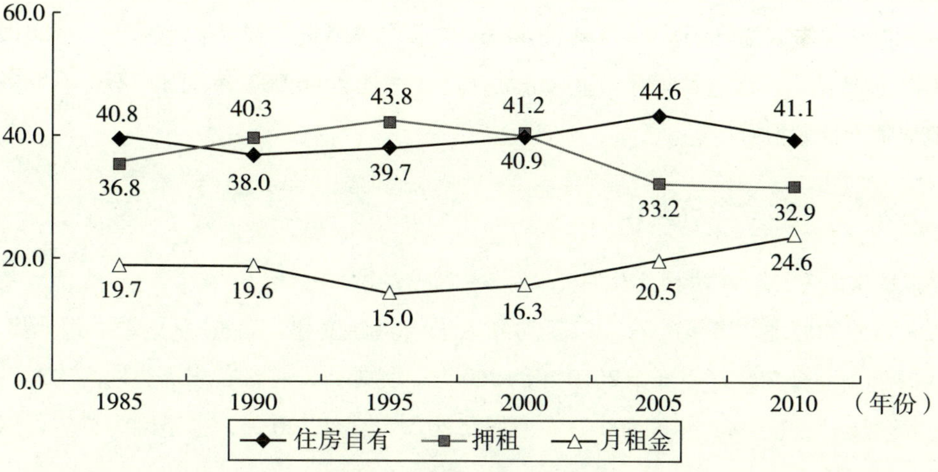

图 8.4　韩国住房使用权变化

资料来源：韩国统计局，国家人口和住房普查（http：//kosis. kr）；首尔市政府统计办公室（http：//stat. seoul. go. kr）

8.3.1.2 出租条件变化：减少出租押金，增加每月房租

类似于房屋价格与收入比，首尔的房屋租金与收入之比（RIR）为23.3，从全球角度看是挺高的①。这是由于韩国独特的押租制度（Jeonse）——高保证金的租金系统。该高押金系统需要租房人在开始租房之前存入相当于房屋价格一半的保证金。租期结束的时候，这笔押金会全数退还。从房东的角度来看，押金对于房东本质上是一种无息贷款。从租客的角度来看，他每月就不用付房租了。这种不付月租付押金的系统给租户一种稳定性，让他们住在租用的房子里享受着房东的生活，却只支付相当于一半房价的押金。

由于房地产市场萧条，不付月租付高额押金的做法经常不被房东采纳。因为房屋价值下降，而且没法预见房屋价格差异，仅收押金并没有任何实际的好处，因为它远远低于房屋价值。在过去几年中，房租押金的连续上涨紧跟着家庭借贷的增长；这被认为是房价下降的直接结果。家庭借贷的增加和这些贷款利息的增加实质上等同于每月支付租金。因此，每月支付租金在不断增加，预计未来还会进一步提高。

8.3.1.3 对于私人租赁市场的依赖加强

2010年，首尔的350万个家庭中有41.1%拥有产权房，57.5%租房住。租房者中，只有8.3%的市民居住在公共住房里。根据2010年韩国全国人口和住房普查，自有房屋家庭已经从2005年的44.6%下降了3.5%（12万户家庭），到2010年只占41.1%，在这5年时间里，公共住房仅增加了46 000套，因此不得不更多地依赖于私人租赁住房。

8.3.2 社会经济变化

8.3.2.1 人口结构变化

首尔的房地产市场随着人口变动经历了结构性变化。首先，人口稳步下降，从1990年的1 060万下降到2010年的960万。另外，在首都首尔周边地区的人口已稳步上升，从1995年的800万人增加到2010年的1 380万。这是因为首尔周围

① 房屋租金与收入比率（Rent - to - income ratio）：首尔，23.3（根据中位数）和30.3（基于平均值）；中国香港，18.0（根据中位数）。资料来源：2010住房调查，2001年韩国人居环境研究院（KRIHS），香港2011年人口和住房普查。

新市镇的稳步发展。新市镇的持续发展已经用低廉的价格提供了优质的住房，因此吸引了中产阶层搬迁到郊区。新市镇也吸引那些在首尔找不到那种不付租金只付押金的房源的租户（见图8.5）。

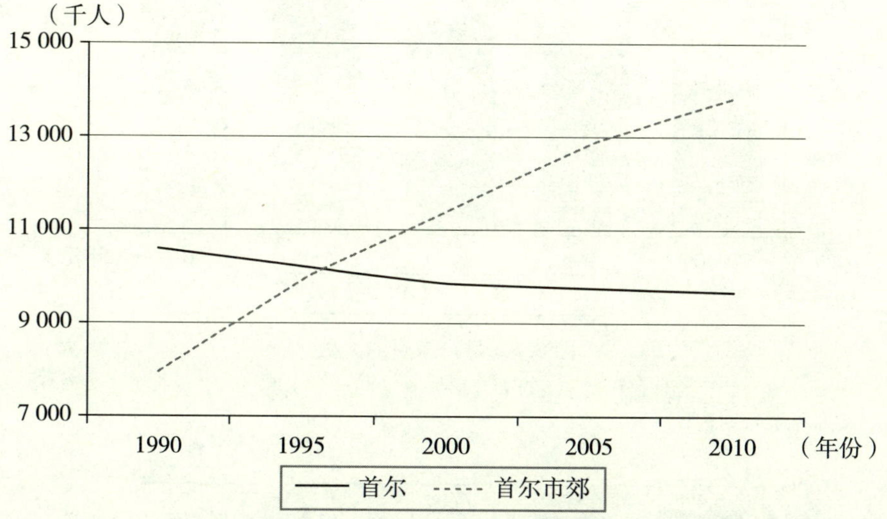

图8.5　1990～2010年的人口变化

资料来源：韩国统计局，国家人口和住房普查（http：//kosis.kr），首尔市政府统计办公室（http：//stat.seoul.go.kr）

其次，家庭规模的大小和年龄段的变化也是影响首尔房地产市场的重要因素。单身家庭的增加、四口之家的减少显得尤其突出。另外，低出生率导致40岁以下的人口减少；反之，40岁以上的人口百分比在增加（见图8.6和图8.7）。

8.3.2.2　年轻一代的住房不稳定性

最后，年轻阶层就业的不稳定性使这群人难以进军房地产市场。成为房主的可能性在年轻人中概率很低，因为职业的不稳定性及其较低的收入。Gosiwon[①]住房，一种按月租赁的便宜的单间房，在年轻人中比较受欢迎。这种便宜的单间房是住房条件差的一个典型例子；这种房间大约只有3平方米，

① Gosiwon：一种小的单间房。——译者注

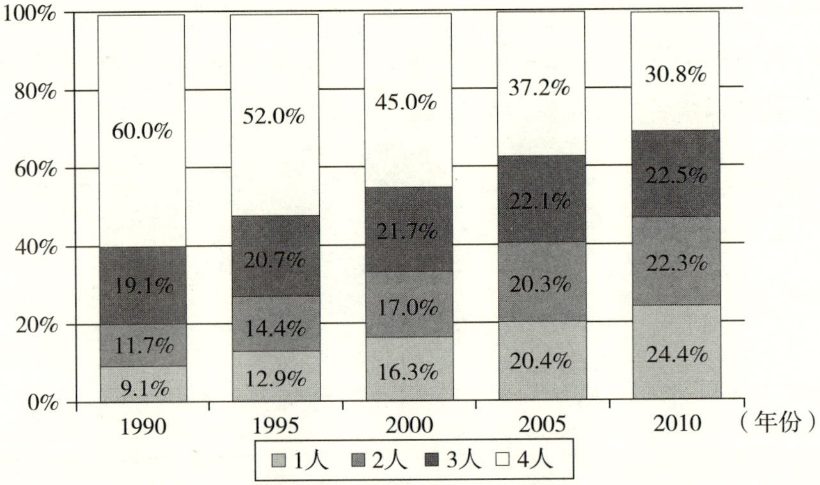

图 8.6　每户家庭的人数

资料来源：韩国统计局，国家人口和住房普查（http：//kosis. kr），首尔市政府统计办公室（http：//stat. seoul. go. kr）

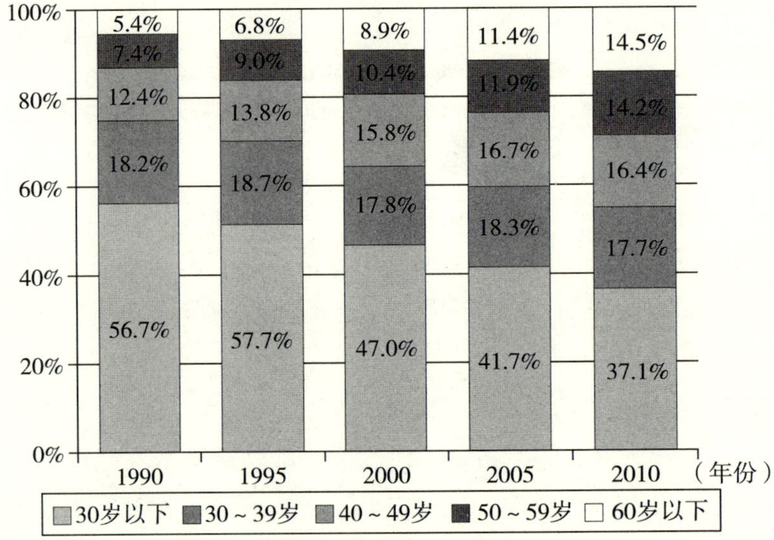

图 8.7　各年龄段人口的比例

资料来源：韩国统计局，国家人口和住房普查（http：//kosis. kr），首尔市政府统计办公室（http：//stat. seoul. go. kr）

通过简单分割商业建筑里的房间而来。仅仅在首尔就大约有 15 万人居住在这种房屋里。居住在 Gosiwon 房子的年轻人不断增加，以及居住在 Jjokbang（一室简陋小屋）的老人不断增加的情况，是韩国公共住房政策面临的新挑战（见图 8.8）。

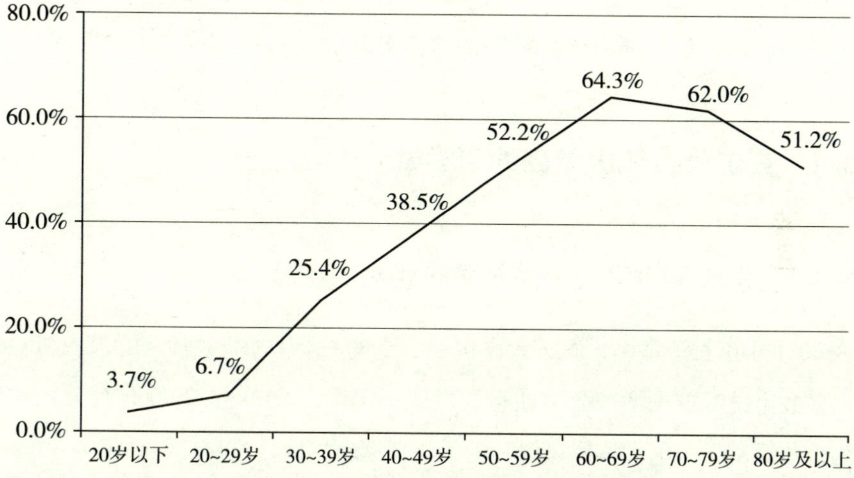

图 8.8　各年龄段的住房所有权比例

资料来源：韩国统计局，国家人口和住房普查（http：//kosis. kr），首尔市政府统计办公室（http：//stat. seoul. go. kr）

8.3.3　对公共住房的需求

如前所述，自 2008 年国际金融危机以来，首尔的房地产市场经历了巨大的变化。持续的低出生率和老龄化使每个家庭人数减少。经济结构的改变对购房产生了负面影响，尤其是年轻群体。其结果是，私人住房租赁数量不断上升。此外，租赁市场的房屋类型不断变化，传统的只交押金不交租金（Jeonse）的租赁房数量减少，而按月交租金的成交量增加。

2011 年对租赁户的房屋调查显示，私人房屋租赁在收入十分位的第一和第二的租户，租金与收入比的比例是 41.7%。而公共房屋住户的租金与收入比的比例是 25.1%，这个比例比私人租户低得多（MLTM，2012）。因此，对于向私人租赁房屋的低收入家庭住房福利的支持，如公共住房或租金补贴等政策势在必行。

事实上，20 000 户家庭在等着搬入永久性公共住房，是另外一个必须增加公共住房供应的原因（首尔市2012年内部数据）。大家抢着要购买公共住房进一步证明了公共住房需求量很高。

此外，首尔市长朴元淳于2012年进行的公民政策偏好调查中，公共住房排名第一；周转住房在上届政府民意调查中排名第一（SMG，2012a）。所有这些事实有力地证明，公共住房在首尔和韩国的高度需求。

8.4 首尔公共住房供应的新尝试

8.4.1 供应80 000套公共住房的计划

在2011年市长选举中，候选人再次承诺要进一步增加公共住房的供应量。这是因为大多数市民都赞成增加公共住房的供应（SMG，2012a）。80 000套公共住房供应成为首尔新市长的重大政策议程，为了实现这一目标，政府特地制定了专项规划。

根据该计划，在8万套公共住房中，有45.5%将通过大规模土地开发项目供应，约33.6%是通过城市更新项目供应，约12%通过购买现有的私人住房项目供应。在城市更新项目中，20%将作为政府公共租赁住房，政府将购买这些住房然后再提供给愿意留在当地居住的家庭。

首尔市政府计划通过一些新的措施提供约10%的公共住房，例如，小规模和低层发展、公私伙伴关系等。鉴于在现有土地提供居民经济适用房是一项艰巨的任务，市政府尝试各种方法，以确保公共住房计划的完成。以前公共住房利用闲置的小块土地安置一些人群的做法已经不再采用（这些人群包括新婚燕尔的夫妇、大学生、单身青年等）。同时，建设中层或低层建筑具有缩短建造时间长达6个月的优势（见表8.2）。

表8.2 8万套公共住房的供应模式

大规模土地开发（公寓类型）	城市更新项目（公寓类型）	购买现有住房（底层的多户家庭类型）	小规模发展公私协作（底层的多户家庭类型）
45.5%	33.6%	12.0%	10.0%

资料来源：首尔市政府（2012 a. b）

8.4.2　供应机制

8.4.2.1　通过大规模的土地开发供应公共住房

公共住房主要是通过大规模的住房开发提供的，这是解决住房短缺问题的最有效方法。首尔郊区大型的新城镇发展也已成为住房供应的一种有效形式；首尔 56.0% 的公共住房用这种模式建设；8 万套公共住房的 45.5% 也计划在郊区建设。在全国范围内，将近 90% 的公共住房通过这种模式提供。然而，把公共住房设置在郊区存在的问题是，它们远离市中心的商业，所以为了避免类似的问题，我们需要讨论其他一些模式。

8.4.2.2　通过城市更新项目来供应公共住房

首尔市政府的公共住房计划和中央政府项目之间的区别在于对重建项目的利用。城市更新项目是首尔市政府提供公共住房的重要途径。市政府用原地安置的策略建设公共住房安置曾经住在某个区域的居民，这个政策一直在用，迄今已经建设了 54 000 套公共住房。目前，20% 的新建住房要求被建设成公共住房。首尔市政府用政府财政经费按照建设成本价购买所有的公共住房。土地成本被替换成容积率奖励。在这方面的一个关键问题是，房屋重建项目对房地产市场的波动很敏感。2011 年开始，由于住房市场衰退，被批准的房地产项目急剧下降。因此，重建项目的延迟将持续一段时间。

8.4.2.3　通过购买现有住房提供公共住房

购买多户家庭的房屋用作公共住房是从 2003 年开始的。为了推广 100 万套公共住房计划，大量的公共住房兴建于城市外围区域的新城镇。人们批评这样的公共住房地处偏远，于是购买已有的多户住宅用作公共住房的项目就开始了（Yoon，2006）。然而购买一套住房的价格约 1.6 亿韩元（15 万美元），几乎相当于重新建设的成本。这意味着，算上维修费用后，旧的住房会比新的更贵。另外，因为这些住房的位置相对松散，难以管理又是一个问题。

然而，利用现有的房子改制成公共住房非常受居民的欢迎，尤其是对收入较低的家庭而言。这是因为这类住房位于现有住宅区，租金低廉，外表也看不出是公共住房。此外，小规模、分散的位置使居民联系更方便。社会福利机构有时会使用多户家庭公共住房安置老人和残疾人。2011 年，位于现有小区的已购公共住房增加到 25 000 套。

8.4.2.4 利用小规模的城市土地建设公共住房

近年来，利用小规模的城市土地和闲置的城市规划用地，例如学校、停车场来建设公共住房的情况经常被提到。其中，停车场的可能性最大。混合使用的模式已被验证，以确保通过调整容积率来保留公共房屋和车位。使用小规模的土地建设公共住房的同时保持现有的街道和房屋是有好处的。400～1 500 平方米的小块土地可以被用来建设 15～50 平方米大小的公共住房。此外，小规模的公共住房可以为周边社区提供包括招待所、自习室和儿童保健服务等公用设施。

8.4.2.5 单身青年公寓项目和大学生希望住房项目

对小规模低成本住房的大规模重建推动了市政府 2007 年的“城市—生活住房”计划。大学和市中心附近地区的城市更新项目取得了进展，低收入家庭和大学生的住房条件已经恶化，最终成为一个重要的社会问题。廉租住房的紧缺使得“城市—生活住房”的计划应运而生。由于首尔的土地成本很高，这个计划主要侧重于面积非常小的公寓。这样的公寓有助于满足单人家庭的住房需求，例如学生和需要相对较低租金的工人。“城市—生活房屋”获得一致好评，因为它松动了住房需要提供停车的规定。停车需求是在首尔增加多户家庭公共住房的一个主要障碍，因为首尔土地价值高。尽管学校当局主要负责解决学生的住房问题，市政府通过“希望安居工程”创建了一个市一级的项目，为大学生提供住房。到 2020 年将按照市场价格的 20%～30% 提供 25 000 套住房。

8.5 公私合作新尝试

首尔市政府正在用一种新的独特的方法来完成 80 000 套公共住房的供应计划。该计划要求利用私人土地和资本，并采取合作的方式来完成。土地缺少和财政短缺的国家已经尝试用各种方法来提供公共住房。这些措施包括“私人土地，公共房屋”（公共机构借用私人土地来建设公共住房），“公有土地，私有住房”（私营实体借用公共土地建设公共住房），以及“在公有土地上的混合发展：在公共土地上建设公共和私人房屋以及私人办公室”。虽然采用的模式略有不同，但很多国家已经使用私人资本建设公共房屋并对旧城区进行重建（Lee，2011）。

8.5.1　尝试一：重建窝棚——支持私人住房

首尔大约有 3 000 间窝棚。这些窝棚位于破旧市区，租金按日收取。这些窝棚的住户几乎都是无家可归的人。棚户区生活条件极其恶劣，并且很容易着火。为了改善居住环境和稳定性，2012 年政府启动了重建项目。然而当政府开始改建这些破旧棚户区后，租户又无法承担上涨的租金，因为限制租金上涨在首尔是一个复杂的问题，众所周知，首尔的住房需求大于供给。

为了解决这一问题，市政府需要承担重建费用，以冻结 6 年租金为条件。然而，这在首尔可能比较困难，因为首尔的经济适用租赁住房供给不足，但是，因为土地短缺和融资困难，用私有的资源以合理的价格供应公共住房是提供公共住房的另一途径。

8.5.2　尝试二：合作建设住房

合作建房的目的是鼓励通过居民参与以及社区建设形成一个自治的住宅小区。这种住房通过自愿建设和社区管理来形成一个安定的生活环境。虽然比较理想，但合作建房在首尔是一项艰巨的任务，因为土地稀缺、成本较高。为了幼儿保育的共同目标，第一个协作式公共住房的尝试正进行；首尔市选出一个项目协调员，并招募成员参与幼儿保育社区住房合作社。选定的居民将从施工阶段开始参加合作建房。如果说活跃社区能够成功，首尔市政府将考虑这个供应公共住房的新模式。

8.5.3　尝试三：在私人土地上供应公共住房

政府也尝试在租用 20 年的私人土地上建设公共住房。这种方法需要支付给土地所有者租金，在 20 年里发展公共住房。市政府需要支付贷款利率作为租借 20 年的租金。因此，找到一个私人老板愿意在 20 年里出租其土地是一个必要条件。

自 1983 年以来，日本一直在租赁土地上经营公共住房项目。日本城市更新机构（UR）建设公共住房和购物中心，然后把这些资产用优惠的支付条款转移给土地所有者。日本城市更新机构还支付租金给业主，直到租赁期满。这些产业当作日本城市更新机构的公共住房以市场成本的70%～80%经营。

8.5.4 尝试四：使用私有资本供应公共住房

首尔市政府正在探索新的方法，长期利用私人资本建设公共房屋。通过使用开放的设施，例如停车场和未充分利用的公共设施，这一方式试图发展多样性的商住社区，包括私人和公共房屋、办公室等等。用与公共住房相同的条款和条件来运作，而开发商用从其他私人设施中获得的利润弥补了投资公共住房费用和租赁管理费。仍然，混合发展的可行性值得质疑，因为它重叠了部分公共企业的作用，例如韩国SH会社（SH）和韩国土地和住房公司（LH）。即使民营资本能够成功募集，因为民营资本在其他SOC项目中的表现，优惠政策对待的争议不可避免。

自1999年以来，日本通过一项措施促进利用民间资本，即所谓的私人融资计划（Private Finance Initiative）（Miyashita，2003）。私人融资计划推动私人经营权、租赁公共土地和兴建公屋，并鼓励市政府租赁或购买公共住房。私人融资计划的方法经常用来重建年久失修的大型公共住宅区，这种方法的使用仍在延续（Miyoshi and Abe，2008）。尽管公共部门提供优质的住宿服务，而私营部门创造新的业务机会，但出于项目开发成本的原因，这种公私合作模式有可能最终增加租金，这就会导致提高租户申请的门槛。在美国和英国，由私人投资的公共住房的租金水平已经要比政府财政支持的租金高一些（Gibb，2002；Fraser and Kick，2007；Murillo，2001）。

8.6 结论

尽管困难重重，首尔市政府仍一直在努力加大公共住房的供应量。小规模的开发和公私合作模式的做法在首尔能实现社会的多元化，缓解用地紧张问题，并且减轻政府的财政负担。公共住房的发展阻力也促进了公共住房的公私合作关系。然而，这种公私合作模式对保障低收入家庭的公共住房的影响有限，因为私营业主需要确保足够的利润。

为了实现公共住房占到住房总量10%的目标，尝试用不同的方法重新利用现有的土地是必要的。利用私有资源建设公共住房的创新方法在未来会持续下去，那些房龄20多年的公共住宅小区和未充分利用的公共设施很可能成为第一批试点对象。公私合作模式缓解了很多国家的土地供应不足和财政负担问题，他们其实建立了一个更有效的机制，确保低收入者的保障性住房。由此，继续讨论公私合作模式是必要的，以确保未来的公共住房供给。

虽然通过新开发或者城市更新项目来大规模供应公共租赁房将在今后继续，但大规模建设公共住房不太会发生。这是因为，在首尔郊区大规模化开发住房不再是有效的，也不再是首选。

首尔市政府在现有城区内供给公共住房需要一种创新性的努力，因为供应机制从大规模社区变成小规模的发展。现有城市小块土地需要有一个新的设计和开发模式来供应公共住房。用社区空间整合租户和社区原有居民，也不失为另一种尝试。该模式涉及社会的活跃和复兴，最近它成为首尔市政府的一项主要的政策议程。尽管这种方法需要更多的努力，但从长期来看会增加居民对公共住房的满意度。

参考文献

1. Fraser J, Kick E (2007). The role of public, private, non-profit and community sectors in shaping mixed-income housing outcomes in the US. Urban Stud 44 (12): 2357 – 2377.

2. Gibb K (2002). Trends and changes in social housing finance and provision within the European union. Hous Stud 17 (2): 325 – 336.

3. Kim S-H (2011). Belated, but Grand? – The future of public housing in Korea. Paper for the Public Housing Future Symposium in Hong Kong (Sept 2011).

4. Korea Research Institute for Human Settlement (KRIHS) (2013). Study on comprehensive long term housing plan (2013 – 2022), A project report.

5. Lee D-H (2011). Supply strategy for the public rental housing through small-scale development in deteriorated areas. 2011 Research report. Seoul Development Institute, pp 44 – 51.

6. Lee C (2012). Prospects of changes in the housing market and the direction of housing policy in Korea. Real Estate Focus 55: 16 – 30, Korea Appraisal Board.

7. LH Corporation (2009). A study on the improvement of quality of life in long-term public rentalhousing. Research report.

8. Lim S (2010). Study of the effects of long-term rental housing. PhD dissertation, University of Seoul.

9. Metropolitan Government (SMG) (2012a). Seoul Municipal Government Operation Plan, An internal report.

10. Ministry of Construction and Transportation (MOCT) (2005). A survey of permanent rental gousing. Research report.

11. Ministry of Land, Transportation and Maritime Affairs (MLTM) (2011). An examination of purchased rental housing and leased rental housing. Research report.

12. Ministry of Land, Transportation and Maritime Affairs (MLTM) (2012). Housing survey of households living in rental housing. Press release.

13. Miyashita N (2003). Structure of urban regeneration. J Jpn Railr, January.

14. Miyoshi F, Abe H (2008). Survey report on public housing redevelopment and application of PFI program. Osaka University.

15. Murillo F (2001). Public-private partnership, the compact city, and social housing: best practice forwhom? Dev Pract 11 (2&3): 336 – 343.

16. Seoul Metropolitan Government (Statistics Office). http://stat.seoul.go.kr.

17. Seoul Metropolitan Government (SMG) (2012a). Seoul Municipal Government Operation Plan.

18. Seoul Metropolitan Government (SMG) (2012b). Seoul life hope index. http://performance.seoul.go.kr.

19. SH Corporation. http://www.i-sh.co.kr.

20. Statistics Korea (2012). National population and housing census. http://kosis.kr.

21. Urban Renaissance Agency http://www.ur-net.go.jp.

22. Yoon J-H (2006). Evaluation on national public housing. National Public Housing White Paper. Land and Housing Research Institute.

第 9 章 日本的公共住房和新自由主义政策*

9.1 引言

在很多发达国家，战后住房政策的主要措施是提供社会租赁住房，这项措施在改善低收入群体的住房条件方面上起到了非常重要的作用。然而，在过去 30 年无所不在的新自由主义的冲击下，政府逐渐将住房政策的重心转向促进市场化住宅的生产和消费上，这就导致了私人购房置业的扩张和社会性租赁住房的缩减。社会不同阶层都开始认识到，住房形势进入新阶段，即为低收入者提供的住房在逐步萎缩。

本章关注的重点是日本在公共住房体系方面的变革。由于新自由主义经济政策受到本国社会、经济、政治和本国国家制度的影响，无法得出完全相同的结果，也因此在住房改革的进程上有不同的影响（Forrest and Hirayama，2009）。所以，在新自由主义经济政策如何影响低收入家庭住房这个问题上，日本是一个很好的范例。在战后一段时间，日本的住房政策致力于推进中等收入家庭的住房所有权问题，而低收入家庭的公租房问题却被忽视了（Harada，1985；Hayakawa，2002；Hirayama，2003，2007；Ohmoto，1985，1996）。因此，在日本，新自由主义经济政策与传统的剩余主义的公共住房政策有效地结合起来，逐渐削弱了低收入住房系统。随着公共住房逐渐被边缘化，公司提供的职工住房和廉租房对低收入住房部门起到了补充作用。然而，新自由主义政策的优势地位开始逐步瓦解整个

* 本章由平山洋介（Yosuke Hirayama）（神户大学人类发展和环境研究生院教授）执笔。

廉租房系统。

更为严重的是，日本长期的经济停滞逐步破坏了住房保障系统，这就提出了一个问题，即新自由主义政策在向低收入者提供有保障的经济适用住房上是否具有可操作性。20世纪90年代初，当泡沫经济崩溃之后，日本就进入了长时间的经济衰退期，其间，日本国内生产总值增长缓慢甚至出现负增长，同时相伴的是居高不下的失业率和实际收入的减少。尽管日本经济在2002年开始逐步恢复，但经济的好转却没有改善家庭经济。更糟糕的是，由于受到由美国次贷危机引发的全球金融危机的影响，日本在2008年又进入了更加严重的衰退期。2011年在日本东北部发生的大地震更是使脆弱的日本经济雪上加霜。在后泡沫时代经济停滞的情况下，引入新自由主义政策的目的是为了刺激经济的恢复，转变住房政策也是为了提高住房条件。然而，经济仍在持续下滑，而低收入者的住房边缘化也加剧了住房市场的不稳定性。本章探究了日本公共住房系统的转型，并将研究重点放在新自由主义政策对低收入者住房环境的影响上。本章从日本公共住房的发展入手，着重强调了传统意义上公共住房剩余主义本质和新自由主义政策的最新进展。最后分析由新自由主义政策带来的居住条件的转型。

9.2 战后重建和住房系统

包括日本政府在内的许多国家，都将住房政策重新定位为更倾向于新自由主义模式，这便导致了社会住房规模的缩减。但是，住房系统是被假设为具有路径依赖属性的，新自由主义的扩散和特定社会的当地住房情况相互作用，导致了住房转型的多元化。本小节以及接下来的几个小节都回顾了日本住房系统发展的历史轨迹，并以此说明新自由主义政策是如何进一步使日本公共住房边缘化的，虽然公共住房历来是被剩余化的。

“二战”结束之后，日本政府在建立战后住房系统的问题上采取了针对中产阶级住房所有权为核心的一系列措施（Hirayama，2007；Hirayama and Ronald ，2007）。1950年建立的国家机构日本住宅金融公库（GHLC）为许多家庭提供了低息贷款，以帮助他们重建家园。在众多的住房政策措施中，住宅金融公库旨在致力于提高住房所有权。私人租赁式住宅主宰了战前的房屋市场，占据了战前约 80% 的市区住房。战时的租房措施在战后一段时期内也没有被完全废除，并且能够支付适度租金的中等收入家庭的数量也在减少。这导致私人租赁住宅投资的缩减和自有住房建设量的增加。私人租赁住宅转为自有住宅的数量也在增加。住房所有权的比率从 1953 年的 58% 增长到 1958 年的 71%。然而，由于城镇化的加快和租赁住房的增加，这个速度在 20 世纪 60 年代放缓了。自 20 世纪 60 年代后期以来，尽管城镇化在加速，但在住宅金融公库旨在不断鼓励住房所有权的贷款条件下，自有住房占有率一直保持在 60% 左右，并始终占主导地位。

为建立合理的战后住房系统，国家政策旨在形成主流的住房系统（Hirayama，2003，2007）。战争刚结束时，日本的住房一度相当短缺。当时，战后重建部估计住房缺口达到 420 万套，这比当时日本现存住房的 1/5 还要多。在城区，住房尤为短缺，这主要是由于城市住房大都在空袭中被毁坏了。因此，政府住房政策主要是针对当时的住房短缺问题。然而，日本的住房政策却不仅仅局限于提供容身的场所（Hirayama，2003）。为遵循美国总司令部的命令，日本开始进行非军事化和民主化的改革。在当时的日本，工业和经济已经完全崩溃，人民生活在极度的贫困之中。因此日本的住房政策不仅局限于解决住房短缺问题，还肩负着帮助重建日本战后经济的重任。为此，日本战后住房政策设计的初衷是为加快主流社会建设。支持者认为，社会的核心是优先考虑住房政策，以此恢复重振日本的工业和经济，这是住房系统强调以住房所有权为导向的动力所在。

战后日本政府也开始实施公共住房政策。《公营住宅法》和《日本住宅公团法》分别于 1951 年和 1955 年开始实行。由中央政府补贴资助和由地方政府拥有、建设和管理的公共住房以优惠租金价格租给低收入家庭。日本住宅公团（JHC，Japan Housing Corporation）是一个国家级的国有企业，主要为城市中等收入群体建设多户型住房以出租或出售。同时也有地方级别的公共住房机构——住宅公社，它们主要建造多户型住房用以出租和销售。然而，政府不是追求扩大社会住房部门，因为直接提供公共住房仅仅是一种补充措施。低收入者的公共出租住宅率和公用事业企业的租房率一直保持在较低水平，两者大约分别是 5% 和 2% 的水平。

我们也可以从日本廉租房的组成来了解日本住房体系的架构，这很重要。社会的共识是提供给低收入者的住房是一种“去商品化”的住房，即游离于市场范畴之外。但在现实生活中，公共住房并不局限于非商品化住房，廉租房就是通过市场提供的。尤其是在像日本这样的国家，社会住房是被边缘化的，其他类型的住房可以被用来作为低收入住房的补充。从这个意义上说，廉租房部门的作用应重新被审视，而重新探究本地区廉租房的组成，从而理解住房是如何提供给低收入者的，这很有必要。以日本为例，公共住房在很大程度上被边缘化了，而公司提供给职员的住房补充了非商业化住房，廉租房也可以通过私人住房市场供给。关键是，公司提供的住房和私人廉租住房可以减轻政府负担，即使政府不为低收入群体建造足量的住房，他们也能有房子住。

日本的战后重建是与“公司社会”的发展联系在一起的，也就是说，在这期间政府用强制手段和税收刺激来保障就业和公司提供的福利待遇（Fujita and Shionoya，1997）。许多公司都采取了终生雇用制和年薪制来保障薪酬和晋升，这也就逐渐形成了“公司如家”的模式。在“公司社会”的框架下，企业给员工提供了一系列的福利，这其中也包括住房福利（Ohmoto，1996；Sato，2007）。大型企业依靠完善的内部系统来帮助新晋职员得到住房保障，包括为单身员工提供低租金的宿舍，为已婚员工及家人提供低租金的住房。从20世纪50年代到70年代，员工的自有住房率大约为5%～8%，这与公共租房率相比也是不低的。为特定公司成员提供的公司制住房福利，已不再属于“社会”住房部门。员工住房和公共住房共同组成了“非商品化”住房，作为廉租房的有效补充。

在日本，私人出租房仅次于自住房，高居住房体系中的第二位，并贡献了大约1/4的住房供给。政府并没有提供私人出租住房，也没有对私人租赁住房的建设提供任何帮助或在租金福利上提供优惠。然而，私人出租住房包括了廉租房的绝大部分，它是扩大公共出租房数量的重要补充。在日本私人出租住宅市场上，许多“非专业”业主都在积极地管理廉租住宅。虽然提供私人租赁住房并不是十分有利可图，但不少拥有土地的个人或家庭仍把建造租赁住房作为副业，因为他们造房子不必交征用土地的钱（Morimoto，1994），这就使廉租住房的提供成为可能。木质结构的多户住宅的租金一直保持在很低的水平。虽然这种水平的居所在住房面积和设施方面大多是不合格的，却为低收入租户提供了低成本的居所。因此，鉴于日本公共住房是残余的，廉租私人租赁住房和公司员工住房组成了日本的低收入住房。

9.3　政府政策和公共住房的发展变化

日本政府一直被描述成“发展主义政府”（developmental state），即任何时候都把经济增长作为优先考虑目标，以此来促进政权的合法性并保持社会稳定（Fukui，1992；Machimura，2004；Murakami，1992）。本着这一精神，针对中产阶级住房所有权的住房政策不仅提供了可观的住房，也成为经济发展的重要组成部分。1956 年的《经济白皮书》宣称日本已走出经济低潮，工业和经济开始飞速发展。从 20 世纪 50 年代中期到 70 年代早期，日本 GDP 平均增长速度高达 10%。自由民主党（LPD）作为保守党派从其 1955 年建立起就一直掌权，而日本民主党（DPJ）则只在 2009 ~ 2012 年短暂执政。保守党有商界背景支持，并一直致力于经济发展，自由民主党则一直将促进自有住房建设作为加速经济扩张的关键引擎（Oizumi，2007）。1966 年，《住房建设计划法案》实施，住房建设五年计划成为住房政策的基础。在这些计划的推动下，大多数津贴和住房建设的公共资金组成了住宅金融公库贷款。政府主要关注如何推进住房建设，特别是通过完成住房目标住房数量的建设来加快自有住房的建设。经济发展的周期性也使得能够购买房屋的中产阶级家庭数量有了增长，同时，自有住房家庭的扩大也进一步推动了经济增长。

1973 年的第一次石油危机是日本住房政策的转折点，政府加强了对住房市场的干预。虽然投资环境在经历了一段低迷时期后逐渐恢复，但经济高速发展的时代已一去不复返了，缓慢增长时代从此开始。政府开始进一步加强自有住房的大规模建设投资来重振经济，并不遗余力地鼓励人们用政府金融公库提供的贷款来购房。

依据发展型国家的住房政策，即强调扩张中产阶级住房所有权的重要性，公共住房更加被边缘化。日本的公共住房在 20 世纪 60 年代末开始增加，在 70 年代

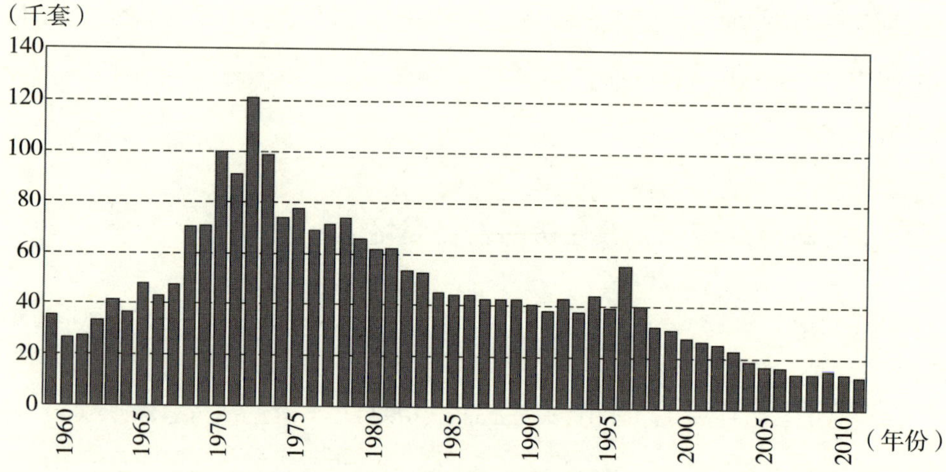

图 9.1　公共住房的新起点

资料来源：日本国土建设部、交通和旅游部

初开始下降（见图 9.1）。为了使公共住宅系统边缘化，入住公共住房的收入标准逐步被收窄（Hirayama，2007）。在 1951 年的法案中，绝大部分家庭或收入群体当中底层的 80% 都有资格入住公共住房。然而，这个比率在 1958 年下降到 40%，1973 年下降到 33%，并在 1996 年法案修订之后下降到 25%。此外，一系列歧视性措施在一些入住公共住房的家庭收入增加后逐渐出台。1959 年的修正法案规定了一项制度，即要求收入超过一定数量的家庭能尽量搬出公共住房，而 1969 年的修订法案使得地方政府可以正式要求高收入者搬出公共住房。虽然租金计算系统是以土地收购和住房建筑成本为基础的，但 1996 年的修订法案引入了一种新的计算方式，将租客的收入情况也包含在内。结果，由于高收入者被要求支付市场水平的租金，他们居住在公共住宅区的经济优势已然消失，这导致高收入者逐渐搬出公共住宅区。另外，政府根据更严格的标准和入住公共住房的必要资格推出了“福利范畴”。尽管公共住宅区数量在减少，但为老年人、残疾人和单亲家庭提供的公共住房数量却在显著上升。公共住宅区现在主要提供给那些“确实需要帮助的穷人”。低收入者显然不属于“确实需要帮助的穷人”。

在日本战后以拥有自有住房为导向的住房政策框架之下，很多租房子的人逐渐升级成为业主，这就使得自有住房成为日本住房的主流（Hirayama，2003，

2007)。直到20世纪60年代，公共住房都是以低收入的年轻家庭为目标，他们会在短时期内搬出公共住宅区，并在他们的收入提高后购买自己的住房。在此背景下，公共住房成为通向社会主流住房的阶梯。然而，从20世纪70年代起，政府就将公共住房和社会主流住房分隔开来。因此，在所有住房中被分割开来的公共住宅就逐步成为一个孤立的领域，并成为收入最底层居民的长期居所。

战争刚结束时，日本住宅公团的主要职责是为越来越多的城市中等收入者提供足够多的居所。在东京和大阪这样的大城市，日本住宅公团开发了名为集合住宅（Danchi）的多户住宅，其大规模的钢筋混凝土结构和开放的空间是日本战后现代住房的代表（Hirayama，2003）。然而，日本住宅公团新开发的住房数量却在20世纪70年代初开始下降，面对的困难也越来越多。在土地价格持续高涨的情况下，开发用地离城市中心越来越远，租金也在不断上涨，许多住房出现空缺。由于日本住宅公团既没有意向也没有能力为住户提供公路基础设施、公用事业设施和学校，地方政府开始拒绝批准日本住宅公团在那里开发建造住房。

日本的发展主义国家政策与“日本式福利社会”是一致吻合的。20世纪70年代末至80年代，由于日本日渐富庶，关于欧洲的福利社会模型是否也可以应用于日本的争议不绝于耳，因为经济的繁荣和可怜的公共福利之间形成了鲜明的对比，而且一直有增无减（Hirayama，2007)。从20世纪70年代的低增长开始，政客们就开始建立政治话语权来强调发展“日本式福利社会”的必要性（Shinkawa，1993)。基本思路是振兴日本传统精神和互帮互助的做法，并把家庭、公司和当地社区作为主要的福利提供者，尤其是以家庭关系和住宅所有权的互惠作为日本福利政策的支柱。另外，“公司社会”系统也是提供福利的关键因素。保守派认为，对公共福利的过度依赖使西方福利国家的经济失去了活力，而日本的价值体系使得日本在维持国家生命力方面有着显著的优越性。民主自由党很小心地避免使用“福利国家”而是选用“福利社会”来描述日本的福利，这也表明了他们的初衷是避免国家福利的局限性。在“日本式福利社会”的框架下，保守的执政党更偏向于自有住房而不是租赁性的公共住房，这使得公共住房系统进一步被边缘化。

日本战后住房政策的结构在20世纪70年代变得逐渐清晰，这就提出了一个问题，即应该如何理解日本的战后住房政策。在这一方面，有许多文献都对东亚范围内日本的住房系统和西方的住房系统进行了比较分析。Esping - Andersen（1997年）在他的福利国家模型（Esping - Andersen，1990）中提出，日本是自由与保守体制混合的国家，在福利系统方面缺乏民主。原田（1985）和大本（1985）等人指出，由于日本从没有着手扩张社会住房部门，因此日本就制定住房政策战略方面与西方福利社会有着显著的不同。Holliday（2000）力图寻找包括日本在内的东亚国家的社会政策的位置，将其运用在他的理论框架“生产主义福利资本主义”，即社会政策有必要服从经济发展的政策。Groves等人（2007）认为，在包括日本在内的许多东亚国家，甚至一些欧洲国家，自有住房的增加在塑造“财产所有型福利社会”方面起到越来越重要的作用（Malpass，2008；Ronald，2008）。目前，对日本住房政策的特征还没有达成统一共识。然而，人们普遍认为优先促进经济发展的公共政策，较低程度的社会住房和较高程度的自有住房共同组成了日本战后的住房体系。

9.4 新自由主义和住房保障体系

从20世纪90年代中期开始，日本的住房体系得以重新调整，从而使其与新自由主义政策保持一致，新自由主义政策旨在通过增加住房供给和抵押贷款来促进市场经济的发展（Forrest and Hirayama，2009；Hirayama，2010a，b；Hirayam and Ronald，2007）。新自由主义是指对社会和经济事务采取较少的国家干预，更多地强调市场的优越性，并提出在由私人财产所有权、自由市场和自由贸易组成的制度框架下使任何企业的自由得到最大的解放（Harvey，2005）。在日本，如同许多发达的经济体一样，住房领域是自由化的最重要目标。Torgersen（1987）认为，住房是社会福利政策中“最不稳定的支柱”，这是因为相比教育、卫生保健和社会保障而言，住房可以更多地由市场来提供。住房政策体系对于意识形态冲击来说是很脆弱的，它往往是政策变革的前沿阵地。

相较于西方国家，尤其是盎格鲁 - 撒克逊这类国家而言，日本的新自由主义政策的引进相对较晚（Forrest and Hirayama，2009）。英国和美国的新自由主义政策起步于20世纪80年代，而日本的自由主义直到20世纪90年代中期才开始萌芽。自由民主党和政府官僚在控制国家发展政策方面起到了显著的作用。因此，实施新自由主义政策是自由民主党进行的自我抨击，这与它的政治基础是相背离的。此外，在20世纪70年代早期，西方国家由于石油危机的冲击进入了一个较长的经济衰退期，而日本经济在泡沫破灭前都表现得很强劲。这就解释了为什么政策的重组起步较晚。但是，在泡沫经济之后经历了很长一段时间的停滞期，可预见的危机迫使政府对政策进行重新定位。2009年9月，执政党从自由民主党换为民主党。民主党保留了政策的基本理念，即保持市场经济的自由性。2012年10月，自由民主党重新执政。

为贯彻新自由主义的理念，曾奠定了传统住房政策基础的《住房建设规划法案》于2005年被废除。取而代之的是2006年颁布的《住房和基本民生法案》，使得更加自由化的市场经济取代政府和私人部门成为新的住房政策更为重要的角色。在新自由主义政策框架下，从20世纪90年代中期开始政府逐步减少对日本住宅金融公库的贷款，并在2007年彻底废除了该公司。这个曾经是住房系统核心国家机构的解散，成为战后日本住房政策历史上的分水岭。由住房金融公库终止而带来的房地产市场巨大的贷款空缺很快就由私人银行填补了。另外，住房和城市发展公司继承了日本住宅公团，于1999年重组为日本城市发展公司（Urban Development Corporation），并于2004年再次并入都市复兴机构（Urban Renaissance Agency）。新的机构大幅缩减了公共住房计划。就低收入公共住房而言，新建住房的发展几乎完全停止了。另外，从20世纪初开始，公共住房发展的重建导致了居所的减少，这直接导致了公共住房整体存量的减少。

自从泡沫经济破灭，持续的经济衰退使得住房的保障性被削弱，为此政府有责任为那些在竞争激烈的市场内无力购买合适住房的人建立一个保障体系，这直接导致了2007年《住房保障法》的实施。然而，新自由主义政策的制定实施意味着政府只能在最小范围内建立住房保障（Hirayama，2010a）。建立住房保障体系的主要举措是为低收入家庭提供公共住房。但是可供居住的公租房数量是有限的，政府只好通过开展新的住房项目为低收入者提供公共住房以加强住房保障，这便鼓励了拥有私人产权房的人群愿意将房屋租给那些低收入的老年人。但是，这些项目的规模都太小。从本质上来说，住房政策是自相矛盾的，政府除了为那些能够进入住房市场的人建立住房保障体系外，似乎没有别的选择，但与此同时，这也限制了住房保障体系的覆盖范围扩大至以市场为基础的住房。

从20世纪90年代中期开始，由于新自由主义政策的引进，日本的公共住房被更加清晰地定义为“福利住房”。在关于低收入者经济情况的社会问题方面，新自由主义政策相较于政府援助，更倾向于将焦点放在劳动力市场的参与上（Saunders，2005）。本着这一精神，日本住房保障体系将目标锁定为无法进入劳动力市场的人群。这主要是基于这样一种假设：受雇人群有能力并应该在市场经济的框架内获得保障性住房。因此，政府将公共住房的目标对象缩小至与“福利住房”相一致的特定人群。在劳动力市场，老年人和单亲父母等是弱势群体，因此他们更符合公共住房的入住资格。对于那些不符合“福利住房”入住资格条件的家庭需要自己在市场上寻找住房。2007年的《住房保障法》定义了低收入群体，他们包括无家可归者、受灾者、单亲家庭、老年人和有孩子抚养任务的家庭，都属于“在住房领域适合接受社会救助的群体”。这些群体中的大多数都属于住房保障体系的目标人群，这是由于他们不太容易找到工作。抚养孩子的家庭就业率不一定低，但由于生育率持续下降，这些家庭也成为政策的受益者。在1996年《公营住宅法》修订之后，政府逐渐放松了对老年人和其他“福利类别”人群进入公共住房的收入限制。

通过减少政府在社会租赁住房方面的资助，许多发达国家重塑了他们的住房系统（Fitzpatrick and Stephens，2008；Whitehead，2003）。但是，由于每个国家的政策轨迹不同，新自由主义政策对住房状况的影响是不同的。不管是现在还是将来，即使新建的经济适用住房在减少，但之前为低收入人群建立的公租房在提供住房机会上还是起到了重要的作用。20世纪60年代，很多欧洲国家新建了很多社会租赁房，这些社会租赁房不仅包括政府部门拥有的公共住房，也包括非营利性机构和私人租赁住房补贴机构提供的廉租房（Balchin，1996）。尽管新自由主义一直未改变，这些国家仍然保持了相当数量的社会租赁房。根据2000年的数据，荷兰社会租赁住房的租住率是35%，英国是21%，瑞典是18%，法国是17%（Kemp，2007）。相反，新自由主义政策进一步使日本社会租赁住房边缘化，在日本，几乎绝大多数住房都是公共住房，并且一直在被边缘化。

如前所述，以公司为基础的员工住房、低租金的私人租赁住房以及公租房，共同组成了日本的低收入住房体系。然而，新自由主义与后泡沫经济时代的衰退，开始瓦解整个廉租房的供给机制。随着泡沫的破裂，衰退开始逐渐侵蚀“公司社会”系统的经济基础，并导致职工住房供给的大幅下降。此外，新自由主义政策导致劳动力市场上产生了大量的“临时工”。随着经济衰退的加剧，越来越多的公司开始放弃终身雇用制，并引进了一种考核制来代替终身制。此外，随着政府对用工行为的管制放松，就业市场围绕就业稳定性下降、短期合同制员工、兼职工人以及临时工的显著增加进行了重新定位。职工住房的提供对招聘年轻人作为长期雇员十分重要，也符合终身雇用制的做法。相反，“临时工”的雇用意味着公司无须为员工提供住房福利。

就私人租赁住房市场而言，由于建筑老化和损毁，现存的廉租房数量也在下降。较低的收益率使许多低租金资产的拥有者既没有财务能力也没有意愿去维护和改善住房质量，这就加速了低租金住房供应的缩减。此外，在20世纪90年代末，政府开始重建私人出租住房市场以与新自由主义政策相吻合。这样做使得租赁住房的提供和融资系统更加“现代化”，并且能使私人出租住房投资市场更“专业”和有收益，这直接导致了1999年《房屋租赁法案》的修改。在这个法案修改之前，租户的租期是受到保护的，而且房东不能轻易地驱逐租户。在此法案修订之后，房东可以在限定的时间出租他们的房屋，并且可以更精确地计算他们收益的前景。政府也需要建立住房出租保障市场，在这一市场中投资收益是可以预测的。由于新的政策使得私人租赁住房更加现代化，由非专业的业主提供的廉租房数量在下降，而由专业投资人投资的租金更高的住房数量却在不断上升。

9.5　地方分权和公共住房

日本政府实施的新自由主义政策不仅扩大了以市场为基础的住房的供给，也鼓励了住房政策管辖权的下放（Hirayama，2010a）。从20世纪90年代中期开始，国家补贴分配的减少迫使地方政府实现经济独立，并且参与到地区间的经济竞争中。住房政策的变化和其他政策都反映了这一现象。本节将就公共住房权力下放对公共住房体系的影响进行分析。

住房政策的地方分权使得地方政府要采取创造性的措施来应对地方的住房问题。这对很多城市是十分必要的，因为它们不仅要拥护中央政府的政策，而且必须将自己在住房问题上的想法付诸实践。在社区发展方面，地方政府、公民团体、非营利性组织和特殊团体的合作在加强，导致开发了新的住房项目。发展中的各种新计划包括现存房屋的修复、地方建筑材料的开发利用和与地方景观相适宜的房屋设计。

然而，仅依靠地方政府的举措来发展住房保障体系在理论和实践上都是不可行的（Abe，2001）。大多数地方政府在为低收入家庭提供公共住房方面不可能采取主动。地方政府在建设和维护公共住房上所背负的财政负担过于沉重。由于公共住房吸引了低收入人群，它虽然不会加重税收负担，却会提高地方政府的福利支出。如果地方政府为低收入人群背负的财政负担过重，会使中产阶级的选民对现行政策滋生不满。在新自由主义政策的影响下，公共住房已经转变为“福利住房”，这导致了租金收入的减少和拖欠租金的增加。旨在为由于失去工作或疾病而收入减少的住户缩减甚至豁免租金的系统确实存在，但中央政府却没有对这一系统进行补贴，而是要求地方政府来全部承担这些财政支出。

在新自由主义政策实施之前，政府采取了一种自上而下的政策来鼓励地方政府建设和管理低收入公共住房。1966～2005 年一直有效的《住房建设规划法案》涉及地方政府建设公共住房的配额。这意味着，没有中央政府的指导与财政支援，地方政府不愿意为低收入人群提供住房。

随着市场经济的扩张和地区间经济竞争的出现，地方政府开始出台一些加强竞争力的政策。与此同时，针对低收入者人群的住房措施不会加剧地区间的竞争，反而会阻碍其发展。Asahi Shimbun 在 2010 年对 47 个县政府和 19 个大型城市政府针对低收入公共住房计划的研究指出，16 个县和 4 个城市认为他们会减少公共住房资产，而只有一个县和一个城市认为他们会增加公共住房（28 个县和 12 个城市认为他们会保持现有的数量，两个县认为他们没有相关计划）。

随着住房政策的分散化和经济竞争的不断增长，地方政府更倾向于采用可以扩大中产阶级住房市场而增加中产阶级纳税人和消费者数量的住房措施。即使中央政府还没有建立租金补贴系统，一些大城市的地方政府也完善了他们自己的项目。但是，典型的地方租金补贴系统的目标群体不是低收入群体，而是年轻新婚夫妇。这是建立在以下假设基础上的，即年轻的新婚夫妻会在未来增加他们的收入并支持地方政府的发展政策。这些租金补贴不仅是住房政策措施，而且是地方经济战略。根据政府2009年提供的数据显示，75个直辖市完善了120个关于租金补贴的地方项目。年轻的新婚夫妇大约占地方租金补贴项目受益人群的83%，而单亲家庭和老年家庭的比率分别仅占5%和4%。

财政系统也被重新调整，以与促进住房管辖权下放区域的新自由主义政策保持一致。这就意味着，个人国家津贴，包括住房津贴都进入“整笔拨款”，其中地方政府的自由裁量权的制定和地方项目的实施逐渐放松。毫无疑问，新的财政系统会促使地方政府采用更多的竞争性策略来进一步使低收入住房政策边缘化。2005年的《地方住房特别法案》使与住房相关的整笔拨款制度更加系统化。随着2010年社会资本整笔拨款制度的引进，不仅整合了住房相关津贴，还整合了包括公路建设、供水系统、社区发展和其他国土交通省拥有管辖权的津贴。这些财政系统的变化为住房政策的进一步开放和分散提供了基础，并进一步导致住房保障体系的边缘化。

9.6 居住条件的改变

那么低收入住房实行新自由主义政策的后果是什么？本章最后一部分分析了低收入群体居住条件的改变。作为对泡沫经济停滞的应对措施，新自由主义政策作为刺激经济复苏而被引入；因此，住房政策的重新定位在改善住房情况方面是有效的。但是，日本经济的持续下滑，越来越难以保障低收入家庭的住房安全。此外，为与新自由主义政策保持一致，政府只建立了最低程度的住房保障体系，并进一步将传统意义的公共住房系统边缘化了，这导致对低收入者提供住房的机会显著下降。日本的住房情况反映了为加强对低收入人群的住房保障而实行的新自由主义政策的局限性。

新自由主义政策的持续实施导致了廉租房数量的大幅下降（Hirayama，2010b）。如前所述，公共住房的新建几乎停止了，公共住房的重建开发导致了居所的锐减。城市复兴机构也开始处置出租性资产。因此，公共租赁住房，包括低收入公共住房和国有企业住房的数量从2003年的312万下降到2008年的301万。职工住房和公共住房构成了“非商品化”住房市场。然而随着“公司社会”系统的复苏，许多公司开始卸下之前为雇员提供住房的经济负担，职工住房的数量也由1993年的205万下降到2008年的140万。“非商品化”住房的可用性显著下降。质量较低但租金也较低的木质结构的私人租住多户住宅在1993年占所有租住房屋的24%，这个数字在2008年下降到13%。

根据全国家庭收入支出调查显示，持续下降的名义收入和持续上涨的名义租金加剧了租户经济状况的改变，这也导致了租金负担的上涨（Hirayama，2010b）。自从泡沫破灭，停滞的经济开始出现通货紧缩。租户的平均名义年收入从1994年的630万日元下降到2009年的560万日元，平均日租金也从1989年的29 800日元上升到2009年的50 500日元。通货紧缩和相关收入的下降也导致了市场租金的下降。但是，实际租金水平却在持续上涨，原因是廉租房的可用性下降了。结果，平均租金与利息收入比从1989年的9.6%上升到了2009年的15.1%。

低收入公共住房在构建住房保障体系方面起着很重要的作用。然而，如前所述，政府越来越强调公共住房制度的边际属性，并进一步顺应新自由主义的方向，逐步把它的目标接受者限制在最低收入群体里。公共住房通常都是大规模建设在城市边缘，因为低收入人群聚集在那里。

从社会角度和空间角度来说，越来越多的独立公共住房资产来自于周边地区。如图9.2所示，由于独身老人、单亲家庭和低收入家庭在公共住房和其他住房的差距越来越大，公共住房已被从住房阶梯排除。如图9.3所示，迁出公共住房的人数下降了，这说明那些长期居住在公共住房中的人数出现了增长。

其次，劳动力市场的“临时工”和廉租房数量的减少导致了新的住房危机、失业和无住房人员数量的增加（Hirayama，2010a）。尤其是20世纪末，当日本开始受到全球金融危机的影响，低收入人群的住房安全受到严重威胁。许多员工被辞退，由于他们原来就住在公司宿舍，这导致同时失去工作和住所的人数增加

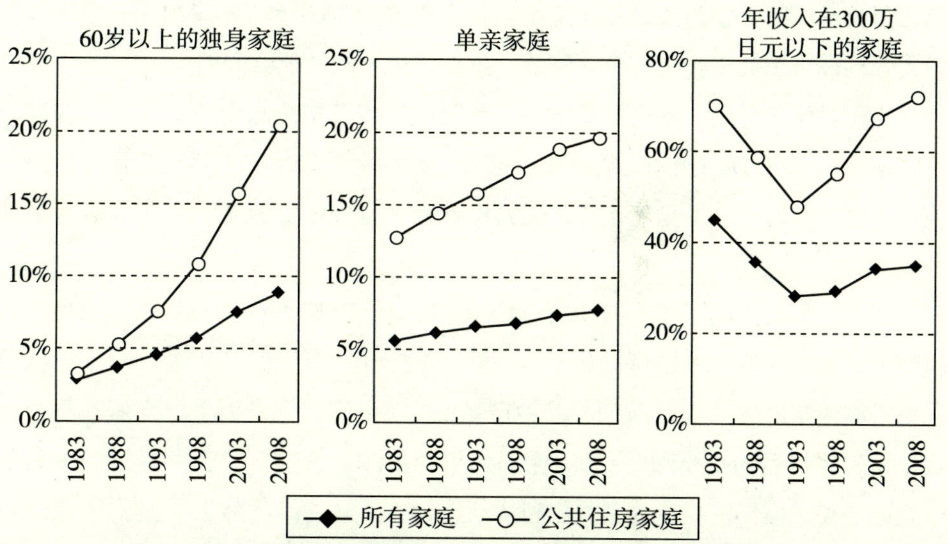

图 9.2　年老的独身家庭，单亲家庭和低收入家庭的比率

资料来源：日本住房调查、日本住房与土地调查

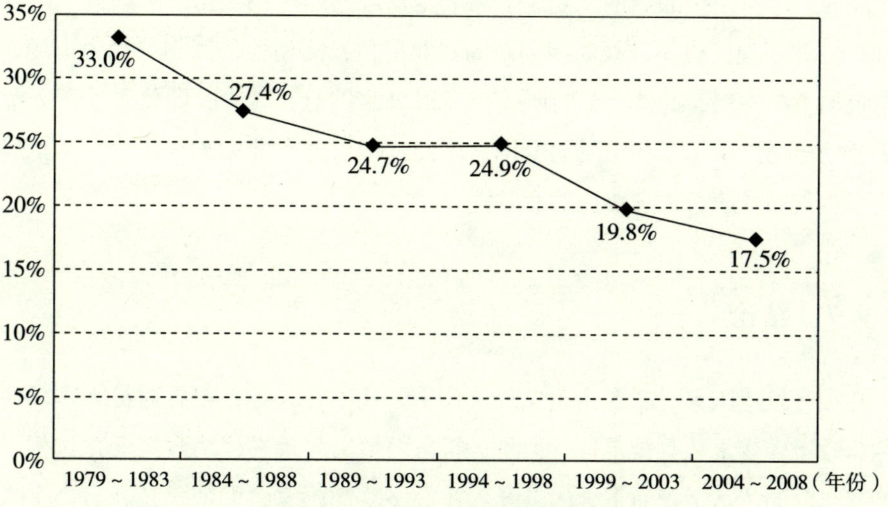

图 9.3　迁出公共住房的家庭比例

资料来源：日本住房调查、日本住房与土地调查

注：比例显示在各个时期迁出公共住房的家庭与初期所有公共住房家庭的比较。

了。因为没有工作，越来越多原来租住私人租赁房的人承担不了租金，结果，许多人强制被房东和租金担保公司驱逐，这就催生了新的社会问题。

为应对住房危机，政府准备采取一系列住房应急措施来解决失业工人的问题（Hirayama，2010a），例如，临时提供租金补贴和生活贷款。虽然这些住房应急措施在短期内有助于帮助失业工人，但其设计初衷是鼓励工人重回工作岗位甚至住房市场。

新自由主义提高了参与劳动力市场的重要性。政府将这一系列的应急住房措施归为“第二个蹦床式的保障体系”。这个概念与“第一保障体系”及失业保障系统将成为帮助失业人员回归劳动力市场的“蹦床”。这是为了防止雇员将公共救助作为“最后的安全网”。随着住房危机的扩散，希望入住公共住房的家庭数量飞速增长，但仍有空缺的公共出租房。所以，“第二保障体系”是为了帮助人们回到劳动力市场进而回归住房市场。

然而，应急住房措施在保障住房安全方面没有取得显著成效。新自由主义政策伴随着市场自由化的周期演变成了一个岌岌可危的市场。由于劳动力市场存在“临时工”，下岗工人不能及时找到新的就业岗位，即使他们回到劳动力市场，他们也负担不起住房。此外，如前所述，廉租房的供给在减少，即使失业工人重新回到劳动市场，由于住房市场的变化，他们也不可能有能力购房居住。廉租房供应的减少破坏了应急住房措施的有效性。

9.7 结论

在很多发达国家，新自由主义政策几乎无处不在，并且在针对扩大市场经济的住房政策转变上更具规范性。但是，新自由主义政策在住房政策变化过程中的影响与当时的住房情况有很大的差异。在很多欧洲国家，即使是在新自由主义政策影响住房系统组织后，大量的社会出租住房的供给与租金补贴系统的发展在向低收入人群提供住房方面也起到了重大的作用。相反，虽然公租房部分被边缘化，租金补贴体系不复存在，日本的战后住房政策一直在鼓励更多的中产阶级拥有自有住房。在日本，不仅是公共住房，职工住房和私人出租住房也成为廉租房的一部分。但是，以较低租金为支撑的整个住房系统逐渐瓦解了。在发达国家中，日本的住房保障体系尤其脆弱。

日本经验揭示了一个关于新自由主义政策是否会重新构建住房系统的问题。在日本，新自由主义的实践被认为是经济复苏的良药，以市场为基础的住房扩建也被认为可以改善住房环境。但是由于经济停滞，对低收入者来说，在市场上寻找合适的住房越来越困难。另外，公共住房以及职工住房和低租金私人住房的锐减瓦解了为低收入人群提供的住房系统。随着公共住房和其他廉租房数量的缩减，新的住房危机增加了无住房保障的人数。日本政府不得不重新考虑住房政策，并改善低收入人群的住房条件。在这一点上，日本政府是否会超越新自由主义而对住房政策进行实质性重组还不得而知。但可以肯定的是，现在，被边缘化的低收入住房政策系统战胜不了当前的住房危机。

参考文献

1. Abe M (2001). Jutaku seisaku niokeru jichitai no yakuwari [The role of municipalities in housing policy] . In: Harada S (ed) Nihon no Toshi Hou vol. 2 [Japan's Urban Laws vol. 2]. Tokyo University Press, Tokyo, pp 299 – 320.

2. Balchin P (ed) (1996). Housing policy in Europe. Routledge, London.

3. Esping-Andersen G (1990). The three worlds of welfare capitalism. Polity Press, Cambridge Esping-Andersen G (1997). Hybrid or unique?: the Japanese welfare state between Europe and America. J Eur Soc Policy 7 (3): 179 – 189.

4. Fitzpatrick S, Stephens M (eds) (2008). The future of social housing. Shelter, London.

5. Forrest R, Hirayama Y (2009). The uneven impact of neo-liberalism on housing opportunities. Int J Urban Reg Res 33 (4): 998 – 1013.

6. Fujita Y, Shionoya Y (eds) (1997). Kigyo nai Fukushi to Shakai Hosho [Employee benefits and social security] . Tokyo University Press, Tokyo.

7. Fukui H (1992). The Japanese state and economic development: A profile of a nationalist-paternalist capitalist state. In: Applebaum RP, Henderson J (eds) State and development in the Asian Pacific Rim. Sage, London.

8. Groves R, Murie A, Watson C (eds) (2007). Housing and the new welfare state: Perspectives from east Asia and Europe. Ashgate, Aldershot.

9. Harada S (1985) Sengo jutaku housei no seiritsu katei [The establishment process of housing laws in post-war Japan]. In: Institute of Social Science, Tokyo University (ed) Fukushi Kokka vol. 6: Nihon no Shakai to Fukushi [The welfare state vol. 6: Japanese society and welfa re]. Tokyo University Press, Tokyo, pp 317 –396.

10. Harvey D (2005). A short history of neoliberalism. Oxford University Press, Oxford.

11. Hayakawa K (2002). Japan. In: Agus MA, Doling J, Lee D (eds) Housing policy systems in southand east Asia. Palgrave Macmillan, Houndmills, pp 20 –37.

12. Hirayama Y (2003). Housing and social inequality in Japan. In: Izuhara M (ed) Comparing social policies: Exploring new perspectives in Britain and Japan. Polity Press, Bristol, pp 151 –171.

13. Hirayama Y (2007). Housing and state strategy in post-war Japan. In: Groves R, Murie A, Watson C (eds) Housing and the new welfare state: Perspectives from east Asia and Europe. Ashgate, Aldershot, pp 101 –126.

14. Hirayama Y (2010a). Neoliberal policy and the housing safety net in Japan. City Cult Soc 1 (3): 119 –126.

15. Hirayama Y (2010b). Housing pathway divergence in Japan's insecure economy. Hous Stud 25 (6): 777 –797.

16. Hirayama Y, Ronald R (2007). Housing and social transition in Japan. Routledge, London.

17. Holliday I (2000). Productivist welfare capitalism: Social policy in east Asia. Political Stud 48: 706 –723.

18. Kemp P (ed) (2007). Housing allowances in comparative perspective. Policy Press, Bristol.

19. Machimura T (2004). Kaihatsushugi no shuen ka, atarashii kaihatsushugika [The end of developmetalizm or new developmentalizm]. In: Watanabe O (ed) Henbo Suru Kigyo Shakai Nihon [Transformations in Japan's company society]. Junpo Sha, Tokyo.

20. Malpass P (2008). Housing and the new welfare state: Wobbly pillar or cornerstone? Hous Stud 23 (1): 1 –19.

21. Morimoto N (1994). Toshi Kyoju to Chintai Jutaku [Urban rental housing]. Gakugei Shuppan Sha, Kyoto.

22. Murakami Y (1992). Han Koten no Seiji Keizai Gaku [Political economy of anti-classi cs]. Chuou Koron Sinsha, Tokyo.

23. Ohmoto K (1985). Fukushi kokka to wagakuni jutaku seisaku no tenkai [The welfare state andhousing policy in Japan]. In: Institute of Social Science, Tokyo University (ed) Fukushi Kokkavol. 6: Nihon no Shakai to Fukushi [The welfare state vol. 6: Japanese society and welfar e]. Tokyo University Press, Tokyo, pp 397 – 452.

24. Ohmoto K (1996). Kyoju seisaku no gendai shi [Modern history of housing policy]. In: Ohmoto K, Kaino M (eds) Gendai Kyoju: Rekishi to Shiso [Housing policy: history and ideology]. Tokyo University Press, Tokyo, pp 89 – 120.

25. Oizumi E (2007). Transformations in housing construction and finance. In: Hirayama Y, Ronald R (eds) Housing and social transition in Japan. Routledge, London, pp 47 – 72.

26. Ronald R (2008). The ideology of home ownership: Homeowner societies and the role of housing. Palgrave Macmillan, Basingstoke.

27. Sato I (2007). Welfare regime theories and the Japanese housing system. In: Hirayama Y, Ronald R (eds) Housing and social transition in Japan. Routledge, London, pp 73 – 93.

28. Saunders P (2005). Welfare to work in practice: Social security and participation in economic and social life. Ashgate, Aldershot.

29. Shinkawa T (1993). Nihongata Fukushi no Seiji-Keizaigaku [Political economy of Japanese-style social welfare]. San-ichi Shobo, Tokyo.

30. Torgersen U (1987). Housing: the wobbly pillar under the welfare state. In: Turner B, Kemeny J, Lundqvist L (eds) Between state and market: housing in the pos t-i ndustrial era. Almqvist and Wiksell International, Stockholm, pp 116 – 126.

31. Whitehead C (2003). Restructuring social housing systems. In: Forrest R, Lee J (eds) Housing and social change: east-west perspectives. Routledge, London, pp 46 – 68.

第二部分

西方的公共住房

第 10 章　欧洲和北美的公共住房*

10.1　引言

公共住房在大多数欧洲和北美国家都广泛存在，只是起源于不同的时期，为满足不同的需求而扮演着不同的角色。在公共住房的早期时代，公共住房与私人住宅区严格区分，因为它是由中央或地方政府兴建、所有和管理的，由政府官僚而不是市场来决定谁住在那里和租金如何设定。这个模式的变种包括私人部门帮助政府来建造住房，或私人部门以其他形式代表政府来拥有和管理公共住房。截至 2012 年，公共住房从最早的尝试阶段经历了 100 多年，最早的公共住房模式如今在欧洲和北美已经不再常见，各国现存的模式中瑞典的市政公房公司（municipal housing companies）和英国的市政住房（local authority housing）与最初模式最为接近。在大多数国家，大部分早期的公共住房已经私有化了，尽管这些国家的公共住房仍然可能会因为历史、声誉、建筑形式和位置而在住房市场中保留着特定的角色作用。但各国总的趋势是减少公共住房的规模，并通过政策和融资方式的改变来削弱公共住房的独特性。公共住房已逐渐走向成熟，经历了不同的发展阶段和衰落，在风云变幻的政治、经济和社会环境中，衍生财务、组织和管理安排上不断创新。相较于形成一个激进的、竞争性的、适合各种类型群体的私人住房替代方案，公共住房如今更倾向于成为低收入和弱势家庭的保障网络。

由于公共住房的巨大变化，把它作为一个比社会租赁住房形式更加多样更广

---

* 本章由艾伦·缪里（Alan Murie）（英国伯明翰大学城市与区域研究中心荣休教授）执笔。

泛的住房形式来讨论已是常态。在欧洲和北美广义上的社会租赁住房部门中，最重要的几个参与者都不是由政府控制，而是不同程度地独立于政府。公共住房部门从私人住房部门签约订购许多服务，他们的融资方式、租金定价和管理模式也常常与私人住房部门没有很大的不同。从本质上说，相比早期的公共住房，社会租赁住房十分接近私人住房。社会住房部门这个范畴，容纳了丰富多样的组织结构，其在物业管理、维修方法、融资方式及租金定价等策略方面，都与私人住房部门有很大的共性。当然，这不是否认社会住房部门提供了一个对纯粹私人住房部门的替代方案。欧洲和北美的公共和社会租赁住房，与私人住房是相互依存又相互独立的。在某些情况下，公共或社会租赁住房部门对私人市场的替代性是显著的，并且对私人住房市场形成竞争，影响后者的运营模式。公共住房在这方面有多成功，为了谁，又对他们的生活产生了多大影响，在不同国家或者一个国家内部不同区域都是不同的。

公共和社会租赁住房这个词与各种图景交汇在一起。这些图景可能包括高品质的建筑和社会规划，或者是作为一个提供社会流动机会平台的高品质住宅，但也可能是破旧的、维护不善的、秩序混乱的、非常不适宜居住的钢筋丛林。所以公共住房，一些时候代表着居住环境的提高和发展机会的再分配，另外一些时候则意味着弱势家庭陷入贫困陷阱和困难增加。以上这些图景也许适合描述某些地方和某些时间段的公共住房，但如果用来概况欧洲和北美的公共住房，则是误导性的和站不住脚的。公共和社会租赁住房并没有一个定义明确的、单一的类别，也不是一个统一均质化的商品或服务，更没有明确的共同的内在属性。所以在国家之间总结归纳公共住房的共性要非常小心。不说明清楚特定环境就对公共住房做统一性的修辞是不明智的，合适的做法是结合特定时间、特定地点来讨论公共住房。对公共住房的归纳总结务必因地而异，同时须认识到公共住房的性质与作用是变化的，而这种变化取决于住房体系中其他部门，以及社会、经济和人口结构的变化，乃至公共住房部门的实施政策、运营实践和分配方式的变化。

本章接下来的部分提供了对各个具体国家公共住房的思考，专注于各国公共住房最近的发展和辨析各国公共住房之间的差别与变化。本章的讨论基于欧洲和北美公共住房差异性的背后原因与演变发展，也建立在这些国家相关研究文献的归纳上。

10.2 公共住房视角

欧洲和北美政府在应对来自政治、社会和经济的可支付住房需求时，其应对程度和方式是大不相同的。公共住房的一种理想类型是公共机构直接进行住房的融资、建设、收购、拥有以及管理。在实践中，公共住房更多是混合模型，十分常见的一种类型是地方和中央政府都直接或间接地通过其他机构与志愿者和私人部门机构进行合作，合作方式随着时间变化，依据所有权、不同机构之间的责任划分、财务安排、问责和治理而各不相同。这个视角下的公共住房是关于生产、所有权和管理的，不具有消费者属性。

在某些国家，公共住房在很大程度上是专门为弱势家庭而保留的，在分配和持续占有方面都有着很严格的规定。但是更普遍的做法是，公共住房是为缺乏足够住房的人群而提供的，而且不论他们后来的环境如何改变，也能稳定持有。公共住房与社会住房越来越区分开来，因为公共住房不再纯粹甚至不再主要针对最贫困的阶层。公共住房体现了更大的价值和抱负（Danermark and Elander，1994；Harloe，1985）。然而在当代的辩论和广泛的住房体系重构中，公共住房与社会租赁住房这两个名词经常交替使用，用来指代那些与私人住房平行运行的、由非盈利组织提供的住房，尽管这类住房也常运用私人资金。公共住房部门获取资格和价格都可能由政府当局直接设定，投资也很受政府的影响。

在关于公共住房何时开始、为何建设、采取何种形式建设、何种机构参与、如何运作以及社会角色是什么这些方面，每个国家都有自己独特的历史。根据公共住房在住宅存量中的比重不同，公共住房鼎盛时期的数量和类型、位置和质量，如何融资和管理以及问责制度如何建立，各国也不尽相同。随着时间的流逝，当年由政府部门新建或者购买的公共住房，在房屋的维修保养、社会经济状况和政治背景以及房屋的所有权和管理方面都发生了改变。在很多国家，公共住房的私有化是主要特征，许多曾经的公共住房现在是私人所有或为各类混合型组织继承所有。

各国社会租赁住房占所有住房的比例可见表10.1。该表显示，各国社会租赁住房占全部住房存量的比重跨度很大，从希腊的0%到荷兰的35%。该表同时突出体现了在同一年寻找同样数据的难度和各国对于住房所有权不同定义的困扰。

表10.1 欧洲和北美部分国家的住房产权结构 （单位:%）

国家	社会租赁	业主所有	私人租赁	其他	年份
美国	3	68	30	—	2002
加拿大	6	66	28	—	2001
希腊	0	80	20	0	2001
葡萄牙	7	76	15	2	1999
匈牙利	4	92	3	1	2003
立陶宛	4	84	5	7	2002
斯洛文尼亚	7	82	3	9	2002
捷克	19	47	10	24	2001
冰岛	2	78	5	16	2003
德国	6	41	49	5	2001
比利时	7	74	16	3	1999
芬兰	17	64	15	4	2001
法国	17	56	21	6	2002
丹麦	19	53	18	9	1999
英国	20	70	10	—	2001/2002
瑞典	21	55	24	—	1997
奥地利	23	57	17	3	2001
荷兰	35	53	12	—	1998

资料来源：Scanlon and Whitehead（2004）

注：合作社住房在瑞典被视为业主所有。

需要意识到的是，如果在过去，公共和社会租赁住房的租金水平总是在市场水平之下，那么今天的情况会更复杂。在某些情况下，政策和法规推动了租金的上涨，使其超过或接近市场水平，而且已经有一个倾向是对人补贴而不是对房子补贴。与设定租金低于市场水平然后对所有租户补贴租金相比，现在的趋势已变为向市场化水平的租金改变，并通过以个人收入为标准的社会保障系统对个体住房成本进行补贴。

表 10.1 的统计数据只关注了一个时间点，这为解读公共住房提出了一些挑战。关于公共住房，这些数据显示的是私有化和产权转让后的住房情况，不会捕捉到公共住房对其他住房所有权特征的贡献程度。该表的统计数据也反映了不同国家以公共补贴来建设住房的不同路径，享受住房政府补贴的住房所有权形式包括合作社住房（cooperative housing）、非营利性住房，这些大大丰富了公有与私有住房所有制形式之外的住房种类。

表 10.1 列出的统计数据兼容了我们起初确定的欧洲和北美各国政府对公共住房干预的 4 个广泛类型。这些类型的内部差异是显著的，但在 3 种低比重公共和社会住房类型与第四种高比重公共和社会住房类型之间，又是截然不同的。公共住房高占比的类型往往反映出强烈干预主义的传统。

1. 北美公共住房在战时和经济危机时期得以推广，却从没有得到政治和利益集团的广泛支持，并且项目的实施经常受到地方政府的阻碍（Fuerst，1974；Varady 等，1998）。虽然一些城市对公共住房有宏大设想，但在全国范围内，公共住房只占住宅市场的一小部分，并且大多被认为是福利性住房。私有化和城市更新在很大程度上改变了公共住房部门，并进一步缩减其规模。

2. 南欧国家从来没有发展出较强政府干预主义的住房政策。这些国家的住房政策是在以家庭和社区为基础的提倡自我供应和自我成长的社会背景下运作的，政府性住房的发展总体很有限。那些建设过公共住房的地区，也将公共住房都卖给了当初的房客，而私有化之后，政府在这些公共住房的管理和所有权方面所能发挥的作用很有限。但一些私人拥有的特殊住房则可能是公共住房，包括那些为特殊群体设计的低品质住房（Allen 等，2004；Hall 等，2005）。

3. 尽管中东欧国家现在的公共住房水平很低——这是与政治和经济变迁相联系的政策突变导致的后果（Hegedus，2007），但这些国家的政府曾经都主导了住房建设，尤其在 20 世纪 50 年代之后的 30 年内。在中央计划经济下，国有建筑公司和房地产企业的地位很关键，大规模的住宅建设反映了这个商品的产品与经济特征。其他政策导致了住房存量（特别是在城市）大规模被政府征用或国有化。这带来的结果就是，公共住房构成了住房供应非常重要的组成部分。在80年代末中东欧政体变革之前，将公共住房出售给租客的政策就发展得很好，并导致了私有化的活跃，在某些情况下带来了住宅资产物归原主的风潮。到2010年，在这些干预主义较重的国家，公共住房已经变成一个微不足道的住房类型。然而私有化的房产还是反映了公共住房是如何建设、管理和持有的，也体现了影响公共住房运作的地段和满意度的差异。正如赫格杜斯（Hegedus）指出的，各国私有化后的住房系统并没有一个普遍通用的做法，而是务实性带有多种多样的调整。

第四类群体包括北欧和西欧国家，是公共住房具有最悠久传统的国家（Pooley，1992），也是公共住房及其残余持续影响力最大的国家。这些国家发展公共住房普遍是作为对多元化和民主化压力的回应，这种压力比中东欧甚至部分欧洲南部地区都要更大。作为结果，这些国家在公共补贴住房的比重、组织和特点方面都有很大的差异（Donner，2000；Lujanen，2004）。尽管私有化、住宅更新和新的建筑模式普遍性地导致了公共和社会租赁房屋的缩减，但这些变化对这些国家的影响却不如中东欧那样明显。在瑞典和挪威，强有力的合作公寓塑造了住房的新模式。在德国，政府特殊方式的补贴支持了广泛的住房提供者，包括合作社团体、市级和联邦政府所属的住房公司、大型机构组织和小规模的私人业主。随着时间的流逝，德国政府补贴政策也催生了住房体系的自动重组和社会住房的逐步消失。在英国和爱尔兰，向原租户出售住房的公共住房私有化极大地缩减了市属住房公司。这个私有化模式在法国也被重复使用但是却不那么激进，荷兰和瑞典都采取了售卖住房的方式来改造公共住房。荷兰的公共住房去市政化早期涉及大规模地转让住房存量，在这方面，荷兰比英国和德国都要更早，但是在这些例子中，新型公共/社会住房系统包括了稳健的住房协会以及住房协会相对政府的独立性，并能决定他们如何采取与私人业主相似的措施或完全不同的原则和举措。公共/社会住房的租金逐渐接近市场水平，但仍然有一部分是由盈利之外的动机决定；出租和租赁管理基于住房及其他层面的需求与脆落性而制定，这方面仍然体现了政府管制和公众责任。关于这些国家的公共住房的组织重组是否代表了私有化的争论，取决于哪个机构在采取与私人住房不一样的政策和措施（见下文的 Boelhouwer and Malpass，2000；McDermont，2010）。

在这些国家，公共住房一般为了普通大众而建造，而不论居民从事何种职业。除了中东欧的一些国家，很少有国家采取于类似中国计划经济时代的措施，即国有企业只为他们自己的员工建造住房。然而，有时候在一些距离工作地较近的地点，会有一些公共住房项目居住着超常比例的一起工作的就业者。有一些国有住房一直保持比较高的标准，但公共住房内部的社会分层是长期存在的现象。对最具吸引力的公共住房的竞争总是比其他资产和住宅要大，证据显示人们在公共住房内能够拥有的住房受其等待能力或职业地位相联系的讨价还价能力的影响。最迫切需求的家庭往往不得不接受最差的住宅，而有耐心等待的人则可以得到更好的住宅。在所有拥有公共或非营利住房的国家，有相当一部分公共住房是由国家建立的大量工人阶级或混合收入群体聚居的社区，这些社区对中等收入群体的吸引力越来越低。国有住房中的社会分层在中欧和西欧国家很普遍（Szelenyi，1983），在所有国家也都明显存在。随着社会和经济的不平等程度不断加剧，名声最坏、质量最差的住宅更加紧密地与低收入者、失业者和福利依赖家庭联系在一起，并且对这些社区被剥夺的权利的关注也被看作是公共政策的一个新问题。不同房龄和类型的公共住房与贫富工人的住房分层相联系。公共住房体现了一种与私人住房十分相似的不平等性，即有着最好谈判资本和高收入的家庭才能拥有最好的住房。

10.3　解释

关于为什么一些国家比另外一些国家有更多的干预主义传统的争论很好地解释了公共住房的差异性。尽管欧洲和北美的国家原因各有不同，但是在这些国家，公共住房都是城镇化和城市住房问题的普遍对策。有各种各样的研究试图去确认大多数的国家都采取了总体上类似的方法（见 Donnison，1967；Doling，1997）。假设国家对住房的干预或广泛意义上的福利社会与工业化、经济发展阶段或其他普遍因素相联系，还没有经得住严格的分析。研究国家间住房干预相似性和差异性的各种路径，一般都以界定福利社会的类型为起点，并假设国家干预住房的形式与这些类型是对称的。但是由于各种原因，这种路径达不到我们想要的目标。这个研究模式最普遍的起点曾是艾斯平-安德森（Esping-Andersen，1990）关于福利社会制度类型的确定。Esping-Andersen 强调了“去商品化”和福利社会在确定获取公共服务时公民权利的重要性，而不是取决于收入。“去商品化”发生在“当服务是一种权利并且当一个人可以不依靠市场生存”的情况。Esping-Andersen 的理论框架和关于福利体系下的路径依赖与政治联盟颇有说服力，但是为了在可操作层面运用这些理论，他只关注了福利社会活动的子集。他运用不同国家对老年人或退休金的安排、疾病补助和失业保险金的资格标准、福利对收入替代的程度来测量“去商品化”的程度。但实际上这只是评估了福利社会活动的特定维度，而不是“去商品化”的全部内容。他评估了养老、疾病和失业保险系统的慷慨性、普遍性和再分配性，并对这三个领域提供了不同的去商品化评分和综合后的去商品化评分。这个综合评分体系吸引了最多的注意，并广泛将福利制度作为自由主义、合作主义或社会民主的标签。

关于一部分社会福利的操作式分析忽略了其他社会保障及财政手段，如教育、医疗、住房和其他服务及干预。由于社会保障措施在设计时旨在补充和整合其他社会保障措施，因此只考虑部分社会保障措施会产生一种曲解。还有一个需要关注的是，所选的时段会影响分析结果。其他制度，如家庭、非营利组织和岗位福利，也在这个分析中被忽视。

以上这些考虑都与住房紧密相关。Esping-Andersen 定量分析的结果没有考虑住房的去商品化，也没有考虑当人们可以持续居住在一些如果按照市场价格他们是买不起的住房中。其中一个可能的原因就是不同国家有不同规模的公共和非营利性住房。在实际中，Esping-Andersen 的社会福利制度类型与各国的公共及非营利住房的份额并不非常吻合。像比利时这样在其分析中社会福利去商品化程度非常高的国家，公共和非营利住房的规模非常小。瑞士也有非常高程度的去商品化福利，但其去商品化的住房非常少。相比而言，1980 年英国的去商品化的住房规模非常大（几乎占 1/3）。爱尔兰的去商品化住房很少，这也符合 Esping-Andersen 的理论。然而，爱尔兰或英国的住房存量有很大一部分是由国家建造的，私有化过程中也有很多政府补贴而不是按照市场价格出售。结果就是，现有的住房结构下掩藏了一个范围更广泛的去商品化的住房项目。另外，住房补贴系统在不同国家是不同的，这又影响了各国住房去商品化的程度。

以上分析的结论就是，各国住房体系的本质差异不能从 Esping-Andersen 提出的福利制度分类中直接解读出来。Esping-Andersen 谈到的社会过程决定了福利社会制度，也决定了住房的制度安排；但是地方和全国性社会过程的复杂性意味着 Esping-Andersen 定义的福利制度类型并不能决定或影响住房供给结构。社会保障系统延展了住房供给和补贴模式，但是 Esping-Andersen 关于福利社会政策的讨论基本上忽视了住房，他的数量分析建立在部分社会保障体系的国家层面数据上。这个分析忽视了实物形式的支付，如在住房部门就有住房成本模式、特定的住房补贴和租期安全的权利。住房供给和住房补贴在一个国家内部变动也很大，更多是地方性而不是全国性福利制度的产物。那些通过租金管制或有限的公共住房供给进行住房补贴和对住房领域进行政府干预的国家，往往会在同等收入水平上将社会保障福利水平提得较高，这是因为这些国家的住房成本较高，并且保护住房居住稳定性和可承受性的其他政策没有很好地发展起来。在 Esping-Andersen 的分析中，一些干预性不那么强的国家有着更慷慨和更有再分配性的福利体制。复杂的地方性特定租金管制和住房补贴（包括实物补贴）对居民的家庭支出预算（和社会保障系统）有着更大的影响，但这不足以成为理论分析体系的一部分，一般倾向是把这些国家归类为社会福利制度中“自由主义”的范畴，而不是单独的一个分类。分析那些在住房方面地方性和政府干预性传统不那么强的国家则更容易受 Esping-Andersen 方法的影响，即对与住房相关的复杂政策和相关措施（和其他实物形式的支付）极力进行整理性分析。这个分析方法有明显弱点，尤其那些有较强的通过公共住房进行干预的政策传统在相对保守的福利社会实施的时候（也部分解释了后者的形成）（Groves 等，2007；Murie，2009）。艾伦等人（Allen 等，2004）观察到，“大规模的定量研究……在制度层面很薄弱，不能对特定社会进行深度描述。比较分析的代价是缺乏对组织机构在特定社会中如何相互连贯进行深入理解。”

政府之所以支持公共住房，是出于缓和市场化结果的政治压力：建造更多的

（高品质）住房，拆除贫民窟，满足普通工薪家庭对住房的需要和愿望，提供一个稳定的投资来支持经济增长。许多文学作品都提出，工人阶级对政治秩序的压力和威胁是解释公共住房的发展和更广泛意义上的福利社会安排的关键因素，特别是在欧洲（Harloe，1985）。不同国家的文献资料表明，虽然各国面对的压力相同，但其应对压力的措施、时机和本质各有差异。住房建设、所有权和管理等体系的差异反映了各种不同的影响和妥协。

另外，除了考虑公共和社会住房的起源，以及在融资和组织方面不同出发点和理论基础的解释，各国对于公共住房如何随着时间而变换发展模式的观点也各不相同。即使接受了住房体系最初是存在差异性的，但关于住房政策系统的差异性是继续扩大还是缩小的争论也不绝于耳（如参考 Doling，1997；Malpass，2008）。这方面的一些学术争论提供了关于政策和行为相似性的实证证据（包括私有化情景下），但更多的争论是关于表面上相似的趋势是由于共同因素还是由于不同因素引发的。在任何一种情况下，相似过程所产生的结果在不同体系中可能是不同的。

既有文献在解释为什么公共住房和社会租赁住房有时会扩张有时会缩减，或其作用和声誉随时间改变时，还存在一些困惑。一些学者（Power，1987，1993）认为应该从内部入手，通过对公共住房的政策应用来解释这些后来的变化：租金、分配政策和住房管理等方面。这些学者趋向于从住房产权人、管理体制、金融部门或其他住房政策因素来解释这些变化。然而，这些因素的重要性还需要考虑更广泛意义上的外部影响：城市政治压力、人口结构的变化、经济环境、专业和技术推广以及其他住房产权品种的变化。这些因素比社会住房的内部变化更重要。这些论据与更广阔的视角相联系，即社会住房变化的最强有力的推动因素是住房市场、社会和经济。欧洲和北美不同公共住房所经历的普遍转型，更多可归结于这些外部动力，而非公共住房内部的运行常规。

10.4 转型

对住房和公共住房的不同传统的解释，都倾向于强调路径依赖以及与稳定政治联盟的持续联系。最大的、拥有最好资源的公共住房存在于荷兰、瑞典、丹麦、芬兰、奥地利和英国，这些国家支持公共住房的政治联盟有着最坚实的社会和经济基础，并且经历了时间考验。德国或许也可以包括在这个名单里，虽然德国明确采用了让公共住房随着时间的推移逐渐消除的政策。早期政策行为影响了后期政策的可选项，路径依赖对住房供给的特定方式有着重要的影响。随着组织性安排和措施的逐渐成熟，公共住房逐渐有了一定的竞争力，并获得了进一步的政治支持。这些公共住房机构在住房发展和管理方面的专业技能，成为政府解决住房和经济问题的资源。

虽然路径依赖提供了一个关注公共住房系统的重要视角，但对重大变化的跟进也是很重要的，即使没有因为战争或政治经济的重大变化而扰乱外部环境的持续性。公共住房系统经历了一系列的转型，从而增加了起源的复杂性和异质性。路径依赖和路径选择是不同的。如果没有可以依靠的遗产，一些选项就不能成立，但如果有很大的遗产存在，政策方向就会发生巨大变化。在这个意义上，中东欧公共住房体系连续性的中断，以及所有权转移、私有化和更新重建之间的关联，都是重要的转型，并被认为是随着时间而变化的。

- 人口结构的转型。住在公共住房的人口随着人口结构的变化而变化。越来越多的老年人家庭、单身家庭和小户人家都带有世代效应（cohort effect）。新一代的租客越来越年轻化，并且把租房看作住房生涯的早期选择，但早先一代的租户随着时间推移而出现老龄化，从而改变了租客的特征和需求。
- 一个相对均质化的新住房体系，包含了由新的设计、材料、经济和科技所主宰的建设，以及在城市范围内不同地点的新发展。
- 物理状态和社会属性的老化。随着时间的推移，一些房屋老化，变得不适合居住了，房子的物理折旧使得房子不再具有吸引力。一些设计、建筑类型和能源科技经受不住时间的考验并被有选择权的家庭所摒弃。
- 经济转型。一些公共住房曾经因为它的设计、便利性和位置优越性超过其他住宅而吸引了中、高收入群体，但如今它们失去了比较优势，因为其他住房提供了新选择。职业和阶层结构的变化，地方经济和交通方式的变迁，都增加了新层面的改变。

- 住房产权方式转型。随着旧式私人租赁住房的衰退，继续在这个租期租住的低收入群体越来越壮大，并在公共部门寻找住房。私人租赁也不再成为公共住房之外为其他收入群体提供住房的主要选择。同时，各种公共政策和市场化的发展使得住房所有权被提倡，人们享有更多特权，其他产权形式的新建住房的可得性、地理位置，以及人们对公共住房的看法发生了改变。
- 公共住房建立和建设时期的主导政策包括政府补贴，但这个补贴随着时间的推移而被削减。新的住宅建设或土地征收需要新的政府补贴，但是与发展相关的历史债务会逐渐消减政府补贴。有争论认为，金融市场的逐渐成熟会使公共住房逐渐独立，并能够应对市场水平下的租金，不需要像市场租金那样需要社会保障支持。实践中，支持公共住房以市场水平或接近市场水平的租金定价，采用人头补贴而不是实物补贴，并通过私有化（以折扣价）来分解公共住房，影响了公共住房的融资模式和有效性。

安德森提到了北欧五国住房供应的不同阶段。相似的发展过程其他地方也可以见到。上文所说的转型，是说公共住房不是固定不变的商品，而是随着时间的推移它的地位和角色在不断发生变化。所有的欧洲和北美国家早已跨越了与早期城镇化相关的建设和扩张阶段。所有这一切都鼓励与资产积累有关的私人住房，也改变了公共住房之外的主要替代选项。当公共住房的替代选择是私人住房的时候，公共住房的竞争优势会更明显。但当政府更倾向于住房私有化时，他们就会减少公共住房的投资和国家参与。政治和意识形态方面的争论往往伴随着对住房私有化优点的夸大宣传，和对公共住房内在弱点的武断定论。实践中，尽管公共住房的成熟使它可以成为除私人住房之外的可持续选择，但是因为私有化而造成的公共住房的分拆改变了公共住房的优势平衡点。

10.5 私有化

关于公共住房的大量研究都基于公共住房的私有化（Jones and Murie,

2006）。这个关键的转型影响了上述的每个国家群体，但是那些公共住房比较强势的国家受到的影响最大。一些国家在由国家或公共基金出资新建的住房建成后就立即将其出售，其中一小部分被出售给原来的租客。荷兰及其他国家把大规模的公共住房存量从市政部门转移给其他房主。但是，最有争议和最激烈的变化是 70 年代及之后公共住房所有权的大规模出售。在“购买权计划”之前，英国个别城市就发起了市政住宅出售运动（Murie，1975），随后其他国家也相继采用了类似的政策。比如，匈牙利和保加利亚在 1989 年政治和经济大变革之前就发起了通过公共住房销售来提高私人住房的比例。

在 1980 年立法之后，英国公共住房私有化的规模急剧扩大。这个法案允许原租客以非常优惠的低于市场水平的价格购买所居住的房屋。这项政策引起了广泛的关注，并且在之后数十年内被其他国家采纳，只是有些微的差别。比如中东欧提供了更多的优惠，而其他国家（例如，法国、瑞典和荷兰）则采用较为保守的优惠或差别性政策。

对欧洲和北美公共住房私有化的主流争论涉及住房私人所有权的增长方面。研究显示，不是所有的原公共住房租户都会去购买其所有权，即使在购买公共住房所有权很普遍的中东欧国家，最低收入的租户、年长的租户和居住在最没有吸引力的公共住宅中的居民并没有执行购买权。在英国，购买公共住房的往往是住在有吸引力的住房里的中年、富有的租户。大多数租户购买公共住房时并没有真正入住或用于投机，即使他们依靠贷款购买也与资产的市场价值的相关性很低（因为折扣的存在）。位置最佳、居住条件最好的公共住房卖得最多，这种模式的存在和新建政府公寓的缺乏，使得剩余的公共住房重新集中在缺乏吸引力的城市地产、公寓和非传统民居中（Forrest and Murie，1990）。出售公共住房有益于新一代居民，这些公共住房逐渐发展为地理位置优越和有价值的住房资产，但那些原来排队等待入住的居民成了牺牲品。销售公共住房的收益很少被用于住房相关的活动。

如果我们跨越这个直接受私有化影响的时代，那么问题的复杂性就会增加。比如在英国，住房自有率的增长被证明是暂时性的，一些出售的公共住房被再次出售给私人租房部门（较少一部分出售给社会租赁住房部门）。这方面的比例在不同地方有所不同：在伦敦的部分地区，在2002年大约有25%的已经私有化的公共住房成为私人租房（Jones and Murie，2006）；在伯明翰的大型市政公共住房中，40%的私有化住房成为私人租房（Murie，2008）。在德国，私有化的过程意味着一些公共住房直接转到市场化房东那里，我们有理由相信英国不是一个特例，而是在其他地方都有反映。有观点认为，以折扣价格形式提供的政府补贴在短期内造成了住房自有率水平的泡沫。在随后的交易中，在市场价格下，新业主没有得到同等的补贴，出于出租目的的购买者需要支付得更多。作为对大众强烈住房产权需求的流行回应，一个分两阶段的产权转移方案形成了。私有化的最初阶段是在国家补贴下从集体产权转移为私人产权，在接下来的商品化阶段私人产权又转变成为一个去管制的私人租赁，但这样的转变既不能满足普通居民的住房愿望，也实现不了政治家们对居民住房自有率和建立有社会责任感的租赁市场的承诺。关于公共住房私有化无可争辩地导致住房私人所有权增加的假说，需要通过考察私有化之后业主再出售住房的商品化程度来进行调整。

10.6 剩余化

私有化政策改变了公共住房的规模，进一步削弱了它的社会基础，并加速了其向剩余化或定位于只面对最底层最困难家庭的转型。但是，我们要认识到，公共住房的剩余化不单单是私有化的结果。这一点在英国的公共住房剩余化案例中得到最充分的讨论，福里斯特和缪里（Forrest & Murie，1983）认为剩余化是各种因素的综合作用结果，包括促成收入增长和社会不平等的人口与经济的变化。私人租赁住房为最贫困人群提供了最主要的住房机会，尤其是那些租金和住房标准很低的私人住房，但当这一住房类型衰退的时候，贫困家庭变得更加依赖于公共住房。同时，拥有住房所有权可能性的扩大和相关优势把年轻和相对富有的工薪阶层对住房的需求从公共住房吸引走。公共住房在满足人们居住需求方面的转变，导致其租户在社会经济方面发生改变，这种转变与分配政策不相关，因此把公共住房剩余化趋势归咎于配置政策的改变是错误的。相似的，住房补贴政策的改变（从实物补贴转为人头补贴）加速了公共住房的私有化进程，也加深了其剩余化趋势，却并没有真正解释其内在原因。

尽管一些评论曾经认为剩余化是英国社会住房特例的一个方面，但现在看来在欧洲，剩余化也是普遍经历。公共住房的剩余化通常指过去那些规模显著、存在社会混合的公共住房如今被边缘化。拥有住房所有权的吸引力、不平等的加剧和住房市场结构的变化，在所有地方都有相似的影响。

10.7　遗产

欧洲和北美的公共住房留下了很多遗产——很显然主要是住宅建筑方面，即对不同住房产权的人群提供了住所。合作式公共住房的遗产包括可以满足高需求和高满意度的住房，也包括几乎无法居住的房屋。人们对公共住房贡献价值的评定要超越它的剩余化和污名化。为了解释公共住房遗产的存在，我们可以用公共住房不同来源、持续的政治辩论和关键转型的分层理论来说明。这些分层的理论认为，相似的过程和动因，可以产生不同的结果。过程发生的形态、原因、时间和地点以及产生的结果的不同，解释了国家之间和国家内部的差异性。

剩余化过程和一部分最好的公共住房向私人住房的转移，改变了公众对公共住房的观念以及公共住房的现状。一些评论者认为，因外部因素引起的公共住房的新特征，也是由市政部门所有权、官僚主义程序、选择缺失、住房占有权的安全性及补贴体系等公共住房内在特性引起的。即使这些观点很容易引起争论，但他们也与关于家庭、信仰和住所的保守观念以及宣扬市场优越性的新自由主义观点产生了共鸣。公共住房由于多种原因失去了那些曾经使它不断增长的政治、社会和经济上的支持，而出现这些不利形势之后的政策应对更是使它处于“变革”的过程中。

在这个背景下，较小规模的公共住房有更明确的针对性，与收入、就业状况和职业更匹配，从而得到了增强。缩小规模和明确受众目标瓦解了公共住房早先那种不考虑阶层、希望各社会阶层混合居住的远景目标。在一些情况下，社会保障角色的增强意味着公共住房同移民、种族和性别差异产生更多联系。

如果有恢复原有建设规模和扩大公共住房覆盖面的前景，那么公共住房的现有遗产就只是一个临时性话题。但是当考虑到当前关于住房问题及公共开支的讨论，以及本来可以作为交叉补贴源泉和自身增长基础的公共住房资产已经被侵蚀时，很难想象这样一个前景。欧洲和北美当前的政治争论，意味着公共住房不可能再回到过去的发展状态。公共住房一旦被出售，重新买回是无法承受的代价。通过并购或新建的扩张所需要的融资，则需要新的足够覆盖启动成本的补贴来支持，或为应对成本而提高租金后对租客所需要的持续性补贴扶持。但不管怎么说，在提供可承担住房方面社会租赁住房仍然作为一个比高租金私人租赁住房更好的解决方案而存在。住房协会发展得较好并能得到较多支持的话，就会有持续的能力进行公共住房投资，并将其作为私人住房的替代性选择。从这个意义上看，社会住房的角色和能力是公共住房发展历史所留下的一项重要遗产。

10.8 结论

本章分析了关于欧洲和北美公共住房所扮演角色的争论框架。这个框架强调了随时间变化的国家之间和国家内部的差异性。这个框架还提出，当需要解释公共住房属性时，重要的是要界定所讨论对象的时间和地点，并采取有背景分析和公共住房演变过程的分层分析模式。最好要避免归纳公共住房的普遍原理，以及把公共住房所发生的变动用其内部特性和相关政策来解释的断言。公共住房曾经是并一直是基于社会阶层不平等性的模式与论述来塑造的。长期以来，公共住房是为低收入家庭、多种族移民和少数民族提供的关键社会资源，如今还是，尤其在城市区域。公共住房的这个角色一直保持并发展着，在未来也不会因为剩余化或其他变化而逐步消失。

目前，北美和欧洲的公共住房的市场份额比以前小得多，但是从历史上遗留下来的资产比当前市场份额看起来得要大。在某些情况下，已经剩余化的公共住房会持续衰退。赫格杜斯对匈牙利经验的说明，可以或多或少应用在其他国家。私有化后所遗留下来的低品质公共住房或社会租赁住房，往往集中在城市里最差的地段，急需维护，现有租户也都有着多重社会困难。管理的成本和困难使公共住房的进一步私有化充满吸引力，而公共住房进一步的收缩会加剧其剩余化以及与主流社会的隔离。

现在残留的公共住房会在反映不同思想立场的政治压力下被不断重构，但也会受富裕和不平等、就业形势、生活方式和对未来的预期、未来其他住房产权品种等因素变化的影响。未来，公共住房会经历新的转型。由于住房体系越来越多地被私人部门来主宰和按照市场成本来定价，以及社会阶层收入差异增大和贫困加剧，公共住房的转型会不断出现。在这种情况下，仅靠私人部门不可能解决住房短缺问题。渗透或过滤机制也不能将高质量住房分配给所有人，并且市场在提供高质量住房给低收入人群方面比公共住房要低效。在新的由市场主宰的环境中，不安全、不合规的住房会继续存在并扩大，低收入群体、新组建家庭和移民的住房选择会减少并承担更高的住房成本。政府要么接受一些居民居住在较低的住房标准，要么花费更高的社会保障成本，要么两者皆有。中等收入家庭同样受到住房成本上涨、住房短缺以及获取住房所有权机会被压缩的影响。那些因为年龄增长或失业而生存环境发生变化的家庭也同样会觉得从私人市场找不到合适的房源。也许在未来，无论住房所有权还是私人租赁，都不能提供安全的避风港。

在这个背景下，可靠性、对住房权的尊重和社会责任感、高质量的住房，使得非营利住房变得更有吸引力。高维修标准和主动更新，使得社会住房提供了更好的住房机会。社会住房业主在多大程度上提供更有吸引力的住房条件建立在这些机构的政策上——部分但不全部取决于它们的融资与监管，以及这些机构在私人住房方面的相关做法。公共住房下一个转型或许涉及公共住房剩余资产（即遗产）的变革，并以此来取得政治支持、足够份额的投资，并进入一个增长的新阶段。公共住房的未来将继续折射其运作的大环境以及其替代选择的本质。

参考文献

1. Allen J, Barlow J, Leal J, Maloutas T, Padovani L (2004). Housing and welfare in Southern Europe. Blackwell, Oxford.

2. Danermark B, Elander I (1994). Social rented housing in Europe: policy, tenure and design. Delft University Press, Delft.

3. Doling J (1997). Comparative housing policy. Macmillan, London.

4. Donner C (2000). Housing policies in the European Union. Christian Donner, Vienna.

5. Donnison D (1967). The government of housing. Penguin, Harmondsworth.

6. Esping-Andersen G (1990). The three worlds of welfare capitalism. Polity Press, Cambridge.

7. Forrest R, Murie A (1983). Residualisation and council housing: Aspects of the changing social relations of housing tenure. J Soc Policy 12 (4): 453 –468.

8. Forrest R, Murie A (1990). Selling the welfare state, 2nd edn. Routledge, London.

9. Fuerst JS (1974). Public housing in Europe and America. Croom Helm, London.

10. Groves R, Murie A, Watson C (2007). Housing and the new welfare state: Perspectives from east Asia and Europe. Ashgate, Aldershot.

11. Hall SG, Van Kempen R, Dekker K, Tosics I (eds) (2005). Restructuring large-scale housing estates in European cities: Good practices and new visions for sustainable neighbourhoods and cities. Policy Press, Bristol.

12. Harloe M (1985). The people's home: Social rented housing in Europe and America. Blackwell, Oxford.

13. Hegedus J (2007). Social housing in transition countries. In: Whitehead C, Scanlon K (eds) Social housing in Europe. LSE, London, pp 165 – 177.

14. Jones C, Murie A (2006). The right to buy: Analysis and evaluation of a housing policy. Blackwell, Oxford.

15. Lujanen M (2004). Housing and housing policy in the Nordic countries. Nordic Council of Ministers, Copenhagen.

16. Malpass P (2000). Housing associations and housing policy: A historical perspective. Macmillan, Basingstoke.

17. Malpass P (2008). Histories of social housing: A comparative approach. In: Scanlon K, Whitehead C (eds) Social housing in Europe II. LSE, London.

18. McDermont M (2010). Governing independence and expertise: The business of housing associations. Hart Publishing, Oxford.

19. Murie A (1975). The sale of council houses: A study in social policy. Occasional paper,

35. CURS, University of Birmingham, Birmingham.

20. Murie A (2008). Social housing privatisation in England. In: Scanlon K, Whitehead C (eds) Social housing in Europe II. LSE, London, pp 241 – 260.

21. Murie A (2009). The modernisation of housing in England. Tijdschr Econ Soc Geogr 100 (4): 535 – 548.

22. Pooley CG (ed) (1992). Housing strategies in Europe, 1880 – 1930. Leicester University Press, Leicester.

23. Power A (1987). Property before people. Allen & Unwin, London.

24. Power A (1993). Hovels to high rise: state housing in Europe since 1850. Routledge, London.

25. Scanlon K, Whitehead C (2004). International trends in housing tenure and mortgage finance. CML, London.

26. Szelenyi I (1983). Urban inequalities under state socialism. Oxford University Press, Oxford.

27. Varady DP, Preiser WE, Russell FP (1998). New directions in urban public housing. CUPR PressRutgers, New Brunswick.

第 11 章　从公共住房到公私合作：美国住房政策演变的经验和教训*

摘要：从美国政府最早开始扶持低收入家庭的住房需求，至今已近 80 年了。美国政府在 20 世纪 30 年代开始其公共住房建设，目的是为了应对“经济大萧条”导致的住房问题。但在之后的几十年里，美国的住房政策逐渐偏离了公共住房的模式。取而代之的是一个由政府资助、私营部门积极参与建设的低收入住房的政策体系。同时，当今的美国住房政策也更倾向于为低收入家庭提供好的社区环境，以便他们有更好的社会经济发展机会。鉴于中国以及其他一些新兴经济体国家正在致力于解决低收入家庭的住房问题，本章通过回顾美国住房政策演变中的得与失，来探讨这些国家能从中吸取什么样的经验和教训。

11.1　引言

很多学者认为，无论是基于对效率还是对公平的考虑，政府对住房生产、分配和消费的介入都是必需的（Rosen，1985）。因此，综观世界各地，不管是偏重于自由市场经济还是中央计划经济，各个国家都制定了自己的住房政策，但是这些政策都因国而异（Harsman and Quigley，1991）。美国在 1949 年的《住房法案》中提出，每个美国家庭都应该有一个“体面的住房和居住环境”。以此为目标，美国政府制定了一套有各级政府层层介入的复杂的住房系统。

---

* 本章由邓岚（美国密歇根大学城市规划系副教授）、朱小棣（安生基金会华盛顿办公室主任）共同执笔。

美国住房系统的一个重要作用就是通过各类政府补贴来改善家庭的住房消费。比如，美国联邦政府允许住房所有者从个人纳税收入中减免住房抵押贷款的利息支出，以及免除住房交易中的资本利得税。这些税收优惠大大降低了中高收入群体的购房成本。仅抵押贷款利息扣除这一项每年给美国政府造成的税收损失就估计高达 1 000 亿美元（Landis and McClure，2010）。但是，以租房为主的广大低收入家庭却无法从中受惠。对于这些家庭，美国政府有另外的住房补贴。

与住房所有者的税收优惠不同，美国政府向低收入家庭提供的住房资助要少很多，不能保证人人都有。2002 年，只有约 1/3 的符合资格的租房者得到了相应的住房补贴（U. S. General Accounting Office，2002）。2010 年，大约 660 万低收入租户收到了联邦政府各种形式的补助，总计约 440 亿美元［美国住房和城市发展部（HUD），2011，45 2012a，b，c；国家住房机构理事会，2012］。

美国政府是如何向低收入家庭发放其有限的住房补贴的呢？美国政府最早于第一次世界大战期间为军工人员建设住房。自此以后，美国颁布了一系列的低收入住房政策。奥尔森（Olsen，2003）将这些政策归结为三大模式。第一种也是历史最久的模式是公共住房，即由政府直接建设和所有且主要为低收入家庭提供的住房。美国在 20 世纪 30 年代推出这种政策以应对经济大萧条导致的住房问题。第二种模式是由政府和私营部门签订合同为低收入者建造（或者更新改造）住房，这些房屋由私营部门建设和运营，政府只提供资助。该政策的代表有 20 世纪 70 年代基于项目的第八款法案和 20 世纪 80 年代的低收入住房投资税收减免政策（LIHTC）。第三种模式是向符合收入标准的低收入家庭直接发放租房补贴。这个政策最早开始于 20 世纪 70 年代的基于租户的第八款法案，后来更名为住房选择券政策。

以上 3 种政策模式的目标一致，都是给低收入家庭提供适宜住房。在前两种模式中，政府积极介入住房开发过程，因此也被称为供给干预模式。第三种模式的住房券提高了低收入家庭的支付能力，鼓励他们到市场上自主消费，因而被看作是需求干预模式（Olsen，2003）。经过多年的政策演变，美国的住房政策逐渐偏离了公共住房模式。取而代之的是由私营部门积极参与提供低收入住房、政府只提供资助的政策框架。同时，美国的住房政策也越来越强调为低收入家庭提供好的社区环境，以便他们有更多的社会经济发展机会。本章将回顾美国住房政策的历史演变，尤其是公共住房政策的经验教训，以及它如何被住房选择券和低收入住房投资税收减免政策所替代。通过总结美国住房政策发展中的得与失，本文也对中国的住房政策提出了建议。

11.2 美国公共住房政策的历史

在美国，公共住房政策有着详细的记载和研究。比如，海斯（Hays，1995）曾深入分析美国自由派和保守派的理念冲突对公共住房政策的影响。施瓦茨（Schwartz，2010）则对美国公共住房的现状做了全面的总结，包括租户的特征、项目的选址以及当前面临的各种问题等。下面将回顾这些文献，对美国公共住房政策的兴衰做个简单总结。

和其他很多国家一样，美国公共住房政策的兴起与工业化阶段遇到的住房问题息息相关。早在19世纪40年代，随着贫民窟在城市中蔓延，美国社会出现了倡导住房改革的群体，这些改革者们相信，恶劣的居住条件不仅损害居民的健康，而且也成为许多社会问题的根源（Zhu等，2009）。19世纪末和20世纪初，经过不懈努力，住房改革者们成功地推行了城市建筑和卫生管理条例。为了鼓励私人开发商和房东给穷人提供更好的住房，这些改革者也推出了标准住房开发模版（Von Hoffman，2000）。

虽然有这些住房改革者们的努力推动，但当时的联邦政府还是决定不干预私人住房市场，让市场自己运营（Zhu等，2009）。第一次世界大战的爆发却迫使美国政府不得不采取措施应对住房匮乏的问题。1918年，美国国会拨款1.1亿美元给军工人员建造公共住房。显然，这种介入既不是为了帮助穷人，也不是受到了住房改革者们的感召，而完全是一种战争期间的应急措施（Jackson，1985）。战争结束后，美国政府重新退出住房领域。战时的公共住房项目并没有导致联邦政府对住房问题进行持续干预（Szylvian，1999）。

真正改变美国政府在住房问题态度的事件是经济大萧条。在1928～1933年大萧条时期，美国住宅建设减少了95%。到1933年，大约有一半的住房抵押贷款处于实际违约状态（Jackson，1985）。在这种状态下，所谓的自由放任市场模式已经明显不合时宜，需要强有力的政府干预去解决这些问题。1934 年，美国通过《国家住房法案》以重振住房市场，创造就业机会以振兴经济。随后成立的联邦住房管理局（Federal Housing Administration，FHA）开始为私人住房抵押贷款提供政府保险。1938 年，联邦国家抵押贷款协会（Federal National Mortgage Association，也就是大家所熟悉的房利美）成立，从而开创了住房抵押贷款的二级市场（Von Hoffman，2000）。这些措施为提高美国的住房私有率带来了长期积极的影响。美国的住房拥有率从 20 世纪 40 年代早期的 40% 上升到 1960 年的 62%（Van Order，2000）。

除了这些重大住房政策之外，1937 年的《住房法案》也开始授权联邦政府直接为低收入家庭建造出租房，这标志着美国公共住房政策的正式开始。概括起来，美国政府为应对大萧条时期的住房问题采取了两个梯度的政策：一个是帮助中产阶级拥有住房；另一个是满足低收入家庭的租房需求。但这两个方面的政策并不平衡。前者在住房政策中占主导地位，而后者却逐渐被边缘化。从以下的讨论中我们可以看到，前者越是成功，公众对后者的支持就越少（Zhu 等，2009）。

由于担心公共住房会对私人住房市场造成不良竞争，美国的公共住房政策从一开始就遇到了强烈的政治阻力。保守派的政治家们认为，公共住房政策会造成穷人对政府的依赖（Zhu 等，2009）。1938～1942 年，美国国会削减了拨给公共住房政策的资金。“二战”期间，国会资助了与国防相关的房屋建设，但是禁止给低收入家庭建房。直到 1949 年的《住房法案》通过之前，国会没有再批准兴建任何的公共住房项目。

美国 1949 年颁布的《住房法案》通常被认为是其住房政策上的里程碑，但这个法案的主要“遗产”是其设立的远大目标，而不是它的实际成效。该法案宣称，每个美国人都有权享有一个“体面的住房和居住环境”。法案最开始计划每年建造 13.5 万所公共住房。然而由于朝鲜战争的爆发，该计划被削减，并且到战争结束也没有恢复。受民主党和共和党政治争斗的影响，美国的公共住房政策始终没有得到 1949 年《住房法案》中承诺的资金支持。此外，公共住房政策的受益对象也在逐步发生变化。政策在最初制定的时候是为了帮助在经济衰退中遭遇暂时困难的中产阶级。但随着越来越多的中产阶级在战后的经济繁荣中成为房屋所有者，公共住房政策逐渐演变为只为贫困人口服务。由于担心公共住房会造成自家房价下跌，降低社区的生活质量，很多的中产家庭也加入到保守派和私人开发商的阵营中，反对在他们的居住区附近建立公共住房项目（Zhu 等，2009）。20 世纪 50 年代，美国政府在很多城市发动了城市更新改造运动，在这个过程中很多贫困家庭被迫搬离了他们原有的社区，集中迁入公共住房项目中，从而加剧了公共住房居住条件的恶化。

20 世纪 60 年代，美国社会有一个短暂的向福利资本主义发展的阶段（Zhu 等，2009），公共住房政策也因此受惠。1968 年，美国成立住房和城市发展部，同时颁布新的《住房和城市发展法案》，在这些措施的影响下，公共住房每年扩建超过 20 万套。但是这些房屋仍然只是穷人和少数族裔在没有其他出路下的选择。因此，长期下来，很多的公共住房社区累积了种种的社会、经济和种族问题，这些问题使公共住房更加成为政治斗争的焦点。1973 年，尼克松总统宣布暂停所有的公共住房建设。

尽管美国公共住房存在显而易见的问题，但是简单认为美国的公共住房政策完全是失败的也是不公平的。正如施瓦茨（2010）指出的，美国有各种各样的公共住房。多数公共住房状况良好，并为最贫穷、最需要帮助的人群提供适宜的居住场所。问题最多的公共住房项目往往是在大城市，由大的公共住房管理局管理，例如芝加哥和圣路易斯。在这些城市中，公共住房项目往往位于最破败的社区。而由小型公共住房管理局管理并为老年人服务的公共住房往往条件较好（Schwartz，2010）。但是总的来说，美国的公共住房政策没有实现其支持者最初的期望，公共住房的负面形象也导致了公众对政府干预住房产业能力的质疑。如今，美国有大约 110 万套公共住房。在 2010 财政年度，联邦政府用于运营公共住房的花费达 47 亿美元，维修费用达 25 亿美元（HUD，2012a，b）。

11.3 从供给补贴到需求补贴的转变

经过数十年的大规模住房建设，到 20 世纪 70 年代，美国社会住房问题的性质已经发生了根本性变化。随着住房数量和质量的稳步改善，房屋短缺或质量低劣已经不再是这个国家的普遍问题。取而代之的是很多家庭面临的房价/房租过高导致的住房可支付性问题，也就是说家庭收入中用于住房消费支出的比例过高（Hayes，1995）。为了解决这个问题，美国国会在 1974 年通过了《住房和社区发展法案》。这个法案给美国的住房政策带来了两个重大改变：一个是私有企业开始在低收入住房的提供中发挥重要作用，另一个是政府的补贴重点从住房供给转向住房需求。

具体而言，1974 年《住房法案》的第八款批准制定两种补贴方案：一种是基于项目的开发补贴，另外一种是基于租户的需求补贴。和以前政府所拥有的公共住房不同的是，这两种补贴都是发放给私人所有的房屋。该条款规定，低收入住户合理的房租不应超过其收入的 25%（后来这个标准提高到 30%）。美国住房和城市发展部给每个大都市的住房市场制定了一个公平市场租金价格，由政府补贴合理家庭支出和这个公平市场租金的差额，但是补贴的发放在两个方案中有所不同。

在基于项目的第八款方案中，住房和城市发展部与私人开发商或私人业主签订合同，给低收入者新建或者改建住房。低收入家庭只需要支付家庭收入的 25% 或 30% 给这些业主，合同保证政府会在合同期内（通常为 20 ~ 25 年）给这些私营业主提供持续的房租补贴，补贴额就是合理家庭支出和公平市场租金的差额。这种有保证的持续补贴以及其他的一些资金扶持，比如税收减免或者免税债券融资等，使很多私人开发商和私人业主都愿意参与这个项目（Zhu 等，2009）。因此，基于项目的第八款政策又被称为第八款之房屋新建和大维修改造政策。与公共住房政策相比，这个第八款政策在更短时间里开发了几乎同样数量的房屋，很受开发商的欢迎。但是，政府的长期担保成为联邦政府的严重财政负担，尤其是和基于租户的第八款政策相比，这个缺点就更为明显。1981 年，里根政府开始削减基于项目的补贴政策，并在 1983 年彻底终止了这项政策。目前，大约仍有 110 万与美国住房和城市发展部签有合同的第八款政策住房（HUD，2012c）。2010 年，联邦政府用于此项的支出大约是 9 亿美元（NCSHA AU3，2011）。

相比之下，基于租户的第八款补贴只向单个家庭提供，而不涉及特定的住房项目。这个政策通过向家庭直接发放住房券或者住房证来补贴住房需求，而不涉及住房供给。符合资格的低收入家庭要自己到市场上租房。政府会根据租户的收入状况确定其合理的房租支出（通常是家庭收入的30%），并支付家庭合理支出和公平市场租金的差价。基于租户的第八款政策也通常被称为第八款之现有住房或者第八款之住房证与住房券政策。第八款的住房证和住房券项目非常相似，仅有很微小的区别。基于租户的第八款补贴建立在自由市场运作的基础上，因而受到自由主义和保守人士的共同欢迎（Hayes，1995）。由于低收入家庭可以带着补贴自由搬迁，所以很多人都认为低收入家庭可以有更多的机会进入好社区，获得更多的社会经济发展机会（Deng，2007）。

20 世纪 70 年代末，美国经历了前所未有的经济滞涨。民主党执政的政府应对无力，导致共和党保守派上台，从而在 20 世纪 80 年代开启了一个对联邦政府的管理和开支进行重大调整的时期。而住房政策也不例外（Hayes，1995，p. 233）。具体而言，里根政府住房政策的主要特征就是大范围的预算削减，从 1981 财政年度的 300 亿美元降到 1982 财政年度的 175 亿美元，1983 财政年度的预算更是降到了 86 亿美元。此外，在第八款的补贴中，基于项目的补贴被取消，只有基于租户的补贴得以延续。因此，从 1983 年起，除了替换现有住房外，联邦政府再也没有通过公共住房政策或者基于项目的第八款补贴新建过任何低收入住房。公共住房政策和基于项目的第八款政策仍然存在，但它们的主要作用只是维护和运营现有住房存量。政府出资新建的住房仅限于提供给老人和残疾人士。与此对应的是，基于租户的第八款补贴政策不断扩大。1988 年，美国政府对这个政策进行了一些小的调整，并将其正式更名为住房选择券政策。目前，住房券政策已经成为全美最大的低收入住房补贴政策。

图 11. 1 对比了过去 30 年住房券的增长和公共住房存量的消减。如图所示，随着一些在建项目的完工和少量新增的老年公寓，公共住房的数量在 1994 年达到高峰，有 140 万套。从那以后，由于老旧公房在不断地拆除，新建公房又非常少，2008 年公共住房存量减少到 110 万套。相对应的是，接受住房券补贴的住房数大

幅增长，从 1980 年的 62 万多套增加到 2008 年的 155 万套。随着美国政府继续减少项目补贴的住房存量，另有 50 万的前公共住房住户或其他政府出资建造的住房项目的住户被转成选择券补贴（Schwartz，2010）。如今，美国有总共达 220 万的租户使用住房券（HUD，2012c）。2010 年联邦政府在这个计划上的开支是 190 亿美元。

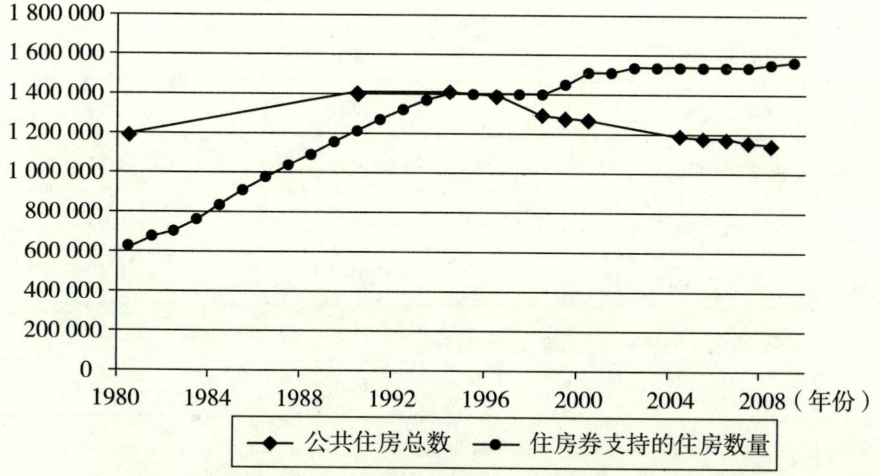

图 11.1　住房券资助的住房数量和公共住房数量的历年变化对比

资料来源：Compiled by the authors with data from Schwartz (2010)

在住房券制度下，政府需要补贴公平市场租金和 30% 家庭收入的价差，因此一个关键问题就是如何确定这个公平市场租金。每年，美国的住房和城市发展部会根据每个大都市区的市场房租分布状况来确定这个公平市场租金。在美国，一个大都市区代表一个完整的住房和劳动力市场。当前，美国住房和城市发展部所采用的标准是按照第 40 个百分位的市场房租来确定公平市场租金。即市场上有 40% 的普通住房的房租要低于这个公平市场租金水平。公平市场租金随所租房屋的大小而改变。家庭人口多，需要租大房子，补贴也会相应增加。这种计算方式保证了公平市场租金能反映当地的市场状况，从而使接受资助的租户有足够的补贴能住上不错的房屋。表 11.1 列出了 2010 年和 2013 年美国十大都市区两居室房屋的公平市场租金（Fair Market Rent，FMR）。如表所示，公平市场租金在不同的住房市场变化很大，而且每年都会调整。因此，住房券的政府补贴开支也在不断变化。

表 11.1　美国十大都市区 2010 年和 2013 年两居室的公平市场租金水平　（单位：美元）

大都市区	2010 年	2013 年
纽约地区	1 359	1 474
洛杉矶地区	1 420	1 421
芝加哥地区	1 015	966
达拉斯地区	894	924
休斯敦地区	892	945
费城地区	1 095	1 119
华盛顿地区	1 494	1 412
迈阿密地区	1 206	1 122
亚特兰大地区	912	874
波士顿地区	1 357	1 444

资料来源：Compiled by the authors with data from the U. S. Department of Housing and Urban Development（2012d）

尽管美国住房政策在 20 世纪 80 年代经历了从供给补贴到需求补贴的转换，但认为美国政府完全停止了对住房供给的资助也是不正确的。在停止了对公共住房和基于项目的第八款补贴仅仅 3 年之后，美国国会在 1986 年的税法改革中制定了一个新的住房政策，这个住房政策带来了比公共住房或者基于项目的第八款补贴还要多的房屋建设。

11.4　低收入住房投资税收减免政策：政府和私营部门之间的合作

作为里根政府削减政府开支和简化税法的一部分，美国在 1986 年通过了一项重要的税法改革，即取消所有鼓励投资租赁房开发的税收优惠（Schwartz，2010）。由于担心这些优惠政策的取消会影响经济住房的生产，一个由住房开发商和经济住房的倡导者们形成的联盟在最后时刻游说国会通过了一个匆忙起草的条文，即 42 号条文。这个条文向投资低收入经济房开发的投资者们提供税收优惠（McClure，2000），从此建立了低收入住房投资税收减免政策。虽然这个政策是在匆忙间通过的，却一直持续到现在，连它的起草者们也没有料到。这个政策从一开始就受到各利益集团的欢迎，并历经几届政府而稳定扩展。因此，它也取代了公共住房政策而成为美国最重要的鼓励低收入经济房开发的政策。到 2009 年，这个政策资助了大约 34 000 个开发项目，建设了 210 万套住房（HUD，2011）。

低收入住房投资税收减免政策的成功在很大程度上归功于它的独特设计。和公共住房政策直接提供开发补贴不同，这个税收减免政策向投资低收入住房开发的人或机构提供联邦税收减免（Cummings and DiPasquale，1999）。如果一个低收入住房项目没有使用联邦免税债券的融资，同时它的出租房中有至少 20% 的租户收入低于地区中位收入的一半，或者至少 40% 的租户收入低于地区中位收入的 60%，它就可以获得相当于建筑成本 70% 或者收购成本 30% 的税收减免。希望开发低收入住房的开发商必须向各州的相关住房信用机构，通常是州政府的住房金融机构，申请这类税收减免。一旦获得税收减免，开发商可以在资本市场向投资者出售这些税收减免。对这类税收减免感兴趣的投资者通常包括一些大公司和金融机构。通过购买这些税收减免，他们会在名义上成为这些低收入住房项目的拥有者，从而可以享受这些税收减免以及项目带来的一些其他税收优惠，以降低自身的联邦收入税。投资者用于购买税收减免的资金则被投入到低收入住房的开发中。因为面向的是低收入人群，租金收入有限，所以这类住房项目所能获得的银行贷款往往不足以支付他们的开发成本（McClure，2000）。因此，投资者购买税收减免的资金对这类项目的成功开发十分关键。通过资本投入，投资人变为项目的名义持有者，可以在未来 10 年里获得分期等额的税收减免。

具体而言，购买税收减免的投资者会成为这类低收入住房项目的有限责任合伙人，而项目开发商则作为普通合伙人进行实际的项目开发和经营活动以换取开发和管理费用。项目开发商通常不直接和税收减免的投资者互动，有相关的中介组织（即 syndicator）帮助两者达成交易。这些中介组织一方面帮助低收入住房开发商出售税收减免给投资者，另一方面也帮助投资者监管这些住房项目的开发和经营，以保证其符合政府的各种规定，这也是投资者能够顺利获得税收减免的关键。如果国税局发现这些项目有违反规定的地方，那么它可以要求投资者退还其享有的税收减免。图 11.2 描述了典型的低收入住房投资税收减免项目的资金流动过程。

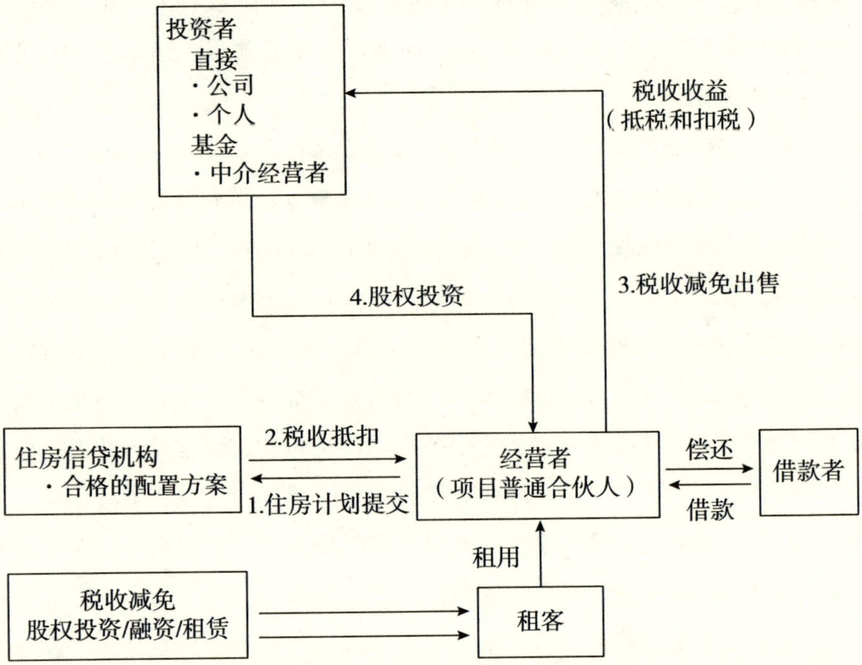

图 11.2　低收入住房投资税收减免政策（LIHTC）资助的项目开发资金流程

资料来源：Adapted from Of the of the Comptrollers of the Currency（2008）

在低收入住房投资税收减免政策实施的最初阶段，很多投资者不了解低收入住房开发的风险，往往不愿意购买这些税收减免。同时，由于税收减免的交易过程复杂，交易成本（例如，付给中介组织的费用）比较高，所以税收减免的价格被卖得很低，1 美元税收减免只能卖到 30 ~ 40 美分，政府税收补贴的很大一部分被浪费在交易过程中。这个政策的有效性也受到很多人的质疑（Stegman，1991）。然而，随着时间的推移，投资者对这个政策越来越了解，他们意识到这是一个不错的投资渠道，特别是对于一些金融机构而言。这些机构不仅能从税收减免的交易中获取合理的回报，而且也能满足联邦政府要求它们对特定社区进行投资的规定。因此，金融机构成为税收减免的主要购买者，税收减免的价格也稳步上涨。在过去的十年间，已经上涨至一美元税收减免卖80～90美分（Schwartz，2010）。这项政策也成为筹集低收入住房开发资金的有效工具。然而，此政策在最近的经济衰退中受到了很大的影响。由于收入减少，纳税额度降低，许多曾经是税收减免的主要买家的金融机构纷纷退出这类交易，许多开发商难以找到买家去购买分配给他们的税收减免。作为应对措施，美国政府提供了临时资助，允许开发商用无法售出的税收减免额换取政府的直接开发补贴（Schwartz，2010）。所幸的是，从2010年开始，随着经济的复苏，税收减免的销售市场开始回暖，需求逐渐增加，但是各地区市场的恢复程度各有差异。

虽然低收入住房投资税收减免政策能够补贴住房供给，但它和以往的供给补贴政策有几方面的不同。首先，通过它给予的是未来的税收减免，不是直接财政拨款，政策付出的是未来税收收入的减少，从而不必通过每年的国会预算批准。这就减少了国会预算对它的关注度，使其免受预算削减的影响。其次，和其他住房政策不同，低收入住房投资税收减免政策不由联邦政府的住房和城市发展部管理，而是由国税局和各州的住房金融机构共同监管。每年，这个政策提供相当于80亿美元的额度用于发放税收减免。这个额度发放到各州，由各州分配。只要分配的总额不超过该州的最高额度，每个州可以在国税局的基本指导原则下制定本州详细的分配标准。这使得各个州可以根据自身的情况灵活制定政策，选择向什么样的项目给予资助。在许多州，开发商对税收减免的申请竞争激烈，州住房金融机构因此可以选择最符合自己政策目标的项目进行资助，这也是该政策成功的一个重要原因。最后，这个政策鼓励政府和私营部门联手合作。政府方由州的住房金融机构代表，负责税收减免额度的发放；私营部门则包括开发商、中介组织和投资者，他们共同负责低收入住房的开发和运营。这种合作在低收入住房的开发和运营过程中引进了市场的效率和约束，从而保证这些项目的成功（Deng，2005）。

通过鼓励政府和私营部门联手合作，低收入住房投资税收减免政策也在培养美国社区开发产业的成长中发挥了重要作用。例如，在分配税收减免额度的过程中，许多州的住房金融机构通常会优先选择非营利的住房开发商。在美国，大约30%的税收减免住房项目由非营利性住房开发商承办，其余的归营利性开发商建设（Deng，2011）。依靠开发低收入住房税收减免项目带来的资金和经验，许多非营利组织逐渐成长为成熟的住宅开发商和社会服务的提供者（Freeman，2006）。

概括说来，如今美国有两个最重要的住房政策，一个是对住房供给进行扶持的低收入住房投资税收减免政策，另一个是对住房需求进行资助的住房选择券政策。其他大的住房政策，比如公共房屋政策和基于项目的第八款补贴政策，都已不再是美国住房政策的重心。但是，美国政府仍然花费大量的资金维护和运营这些政策的现有存量住房。尤其值得一提的是一个叫 HOPE VI 的政策，这个政策主要是帮助重建美国最破旧的公房社区。鉴于以往公房政策失败的教训，HOPE VI 的政策不仅要改善这些住房的硬件条件，同时也要改善公房社区及其周边的社会经济环境。从 1993 ~ 2007 年，HOPE VI 拆除了超过 15 万的破旧公房单元，并投资了 61 亿美元用于 247 个公房项目的重建（Schwartz，2010）。与税收减免政策和住房选择券政策相类似，HOPE VI 也强调私营部门的参与。例如，历史上公共住房都是由政府部门管理，但 HOPE VI 项目却将重建房屋的管理转包给私人公司经营。HOPE VI 政策显著改善了美国公共住房的面貌（Schwartz，2010）。

表 11.2 总结了美国当前 4 个主要的低收入住房政策，并列出了各政策在2010 年的联邦支出。需要指出的是，这些开支数字是不能跨政策直接对比的，因为不同政策资金的使用模式不同，开支高并不见得项目就更昂贵。比如，供给补助和需求补贴在资金使用的时间表上就很不一样。住房选择券政策要求每年都有持续的政府开支以补贴低收入家庭的住房消费，而税收减免政策则需要提供大额的前期开发补助，而一旦项目建成，持续性支出就很少。由于修建低收入住房需要大量的补贴，因此通常低收入住房项目的开发会将各种政府补助结合起来。如表 11.2 所示，低收入住房投资税收减免政策资助开发了 210 万套住房，但这些住房不能完全归功于这个政策本身。其他机构，如州和地方政府，也经常向这些项目提供补贴（Deng，2005）。不仅如此，对于公共住房政

策和基于项目的第八款补贴政策，政府投入的资助往往不只在房屋建造阶段，对日益老化的住房存量的维护和改善也是政府资助的中心。而这点对于最初的低收入住房投资税收减免政策来说不是个大问题，因为它所资助的房屋还相对较新。但随着时间的推移，很多房屋也在不断折旧和老化，如何维护现有的低收入住房也变得日益紧迫。

表11.2　美国当前4项最重要的低收入住房政策摘要

政策名称	政策资助的住房总量（万套）	联邦政府2010年支出（亿美元）	资助家庭收入标准
住房选择券政策	220	190	收入低于地区中位收入（AMI）50%的家庭都符合资助标准，但每个地区75%的住房券必须用于资助收入低于地区中位收入30%的家庭
低收入住房投资税收减免政策	210	80	收入低于地区中位收入50%或60%的家庭都可以申请租住该政策资助开发的住房
公共住房政策	116	72	收入低于地区中位收入80%的家庭都可以申请居住公屋。但大部分的公屋居民收入都远低于此，很多家庭的收入都在贫困线以下
基于项目的第八款补贴政策	111	90	收入低于地区中位收入80%的家庭都可以申请居住该政策资助的房屋。但这些项目中至少有40%的新租户的收入不应该高于地区中位收入的30%

资料来源：Compiled by the authors with data from the U. S. Department of Housing and Urban Development（2011，2012a，b，c）Aand National Council of State Housing Agencies（2011）

表11.2同时列出了4项政策资助的最高家庭收入标准，被资助人群的家庭收入不能超过这个最高线。在实际执行中，很多政策往往服务于收入更低的群体。例如，公共住房政策和住房券政策的租户往往都是低收入人群中的极端贫困者。2009年，公共住房住户的年平均收入大约为13 324美元，住房选择券使用者的年

平均收入为12 591美元，都显著低于联邦贫困线的水平（Schwartz，2010）。相比之下，低收入住房投资税收减免政策的租户收入要高一些。研究显示，如果不考虑其他类型的租住补贴，比如住房选择券，低收入住房投资税收减免政策项目的租户平均收入大体为地区中位收入的40%～50%，而住房券和公共住房政策的平均收入只有地区中位收入的20%～30%（McClure，2006；Schwartz，2010）。但如果租户能够同时使用住房选择券，那么赤贫家庭也可以在通过税收减免政策开发的项目中居住。各个政策服务的家庭收入不同，也是政策开支无法直接对比的另一个原因。但是，有学者对各项政策的成本进行过仔细比较。这些比较通常会考虑家庭收入、受惠程度和资金支出的时间表，以确保政策的可比性（Olsen，2000；U. S. General Accounting Office，2002；McClure，2000；Deng，2005）。这些研究成果为评价政策的有效性提供了重要信息。

11.5 美国住房政策的经验和教训

回顾美国住房政策的演变，可能最重要的经验就是这些为低收入家庭服务的住房政策如何在政治上获得足够的支持。低收入人群往往处于政治上的弱势，难以为自己争取权益。美国公共住房政策的历史就是一个很好的例子。由于没有广泛的民意支持，受保守派和自由派在政治和意识形态分歧对立的影响，政府不断削弱对公共住房政策的资助（freeman，2006）。但是，近期的美国住房政策则通过引入私营部门的参与而扩大了其群众基础。低收入住房投资税收减免政策在低收入住房的开发上给了投资者合理的资金回报，使他们在做善事的同时也能受惠（Krumholz，2004）。而住房选择券政策则补贴低收入家庭，提高其租住私有房产的支付能力，使这些私有房产的开发商和业主都从中受惠。两个政策都在奖励市场赢家的同时也扶助了贫困人口（Deng，2007）。由于私营部门在这些政策中受惠，他们也成为这些政策的强力支持者，从而保证了政策的延续（Freeman，2006）。这两个政策在美国受到欢迎说明它们是适合美国社会政治环境的产物。对于像中国这样正在设计构造自己的住房政策的新兴经济体，很重要的一点就是如何在社会中建立起对此类政策的支持群体。这些群体不一定非要包括私营部门，但是如果没有广泛的支持，即便是有好的出发点，政策也可能最终失败。

鉴于美国在各类住房政策上的尝试，其他国家可以从中学到的另一个经验是，什么样的政策才是资助低收入家庭住房消费的最佳方式。对这个问题的争论往往集中在对供给补贴和需求补贴的对比上。由于美国个人主义的文化传统，美国社会的一个理念就是，市场是最有效率且最公平的资源分配者，政府应该退居其次，只起到对个人行为进行规范的补充作用（Hayes，1995）。在这种理念的影响下，过去 30 年里，美国住房政策演变的基本宗旨就是需求补贴要优于供给补贴。因为前者不仅成本低，消费者可以自由选择何处居住，而且能带动增加私营部门对住房的供给（Deng 2005）。一些实证研究也证明，住房选择券的成本总体而言要比供给补贴低一些（Olsen，2000；U. S. General Accounting Office，2002）。然而，最新的研究成果表明，这种成本优势也是因地而异。各地区住房市场状况对政策成本的高低有强烈的影响。在住房市场比较疲软的地区，住房选择券有明显的成本优势。但在住房市场比较紧张的地区，高房租会导致需求补贴的成本大幅增加，而这种增加是每年都在增长，因此住房选择券可能比供给补贴更为昂贵（Deng，2005；McClure，2000）。所以，在这些市场，应该更多地使用供给补贴以扩大生产，缓解住房紧缺，抑制房租。

除了成本的问题外，美国关于需求补贴和供给补贴的讨论的另一个焦点是这些政策所导致的低收入家庭的空间分布状况，也就是说，接受政府资助的低收入家庭所居住的社区到底是会帮助还是会妨碍他们在社会中的发展。住宅并不仅仅是一个栖息地，它同时也是低收入家庭迎接其他困难和挑战的基础。这些家庭居住在哪里不仅影响他们的生活质量，而且涉及他们是否能够获得足够的社会经济发展机会，比如就业机会和教育质量等，以便有朝一日能够脱离贫困。但是正如前文所谈到的，历史上美国的公共住房政策在这方面十分失败。公共住房项目集中了大量的贫困人群，他们被主流社会有形和无形地隔离开，因此对居民及其下一代的教育和就业产生了严重的负面影响（Jargowsky，2002）。相比之下，住房选择券则有助于分散贫困，给低收入家庭提供更广泛的居住选择，使受助者能拥有更好的教育和就业机会（Deng，2007）。基于这个原因，美国政府将住房选择券作为发放低收入住房补贴的主要手段。不仅如此，在重新设计其供给补贴政策时，美国政府也越来越强调低收入住房的开发应该和建设良好社区、促进低收入家庭与主流社会融合结合起来。HOPE VI 政策就是一个很好的例子。通过提供良好的住房和综合社区服务，HOPE VI 将破旧的公共住房区转变为不同收入阶层融居的社区，以便帮助低收入家庭自足自立。对低收入住房投资税收减免政策的研究也表明，比起公共住房政策，它能将更多的低收入住房建到郊区的非贫困地区，因此要优于公共住房政策。但也有人认为，在分散贫困人口上，这个政策还可以做得更好（McClure，2006；Katz，2004）。

美国住房政策的演变为中国这样的新兴经济体提供了重要的借鉴。目前，中国计划大量修建经济型住房以满足低收入人群的需求。对于这个计划，很重要的一点就是不要重复美国公共住房政策的错误。中国能够把这个事情做对。由于中国的社会主义传统，公共住房在中国并不被看作是一种社会污点。与美国不同，中国民众至少在目前不会强烈反对在他们的社区附近修建由政府资助的低收入住房。但是在大规模建设低收入住房时，中国仍需要小心规划，否则这些项目也会沦为贫困集聚中心。如何使这些住房项目为低收入家庭提供发展机会，而不是将他们困在贫困中无法脱离？这个问题需要决策者们在设计经济型住房政策时予以仔细考量。

对于许多新兴经济体而言，扩大经济型住房的生产是必须的，但也不一定是唯一的选择。中国近 30 年来的住房改革显著改善了城市居民的生活条件。根据中国住房和城乡建设部的统计，城市居民的人均居住面积由 1978 年的 6.7 平方米上升到 2008 年的 28 平方米。然而，该部也承认中国目前面临的主要住房问题不是住房短缺或居住拥挤，而是城市贫困（中华人民共和国住房和城乡建设部，2009）。中国住房问题性质的转变和美国 20 世纪 70 年代的经历相类似。如同前面讨论过的，鉴于住房问题的变化，美国的措施是在住房政策中引入需求补贴。中国政府或许也应该考虑类似的政策转向，尤其是相对供给补贴而言，需求补贴更经济一些，也能给低收入家庭提供更多选择。

无论各个国家的住房政策如何，需要注意的是没有什么政策是万能的，尤其是对中国和美国这样地域差异较大的大国，必须保证地方在政策执行上的灵活性

（Schill and Wachter，2001；Apgar，1990）。美国很多研究都表明，地方因素会影响政策的实施效果和效率。例如，虽然住房选择券理论上给低收入家庭提供了更多的选择居住地的机会，但其实际效果往往也受到各种地方因素的制约。比如，住房市场的紧张状况，市场上现有住房的地理位置，甚至住房市场上的一些歧视行为（Deng，2007；Pendall，2000）。因此，住房政策必须结合地方需求，并与当地的发展目标相协调。这种政策上的灵活性也是低收入住房投资税收减免政策能够成功的关键。中国在过去的经济改革中很注意因地制宜，这种传统也应该体现在它的住房政策设计中。

参考文献

1. Apgar WC Jr（1990）. Which housing policy is best? Housing Policy Debate 1（1）：1 –32.

2. Cummings JL，DiPasquale D（1999）. The low-income housing tax credit：An analysis of the first ten years. Housing Policy Debate 10（2）：251 –307.

3. Deng L（2005）. The cost-effectiveness of the low-income housing tax credit relative to vouchers：Evidence from six metropolitan areas. Housing Policy Debate 16（3/4）：469 –511.

4. Deng L（2007）. Comparing the effects of housing vouchers and low-income housing tax credits on neighborhood integration and school quality. J Plan Educ Res 27：20 –35.

5. Deng L（2011）. The external neighborhood effects of low-income housing tax credit projects built by three sectors. J Urban Aff 33（2）：143 –165.

6. Freeman L（2006）. Comment on Kirk McClure's "The low-income housing tax credit program goes mainstream and moves to the suburbs. ". Housing Policy Debate 17（3）：447 –459.

7. Hårsman B，Quigley JM（1991）. Preface in housing markets and housing institutions：An international comparison. Kluwer Academic，Boston/Dordrecht/London.

8. Hayes RA（1995）. The federal government and urban housing，2nd edn. State University of New York，Albany.

9. Jackson KT（1985）. Crabgrass frontier：The suburbanization of the United States. Oxford University Press，Oxford.

10. Jargowsky P (2002). Sprawl, concentration of poverty, and urban inequality. In: Squires GD (ed). Urban sprawl, causes, consequences & policy responses. The Urban Institute Press, Washington, DC, pp 39 – 72.

11. Katz B (2004). Neighborhoods of choice and connection: The evolution of American neighborhood policy and what it means for the United Kingdom. Brookings Institution, Washington, DC.

12. Krumholz N (2004). The reluctant hand: Privatization of public housing in the U. S. Paper presented to the CITY FUTURES conference, Chicago.

13. Landis JD, McClure K (2010). Rethinking federal housing policy. J Am Plann Assoc 76 (3): 1 – 30.

14. McClure K (2000). The low income housing tax credit as an aid to housing finance: How well has it worked. Housing Policy Debate 11 (1): 91 – 114.

15. McClure K (2006). The low-income housing tax credit program goes mainstream and moves to the suburbs. Housing Policy Debate 17 (3): 419 – 446.

16. Ministry of Housing and Urban-Rural Development of China (2009, 2009a). Press release for the conference on taking comprehensive measures to promote healthy development of the real estate market. http: //www. mohurd. gov. cn/hybd/09hy/fdcscjk/fdcschjcl/200901/t20090106 _ 184498. htm. Accessed 5 Feb 2010.

17. National Council of State Housing Agencies (2011). Housing choice vouchers fact sheet. http:// www. ncsha. org/resource/2011-housing-choice-vouchers-and-project-based-section-8-factsheet. Accessed July 2012.

18. Office of the Comptrollers of the Currency (2008). Low-income housing tax credits: Affordable housing investment opportunities for banks. Community development insights. http:// www. occ. gov/topics/community-affairs/publications/insights/insights-low- income-housing-tax-credits. pdf. Accessed Dec 2012.

19. Olsen EO (2000). The cost-effectiveness of alternative methods of delivering housing subsidies. Working paper 351. Thomas Jefferson Center for Political Economy. World Wide Web page: http: //www. virginia. edu/economics/papers/olsen/costeffectiveness. survey. pdf. Accessed 13March 2004.

20. Olsen EO (2003). Housing programs for low-income households. In: Moffitt R (ed). Means-tested transfer programs in the U. S. University of Chicago Press, Chicago, pp 365 – 442.

21. Pendall R (2000). Why vouchers and certificate users live in distressed neighborhoods. Housing Policy Debate 11 (4): 881 – 910.

22. Rosen H (1985). Chapter 7: Housing subsidies effects on housing decisions, efficiency, and equity. In: Auerbach AJ, Feldstein M (eds). Handbook of public economics, vol 1. Elsevier, North-Holland, pp 375 – 472.

23. Schill MH, Wachter SM (2001). Principles to guide housing policy at the beginning of the millennium. Cityscape 5 (2): 5 – 19.

24. Schwartz A (2010). Housing policy in the United States, 2nd edn. Routledge, New York.

25. Stegman MA (1991). The excessive costs of creative finance: Growing inefficiencies in the production of low-income housing. Housing Policy Debate 2 (2): 357 – 373.

26. Szylvian KM (1999). Industrial housing reform and the emergency fleet corporation. J Urban Hist 25 (5): 647 – 689.

27. U. S. Department of Housing and Urban Development (2011). HUD National Low Income Housing Tax Credit (LIHTC) database: Projects placed in service through 2009. http://www.huduser.org/portal/datasets/lihtc.html. Accessed July 2012.

28. U. S. Department of Housing and Urban Development (2012a). Public and Indian housing: Public housing capital fund. 2012 Summary Statement and Initiatives. http://portal.hud.gov/hudportal/documents/huddoc? id = PH _ Capital _ Fund _ 2012.pdf. Accessed July 2012.

29. U. S. Department of Housing and Urban Development (2012b). Public and Indian housing: Public housing operating fund. 2012 Summary statement and initiatives. http://portal.hud.gov/hudportal/documents/huddoc? id + PH_Opera_fund_2012.pdf. Accessed July 2012.

30. U. S. Department of Housing and Urban Development (2012c). Picture of subsidized households 2009. http://www.huduser.org/portal/picture/picture 2009.html. Accessed July 2012.

31. U. S. Department of Housing and Urban Development (2012d). Fair market rents. ht-

tp：//www. huduser. org/portal/datasets/fmr. html. Accessed December 2012.

32. U. S. General Accounting Office（2002）. Comparing the characteristics and costs of housing programs. GAO－02－76. Washington，DC.

33. Van Order R（2000）. The U. S. Mortgage market：A model of dueling charters. J Housing Res 11（2）：233－255.

34. Von Hoffman A（2000）. A study in contradictions：The origins and legacy of the Housing Act of 1949. Housing Policy Debate 11（2）：299－326.

35. Zhu X，Deng L，Hu H（2009）. Three models of public housing in the 20th century. First Chapter in：Housing：socioeconomic，availability，and development issues. Nova Science Publishers，New York，pp 1－44.

第 12 章　英国的社会住房*

12.1　引言

社会租赁房①（social rented housing）在英国近一百年来发挥了很大的作用。从 1919 年的中央政府住房补贴到最新推出的可支付住房计划（Affordable Homes Programme），政府和业主们面临了多个两难选择，包括补助深度和新建住房项目规模之间的权衡、租金水平与公共住房的质量和选址之间的权衡，以及保障低收入住房和贫穷社区形成之间的权衡。这些问题困扰着每一个国家，它们在不同的体制结构中发生着，也受到更加宽泛的背景的影响。比如，人口结构，劳动力市场，更广泛的经济、社会保障体系以及社会观念。

英国政府应对变化的能力具有很强的路径依赖性。首先，本章将系统地回顾社会租赁房在英国的起源和发展过程。其次，探究 1980 年以来英国社会住房制度的实质性变化：1980 年推出的“购房权”概念让很多条件好起来的租户拥有了自己的房子；社会租赁房分配方式的改变更加突出地强调了为最需要的人提供住房。再次，本章还考察了住房协会接替当地政府管理社会租赁房，成为社会住房主要提供方的因素：房子由当地政府所有转为住房协会所有；住房协会从 1988 年开始升级为新的社会住房的主要提供者。最后，本章探讨了由于政府试图减少财政赤字而引起的几项新挑战，这包括新的经济适用租赁房的融资模式以及削减住房福利（即英国政府的房屋补贴）。

---

*　本章由马克·斯蒂芬斯（Mark Stephens）（英国赫瑞瓦特大学建筑环境学院教授）执笔。

①“社会住房”在英国是指租金低于市场价格并且按需通过行政手段分配的住房，包括由地方住房部门提供的公共住房以及由注册过的、私人非营利性质的住房协会提供的住房。

12.2 历史回顾

英国是世界上第一个工业化国家（Mathias，1969）。从1851年的统计数据来看，英国是第一个城市人口占总人口一半以上的国家。城市化带来了拥挤、恶劣的卫生条件和较高的婴儿死亡率。在人口密集的城市地区，由于不了解霍乱等疾病是如何传播的，所以健康问题非常突出。霍乱在1854年被定义为一种只是通过水传播的疾病，这一错误定义导致当时有10万人死于霍乱（Wooton，2006）。一旦人们意识到拥挤以及没有卫生设备的住房所带来的影响，政府才开始把住房问题看作是健康问题。1885年，皇家住房委员会立法，允许当地政府清除贫民窟。然而，因为整顿贫民窟往往会导致毗邻地区的拥挤，所以当地政府常常不愿意强制清理（Land Enquiry Committee，1913）。

在第一次世界大战以前，大家不愿意接受公共住房补贴，尤其是中央政府提供的补贴。那个时候，慈善家出面为"有尊严"的穷人提供有卫生设备的住房，因为大家普遍认为物质条件的改善会激发更高标准的道德行为。当地政府也提供一些没有中央政府补贴的房源。早期的社会科学证明，对于许多家庭来说贫穷是无法避免的，不管他们怎样费尽心机地省钱（Rowntree，1911）。激进主义者不可避免地强调土地市场造成的房源不足。到1914年，这个观点有所改变，尽管通过提高法定最低工资也被认为是一种变相的房屋补贴（Land Enquiry Committee，1913）。

由中央政府补贴的公共租赁房项目是在第一次世界大战之后出现的。战争时期的重建委员会认识到，住房市场的失灵、由战争引起的住房供应的中断以及因为通货膨胀的压力于1915年推出的私人租金管制，使得住房短缺情况更加恶化。此外，因1914年之前英国大力发展基础设施（包括学校、公共交通、公用事业），当地政府普遍面临债务危机（Offer，1981），于是从1929年开始，中央政府自然而然地推出了社会租赁房系统的必然收支平衡补贴，并一直保留下来（Lyons，2007）。

1919年推出的政府补贴型租赁房本来以为是一种短期的做法，直到市场恢复平衡、租金管制被取消（Daunton，1984）。然而，由于房屋短缺问题一直没有解决，所以租金管制的做法一直保留到 1989 年。到 1980 年，大约有 1/3 的人口生活在社会租赁房里，这些住房几乎全部由地方政府提供。

早期的“议会”公共住房不是为最贫穷的人建设的，而是为有技能的工人和政府行政管理人员准备的。确实，虽然有一部分房租由政府补贴，却仍然很高，最穷的人根本无法承担。一位卫生部官员发现，一个地区的社会租赁房租客的死亡率比贫民窟还要高，并把这个问题归咎于高昂的租金（Daunton，1984）。

这个事件凸显了公共住房在面积大小、质量和租金之间的权衡，在租金和数量之间的权衡，以及在地理位置和密集度之间的权衡。这些利弊权衡在 1930 年以后变得十分尖锐，当时的政府用公共住房来清理贫民窟。因为在人口密度相对较低的郊区土地比较便宜，所以政府把居民迁移过来，使其离开了原先便利的生活设施和工作的地方。换来的是市区相对高密度的房子，其中一个著名的项目是利兹市中心的采石山（Quarry Hill）项目，建有 1 000 套公寓（Ravetz，1974）。政府解决居民负担能力的遗留问题就是立法允许地方政府发展自己的级差租金系统，即根据各个家庭的收入收取不同的租金。利兹市首先采用了级差租金的做法，引发了一些条件较好的租户的不满，因为他们不得不为较为贫困的邻居承担部分租金（Finnigan，1984）。

在第二次世界大战之后的几十年里，随着福利国家的问世，英国议会让公共住房持续地在社会政策中起到一个引领作用。起初，政府想要建造一批高质量的住房，可以让不同收入阶层的家庭居住。但是，在房源严重不足和贫民窟顽固存在的双重压力下，政府从本质上回归到了 20 世纪 30 年代的政策方向。在 20 世纪 50 年代中期，优先清理贫民窟的呼声压倒了为大众建房的需求，因此住房的面积和质量开始走下坡路，而房屋建造的密度增加给那些期待住房的工人阶级的一个清晰信号就是他们要拥有自己的房子，当私人租赁房屋的数量持续下滑时，他们在 70 年代成为主力购房族。

在 20 世纪 70 年代早期，通过大致比较家庭数量和房屋数量，政府发现住房短缺没有那么严重了。于是，中央政府开始提高租金，并且用政府补贴帮助较为贫困的租客。中央政府引入了全国住房保障体系（又被称为福利住房），取代了个别地方政府在 1972 ~ 1973 年实行的政策，并且这项福利延伸到了私人住户（见图 12.1）。

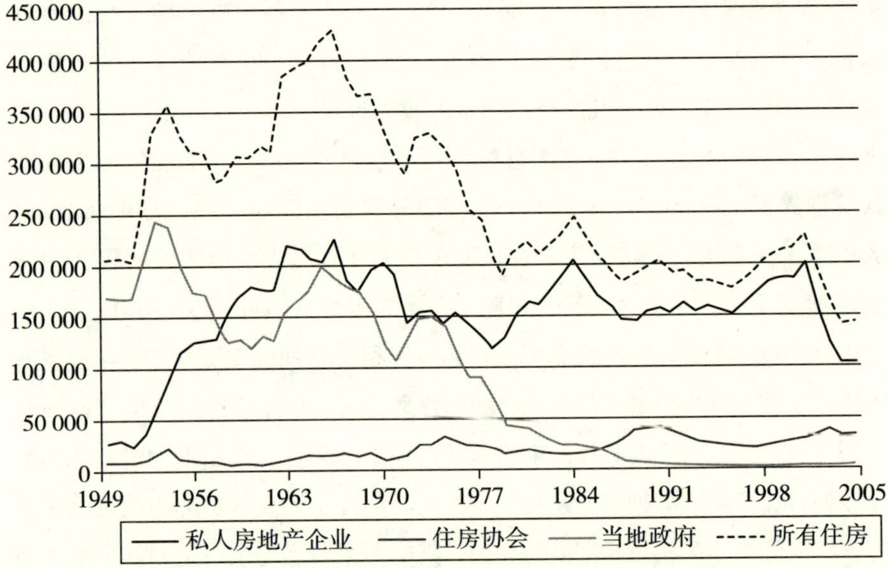

图 12.1　1949～2011 年英国房屋建设情况

资料来源：DCLG Live Table 241

大量建设公共住房的时代在 20 世纪 70 年代中期结束，因为经济危机需要国际货币基金组织伸出援手，与此同时也抑制了公共开支。20 世纪 80 年代和 90 年代，保守党政府在思想意识上对各地公共住房充满敌意，使得房屋建设速度放缓。随着 80 年代“购房权”让居民以优惠折扣价购买房产，无论从相对数量来说，还是从绝对数量来说，公共住房的数量都减少了。

12.3　“购房权”计划[①]

“购房权”（Right to buy）计划由撒切尔政府在 1980 年推出，主要是为了鼓励百姓购房，而不是为了削减公共开支。自 20 世纪 50 年代以来，政府积极鼓励自住房，鼓励有抱负的家庭购买房屋居住，尤其是在住房政策上，从优先普通百姓转移到重新安置贫民窟居民。尽管政府强调这样做会省钱，但是直到 2000 年，

① 这一节与斯蒂芬斯等人在 2013 年出版的著作中的一章相似。已获得转载许可。

这项政策仍然没有进行成本核算（Munro，2007）。

几乎所有的公共住房的租户都可以享受“购房权”政策，前提是在他们租期满 3 年之后。“购房权”计划得到了雄厚的资金激励机制的支持。符合条件的租户可以享受至少 33% 的公开市场价折扣购买房产，而且折扣每年都会涨 1%，直到 50%。越往后政策越宽松：到 1984 年，只要租期满两年就可以享受“购房权”政策，最高折扣可以达到 60%。1986 年实行的政策最优惠：从最低 44% 的折扣，每年上升两个百分点，最高到 70%。

从图 12.2 可以看出，“购房权”计划在 1980 年推出时很快便获得了成功，不过自 2002 年和 2003 年以后销售量急剧下降。

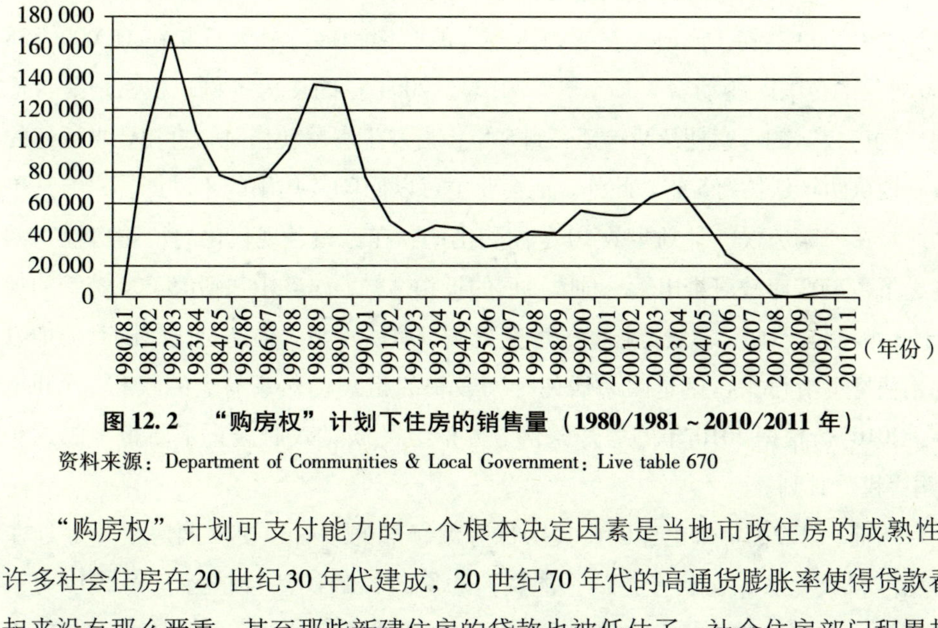

图 12.2　“购房权”计划下住房的销售量（1980/1981 ~ 2010/2011 年）

资料来源：Department of Communities & Local Government：Live table 670

“购房权”计划可支付能力的一个根本决定因素是当地市政住房的成熟性。许多社会住房在 20 世纪 30 年代建成，20 世纪 70 年代的高通货膨胀率使得贷款看起来没有那么严重，甚至那些新建住房的贷款也被低估了。社会住房部门积累起来的资本价值不需要政府为该系统另外注入任何额外的财政补贴就可以生成差价折扣。“购房权”计划所倡导的公平性弥补了居民购房的折扣价格，政府并没有提供实质上的资金补贴。事实上，资本收益有助于减少政府的借贷水平（Gibb and Whitehead，2007）。

房屋转让本身在某种程度上说只是平均“进步”，即社区的共同资产会转移给社区内低于平均生活水平的百姓。但是从更长远的角度来看，限制建设新的社会住房的资本收入，最终将导致社会住房数量的缩减。

研究表明，“购房权”计划所产生的影响极其复杂。例如，政府宣称“已经鼓励更加富裕的租户留在曾经居住多年的社区，帮助创建稳定的混合收入”［DETR，quoted in Stephens（ed.）2005］。但是论据也是复杂的，可以肯定的是，“购房权”计划很可能已经在以不同的方式影响着不同的地区（见 Munro，2007）。

近年来，英国的住房政策，至少从它的传统方式来看，已经变得自生自灭，因为在整个英国，房地产销售都在逐渐下滑。这种现象从某种程度上讲是由政府限制所导致的，对最高折扣的限制导致了销售量和折扣幅度的缩减。据介绍，1999 年威尔士的最大折扣可以达到 24 000 英镑，但是到了 2003 年，最大折扣下降到了 16 000 英镑。同时，在压力比较大的东南地区，最大折扣在 16 000 ~ 38 000 英镑的范围内变动（Wilcox 等，2010）。2004 年的住房条例也把租户是否适用“购房权”的考察期从两年延长到 5 年，当发生房屋转售时，折扣要求返还的限制期从两年延长到 5 年。此外，社会业主可以回购其售出的不动产，只要其不动产是在“购房权”计划生效 10 年内售出的。在苏格兰现代化的“购房权”制度之下，2002 年政府推出了一种改革后的折扣结构，这其中包括 15 000 英镑的现金支付限制。然而，尽管苏格兰的房产销售量有所下滑，但还是比英国其他地方的销售量下滑得少，这是因为居住时间较长的租户仍然享有老的权利（Wilcox 等，2010）。根据 2010 年的房产条例，苏格兰民族党政府废止了新租户的这种“购房权”计划。

然而，于 2010 年组建的由英国保守派领导的政府，使“购房权”计划在英格兰得以复苏，英格兰是一个能调控住房政策的司法管辖区。从 2012 年 4 月开始，英格兰把最大折扣额提高到 75 000 英镑（或者，如果是一栋房子，最大折扣可以达到财产价值的 50%；如果是公寓，可以达到 70%）。预感到社会住房存量不够将引起社会舆论的批评，英国政府制定政策向地方政府提供补贴重新投资建造新的住房。不过新的住房一定要符合新的保障性住房的模式，也就是说租金设定在市场提供价格的 80%。当地政府不想因重新投资新建住房而损失掉这笔资本收入，转而将其存在国家住房基金里。过去租住政府房子的人，如果房子已经被转到住房协会名下，那么他们可以保留房屋的“购房权”，并且可以享受新的房屋政策。这个新政策和英国其他地方的住房条例很不一样。

12.4　住房分配及其作用

地方政府一直乐于自主决定社会住房的租户。我们已经知道，早期的政府住房当时的穷人根本就住不起，当时的主要租户是有一定劳动技能的工人和政府工作人员。不过20世纪30年代以及50年代中期清理贫民窟的项目改变了这种状况。

住房分配并不一定是政府的一种收益，尤其因为政府保障房的需求程度会根据选址、房屋类型（户型、是否有电梯、是否高层等）以及房屋质量等因素而不同，住房分配只是某种程度上的收益。对有些家庭来说，从私人租赁到租借政府建造的住房，这个转变是一个扑朔迷离的过程。杨和威尔莫特（Young and Willmott，1957）关于伦敦东区的研究记录了母亲们过去是如何代表她们的女儿，说服她们认识的私人房东租房子给她们，因为当她们和丈夫成立家庭时，当地政府住房部门没有人情味的官僚主义令他们感到困惑。尽管当选议员们在20世纪80年代之前仍然发挥着重要作用，但当地住房部门仍然有惠顾系统，主要还是住房管理部门的工作人员操作住房分配，他们的主要工作就是根据各个家庭的地位以及他们的“客观”条件，在住户和政府住房之间“搭桥”。因此，住房部门的工作人员会对家庭进行调查，以衡量他们是不是有重新安置的意愿。在“购房权”计划使用掉了大多数比较好的房源之前，这个分配系统一直有一个比较好的流动性，就是说一个家庭也许会搬进一套没什么人想去的公寓，但是如果这个家庭在租住时期遵守规矩并按时支付租金，如果再能得到一位议员的帮助，那么他们也许能搬入一个更好的公寓。“等待能力”在筛选过程中同样发挥着作用（Clapham and Kintrea，1984），因此对于那些不是那么迫切想重新安置的家庭来说，不等到自己觉得合适的房子，他们就一直不会接受分配给他们的不太令人满意的社会住房。

从20世纪50年代开始，歧视来自英联邦国家的移民成为一个焦点，不过歧视的影响一般是间接的：换句话说，住房分配系统排除或者限制了一些特定群体的参与。于是，大伦敦理事会不成文的偏爱现有租客的传统把新的租客排挤在外。直到20世纪80年代，政府才取消了这个做法（Glyn，2006）。20世纪90年代初期，这个政策又在伦敦的一个自治镇短暂地实施过一段时间（Glyn，2006）。

20世纪50年代中期开始的清理贫民窟运动使得政府建造的住房要优先照顾许多从贫民窟出来需要被安置的人，尽管安置方法有所不同，但政府住房也安置了各式各样的家庭。20世纪70年代以后，政府住房经过大量分配后剩余得不多。

这在一定程度上反映了政府对分配方式的态度转变，即同心协力，更加客观、更加严格地进行按需分配。1977年的《无家可归者法案》具有里程碑的意义，它给予当地政府一种法定职责来优先安排那些真正无家可归的人居住在政府设置的临时住所，直到他们有合适的定居场所（Fitzpatrick，2008）。实践中的解决方式是和当地政府签订租约，创建一个国际上不同寻常的（而且可能是唯一的）事实上的住房权。同时，英格兰新近的政策变化使当地政府能利用民间的房源。2012年，苏格兰终止了“优先需求”的法则，意味着所有真正无家可归的人都能住上房子。但是这里有个重要的考量，20世纪80年代，随着无家可归的人越来越多，尤其是在需求很高的区域，当地住房部门更加关注弱势群体，引起了其他也需要住房的群体的不满。再加上由于社会租赁房近40年来建造的数量不多，所以矛盾更加突出。

“购房权”计划不仅拿掉了在较好社区的好房子，而且带走了一批比较富裕的住户。与此同时，20世纪80年代面临着经济重组逐渐加剧所带来的全面去工业化，其余住户也受到了去工业化对政府住房大量集中的城市用地的影响。没有工作以及各种失业使得租户在整体上处于十分弱势的地位。表12.1表明社会住房房主的收入以及在劳动力市场的参与程度显著低于其他两类（购房者以及私人租赁房客）。少于1/3的家庭兼职或者全职参加工作，而60%的自住业主在工作，70%的私人租赁房客在工作。

社会住房的“剩余”形态被进一步扭曲，因为剩余的社会住房集中在所谓的“贫困社区”。对于把穷人集中在一起是否会对穷人更加不利，有一个重要的争论。引发的原因可能是某个特定的房产不够吸引人，也可能是当劳动者不再成为大家的榜样而形成的失业文化，以及人们与能够推荐他们工作的社交网络的脱离。然而，邻里效应仍然没有定论（Kintrea，2008）。相关论文表明，社会住房本身并不会对住户的情况产生直接的影响。尽管社会住房租客的社会经济状况是惊人的，并有证据显示，在社会住房里长大的人提升自身生活质量的机会将减少（Lupton 等，2009），但如果说住在社会住房这件事本身是直接原因，是缺乏说服力的。从另一个角度来看社会住房，它其实提供了一个有价值的安全、坚固的“安全网”，对很多低收入家庭来说，由于他们在劳动力市场上的地位已经大不如前，所以贫困和收入不平等的情况不断加剧（Stephens 等，2002）。

表 12.1 住房产权分布情况（英格兰，2010 年 11 月）

	自有住房业主	社会租房租客	私人租房租客
规模（家庭户数）	14 400 000	3 800 000	3 600 000
一家之主的年龄低于 40 岁的比例	18.5%	27.9%	63.3%
周薪[1]（一家之主和配偶）	786 英镑	334 英镑	558 英镑
周薪[2]（所有家庭成员）	836 英镑	368 英镑	627 英镑
每周房租或房贷[2]（不算住房补贴）	143 英镑	79 英镑	160 英镑
此地居住的时间	12 年	7 年	1 年
接受贷款利息资助[3]或者住房补贴的比例	0.3%	62.6%	24.6%
全职工作的比例	56.1%	22.0%	59.2%
兼职工作的比例	7.4%	10.4%	10.1%
样本	12 037	3 049	2 470

资料来源：DCLG（2012）

注：这里一家之主（Household reference persons，HRPs）取的是家里收入最高的那个人。表中：[1]包括住房福利；[2]不包括租用服务和免租的情况；[3]贷款利息资助（SMI）：一种社会救济金，用他们的抵押贷款利息来帮助低收入自住业主。

12.5 当地住房管理局的住房补贴和租金

自20世纪30年代开始，地方当局启动了住房租金池制度，即建设住房的时候可以与他人共享相关债务。这种制度解决了一种差异性：比较新的房子因为有更高的贷款，所以房租比贷款额低的旧房屋高。然而，由于当地政府住房收入账目（HRAs）不处理地方当局之间的差异，所以导致租金前后不一致。

中央政府已经能够通过政府补贴对租金的设置施加影响。地方政府建房一直是每年税收的补贴主体，而不是前期资金补贴（相对于住房协会）。在20世纪80年代，中央财政减少了对政府住房收入账目的补助，迫使租金上涨，直到3/4的英国地方当局根本得不到补贴（Wilson，2000）。这个过程体现了公共住房体系的成熟。少量的新楼正在建设，而历史性债务已经通过通货膨胀得到偿还。

直到1990年，中央政府的全国性房租减免被单独地从公共住房收入账目补贴支付给当地政府。但是通过合并公共住房收入账目的补贴和房租减免的政府补贴，政府部门再次控制了公共住房的租金。因此，当地政府如果在传统的住房收入账目上有负的补贴项目，那么现在就不再有全国性房租减免的补贴。任何盈余都转到当地政府的普通基金。这个新做法不太受租客欢迎。他们反对说，最穷的租客的减免房租其实是有一部分被其他租客分担，而不是被整个社区分担。事实上，2000~2001年，英格兰的全国性房租减免是42亿英镑，其中1/3（约15亿英镑）是公共住房收入账目的盈余支付的（Wilson，2000）。从中央政府到地方政府，补贴收益在1980~1981年下降了43亿英镑，在1992~1993年下降了6亿英镑（按照2003年和2004年的货币价值），随后在21世纪初期小幅净补贴再次出现之前变成负值（Hills，2007）。

净补贴的再次出现是公共住房系统的一次改革，这包括公共住房收入账目中一个概念上的额外消费项目——重大维修基金。这笔津贴由地方政府转到一个独立的重大维修储备基金。它可以通过累积来达到更有效地计划资本工程开支的目的（Hills，2007）。全国性房租减免从住房收入账目中取出，不过在实际操作中，盈余会在地方政府之间被重新分配，作为一项全国性资金池制度，它可以拉平各地方政府设置的租金差异。住房协会也在调整租金，资金来源包括各房产公司，并假设各个协会申请的资金补偿中包括了调整过的租金（Hills，2007）。通过在系统中加入各种保护机制，可以避免租金增长过快，租金调整有望在 2015 年完成。

与此同时，公共住房收入账目趋于盈余，2005 年前后，182 个地方政府支付了 6.15 亿英镑给国家公共住房收入账目，而只有 52 个地方政府收到了 6.94 亿英镑的补贴（Wilson，2011），2009～2010 年，公共住房收入账目记录有盈余（CLG Live，table 651）。不过与此同时，另一项改革正在进行，即允许地方政府自筹经费，其目的是实现地方政府和中央政府的最终分配方案。这是根据各个地方政府的还债能力和房屋储备，对一些数额巨大的住房贷款在各个地方政府之间进行一次性再分配（Wilson，2011）。这涉及一些非常大的再分配，比如有 7 个地方政府支付额超过 25 万英镑，而有 6 个政府机构接收付款高于这个水平（Pawson & Wilcox，2012）。财政部还一次性接受款项 80 亿英镑。

许多地方政府希望中央政府出台的方案能让他们再次建设新的社会公共住房，大约 10 000 套公寓/年。然而，中央政府在 2012 年 4 月出台“自我融资”背后的假设限定了各地方政府可以建造的社会住房的规模，而且自我融资资金的一部分会用作房屋维修和改造（Wilson，2011）。“购房权”计划销售收益的 3/4 仍然由中央政府获得。政府还可以封顶地方当局的借款额度，根据英国会计惯例，这是为了控制公共开支。此外，政府还保留了一项规定，允许它可以再次重新分配贷款。

12.6 住房协会成为社会租赁房的主要提供者

在过去的 25 年间，英国社会住房的改革不断。中央财政自 1919 年以后开始补贴社会住房，与此同时，当地政府是建造、分配社会住房的主体。所以，直到 20 世纪 80 年代，几乎所有的社会住房由当地政府提供。住房协会和私人非营利（通常慈善）机构往往传承于 19 世纪慈善事业的传统，只在住房制度中发挥其独特作用，它们曾在 20 世纪 70 年代的社区重建中发挥了主导作用。在 1980 年，英国超过 90% 的社会住房由当地政府提供，只有 7.5% 的社会住房由住房协会提供（DCLG Live，Table101）。2008 年，住房协会取代地方政府，成为社会住房的主要提供者。在 2011 年，住房协会拥有大约 55% 的社会住房，地方政府拥有 45% 的社会住房（DCLG Live，Table101）。

虽然当地政府通过“购房权”计划和房屋拆迁失去了大量房屋储备，但从地方政府到住房协会的权力转移也归因于住房协会新建的房屋以及地方政府把房屋转让给了住房协会（后来被称为“存量房转让”）。

1990 年开始启用的住房收入账目刺激了存量房的转让，住房补贴金额为负的地方政府觉得转让房屋储备对自己有利，因为全国房租减免已经计入了住房收入账目。住房补贴金额为负的地方政府把他们所有的房屋存量转让给住房协会，这被称为“大规模自愿转换”。

住房转让必须由租户投票表决，转让价格基于出租市场价值，出租市场价值是指未来 30 年租金收入的净现值。净租金收入要考虑日后的维修和保养义务以及通过“购房权”计划的租金收入的损失。由于住房收入账目有盈余的地方政府具有比较低的房屋债务，所以他们的储备房屋的价值大于房贷。这些地方政府通常在城郊或农村有相对较好的房屋储备和比较低的住房贷款。财政部出台了“嫁妆”政策，要求在房屋转让的时候拿出那份房屋补贴的损失。租户转让房产后保留购买的权利，租金水平通常保证若干年不变。可以获得更高质量的住房是吸引租客转让的一个主要原因，也是今后转让政策的一个关键点。由于住房协会是民间组织（尽管是非营利性的），所以他们可以借钱，并且不计入公共支出。

然而，如果当地保障性住房的条件很差，非常需要改造重建，那么房屋转让就不可行。在 20 世纪 60 年代和 70 年代，一些城市区域的住房很有问题，而且债务很高，房屋的转让价值很低，不足以还清欠款。在 20 世纪 90 年代，政府出台了补贴方案——房屋重建挑战基金，允许地方政府申请补贴，以方便房屋转让和之后的改造重建（见图 12.3）。

这些小规模的房屋转让常常让位于一些大规模的没有还清房贷的房屋转让。为了提高社会住房的质量，政府准备资助这些小规模的房屋转让。其中，政府资

助最大的一项房屋转让是格拉斯哥市的80 000套住房。格拉斯哥市的房屋转让涉及政府撤

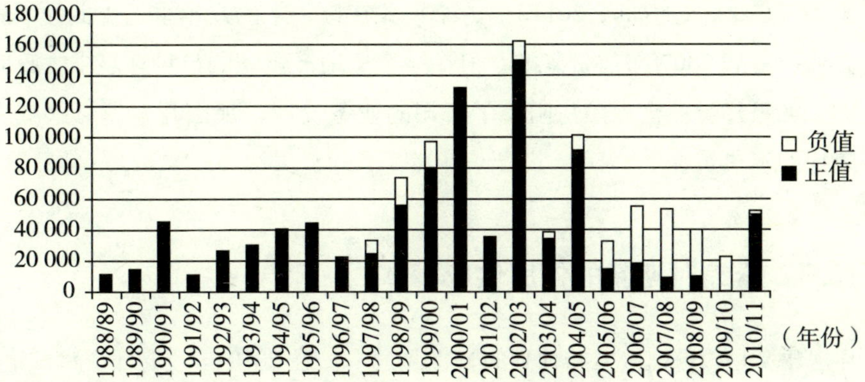

图12.3　房屋储备转让

资料来源：Wilcox（2006），Tables 68a，68d，68e；Pawson and Wilcox（2010），Table 68

销近10亿英镑的住房贷款，并计划着一个大的转换升级方案。然而，虽然大约75%的房屋转让申请会被批准，但并不是每个申请都能被批准。格拉斯哥市的那次房屋转让具有争议性，后来在爱丁堡和伯明翰的申请都被否决了。从此以后，大城市的整个房屋市场的房屋转让都停止了。房屋转让继续保留在比较小的规模，只有在英格兰的房屋转让中总套数超过了100万。

1988年，中央政府决定让住房协会提供大多数新的社会租赁房，并推出了一个新的融资制度，即依赖中央财政和民间资本。一开始，中央财政的补助很高，超过80%，但后来补助比例不断减少。住房协会不得不开始大规模地接触民间资本，在贷款形式上，他们从私人协会贷款或者购买银行的债券，还通过担保中介、房屋金融公司等途径获得贷款。这样做的优点是可以让小团体接触到私人资金，虽然它的发展趋势是合并区域内不同的住房协会，并发展成几个非常大的住房协会。

从1990年起，城市规划成为资助社会保障房和其他形式保障房的一种方式。发展权利在1947年被国有化。当开发商拿到规划许可开始在一个基地上建造房子时，这块基地的价值就提高了。从20世纪70年代开始，所谓的“规划增益”把发展基础设施的成本转移给从中受益的开发商。从1990年开始，这

样的规则也被越来越多地用于社会住宅和其他形式的补贴型住房。这些“106协议”（得名来源于允许其使用的那个法案的章节）成为社会住房的一个重要资金来源（Crook & Monk，2011）。这个模式在接下来的几年里运作良好，房产有所升值，直到2007年信贷紧缩。但在一个房地产萧条的市场环境中，政府已经表态，如果建设社会保障房阻碍了公司的业务发展，那么开发商可以减少社会保障房的建设量。

12.7　紧缩时期新的住房供应

住房预算是政府财政紧缩计划的牺牲品之一。在2010年政府开支审核之后，政府决定自2011年4月起，4年内将福利住房项目的预算减少60%。被分配到住房的45亿英镑预算中，除去已用掉的27亿英镑，剩下的18亿英镑将被作为打造新型融资模式的基础。

这种新型融资模式称作“经济适用房项目”，目的在于向有限的公众提供更进一步的可行性，并协助建设约80 000套新住宅。每个单位的预算从平均每套住房6万英镑缩减到2万英镑（NAO，2012）。租金可以高达市场租金价格的80%，“可负担”租金也会取代“社会性”租金。住房协会也会变得更加依赖筹集私人资金以及交叉资助的新型发展模式。

该项目的公共资金会通过竞标方式进行分配，也可以超额认购，因此说服足够多的住房协会参加并不难。该项目目前平均租金为市场水平的75%，伦敦更低（65%），但是伦敦的市场租金其实比英国平均水平要高出很多。同时，因为该项目的产出量前轻后重，所以大约56%都会在项目的最后一年完成，这是社会福利/经济适用住房项目开工量大大减少的原因之一，这类住房从2010年11月的35 690套减少到2011年12月的12 178套（Housing and Communities Agency）。

住房协会是否具备募集充足私人资金的能力，是该项目能否成功的关键。可以预计，住房协会在该项目的4年内将不得不募集比过去20年还要多的资金。他们可以通过更多地使用债券来做到这一点，但这会带来对此项目可持续性的疑虑。虽然其他人认为他们还可以进行新一轮的借贷，但是有些住房协会已经到了自身借贷能力的极限（Stephens & Williams，2012），其后果之一便是不得不探求其他能够吸引金融机构进入该行业的方法。

12.8　住房补贴

关于社会住房融资的另一个争议源于住房补贴的变化。60%以上的社会租赁房住户通过住房补贴来支付他们的部分租金，而且基本上是直接付给房东，人们普遍认为这种安排有助于减少房租的拖欠。然而，住房补贴成本的不断增长导致这个项目将被削减。

从2013年4月开始，适龄就业人员每周领取的救济金将设置上限，没有工作的单身人士每周可领取350英镑，没有工作的夫妇或单亲父母每周可领取500英镑。政府估计，伦敦56 000个家庭的半数以及租住在社会租赁房中的几乎一半的家庭会受到影响（Department for Work and Pensions，2012a）。平均每周要损失100英镑。虽然不是在削减住房补贴，但是政府预估只有租户会受到影响。显然，住房补贴在使效益超过限额这一点上非常重要。然而，这些钱会通过削减住房补贴来扣除。

2013年4月政府开征“卧室税”，住房补贴会根据一个家庭社会福利住房的闲置面积来削减。如果你有一间多余的卧室，住房补贴将减少14%，如果你有两间或更多的闲置卧室，住房补贴将减少25%。这项措施仅适用于适龄就业人员的家庭（即养恤金领取者除外）。这项措施可能影响66万个家庭（占领取住房补贴的适龄就业社会租户的30%），他们每周将损失14英镑（DWP，2012b）。

新社会保障体系的第三个变化被称为统一福利救济金（Universal Credit）。从2013年10月开始，逐步将涉及住房补贴的适龄就业家庭纳入单一福利付款。这种变化的影响之一便是所有的福利金（包括住房成本）会支付给救济金领取者而非房东。那些弱势家庭可以申请豁免，但目前还不清楚要如何界定弱势群体。当然，房东会担心这项新措施会让他们更难收取租金。

总的来看，社会保障体系的变化将威胁到住房补贴对社会租赁房的保障作用，对住房协会来说，尤其如此。如果住房协会统计发现房租拖欠率比以往高了，那么可能会影响市场向住房协会提供贷款的意愿及贷款期限。

12.9 结论

英国中央政府补贴社会租赁房将近100年了，我们从中可以看到政府在社会租赁房方面扮演着不断变化的角色，发挥着不断变化的作用：从权宜之计到成为英国住房体系的一个长久特色，社会租赁房被用来消灭贫民窟，并尽力为中低收入居民提供体面的住房。在其鼎盛时期，社会租赁房为英国1/3的家庭提供了住房，但是20世纪70年代充足的房源以及住房拥有率的增长，都削弱了社会住房部门曾经拥有的有力政治支持。同时，撒切尔政府意识形态对立时期和20世纪70年代中期的经济危机，都使得社会租赁房不断缩减。公共住房“购房权”计划的成功是基于社会租赁房的良好财务基础并且其提供了很多高质量的普通住宅。但改由住房协会而不是地方政府提供社会租赁房的这一新情况，反映了公众对地方政府和政府公共开支节约的不信任，地方政府的借款算作公共支出，却排除了住房协会的借款。虽然社会租赁房只剩下一些残余并且不断缩减，但很多已借助融资来提高其质量。20世纪70年代，在日益贫困和收入不平等的环境中，社会住房可以说为相当比例的人口提供了一个住房保障体系。但这一角色可能会因转向“可负担的”租金和住房补贴的削减而受到威胁，这两个因素可能会使住房协会把重点放在相对富有的家庭上。

参考文献

1. Clapham D，Kintrea K（1984）. Allocation systems and housing choice. Urban Stud 22（2）：261 – 269.

2. Crook ADH，Monk S（2011）. Planning gains，providing homes. Hous Stud 26（7 – 8）：997 – 1018.

3. Daunton MJ (1984). Introduction. In: Daunton MJ (ed). Councillors and tenants: Local authority housing in English cities, 1919 – 39. Leicester University Press, Leicester, pp 1 – 38.

4. Department for Work and Pensions (2012a). Benefit cap (housing benefit) regulations 2012: Impact assessment, 16 July. DWP, London.

5. Department for Work and Pensions (2012b). Housing benefit: Size criteria for people renting in the social rented sector. Equality Impact Assessment, updated, June. DWP, London.

6. Department of Communities and Local Government (2012). English housing survey: households 2010 – 11. DCLG, London.

7. Finnigan R (1984). Council housing in Leeds, 1919 – 39: Social policy and urban change. In: Daunton MJ (ed). Councillors and tenants: Local authority housing in English cities, 1919 – 39. Leicester University Press, Leicester, pp 101 – 153.

8. Fitzpatrick S (2008). The contribution of the statutory homelessness system. In: Fitzpatrick S, Stephens M (eds). The future of social housing. Shelter, London, pp 39 – 52.

9. Gibb K, Whitehead C (2007). Towards a more efficient use of housing finance and subsidy. Hous Stud 22 (2): 183 – 200.

10. Glyn S (2006). Playing the ethnic card-politics and ghettoisation in London's east end. University of Edinburgh Institute of Geography Online Paper Series: GEO – 018 http: //www. era. lib. ed. ac. uk/bitstream/1842/1397/1/sglynn001. pdf.

11. Hills J (2007). Ends and means: The future roles of social housing in England, CASE Report 34. London School of Economics, London.

12. Kintrea K (2008). Social housing and spatial segregation. In: Fitzpatrick S, Stephens M (eds). The future of social housing. Shelter, London, pp 69 – 83.

13. Land Enquiry Committee (1913). The land. Volume II: urban. Hodder & Stoughton, London.

14. Lupton R, Tunstall R, Sigle-Rushton W, Obolenskaya P, Sabates R, Meschi E, Kneale D, Salter E (2009). Growing up in social housing in Britain. A profile of four generations, from 1946 to the present day. Tenant Services Authority, London.

15. Lyons M (2007). Lyons inquiry into local government. TSO, London.

16. Mathias P (1969). The first industrial nation: The economic history of Britain 1700 –

1914. Methuen, London.

17. Munro M (2007). Evaluating policy towards increasing owner occupation. Hous Stud 22 (2): 243 –260.

18. National Audit Office (2012). Financial viability of the social housing sector: Introducing the affordable homes programme, HC 465. The Stationery Office, London.

19. Offer A (1981). Property and politics 1870 – 1914. Landownership, law, ideology and urban development in England. Cambridge University Press, Cambridge.

20. Pawson H, Wilcox S (2010). UK housing revue 2010/11. Chartered Institute of Housing, Coventry.

21. Pawson H, Wilcox S (2012). UK housing review 2012 briefing paper. Chartered Institute of Housing, Coventry.

22. Ravetz A (1974). Model estate: Planned housing at Quarry Hill Leeds. Croom Helm, London.

23. Rowntree BS [1901 (2000)]. Poverty: A study of town life. Macmillan, London (Policy Press, Bristol).

24. Stephens M (ed), (2005). Evaluation of individual policies and technical report: Evaluation of English housing policy 1975 –2000. Office of the Deputy Prime Minister, London.

25. Stephens M, Williams P (2012). Tackling housing market volatility in the UK-A progress report. Joseph Rowntree Foundation, York.

26. Stephens M, Burns N, McKay L (2002). Social market or safety net? British social rented housing in a European Context. Policy Press, Bristol.

27. Stephens M, Elsinga M, Knorr-Siedow T (2014). The privatization of social housing: Three different pathways. In: Scanlon K, Whitehead C, Ferna'ndez-Arrigoitia M (eds). Social housing in Europe. Wiley-Blackwell, Oxford (forthcoming).

28. Wilcox S (2006). UK housing revue 2006/07. Chartered Institute of Housing, Coventry.

29. Wilcox S, Fitzpatrick S, Stephens M, Please N, Wallace A, Rhodes D (2010). The impact of devolution: Housing and homelessness. Joseph Rowntree Foundation, York.

30. Wilson W (2000). Rent rebates and local authority housing revenue accounts, House of Commons Library research paper 00/87. House of Commons Library, London.

31. Wilson W (2011). The reform of housing revenue account subsidy, Standard Note: SN/SP/4341. House of Commons Library, London.

32. Wootton D (2006). Bad medicine: Doctors doing harm since Hippocrates. Oxford University Press, Oxford.

33. Young M, Wilmott P (1957). Family and kinship in east London. Pelican, London.

第13章 “人人有房住”：法国社会住房的一般模式危在旦夕*

13.1 引言

13.1.1 欧洲社会住房体系的趋势

如今，和大多数欧洲国家一样（Houard，2011；Scanlon and Whitehead，2013），法国的住房作为一项战略决策，其所代表的公平、再分配和民主观念正在受到威胁。一方面，社会住房体系受欧洲法规的影响。在欧盟法律中，社会住房是指为一般经济利益提供的服务（SGEI），就像近期荷兰案例所显示的，社会住房的未来可能会受到欧盟法院决定的影响（Ghékière，2011）。另一方面，相关论辩也基于各国自身的国情而展开。无论如何，住房作为政治目标，连同社会经济变革所带来的整个社会问题在表述和形态上的变化，已经完全进入国家公共竞技场之中。目前，法国的补贴租赁住房制度显然是争论和决策的核心，而这些争论和决策涉及大范围的行动者。抓住“萎靡与变革之间”的时机（Driant，2011），全行业在一系列压力下步入修正议程（Lévy-Vroelant and Tutin，2010b）。

鉴于这种情况，我们有必要对目前存在争议的一系列问题进行讨论。这些争议在法国最多，但不仅仅出现在法国；类似的问题也正在欧洲各地进行讨

* 本章由克莱尔·莱维（Claire Lévy-Vroelant）（巴黎第八大学社会学教授）执笔。

论。抛开社会住房制度的异质性（Ghékiere，2011），其主要趋势仍是可以分辨的：向私有化和剩余化转变、目标群体的重新定义、公积金从直接补助（即所谓对砖和砂浆的补贴）转向个人津贴、社会住房企业的密集化和混合化（Mullins 等，2012）以及财政激励的通货膨胀（Pollard，2010）。于是，一个并行且矛盾的过程便产生了：在国家职能转变的同时，住房权力的加强和集体保护的弱化同时发生（Lévy-Vroelant，2011），而政府成功应对无家可归人群的能力也受到质疑（EOH report，2011）。最后，也最为重要的是，住房已经成为都市政策的工具，在地方、国家以及现在的欧盟范围内进行密集筹资。欧洲的市区重建几乎无处不在，社会住房亦作为一种工具来重组城市生活与家庭的空间分布，并取得了不同程度的进展。然而，人们选择自己居所的有效力仍不确定。

13.1.2 “法国模式”危在旦夕

与其他国家相类似，路径依赖决定了特定的配置及应对措施这样的趋势在法国也很活跃（Lévy-Vroelant 等，2013）。就所有权状况来看，国家分配取得了相对的平衡：56% 的家庭是房屋所有者（其中 80% 住的是自己的房子），22.3% 是私人租赁的承租人（其中 70% 居住在集体公寓中），17.3% 是社会住房租户（其中 85% 住在公寓中）；4.5% 的人群属于“其他身份”（比如带家具的公寓、免费住宿等）。1 000 万左右的人生活在社会住房中。

法国的社会住房属于“多面手”群体（与奥地利、德国、比利时、意大利、芬兰、捷克、波兰和卢森堡一起构成该群体）（Ghékiere，2008）。这种“模式”的特征是大量（但不是普遍性）相关目标人口需要住房与优先权的标准制定问题。同时，也包括分配过程中社会业主的主导权，以及国家在提供资金、确定租金水平和收入最高限度时所扮演的角色。然而，这样的“模式”正在受到威胁。社会住房部门存在相互矛盾的压力，而它本身其实是作为调和矛盾及缓解压力的工具，以实现社会团结、区域平等以及保障所有公民拥有住房的权利。因此，目标人口、价格水平、私人和公共供给之间的关系、近期加强的住房权的执行（Brouant，2011）、下放的财政权力、分配过程，以及这些因素对社会和空间平等[①]所起到的作用，都是至关重要的问题。有趣的是，这些问题在学术界和政界之间引起了广泛的讨论，并且再次[②]成为公众意见的中心。

法国的住房补助部门是一系列矛盾的滋生地。在本章，我们假定这些矛盾为非典型的出发点。首先，社会住房存量并不是在减少，相反，不管是在数量上（根据周边住房存量，这一数量在400万~500万之间；参见第13.3节），还是在总存量中的占比（住房拥有家庭的17%~18%）以及在出租存量中的比例（约44%的公房租住单元属于社会业主阶层）上，社会住房存量都是相当大的。与观察到的欧洲一般趋势不同，法国社会住房存量并不倾向于减少，而似乎要经历一场复兴。其次，它的臭名昭著目前归咎于过滤和排斥（甚至歧视）贫困，而贫困要么假定为破产，要么建立在“族群”的背景之上。这些问题被“人有其屋”权利的捍卫者们迅速推向国家和欧盟的层次（Feantsa reports，2008，2011；Comité de suivi DALO report，2012；FAP report，2013）。学术文献对类似的假设进行了深入的探讨（Sala Pala，2005；Wacquant，2008；Pichon，2011）。这些探索试图证明法国的社会住房体系并不能满足对更多地域平等的期望（Blanc，2010；Jaillet，2011），甚至有观点认为，社会住房体系以摆脱贫民窟为借口，通过使用“地方性策略管理本地多样性”的制度，参与了歧视政策的制定（Kirszbaum，2011）。事实上，带有敏感和平凡移民背景的家庭在社会住房领域的集中揭示了一个“隐藏”的筛选过程（不仅仅以收入为基础），这一过程对“一般模式”和“共和主义模式”（在任何情况下都假定起源不重要）都形成了挑战。最后，补助机构给最贫穷的人们以及“最需要住房”的阶层提供住房，是因为它需要符合公共利益的使命，并不能说明国家代表（即地方行政长官）无法将自己的观点强加于分配过程。廉租房会被废除吗?[③] 这样的挑衅和激进的隐含假设与2005年由住房问题

① 在法国，“空间平等”的模式已经获得住房管理部的提名，被称为“平等分配土地和住房”（住房市场的土地和住房平等）。

② 20世纪50年代和60年代，在没有政策规定的前提下，所有住房被视为在意见上受到了全国关注。

③ 根据最近的一本书：Lefebvre J.-P.，《我们应该废除廉租房吗？城市化是城市的自由和团结》（*Faut-il brûler les hlm? De l'urbanisation libérale à laville solidaire*），巴黎哈麦丹，2008年，第392页。

引起的骚乱相关；在此过程中，包含了对何种住房的大范围关注（和希望），更为具体的是指，社会住房已经成为一个象征。

13.1.3　建立联盟：论述与实践

廉租房体系也遭到了一些反对者①的批评，但在大多数情况下，这些批评并不打算否认它的必要性。有些批评明显是针对那些应该提高住房水平的改革，特别典型的是，分配过程被指出缺乏透明度和公平性（Bourgeois，2012；Houard 等，2012）；还有观点提倡对住房政策做全面修订。考虑到高昂的房屋租金（社会住房和私人住房）会成为导致更加不平等的主要因素，有些提议趋向于动员公共和私营两方面的存量住房，向那些最需要住房的人群放开（Lévy and Fijalkow，2012）。在后一种情况下，它不再需要住房单元“社会化”（或更好的社会化），而是房租“社会化”，因为房租可以弥补国家租金的短缺。然而，除了这些批评，关于社会住房的不争共识是，需要对其进行详细的调查。综合观察政策制定者和决策者的论述与实践是理解这一观点相当有用的方法（Zittoun，2000，2009）。我们认为，利益相关者的行动和散漫的行为是一致的，两者相互影射。此外，将公众意见作为联盟建设的工具，目的是说服彼此达成共识。常用来分析“二战”以来政策演化的解释模型也嵌入到了当下的观念中，即公共干预的缺乏和逐步消失的福利国家制度导致了社会住房的衰退。我们有必要超越这样的解释模型，因为它无视了社会住房当下正在进行的转变和调适，而该模型除了随波逐流之外，没有提供任何关于未来的替代选择。无论是采用防守的措施，还是更积极的应对，重新引入辩论的条款、重新配置社会住房的联盟也许是一个不错的选择。我们将首先陈述法国社会住房的情况，它并不像通常所说的那样正在消失，而是非常的坚挺，我们试图解释这样的特殊情况。然后，我们分析各参与者间（国家政客、地方政府、社会业主以及国家）的相互作用。在此过程中，廉租房成为我们关注的中心，并思考社会住房部门在应对新环境和新挑战时所采取和实施的（言论和

---

① 私营房地产专业联盟（UNPI）已被指控为歪曲公平竟合的社会住房企业，它实际上已经向欧盟提交了一份反对社会住房的提案。

具体的）方案（本章第13.2节）。在应对挑战时，社会住房的反应和可利用的资源也进行了调整（本章第13.3节）。结论部分，我们尝试做更大范围的讨论，以明确最重要的议题，即在目前条件下，社会住房的首要（可能不限于此）角色是确保“人人有房住”。

13.2 法国社会住房部门的力量

13.2.1 法国社会住房的范围

根据社会住房联盟（USH）① 的最新数据，在2 768万套存量住房中（INSEE，2012），社会住房，即所谓的HLM（廉租住房），占了450万套，容纳住户总量的16%。实际住房率是17%，因为考虑到分配与收入分配，实际上有480万套住房（或带有“社会”的宗旨），其中32万套属于私人部门，35万套属于非营利部门（但并非廉租房）。慈善属于第三部门，获得公众的支持。在私人租赁住房的数量基本保持不变的同时，私人租房较之住房存量的比例有所下降，自1960年以来，自有住房和租赁住房都已大致增加了两倍。根据USH的数据，社会住房拥有170亿欧元的投资额度，提供了160 000个就业岗位，它在经济和金融领域占据的分量是不容忽视的。② 自19世纪60年代以来，法国已经产生了针对不同收入水平家庭的3种不同类型的社会住房：标准社会住房（PLUS）③、为低收入家庭提供的“社会化”住房（PLAI）④ 以及针对高收入阶层的社会住房（PLS）⑤（Lévy-Vroelant等，2013）。高收入社会住房占社会住房的总建筑比例正在逐步提

① USH是由761个社会住房机构组成的保护伞联盟。详见2012年USH统计数据，http://www.union - habitat.org/sites/default/files/Donn% C3% A9es% 20statistiques% 202011.pdf, consulted 4/01/2013.

② http://www.union - habitat.org/les - hlm - de - % C3% A0 - z/pr% C3% A9sentation - du - secteur/l% E2% 80% 99 habitat - social - une - mission - d% E2% 80% 99int% C3% A9r% C3% AAt - g% C3% A9n% C3% A9ral, consulted 5/2/2013.

③ PLUS是“使用社会收益贷款出租”的法语头字母缩写，68%的居民家庭有资格申请此类型的住房。

④ PLAI是“整合租赁贷款”的法语头字母缩写，31%的居民家庭有资格申请申请此类型的住房。

⑤ PLS是“社会租赁贷款”的法语头字母缩写，82%的居民家庭有资格申请申请此类型的住房。

高（从2003年的25%提高到2010年的32%）。这一比例的提高证明租金变得更高，而"社会化"住房已经越来越专业化，并且与常见的、规范的社会住房相区分（Lévy-Vroelant and Reinprecht，2013）。

约85%的社会住房是公寓形式的，从历史来看，其中有一半的存量是1976年以前建的（其中1/4，11.2万套住房建造于1966～1975年）。工业时期的这笔遗产，由于经济发展也被称为"辉煌的三十年"，它促进了"消费社会"的民主化，规范发展了国内基础设施，并且产生了现在看来成为问题的"现代"生活（和思维）方式。在20世纪70年代，法国每年建造完成超过11万套社会住房。这些房地产成为时下关注的问题，不是因为它们本质上提供了不好的住房条件，而是因为经济和社会环境的变化已经使得社会流动性的升级于20世纪80年代初走到了尽头。在21世纪初期，500套住宅以上的地产还不到全国住房存量的6%。新建工程是面向小型房地产的，除了巴黎、里昂和马赛，其他城市的结构密度已经成为涉及能源消耗的新标准（是常见的讨论话题）。与此同时，个人住房的比例在不断增加，占新增产量的近1/4。新的社会住房的平均规模约为每栋建筑23套住房。

20世纪70年代后期，社会住房建设出现下降（世纪之交时已经少于5万套）。然而，自世纪之交以后又有了显著的增加。"2011年，社会住房的净存量（新增建筑减去城镇重建及每年5 000套销售给租户的住房之后）高于50 000套，这使得法国成为唯一的社会住房租赁存量在绝对量和相对量上都有所增长的欧洲国家（还有丹麦）。"与此同时，需要注意的是，当前雄心勃勃的每年15万套住房建设的计划，其资金来源还相当不确定。

13.2.2 社会住房：一个历史的共识

法国今天的社会住房仍处于一个特定的历史模式之中。法国社会住房具有它的成功之处以及具有象征意义的地方，在这些理想化的图景之下，其也被寄希望于解决劳动力和资本之间的矛盾。法国的制度发展以"传统"为基础，包括：（1）集权治理；（2）强大的、有利于私有财产和个体责任的个人主义意识形态［1840年，国王路易·菲利普政府头目基伍（Guizot）发起的著名口号"enrichissez-vous"，即

“越来越富有”]；(3) 帮扶（通过慈善事业获得）和保险（通过阶级斗争获得）之间的分工；(4) 企业家作为重要的经济利益相关者所发挥的主导作用。总之，1850～1912年，法国在国家、民间社会、企业和金融力量之间进行权衡，出台了一系列法律和措施①，这些新的公共权力可以对居住的“私人”领域进行干预。显然，法律在社会住房的任务界定上起到了非常重要的作用。就法国的情况来看，民法和相关法律明确了私有产权和租赁之间的区别，首次通过法律形式考虑其优越性以及几近毫无限制的特性，并形成一种社会规范。总之，这些方面（置业的优越性、传统的集中管理、强大的企业家、慈善机构等作为最终安全网）均透过社会住房体现出来，形成了别具一格的特色：“（在法国）哪里有分配，哪里就有代表当地利益的权贵的主导，而他们有权拒绝弱势群体。”（Ball，2008）

经过第二次世界大战的蹂躏后，住房成为福利国家的必要职责。一系列支持性的政治和经济决策在欧洲同时执行，其中包括将住房作为福利来发放。HLM法令（1949年）致力于确保向“雇佣工人及其家人”提供体面的住房条件。在法国，社会住房的历史一直是与该国的工业和经济发展同步的，这种特性也许比其他国家表现得更为突出。其结果是，社会供给都集中在大城市（巴黎、里昂、马赛）和早期工业区，比如第一工业化时期的煤炭、铁矿和纺织工业中心（法国北部和东部地区）、大城市的郊区以及1965年用以抗衡巴黎地区主导地位而规划发展起来的“新城镇”。在城市规划和建筑方面，现代主义运动［勒·柯布西耶（Le Corbusier）］的想法完全占据主流。1/3的现有社会住房都在超过10万居民的城市中。这些地区的大多数正在遭受经济危机和生产过程的一般突变。这些危机和突变累积的社会经济障碍进一步造成了地理隔离以及破旧不堪、维护不善的城市环境和居住条件。这种情况导致了社会经济发展向城市政策的转变，由中央层面（如

① 1850年，法国颁布了允许公共卫生专责委员会进入国内领土，以解决不健康的住房情况的第一部法律。随即以公众利益为由发布征用法案。1900年左右，表决社会住房法案；1912年颁布的波尼瓦法被认为是最重要的法律之一，因为它开创了城市社会住房公司（HBM，现在HLM的前身）。

ANRU[①]）决策、裁定和监督，兴建所谓的“敏感城市区域”（ZUS）[②]，其中有7%的法国人（约440万人）居住在这样的区域里，其特点主要是社会存量住房平均达到了60%（Chevallier and Lebeaupin，2010）。

法国住房补贴的特点还在于通过企业干预来提供支持。如前所述，从一开始，除了慈善的因素以外，企业一直热衷于为他们的工人提供社会住房，借生活条件的改善来达到控制他们的目的，从而提高生产力。在重建时期（1953年），员工工资的“1%”被抽取出来用于创建住房建设基金。2011年，“房屋行动”[③] 拥有785 000套社会及中介住房，以此为基础可以计算出企业的总收入为35亿欧元。市区重建行动的主要部分已经获得“房屋行动”的资金支持[④]。

13.2.3　USH 及其构成：社会住房机构和融资

社会租赁住房项目由两种主要的供应商拥有和管理，它们隶属于伞形组织 USH：OPHLM（该公共机构由地方当局的代表主持）以及 ESH（社会企业人居）。半公共组织（SEM）也介入社会租赁住房供应（SEM 和慈善机构通过“公共服务使命团”认证），就像那些参与社会提供的个体私营业主一样，因为他们受益于大规模的财政激励而购买居所，在一定的社会条件下（租金较低），他们可以将住房再租出去。如表 13.1 所示，总计 477 万套住宅在一定收入条件下交付，其中，HLM 机构占到了绝大多数的交易额，是供给总数的 86%。

---

① ANRU（城市改造国家机构）是一个功能强大，旨在分割地区进行组织、促进旧城改造并提供资金的组织机构（ZUS 是指敏感城市区域，政府根据 PNRU 的规则进行决策）。其中，PNRU 是指市区重建国家计划，2013 ~ 2014 年投入约 400 亿欧元的资金进行建设。法国目前正进入 PNRU 的第二阶段，这个时期存在不确定的相关资金。

② ZUS 可参见 2011 年法国敏感城市区域的了解，http：//www. ville. gouv. fr/IMG/pdf/rapport - onzus - 2012. pdf，consulted. 3/02/2013.

③ “房屋行动”是由 31 个房地产业委员会组成并发起的。

④ ANAH 是“国家改善人居机构”的法语头字母缩写，国家改善人居机构负责提供私人住房，2012 年对价值 3. 41 亿欧元的房屋单位分配进行了改进。http：//www. anah. fr/

表 13.1 收入上限条件下提供的住房单元

HLM 机构	公共及半公共业主	私人业主
OPHLM＝218 万	SEM＝25 万	财政激励提供的“私人社会住房”＝7 万
ESH＝190 万	慈善机构，第三部门＝10 万	通过 ANAH 资助提供的社会住房＝25 万
合作者＝32 万		
总计＝410 万	总计＝35 万	总计＝32 万
总计＝477 万套		

资料来源：USH，Donneesstatistiques 2012

HLM 机构也对含有家具的客房（约 30 万套）进行管理。对于法国系统来说，这些划分非常具体。该系统自 1954 年以来一直为移民工人和青年工人提供独立的住宿，以方便他们在经济大增长时期迁移（Lovatt 等，2006）。

还有一部分住房（约 80 万住房单元）被认为是社会提供的，因为它的租金低于市场价格。这部分供给具有异质性的起源：一方面它是由市政和国家提供的，另一方面则是由所谓的“1948 年法案”带来的存量，该法规于 1948 年制定，用以阻止已有存量住房的租金通胀，同时释放新建住房以达到刺激市场的目的。因此，部分老建筑存量保持低租金水平，并且任何人都可以租到，同时对新建筑市场实施刺激政策。最近，这项法律已经被废除（以符合老年居民的要求）。所谓的“实质上的社会住房供应”在中等收入人群的融洽方面起到了非常重要的作用，它的消失（因密集的房地产投机：1985～1995 年超过 100 万套）也被认为是住房短缺问题恶化的罪魁祸首。整体而言，补贴住房的数量约为 600 万套。从整个行业的结构来看，人们可以观察到 HLM 机构的重要性，合作仅是它非常次要的角色，它（不断增长）的重要性主要表现在“社会化”住房部分，以及从法律形式上来讲，公共（OPHLM）和私人住房（个体私营业主）之间的混合。

简单地说，HLM 系统的优势在于其悠久的历史，在大范围的利益相关者（包括经济和金融者）之间进行合作，由国家推动强大监管，在必要的可持续性共识的基础上启动建设，并获得了公众的大力支持。有趣的是，社会住房被认为是必要的，甚至是必不可少的，用以实现社会公正和团结，但它的名声却并不怎么好：社会住房是好的，但那是对其他人而言。这是我们认为该行业必须面对的挑战。

13.3 挑战

13.3.1 社会房屋租户：多样化的贫困人群

众所周知，社会住房制度是多样的，因而社会机构遇到的挑战也各不相同，而且房屋位置也会对社会住房产生很大的影响。将社会住房作为一个整体来考虑是一个不错的方法。不过，我们需要知道，什么样的家庭住在社会住房中才算是满足了“确实需要住房”的定义。

根据法国国家统计局的资料，“2002 年，处于最高收入标准前四分位数的家庭占社会住房居民的 20%。这个比例尽管较高，但是已经比往年的数据降低了（1984 年这一比例为 30%）。平均来看，高收入阶层比低收入阶层享受好得多的住房条件。前者也不与后者生活在同一个地区”（Jacquot，2007）。这不仅意味着社会住房的租户变得更穷，而且该社会住房将良好的品质及有吸引力的位置与破败污损的住房分离开，这两个极端之间有很大的差异。如图 13.1 所示，这个趋势并不是最近才强化的，在过去几年里，它一直在逐步增强，并且在那些收入较低的新租户（租期少于 3 年的居民）[①] 所在的地区，地域不平等正在逐步增加。[②]

13.3.2 一个或几个社会住房部门？

家庭的结构（夫妻越来越少，单亲家庭越来越多，以及需要抚养的孩子越来越多）也揭示了社会住房部门的特殊性。这些趋势在过去几年已经逐步加剧。然

---

① 即所谓的“近期搬入”，它们用来衡量法国国家住房调查的变化。

② 本节数据主要来自于职业社会调查机构 DGALN 2009 年的营业数据，http://www.developpement-durable.gouv.fr/IMG/pdf/tome1c.pdf（consulted 5/02/2013），以及 ONZUS 的最新报告（2012 年城市敏感地区的国家观测）。

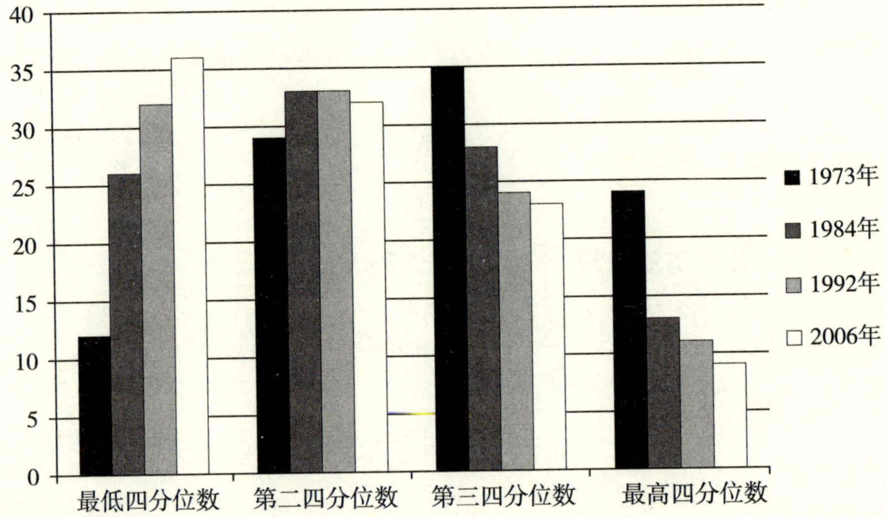

图 13.1　1973 年、1984 年、1992 年和 2006 年按收入阶层分布的保障性住房住户

资料来源：INSEE ENL（National Housing Survey），1963～2006

而如表 13.2 所示，根据位置以及提供者类别的不同，这些趋势还是有很大差异的。非 HLM 社会住房部门（由半公共和私人业主拥有的住房）更趋于类似的国家模式，有子女夫妇中居住于非 HLM 社会住房的比例（30%）要比居住于 HLM 社会住房的比例（25.1%）更高；对于无子女夫妇，也呈现出同样的趋势（这一比例分别为 15.8%、15%）；而对于单亲家庭，居住在非 HLM 住房的比例（17.7%）要比居住在 HLM 的比例（19.2%）低很多，即使如此，这一数值也已经达到法国平均占比水平（8.2%）的两倍。

此外，社会住房部门并不能向所有有“需要”的家庭提供住房：这类家庭中的很大一部分要么被安置在私营部门，要么拥有他们所居住的公寓。按照永久居住权居民的收入分配情况，690 万家庭处于低收入状态①，290 万家庭拥有自己的公寓（代表自住住房的 20.4%），190 万家庭居住在私人出租的住房里（占据整个私人租赁市场的 36%），还有 210 万家庭居住的是社会住房（约占社会租客的

① 低收入家庭是指那些收入低于中位数一半的家庭；参见 Driant J.-C. and Rieg Ch.，“低收入与社会住房”，2004 年 4 月法国国家统计局。

一半）。即使社会倾向于给越来越多的贫困人口提供住房，但最低收入者也会寻求其他类型的居住方式。

表 13.2　法国大都会 4 个区域（法兰西岛、阿尔萨斯、布列塔尼和朗格多克 – 鲁西荣）在社会部门和其他部门（法国）的社会住房结构　（单位：%）

	HLM 社会住房租户	非 HLM 社会业主	所有住户（2009，RGP）	法兰西岛廉租房	阿尔萨斯廉租房	布列塔尼廉租房	朗格多克 – 鲁西荣廉租房
单身家庭	**36.4**	33	33.6	31.5	32.5	**46.5**	34
单亲家庭	**19.2**	17.7	8.2	19.4	16.5	20.7	**24.2**
无子女夫妇家庭	**15**	15.8	25.9	14.4	16.9	12.1	13.1
有子女夫妇家庭	**25.1**	30	27.1	28.3	29.8	18	25
夫妻总数	**40.1**	**45.7**	**53**	42.7	**46.7**	32.2	38.1
其他	**4.3**	3.8	5.2	**6.4**	4.3	2.7	3.7
总计	**100**				100	100	100

资料来源：Enquête Occupation Parc Social，DGALN，2009，exploitation CRÉDOC and Insee，RP1990 sondage au 1/4-RP1999 et RP2009 exploitations complémentaires

13.3.3　需求与供给之间的不匹配

根据最近公布的 FAP 年度报告（FAP，2013），法国目前有 1 179 857 位申请人在申请社会住房（包括社会部门内部突变的需求），其中 40 多万申请者位于巴黎地区。除了需求和供给之间的不平衡，社会住房分配过程在本质上的不透明，都导致了住房形势非常紧张。涉及国家的政党和不同的利益相关者，地方和中央当局的代表（从理论上讲）都有保留的权限，委员会认为，最终分配的规则存在歧视。除此之外，尽管社会住房数量短缺，但有时也会存在审核通过，却遭到申请人拒绝的情况。USH 已经下令专门研究这种审核通过却遭到申请人拒绝的原因，因为这种现象只会妨碍整个系统的正常运行。① 调查结果显示，社会住房被拒绝是因为地理位置偏远，所以大部分住房都难以出租。此外，有些地理位置较好的新房，由于面积很小而租金较高导致申请人无法接受而经常被拒绝。在新的环境下，社会住房的建造（越来越多地通过公私合作）产生了“商业化”的负面影响，因为社会住房的业主可能会在这一过程中失去控制力。最后，申请人有时要排队数年等待社会住房的审批，在这个过程中，申请人渐渐对市场有了清晰的了解，并制定了不同的策略。也就是说，拒绝社会住房可能仅仅是因为申请人已经改变了主意。

需求与供应之间的不匹配也体现在家庭和住房大小的矛盾上：有相当一部分的社会住宅要么面积过大，要么过于拥挤。出于几方面的原因，这些社会住房的数字很难估计，但通常紧俏的住房（650 000～800 000 套）由老年人居住，因为一般来说，老年人数量不会随着城市发展规模的改变而有明显的浮动；而过度拥挤（与住房数量基本相同，但显然涉及更多人群），大多是有子女需要抚养的家庭，其结果在大城市普遍表现为低收入与不理想的住房条件相关（Jacquot，2007）。此外，在当地居住不满 3 年的社会居民占社会总人口的比例在逐步下降，从 2000 年的 33% 下降到 2009 年的 27% 。人口流动的下降既是住房供应力度下降的结果，也存在其他原因。这一下降在公共部门表现得特别明显，尤其是在大型住宅（含有 3 个及以上房间）区域。在某种程度上，分配过程中的刚性被认为是加重了这种情况的因素。

13.3.4 更少的公共直接融资，更多的财政激励措施

由特定银行（德国储蓄银行，CDC）② 发放的优惠贷款，是建造社会住房的主要资金来源。这其中低利率是一方面，但更重要的是贷款期限（通常为 40

① 研究拒绝申请通过的社会住房的补助金。FORSRecherche social/CREDOC 社会联盟房屋的最终报告，2012 年 11 月，第 76 页。

② 德国储蓄银行是一个古老的机构（成立于 1812 年），主要作为存款储蓄银行存在，而后转向以社会住房建设的优惠贷款业务为主。

年）。除了特定的贷款，社会住房融资还包括补贴、财政激励和合并所有者权益资本。这种混合的融资方式随着时间的推移已经发生了很大变化。由于1977 年从对砖和砂浆的补贴转移为向需求方补贴政策的发起，所以国家预算直接补助社会住房受到了限制。因此，更多的资金将由市政提供（包括直接补贴或提供廉价土地），这对于社会企业家来说存在着困难和不确定性，难以实现预算平衡。然而，与此同时，HLMs 缴纳的增值税逐步降低（从 20% 降低到 7%），从 25 年的物业税豁免中获益，并从不断增长的财政中扣除，这样就可以认为财政刺激措施已成为住房政策的核心：1984 ~2006 年，直接补贴给建设方的资金比例（砖和砂浆补贴的形式）已经从 49% 降低至 18% （51 亿欧元），而个人补贴（以户为单位）已经从 34% 增长至 51% （147 亿欧元），财政扣除从 17% 上升至 31% （90 亿欧元）（Pollard，2010）（见图 13. 2）。

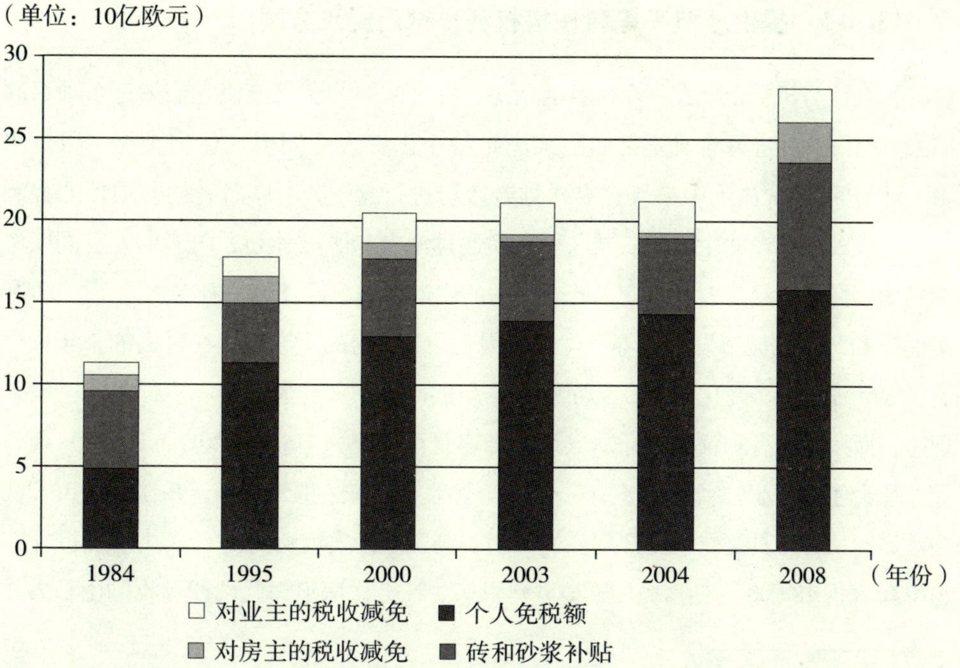

图 13. 2　1984 ~2008 年 4 种主要社会住房资金来源的公共支出结构

资料来源：INSEE（2006） and comptes du Logement 2004 et 2008

为了扩大供应，政府允许个人建立自己的资产，并且已经出台了多种财政刺激措施。① 在磋商过程中，投资者不得不在租赁期限内同意租金的上限和下限。这些项目都有助于在相当大的程度上提供更多的社会住房（Pollard，2010），但这项新规定的结果是随机的，没有确定社会和区域范围，主要受惠人群还是私人投资者。除了公认的趋势，包括从砖和砂浆补贴到个人税免额（后者作为房租的补充流向社会业主），另外一个重要的变化是广泛运用财政激励，而这种方式看起来似乎不太透明，并且可控度有限，从而显得不公平。市场管制的放松或重组（公私合作伙伴关系、社会部门本身的并行、规定特性的改变等）和永久性的干预（社会福利、税收政策、房地产建设管理等）如同一枚硬币的两面，目标是通过识别利益相关者的行动和话语以及他们之间建立的联盟，正确分析这种明显的矛盾。

13.3.5　提供地域平等和住房权利：试图规正方圆

社会住房机构正处在一个微妙的状态，资金来源的变化迫使它们为每个项目联络融资财团，并进行洽谈。它们必须满足每个出资人的期望（住房类型、租金水平、环境问题）。由于中央政府委托地方政府进行分配，所以后者拥有项目的控制权，再次成为游戏的主导者。“这种转换通过地方和区域计划，创造更大空间以增加可用容量，已经部分地改变了社会住房的生产格局。这就是‘社会混合’、‘市区重建’和‘控制城市发展’等产生的原因，社会住房的生产过程在过去的十年里得到了很大程度的多元化发展，从而引发了新的问题，如房屋置换、多样化和密集管理等，而按照原有的议程目标，只是增加容量而已。”（Driant，2011，P. 120）换言之，社会住房企业已经被“邀请”进入竞争激烈的市区重建市场，并作为城市和社会政策的执行工具。它们以开发商的身份，甚至以开发商购买的形式执行强拆（在2010年强拆18 000套住房）：自2000年以来，社会住房组织已被授权收购由私人开

---

① 税收减免的类型因住房推进者的不同而不同。一般来说，住房推进者是当下的住房部长。这些或多或少都与政府政治取向的“社会”有关。像1996年的佩里斯（Périssol），1999年的贝森（Besson），2003年的德罗宾（de Robien），2006年的波尔罗（Borloo）。自2009年现任部长杜弗洛（Duflot）任职以来，采取了基于财政激励建议的新举措。

发商开发和抛售的房屋（出售完成后的未来状态，VEFA），这项制度自1967年确立以来，就一直是法国房地产开发商的主要销售手段（Driant，2011）。

同时，住房政策的主要执行者（中央政府、地方政府、国家社会住房联合会、非政府组织、专家和媒体）都推动（或接受）强制执行的住房权。所谓《可抗辩住房权法案》① 是带有感情的辩论（那是不是一个很好的方式去改善那些很难获得任何权利的居民状况?），并在2007年通过投票表决。当到了评估形势的时候，希望和挫折都源于它的难以执行。2012年11月监管委员会发布的第六次报告的题目是“法案的提示”，并显示出不平等和对执行的不满（Houard and Lévy-Vroelant，2013）。当强制执行的住房权开始由政府监管时（2005年），大多数地方政府代表都表示，他们担心可能要单独为住房权负责，而中央政府抓住了推卸责任的机会。随后USH内部分裂。随着一部分社会租户的贫困化，“贫民区战斗”的发起，以及为贫困人口解决住房问题的号召，强制执行权的引入为加强HLMS“向穷人提供住房者”的形象提供了机会（Houard，2011）。

13.3.6　坏名声

在后期的福利政策背景下，社会住房依然关注城市政策。移民中的大部分生活在大的社会住房里，这恰恰是市区重建策略的目标。大约有超过1/5的社会住房属于社会保险机构。社会住房往往与破旧的城市景观和社会排斥联系在一起，并且已演化成为一个顶级的政治任务。“贫民窟”的说法常用于支持市区重建政策（有时有争议），使用或滥用社会修辞的方式强制执行。

同时，处于“受害人”和“罪犯”的位置，USH基于一些原因恳求社会承认其必然性。正如USH最近的一项调查显示，社会住房的民意完全符合这种双重特性，② 80%的受访者认为社会住宅是必需品，而74%的受访者认为社会住房展现出了不良形象。一方面，社会住房是受欢迎的，因为它与（租住者的）安全和国

---

① 看到最近的法律，也就是所谓DALO，讨论“对抗住房权”（2007年出台）中确立的规定，国家有责任给每一个需要住房的个人提供一个可居住的地方，以及个人可以在法庭上争取该项权利。

② 社会住房晴雨表图像分析，2011年TNS SOFRES，详见http：//www.tns－sofres.com/_ assets/files/2011.06.08－logement.pdf，2013年9月2日查阅。

家在一定程度上作为保护和财富提供者的理念相关。另一方面，社会住房与负面形象相关。住户的贫困和与犯罪相关的空间隔离造成了社会住房的不良形象。社会政策（非领土化）到城市政策（区域化）的转变恶化了社会住房社区的负面声誉。回旋效应是可以预料的，因为市区重建计划往往特别针对一些大规模强拆的项目，① 作为官方目标，这一过程会降低反社会行为和犯罪行为。② 此外，对20世纪60年代和70年代建造的大部分大型不良房屋（有时甚至更新的建筑）进行维修是出于无奈的选择：连续的全国住房调查显示，社会住房的住户有较高程度的不满。众多批评者的最后一道防线具有明显的政治背景，即针对行业的“特权”部分。这部分房屋的地理位置优越，设计精心，而且还经济实惠，因此被指控为不受控制的领域，是社会不公平的一种表现。即便如此，社会住房仍然被认为具有普遍的好处，而且需要被保留。

13.4 社会住房部门的反驳

13.4.1 USH 获取“社会住房市场”的主导权

完成“一般利益的使命”是 USH 公关战略的核心。USH 坚持价值、意义，并保持使命与说法的一致性，尤其是在经济增长、社会脆弱性加大以及房地产价格和租金在私人市场上通胀的背景下。③ 关键的一句话是：“社会住房的任务是维护社会和谐，让人们更好地生活在一起”。④ 团结、质量与可承受力的概念，以及社会混合、进度和可持续发展都加强了 USH 的地位，即作为可替代但不可或缺的“社会住房市场”、“每六名法国人就有一个人因此受益”。

---

① 2004 ~2013 年计划包括 139 000 套住房单位的拆迁。截至 2011 年年底，73 000 套住房已被有效拆毁（计划为 93 700 套），建成仅 39 700 套（规划建成 73 000），详见 http：//www. ville. gouv. fr/IMG/pdf/rapport_ onzus_ 2011. pdf，p. 264.

② 参见 http：//www. ville. gouv. fr/IMG/pdf/rapport_ onzus_ 2011. pdf，pp. 141 –165.

③ http://www. union – habitat. org/les – hlm – de – % C3% A0 – z/pr% C3% A9sentation – du – sect-eur/l% E2% 80% 99habitat – social – une – mission – d% E2% 80% 99int% C3% A9r% C3% AAt – g% C3% A9n% C3% A9ral，2013 年 8 月 2 日查阅。

④ 源自作者从所有 USH 网站引用的法文翻译。

表达方式是社会服务凝聚力（即吸引力和主流导向）和执行住房权（表现出团结并且针对最需要的住房权）之间矛盾的张力所在。然而，重点肯定是第一条：“在一个特定的地理区域，社会混合取决于政治是否愿意推动社会职业类别的多元化以及居住和/或生活方式的标准化。”本主题强调满足很大一部分低收入家庭的住房需求，平衡促进团结：因为“1/3的社会租户的家庭收入低于795欧元/每月/人”。

第二个争论可以追溯到其社会住房的源头，并且视社会住房为建筑和技术创新领域的先驱。只是问题已经发生了改变，不再是促进舒适和现代生活水平的提高（从19世纪末到20世纪20年代以及20世纪60年代，情况是这样），而是促进节能降耗，这已经成为一种新模式：“85%的新社会住房达到能源要求。”

第三个争论是指一般利益，是双方面的。一方面，保障性住房作为生活的保障，使家庭可以参与社会消费，“使他们可以参与商品和服务的消费，以及有能力参与地方经济发展”。另一方面，在法国劳动力市场上，它的经济重要性主要表现在提供就业机会上：“一个住房单元的建设代表在全国劳动力市场上创造了一个以上的不可重复定位的工作。”这个争论在建立联盟问题上有相当程度的说服力。

13.4.2　生产和联盟建设协议

在过去的几十年里，尽管在萨科齐总统时期USH和住房建设部长之间的冲突遭到了媒体的曝光，但政府（呼吁更多的公共资金直接投资，并且承认社会住房在市区重建中占据主导地位）的意见还是得到了持续的支持。今天，几乎所有的法国政党都认为，有必要增加新的住宅单元。此选项显然与社区重新配置以及实现“社会混合”和“社会凝聚力”相关。如前所述，社会住房在这些不同的方面处于核心位置。选择绿党成员作为住房建设部长，可能表明政治意愿将推动建设与环保相结合。现任部长处在一个需要推动可持续发展的位置上，也就是说，以修缮更新代替将全部精力放在新建上。然而，讨论的重点依然是以生产为导向的房屋建设（每年50万套新建住房是反复宣布的目标），目前讨论主要集中在社会住房在整个目标（15 万套住房）中的比例，社会住房（通过 PLAI 资助以及较低的租金来实现）占整体住房的比例明显提高。

值得一提的是，这一言论已在欧洲风生水起。促进社会住房作为“帮助欧盟终结经济、社会和环境危机的杠杆”的作用正在逐步显现。① 社会住房联盟为恢复和改善自身形象而做出的努力，可以看作是它为了克服必须要面对的矛盾和挑战而选择的方式。

13.4.3 改变形象和声誉

如前所述，从整体来讲，社会住房需要面对来自不同方面的负面评价。第一个问题是与破旧、不安全和贫困街区联系在一起的形象。我们面临的挑战是要打破这一不良形象。从这一方面考虑，政府制定了大量的沟通策略，有时这些策略与国家或地方当局的承诺联系在一起。在城市更新项目时，积极派发多种多样的宣传资料。在国家层面，以提出文件的形式应对关于社会住房的 10 种偏见。有趣的是，这些偏见都指向社会住房的容纳力，以保持乃至提高社会住房的吸引力。总之，争论都是设法应付负面看法，这些负面看法被贴以“ZUS”的标签（比如嘈杂、拥挤、无处放置、少数民族集中、匿名以及平庸），并且它们也会反过来推动这种混乱市场的供应：绿色、欢乐、节能导向以及专业性、开放性和预期能力。生态街区②是这种定位的较好象征。USH 季刊《人居和兴业》揭示了社会住房部门的主要症结和可能的出路，并显示出 USH 愿意应对社会变化的强烈欲望，USH 被看作是为解决年轻人住房问题、混合社区问题、老龄化和住房问题、性别和住房问题以及其他一些问题做出进步贡献的建设者和生活方式的发明者。USH 也擅于将过去一个世纪住房历史的领导地位转变成象征性资本。然而，所有这些与社会住房机构的财务和管理体系的重新配

---

① 参见 http://www. developpement – durable. gouv. fr/IMG/pdf/Dossier_de_presse_ – _logement_socia2012 – final. pdf, consulted 10/2/2013. 另见欧洲就业和社会事务委员会上 Karima DELLI 报告 . http://www. europarl. europa. eu/sides/getDoc. do? pubRef = – //EP//NONSGML + COMPARL + PE – 504. 103 + 01 + DOC + PDF + V0//FR&language = EN, consulted 1/2/2013.

② 有望成为可持续发展城市的典范：http://www. developpement – durable. gouv. fr/Lancement – du – label – national, 31489. html.

置联系在一起。考虑到社会企业，主要是社会业主，就要成功地将社会和商业目标结合在一起，这绝对是正在进行的战略变革。

13.4.4 集中、混合和多样化：来自内部的重新配置

2007年社会住房发生了变革，历史悠久的OPHLM（市住房机构）不得不与OPAC（公共居住机构）合并，创建一个新的组织，即OPH（居住公共办事处）。除了更换标识，改革基本上包括提供私人可选择的机会，以更好地适应地方治理所产生的新义务。在这样做的同时，该办事处的管理制度更加适用于涉及私人企业的合伙关系。① 私人运营商可以通过公私合作以及收购法国期房的形式进入社会住房市场。中等规模的办事处越来越多地融合彼此或创造更大的关联，以便在土地、建筑物和商业行为中共用技术和专业知识（新组成的“巴黎居”涉及115 000个居住单元）。

由于预见到直接融资的缩减，761个社会住房组织加入到了资产和股权投资基金的共担过程中。正如政府分管社会住房的前任部长及现任USH临时主席所言，“并非单一的欧元必须以现金的形式与单一的HLM机构相匹配”（2012年9月于雷恩召开的第73届USH会议上）。由于在不同的机构之间，竞争力和管理内容各不相同，所以“最佳使用”资本股权的共识并不是那么容易达成的。因此，社会住房机构已经重新评估其物业投资组合管理策略，并且与中央和地方政府进行社会效益的契约谈判。雇主参与到社会住房中去，也显示出“社会伙伴”之间的联系与合作。住宅物业企业则是公私合作的结果。资金主要通过房屋行动（由雇主供款，原为“1%”）为那些参与到雇主群体的企业工人提供“好的标准房”。住宅物业参与到社会住房的生产过程，是近期的典型做法：住宅物业通过与万喜建筑工程公司（VINCI）建立合作伙伴关系，购买法国期房。同时，它会获得私人投资者（比如PLS）的优惠贷款。混合会产生新的有竞争性的组织逻辑，社会和商业目标之间的权衡以及资源的转移（Czischke等，2012）为开发商和投资者开拓了新的领域。

① 参见2009年9月GRIDAUH－USH报告“廉租房机构之间的合作伙伴关系”。

在以突出的一致性和“有利状态”导向型治理为特点的背景下，私人开发商(比如SCI、SACI和SCCV)① 在房地产建设项目中已成为更具活力的利益相关者。2005年，它们占据了整个生产量的1/3，建造的公共住房（社会住房供应、地方政府以及国家）的份额约是总量的10%（20世纪90年代中期，这一比例为25%)。此外，在市区重建计划的背景下，普通的社会企业信用工具也向私营企业开放。正如万喜建筑工程公司②所描述的，市区重建计划对于投资者来说是一个很好的投资区域：“自2005年以来，国家对市区重建计划的拨款都有助于刺激房地产建设，而万喜建筑工程公司在这一过程中加强了其地位。”按照万喜建筑工程公司的说法，在这种情况下，社会住房作为一种“产品”被供应，同时有利于个人和集体利益：这是一个允许高利润和高产出的市场，通过社会提供更多元化的“住房产品”，以增强社会凝聚力。在此背景下，利益相关者之间的冲突与寻找更方便的合作伙伴关系的开发商之间的竞争和合作是相关的。在社会住房机构看来，近期其法律地位的转变（2007年）使它们适应了如上所述的私人会计和管理规则的变化，并且激励其与国家和地方当局签订合同，采用招标和报价制度。从这一角度来看，鼓励社会物品“可控”私有化的欧洲规则扮演着同一角色(Ghékiere，2011)。

13.5 结论

自20世纪最后10年以来，法国HLM体系历经蜕变。最近，这些变化在住房价格和租金越来越难以负担的情况下发生。法国家庭现在的平均住房条件要比30年前好了很多，但是能够负担得起住房的人群与不能负担得起住房的人群之间的差距却在不断加大。大城市对房地产价格失控程度的关注要比住房短缺本身更为强烈。在法国，投机泡沫并没有如其他国家那样产生灾难性的后果。然而，许多问题，比如流动性和人们生活方式的改变、年轻人的需求、环境诉求和空间上的

① 不同民营企业的法律形式被称为“民间社会”，由一些个人或集体合作组成。

② VINCI是一个众所周知的、活跃于不同市场（主要是运输和建设市场）的建筑商，也就是最近我们所说的“社会住房市场。”

不平等以及劳动力市场的萎缩等，还没有找到一个满意的解决方案。住房市场是分割且不稳定的，特别是在巴黎城区和大城市，表现尤为突出。许多家庭更愿意全款支付，并同意牺牲个人利益去获得房产所有权，以此来保护自己。与此同时，社会群体在商品配置方面的参与不平等问题超出了对无家可归问题的关注度，并成为焦点。实现“人人有住房”的目标似乎并没有在靠近。住房问题的背后是社会问题。

同时，“新政”取代利益相关者之间的主流历史关系似乎是目前的潮流，并将“新政”纳入到新的常用方法中。在这个格局中，国家不再完全是领导者或供应者，而成为一个推动者，允许私营部门参与讨论和实践，并在抗议与合作之间取舍“社会合作伙伴”。在这样的背景下，社会住房部门的作用比以往任何时候都显得至关重要，因为其代表了公众的利益和希望。当房地产行业集中并加强其资产保护时，它也被重新定位。在金融工具突变的条件下，改革重塑了行业且重新组织联盟；它们已经模糊了传统的补助部门和私营部门之间的边界，并造成社会住房供给的碎片化。一方面，这有利于两个部门之间的合作；另一方面，它也僵化了住房供给，使住房供给被拆分为单独的、相互竞争的市场。其实，主要问题可能是一个长期趋势的延续。与“新自由主义”的观点相反，建筑开发商、社会住房部门和政府之间的古老联盟似乎正在重新崛起。目前，政府正在研究一种方法来提高和推广财政设施，促使社会建设（和危房改造）方面的增值税由5.5%降低到5%，并且有可能为整个建筑部门（2014年从7%增加到10%）的发展争取到不纳增值税的权利。不同的背景、不同的手段，却有着相同的目标：类似于第二次世界大战之后的几十年里，房屋是整个经济和城市（再）开发的主导因素，房地产已经成为解决失业和促进经济增长的工具。从这个角度来说，社会住房发挥了良好的作用。

关于公共资金和公共物品应当如何收取、分配、再分配的争论仍然很重要。尽管社会住房部门非常努力，也具有相对的实力，但是单独依靠社会住房部门似乎并不能满足社会对住房的需求，或确保其拥有住房权。在不久的将来，更重要的任务可能是住房问题重新嵌入公众利益的准入性中。社会住房部门凭借其传统和合法性，可以在开明的民主管理的基础上，再次发挥主导作用。毕竟，欧洲社会住宅领导地位的起源不仅表现在使用权的保障方面，而且表现在建筑创新与社会融合方面。现在的问题绝对不在于是否把“婴儿”和“洗澡水”一起倒掉，而在于如何重新去换水①。重塑社会领域需要发现社会属性的新形式，这样才有可能保证在当代和后代，住房是每个人都可以享受的。正是因为经济、生态和自然的环境是不稳定的，能源和空间资源也是有限的，所以个人的财产、自我保护和社交需要才会受到其他人的挑战。有关住房的概念、建设、使用权、融资方式、生活方式及社会关系，可能需要在更大范围内加以探讨。这些尚未讨论的问题可能会在新知识和集体创造力的基础上找到可行的解决方案。

参考文献

1. Ball J (2008). Housing disadvantaged people? Insiders and outsiders in French social housing. Routledge, Abingdon.

2. Blanc M (2010). The impact of social mix policies in France. Hous Stud 25 (2): 257 – 272.

3. Bourgeois C (2012). Quand expertise, normes et deéibeéations conditionnent I'ccès aux droits sociaux: Le cas des commissions Droit au logement. In: Bureau M-C, Sainsaulieu I (eds). Les configurations pratiques de I'Etat social. Septentrion, Paris, pp 133 – 151.

4. Brouant J (2011). Implementation of the enforceable right to housing (DALO) confronted to local practices and powers. In: Houard (ed). Social housing across Europe. La Documentation Francaise, Paris, pp 278 – 291.

5. Chevalier C, Lebeaupin F (2010). La population des zones urbaines sensibles. INSEE première n°1328.

6. Czischke D, Gruis V, Mullins D (2012). Conceptualising social enterprise in housing organisation. Hous Stud 27 (4): 418 – 437.

① 即现在的问题并不在于除去社会住房的领导地位，而在于如何更好地发挥这一作用。——译者注

8. Données statistiques (2012). http://www.union-habitat.org/sites/default/files/Donn%C3%A9es%20statistiques%202011.pdf. Consulted 4 Jan 2013.

9. Driant J-C (2011). The inertia and metamorphosis at work in France's social housing sector. The HLM system at the turn of the decade. In: Houard (ed) Social housing across Europe. La Documentation Francaise, Paris, pp 116 - 131.

10. Ghekiere L (2008). Le développement du logement social dans l'Union Européenne. *Recherches et Preéisions* n°94.

11. Gheéière L (2011). How social housing has shifted its purpose, weathered the crisis and accommodated European Community competition law. In: Houard (ed). Social housing across Europe. La Documentation Francaise, Paris, pp 135 - 151.

12. Houard N (2011). A change of direction towards the residualisation of social housing? In: Houard (ed). Social housing across Europe. La documentation française, Paris, pp 334 - 356.

13. Houard N, Lelévrier Ch (2012). Mobilitéet choix résidentiels: Quels enjeux pour les politiques publiques ? In: Politique de la ville. Perspectives françaises et ouvertures internationales, Centre d'nalyse stratégique, Rapports et document n°52, La documentation française, Paris, pp 99 - 110.

14. Houard N, Lévy-Vroelant C (2013). The (enforceable) right to housing: A paradoxical French passion (1990 - 2012) . Int J Hous Policy, London, Routledge 13 (2): 202 - 214.

15. Jacquot A (2007). L'occupation du parc HLM. Eclairage à partir des enquêtes logement de l'NSEE. Direction des Statistiques Démographiques et Sociales, document de travail n°F0708.

16. Jaillet M (2011). Mix in French housing policies: A "sensitive" issue. In: Houard (ed). Social housing across Europe. La Documentation Francaise, Paris, pp 318 - 333.

17. Kirszbaum (2011). Social housing in the unthought of the multi-ethnic town. In: Houard (ed). Social housing across Europe. La Documentation Francaise, Paris, pp 292 - 217.

18. Lévy J-P, Fijalkow Y (2012). Une autre politique du logement est-elle possible? Le monde, Tribune, 1.03.2012. http://www.lemonde.fr/idees/article/2012/03/01/une-autre-politique-dulogement-est - elle-possible_ 1649893_ 3232.html.

19. Levy-Vroelant C (2010). Housing vulnerable groups: The development of a new public action sector. Eur J Hous Policy 10 (4) pp 443 - 456 (14), Routledge.

20. Lévy-Vroelant C (2011). Housing as welfare? Social housing and the welfare state in question. In: Houard (ed). Social housing across Europe. La documentation française, Paris, pp 191 - 214.

21. Lévy-Vroelant C, Reinprecht C (2013). Housing the poor in Paris and Vienna, the changing understanding of 'social'. In: Scanlon K, Whitehead C (eds) Social housing in Europe. LSE/Wiley, London (forthcoming).

22. Levy-Vroelant C, Tutin C (2010a). Le logement social en Europe au début du 21ème siècle: La révision générale. Presses Universitaires de Rennes, France, 247p.

23. Lévy-Vroelant C, Tutin Ch (2010b). France: Un modèle généraliste en question. In: Lévy-Vroelant C, Tutin Ch (eds). Le logement social en Europe au début du XXIe siècle, La révision générale. Presses Universitaires de Rennes, Rennes, 247 p.

24. Lévy-Vroelant C, Reinprecht C, Robertson D, Wassenberg F (2013a). Learning from history: 'Path dependency' and change in the social housing sectors of Austria, France, the Netherlands and Scotland, 1889 - 2012. In: Scanlon K, Whitehead C (eds). Social housing in Europe. LSE/Wiley, London (forthcoming).

25. Lévy-Vroelant C, Schaefer J-P, Tutin C (2013b). Social housing in France. In: Scanlon K, Whitehead C (eds). Social housing in Europe. LSE/Wiley, London (forthcoming).

26. Lovatt R, Lévy-Vroelant C, Whitehead C (2006). Foyers in the UK and France-comparisons and contrasts. Eur J Hous Policy 6 (2): 151 - 166.

27. Mullins D, Czischke D, van Borter G (2012). Exploring the meaning of hybridity and social enterprise in housing organisations. Housing Stud 27 (4): 405 - 417, 2012. Special Issue: Social Enterprise, Hybridity and Housing Organisations.

28. Pichon P (2011). Housing policies for the homeless. Or what a closer look at moving off the streets and into a real home shows. In: Houard (ed). La documentation fran§aise, Paris, pp 263 - 177.

29. Pollard J (2010). Soutenir le marché: Les nouveaux instruments de la politique du logement. Sociologie du travail, n°52.

30. Sala Pala V (2005). Social housing policy and the construction of ethnic borders. A comparison of France and Great Britain. Political science doctoral thesis, Rennes, Rennes 1 University.

31. Scanlon K, Whitehead C (2013). Social housing in Europe. LSE/Wiley, London (forthcoming).

32. Wacquant L (2008). Urban outcasts: A comparative sociology of advanced marginality. Polity Press, Cambridge.

33. Zittoun P (2000). Quand la permanence fait le changement. Coalitions et transformations de la politique du logement. Politiques et management public 18 (2): 123 - 147.

34. Zittoun P (2009). Understanding policy change as a discursive problem. J Comp Policy Anal Res Pract 11 (1): 65 - 82.

第14章　成熟的荷兰社会住房模式及其未来展望*

荷兰的社会租赁住房因其社会属性及演进路径赢得了国际声誉。荷兰社会租赁住房总量占全国住房总量的32%，其规模比其他西欧国家要大得多。此外，“二战”结束后，荷兰社会租赁住房的发展路径是独特的。荷兰社会租赁住房目前的地位是荷兰特殊的国家福利制度、截然不同的政府住房政策以及在政府住房政策指导下住房供需平衡变动等因素共同作用的结果。本章我们将用上述提到的特征来解释荷兰社会租赁住房的发展过程。首先，就荷兰社会租赁住房的地位进行国际比较；其次，分析荷兰社会租赁住房成功发展的背景：金融系统、独特的担保系统以及中央政府与地方住房协会之间的互动；最后，深入研究荷兰社会租赁住房未来的发展方向。由于未来面临着多种路径选择，所以荷兰社会租赁住房目前正处于一个十字路口，需要做出重要的政策决定。

14.1　引言

荷兰住房系统因其独特的属性和演变方式赢得了国际赞誉。在过去这些年中，荷兰住房系统已广泛成为政策制定者（包括一些东欧前社会主义国家和几个亚洲国家的学者和官员等）的灵感源泉。这些国家的研究者和政策制定者对荷兰社会租赁住房的运营方式表现出了浓厚的兴趣。特别是荷兰社会租赁住房的强势地位激起了这些学者与决策者的好奇心。在20世纪90年代初期，荷兰社会租赁住房占国家住房总量的41%，其他多数西欧国家则很少达到20%。就这点而言，

---

* 本章由彼得·布豪威尔（Peter Boelhouwer）（代尔夫特理工大学建筑和环境学院教授）执笔。

荷兰的社会租赁住房显然是个中翘楚，其强势地位与中央政府长期的影响密切相关。虽然整个西欧地区的国家都曾对住房市场进行了长达 10 年之久的公共干预，但荷兰最终走上了自己的道路。在 20 世纪 70 年代早期，当其他西欧国家开始对社会租赁住房进行私有化改革时，荷兰并没有选择私有化道路，直到 20 世纪 90 年代才开始推动社会租赁住房的私有化改革。

本章的目的在于解释荷兰社会租赁住房那些享有国际声誉的特征是如何形成的。14.2 节将从理论层面定位特定社会背景之下的社会租赁住房，并具体介绍了西欧国家不同福利体制的特征。从理论视角来看，这个福利国家的分类体系可以很好地解释欧洲以及荷兰社会租赁住房的地位。14.3 节将详细阐述荷兰住房政策的发展路径，以及社会租赁住房在住房政策中所扮演的角色。正如在前文章节中所描述的，住房政策演变与福利体系转型的关系将得到显现，从中将进一步阐明住房作为一项政策，在政府与市场之间的特定地位。正如哈罗（Harloe，1995）和托格森（Torgersen，1987）之前所分析的，住房在福利体系中是一个摇晃的支柱。荷兰社会租赁住房成功的原因之一在于制度结构，特别是这一类型住房的金融系统。政府担保与循环基金原则之间的创造性互动创造了独特的环境，使得住房协会在没有政府直接财政资助的条件下蓬勃发展。2012 年，荷兰超过一半的住房开发是由住房协会完成的。14.4 节解释了住房协会与政府之间这种独特的合作关系。与其他西欧国家一样，荷兰的福利体制和社会租赁住房部门的地位都面临着较大的改革压力。14.5 节讨论了不同的政策选择，并分析了未来几年内荷兰社会租赁住房的发展路径。从这个角度看，我们必须尽快做出战略决策。最后，本章将给出一些结论性评价。

14.2　理论视角

在过去的这些年里，包括本章作者在内的一些学者已经对欧洲社会租赁住房的发展做了一些描述（Boelhouwer and van der Heijden，1992；Danermark and Elander，1994；Harloe，1995；Murie，1992）。正像这些学者所指出的那样［可以参见唐纳马克（Danermark）和伊兰德（Elander）1992年写的回顾]，尽管社会住房的概念看起来很清晰，但在不同的国家，其含义是不同的。有的国家把社会住房解释为市政府下属的住房（如英国），有的国家把享受公共津贴而不考虑其产权归属的住房看作社会住房（如德国），有的国家把社会住房定义为处于政府与市场之间的住房（如荷兰），有的国家将其视为一个综合概念，涵盖所有权与产权的不同类型住房等。尽管有这样或那样的不同界定，但不同国家都认为社会住房具有相似的内容，这使得国家之间的比较研究很有意义（Danermark and Elander，1992）。哈罗（1992）对社会租赁住房的特征进行了概括，认为其有三个主要特征：首先，房主在提供社会租赁住房时，其租金不是根据利润最大化导向确定的；其次，根据“需要”对社会租赁住房进行行政分配；最后，政府对社会租赁住房进行了广泛的规制，且随着时间的推移而更加深入。对于第三个特征，最近10年以来发生了较大的变化。例如，与之前相比，荷兰社会租赁住房的房主已越来越独立于政府。

在布豪威尔与霍克斯特（Hoekstra）2012年的一篇论文中，构建了一个调整过的福利国家分类体系，并用其解释社会租赁住房的新定位。这个分类是在艾斯平-安德森（Esping-Andersen，1990）和凯默尼（Kemeny，1995）的观点的基础上提出的。在20世纪90年代，许多西欧国家中央政府的角色开始发生变化，我们把凯默尼提出的以资本为导向的社团主义分成两类：保守社团主义与现代社团主义。其中，保守社团主义就是艾斯平-安德森所说的社团主义，国家积极地、公平地提供福利服务，但这并不会导致收入的再分配，因为国家层面制定福利政策的出发点是维护现有阶层的利益。因此，福利的提供是分割的，不同社会阶层都有权利享受不同的福利服务，传统家庭最受青睐。此外，国家不是福利服务的唯一提供者，家庭和私人非营利组织也发挥着重要作用。现代社团主义是指一种更间接的治理方式，中央政府负责制定政策框架，而地方政府和私人非营利组织负责执行。除了自由主义福利国家外，我们还区分了3种不同的社团主义福利国家：劳工导向社团主义、保守社团主义和现代社团主义。表14.1比较了调整后各种福利国家类型的主要特征。

表14.1　根据理论调整后的4种福利国家类型的主要特征

	劳工导向社团主义	保守社团主义	现代社团主义	自由主义
非商业化程度	高	相对较高	相对较高	低
中央政府的影响	强且直接	很强且非直接	很强且非直接	低
政治团体的多寡与参与程度	许多政治团体参与	许多政治团体参与	许多政治团体参与	较少政治团体参与
提供福利服务主体的分散化	基于可测量标准，提供主体是分散的	基于职业或社会地位，提供主体是分散的	基于可测量标准，提供主体是分散的	基于可测量标准，提供主体是分散的
福利政策对传统家庭的重视程度	对传统家庭没有特殊偏好	特别重视传统家庭的作用	对传统家庭没有特殊偏好	对传统家庭没有特殊偏好
政府、市场和家庭在提供福利服务中的角色	政府占主导地位	家庭起着非常重要的作用	市场与政府共同提供福利服务	市场占主导地位

运用上述调整后的福利国家分类体系，我们可以更精确地分析社会租赁住房的地位。凯默尼对拥有自住房与成本租赁住房之间的区分可以成为分析的起点。在2006年发表的“社团主义与住房制度”一文中，他把社团主义划分为资本主导与劳工主导两种类型。在此基础上，他认为，特定的社团主义福利国家与将强大的社会租赁住房部门整合在一起的租赁市场之间有一定的联系。凯默尼声称，社团主义的权力体系会产生达成折衷方案的需求，折中的解决方案包含了政治解决方案，需要考虑几个不同主体的利益。政党的分裂会使政党联盟和少数派别政党执政成为常态，这也可能是一体化市场和强大的社会租赁住房部门崛起的部分原因。后者可以采取多种形式，如市属公司、自愿或慈善团体、信托、租赁合作

社或私有的非营利企业等（Kemeny，2006）。对于可以被归类为自由主义福利国家的右翼执政联盟而言，二元住房租赁体系是一个明智的选择，其中非营利活动受到限制且以国有化形式存在。社会租赁住房嵌入受控制的计划经济体系，进而形成了一个低收入群体的住房类型（根据收入调查结果而确定指令经济的公共租赁住房），美国、加拿大、澳大利亚、新西兰及英国是典型代表。社团主义福利国家更倾向于一个由社会租赁住房部门领导的统一的租赁市场。在保守社团主义国家，我们能够看到一个有强大影响力的右翼政党，一个规模有限且对租赁市场影响有限的社会租赁住房部门，以及有许多产权形式的社会租赁住房，如德国和瑞士等。在劳工主导的社团主义国家，我们可以期望一个更大规模的统一的社会租赁住房部门和一个比例非常小的营利性租赁部门，社会租赁住房规模足够大，以致可以在租赁市场中处于支配地位。承租人和国家的影响力更加明显，瑞典和丹麦是劳工导向社团主义福利国家的典型代表。在现代社团主义福利国家中，政府的作用较小，而市场以及社会租赁部门的作用要比劳工主导的社团主义福利国家要大。典型例子是荷兰的社会租赁住房部门，其 32% 的社会住房拥有量，不仅在荷兰租赁住房市场，乃至在整个住房市场中都占主导地位。中央政府主要负责创造条件与制定政策框架，而地方政府和私营部门负责执行。这个新的政策框架赋予住房协会一个强有力的地位。这些住房协会具有很强的经济实力，它们布局于大城市，在当地租赁住房市场占据主导地位，并且在城市更新改造中发挥着至关重要的作用。与未来相关的一个问题是，是否有更多的社团主义福利国家朝着现代社团主义福利国家的方向发展，右翼政党及以自由主义为导向的新古典经济学是否赞成朝着这个方向发展。具体而言，在整体上，社团主义福利国家是否有一个光明的前途，欧盟委员会的角色以及来自布鲁塞尔的法律所规定的、不久将来要实施的自由竞争政策都有可能回答这个问题。

14.3　荷兰住房政策的演变及社会租赁住房在福利制度中扮演的角色

在我们研究荷兰社会租赁住房的发展过程的同时，政府干预与市场影响之间持续紧张的关系也越发显现。第二次世界大战结束后，荷兰与许多西欧国家一样，不得不面对并处理严重的住房短缺问题。由于家庭数量的快速增长以及战后早期较小的住宅建设规模，荷兰住房问题很快变得更加恶化。1945 年之后的严重住房短缺使得政府深度干预住房建设项目受到大众的广泛支持。快速上升的成本困扰着政策制定者，包括生活成本、建筑成本和利息成本。因此，需要政府提供大量的住房生产津贴以解决住房短缺问题。这进一步促使政府加大对住房市场的干预力度，而且与当时福利国家快速发展的阶段非常契合。自 20 世纪 60 年代以来，与其他西欧国家相比，荷兰的住房建设达到了前所未有的水平。考虑到这一阶段荷兰家庭数量的增长比其他西欧国家要快得多，加之荷兰很晚才出现出生率以及家庭人口规模的急剧下降，这种住房建设的快速增长是很有必要的。与 1940 年之前的时期不同，人们对既便宜又快速地建造房子的需求导致了荷兰政府对社会租赁住房的重视。这些因素推动了社会租赁住房的扩张，社会租赁住房的比重由 1945 年的 12% 增长到 1975 年的 41%，到 20 世纪 90 年代早期，这一比重增长至 44%。其他西欧国家没有一个能够达到如此高的比重。荷兰住房制度最终在 1989 年迎来了转折点。新住房政策是为了迎合住房市场化改革（Heerma，1989）。20 世纪 90 年代，住房备忘录特别强调了放宽住房管制、分权化与独立性。这个新政策包括了中央政府权力的下放，其特点是责任和风险从中央政府向地方政府的转移，以及住房协会和住房消费者的相互独立。对于住房协会，这个转变意味着现行的事前运营监管制度被追溯问责制度所取代（Heerma，1989）。除了政策上更加自由以外，住房协会的财务也更加独立。政府决定尽快淡出对新建住房的建筑补贴。在 1990 ~ 1994 年，社会住房租金的年增长率达到 5.5%，利润率要远远高于通货膨胀率。租金的提高增加了住房协会的收益，进而增强了住房协会的财务实力。《总收益与收支平衡法案》（*The Grossing and Balancing Act*）是住房协会走向财务独立的第二个重要标志。其主要内容是，中央政府想一次性地同步解决政府对住房协会的长期补贴承诺（159 亿欧元）和住房协会早期的未偿贷款（186 亿欧元）。这样一来，政府就可以停止向社会住房持续投入资金补贴。在多次与住房协会协商后，双方达成一致，《总收益与收支平衡法案》于 1995 年生效。这对于中央政府而言，好处非常明显：可以节省政府对社会住房的补贴，大幅减少行政机构规模，以及减少住房预算支出。此外，中央政府可以以独立的身份与住房协会就每年的租金增长问题进行讨论。这个法案同样给住房协会带来了好处，它们可以自由地实施灵活的市场导向住房租赁政策，并且在物业管理中承担新的责任。社会住房租金的增长和《总收益与收支平衡法案》确保了住房协会有充足的可支配资金来独立地执行住房任务。这些可支配资金在荷兰被称为“循环基金”。

政府把社会租赁住房整体看作一个即使没有政府补贴也能有效运作的循环基金。这一想法意味着来自社会租赁住房的现存资金和未来的资金储备将会继续投入到这一类型住房，如此一来，住房协会能够实现自我补贴。循环基金既适用于整个社会租赁住房部门，也适用于单一的住房协会。每个住房协会都必须将其在社会租赁住房运营中的收益用于改善住房质量、新建社会租赁住房及住宅宜居改造等方面。对于整个社会租赁住房来说，财务绩效好和财务绩效差的住房协会也可以得到平衡。例如，财务绩效好的住房协会要通过向财务绩效差的住房协会提供低于市场利率的贷款来给予支持。

通过对荷兰过去10年社会租赁住房的观察，我们可以得出以下结论（Boelhouwer & Hoekstra，2009）：

- 住房市场的（需求）压力使得住房协会处于强势地位。社会租赁住房的出租率非常高。几年前，住房协会担心房屋空置问题，而目前需求全面大于供给。
- 在20世纪90年代末期，中央政府规定，新建住房应集中在市场化住房部门，因此住房协会在2002～2007年只建造了非常少量的社会租赁住房。
- 财务状况稳健。住房协会积累了超过所需最低金额的资金，创造了新的投资空间。住房供应的构成状况（房龄、质量）、对住房市场需求的增加以及中央政府态度的转变等因素都导致了大量的投资计划（2007～2011年），使得各住房协会在财务状况方面存在着巨大差异。
- 社会租赁住房的形象欠佳。大部分的宣传都是负面的（高薪、傲慢、欺诈、过去一段时间的小规模社会住房建造）。

- 欧盟要求更加关注市场化租赁住房房主和社会租赁住房开发商之间的公平竞争，以及社会租赁住房保障目标群体的规模等。

基于以上特点，我们可以得出一个结论：住房协会已经习惯于对自己的行为不负责任。它们与住房协会原来的“天然主人”——住户及政府渐行渐远，他们既不受“市场约束”，也不受“政府约束”。住房协会缺乏结构性诱因来提供社会可接受的投资。但我们要认识到，在现实生活中，住房协会进行很多社会可接受的投资是很重要的。然而，一方面，住房协会的投资规模和投资方向并不受政府机构的操纵或控制。另一方面，大多数住房协会对国家规定的政策框架和法律法规感到窒息。它们发现自己被困在一个官僚网络里，希望有更多的空间，像公司一样经营。面对上述问题，2004 ~ 2006 年，荷兰提出了大量的如洪水般的报告和建议。除了这些报告和建议，欧盟委员会关于住房协会未来定位的立场也引起了人们的关注。在有关市场效率和竞争方面，欧洲法规要求，各种不能服务于公共利益的国家援助在原则上必须上报给欧盟委员会。在这方面，欧盟委员会于 2005 年 7 月 13 日做出了非常重要的决定，即决定给予住房部门豁免报告国家援助的一般义务。这是因为欧盟委员会认为，这部分国家援助破坏欧洲内部市场的风险是非常有限的。这也意味着住房协会不必向欧盟委员会报告每一项它们承担的涉及国家援助的项目。另外，该决定的另一个特定条件是住房协会必须对非公众利益的任何活动做出区分，该决定适用于所有成员国。一天后，即 2005 年 7 月 14 日，部长德克尔（Dekker）收到了欧盟委员会的补充信件。欧盟委员会的意见是，荷兰政府应推出以下三项措施：

- 国家援助的住房协会活动应与住房价值最大化相关，而且还要与社会中的贫困家庭直接相关。
- 由住房协会进行的任何商业运作应该受制于住房市场的需求状况，并且其商业活动取得的利润应再投资于社会租赁住房的建设。
- 应通过出售社会住房的方式来防止社会住房的过度供给和结构性产能过

剩，产能过剩应严格限制在一个较小的比例范围内。

2011 年 1 月 1 日，荷兰正式实施布鲁塞尔法规。2011 年 6 月，唐纳（Donner）部长向议会提交了新住房法初稿。这份文件是在 3 名前部长的若干信件和政策文件的基础上，历时 6 年讨论而形成的成果。在这份初稿中，住房协会承担两项具体任务：一是负责把受到监管的社会租赁住房分配给目标收入群体；二是投资社会租赁住房的开发与翻新。住房协会根据年收入 33 614 欧元（根据 2011 年 1 月 1 日以及历年数据）的标准把社会租赁住房分配给目标收入群体：大约有 39% 的荷兰家庭的收入低于此阈值，目前大约有 76% 的分配是在最高点之下。每年住房协会会把 10% 左右的社会租赁住房分配给高收入家庭（特别是对于那些有迫切要求、具有特定需求且重组的家庭）。当住在社会租赁住房中的租户的收入得到提高时，并不会直接导致他们被迫退出。根据唐纳部长的建议，新建住房应对这些群体有足够的吸引力。

这份初稿的另一个重要建议是改变中央住房基金（CFV）的角色，要把中央住房基金改革成为住房局（关于中央住房基金的详细阐述见第 14.4 节）。针对财务状况不佳的住房协会，住房局要拥有对其管理委员会进行指导的权利。同时，要保留中央住房基金的金融监管和控制职能。住房局的一个新任务是对政府支持的项目进行监管（布鲁塞尔法规）。基于这个新任务，住房协会必须对其从事的活动进行区分：是商业活动，还是政府控制下的活动（即为目标群体及包括学校和社区中心等在内的社会组织提供住房）。重要的是，住房协会仍然有机会积极参与商业住房的开发。比如，为中等收入群体开发住房，开发租金更高的租赁住房及商品房。住房协会从事商业住房开发的唯一条件是没有国家的支持和参与，这些活动与市场化房地产开发是一样的。住建部部长将对住房协会的诚信、内部治理及绩效等进行监管。此外，内部监事会的地位也得到了提升。重大决策需要通过监事会的批准，比如出售住房以及接受大的投资项目。该监事会还负责住房协会管理委员会的运作。当内部监事会没有起到应有的作用时，部长有权解散它。

正如右翼政府于 2010 年 10 月所公布的施政方针，新的住房法草案或多或少地与政府的格言——“自由和责任”相一致。值得注意的是，改革与削减预算提案主要集中在社会租赁住房。而在协议中根本没有提到自有住房（商品房），也没有把对自有住房业主的庞大的财政补贴（抵押贷款利息扣除）纳入讨论范围。在社会租赁住房领域，仍继续采用依据通货膨胀水平来调整年租金的政策。政府没有引入更加市场化的租金调整机制，其中最重要的原因是，以市场化为导向的租金政策会对租户的购买力产生负面影响。当租户的年收入超过 43 000 欧元时，其租金将在通货膨胀率的基础上增长 5%。租金的快速提升仅仅影响社会租赁住房中 15% 的家庭。一个现实的问题是，如何核实租户的收入水平。税务局是可以审查收入数据的唯一机构，但他们已经开始抱怨负担太重。对居住在社会租赁住房中的 240 万个家庭的收入进行核查既费时费力，又易引起欺诈行为。从 2013 年 7 月开始，住房协会计划实施这项租金增长措施。

荷兰联合政府的协议对社会租赁住房产生了深远的社会影响。首先，居住在社会租赁住房的租户有权购买其所居住的社会住房，这类似于 1980 年以来英国采取的卓有成效的社会住房政策。该建议的出台是为了进一步刺激租户购买自有产权住房，并用于补偿房主所缴纳的巨额不动产税；这项旨在每年筹集 7.6 亿欧元的税收政策于 2014 年推出（其中，从住房协会征收 6.2 亿欧元，向商业化房地产投资者征收 1.4 亿欧元）。政府希望业主支付部分住房补贴。有关住房购买权的建议是相当新的，而且在大选前没有讨论过。目前，政府还在犹豫是否在这方面发出坚定的声明。显然，荷兰住房协会是一个私人组织，不能无补偿的征用（Boelhouwer，2007）。2012 年 4 月，联合政府不得不解散，并宣布在 2012 年 9 月举行新的选举。为了将政府财政赤字削减到 3% 以下，在原政府倒台之后，现政府与反对党达成一致意见，即同意在 2013 年削减 124 亿欧元的政府预算。此外，还有一些引人注目的市场化改革举措。最值得一提的是，要削减对首次购房者的抵押贷款税收减免。对于社会租赁住房，没有很多新的提案。最重要的变化是，对于年收入在 33 000 ~ 43 000 欧元之间的租房者而言，除通货膨胀率外，还将面临额外 1% 的租金增长。对于住房协会而言，这意味着根据租户收入的不同，有 3 种不同的租金上涨政策。

为了完整地回顾荷兰社会租赁住房的发展概况，表 14.2、表 14.3 和图 14.1

都提供了一些关键统计数据。2011 年，荷兰有 389 个住房协会，这些协会共拥有 2 414 300 套住房。在 2011 年，住房协会收到的租金总额为 128 亿欧元（平均每个住宅单元是 5 164 欧元）。其财务结果是 19 亿欧元（平均每个住宅单元是 779 欧元）。如图 14. 1 所示，“二战”结束以来，随着经济发展的波动，住房协会在荷兰住房建设中占到了很大一部分。这些住房协会的住房建设一直是和一般经济状况反周期而行的。

表 14. 2　荷兰住房协会主要统计指标（2011 年）

住房数量（住宅单元，截至 2011 年年底）	2 414 300
新建住房用于出租的数量	28 600
新建住房用于出售的数量	6 700
打折出售的新建住房比重（%）	34. 4
住房拆除数量	11 900
出售给家庭的住房数量	14 300
打折出售的住房比重（%）	43. 0
住房装修（每单元超过 20 000 欧元）	18 800
环境质量费用支出，每住房单元（×1 欧元）	115

资料来源：CentraalFondsVolkshuisvesting（2012：14）

表 14. 3　租金、质量、营业额，荷兰住房协会（2011 年）

每一住房单元的质量点数	136. 8
每一住房单元的月租金（×1 欧元）	440
租金占最大允许租金的比重（%）	70. 2
每一住房单元的房地产价值（×1 000 欧元），1 月 1 日	154
住房单元的周转率（%）	7. 7
分配给目标群体的比重（欧盟标准）（%）：住房月租金低于 652. 52 欧元，分配给年纳税收入达到 33 614 欧元的家庭	93. 5

资料来源：CentraalFondsVolkshuisvesting（2012：14）

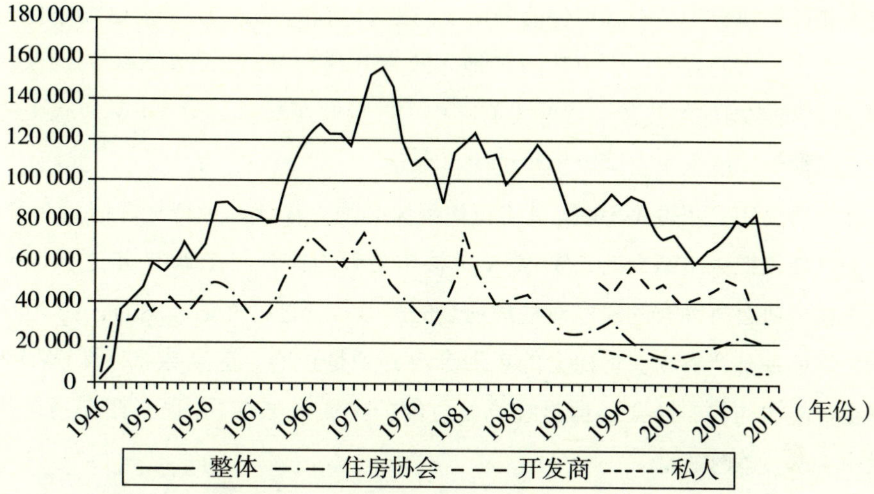

图 14.1　荷兰住房开发（1946～2011 年）

资料来源：Central Bureau of Statistics（CBS）

14.4　社会租赁住房的融资概况

直到 20 世纪 80 年代初期，荷兰住房协会对资金的需求主要通过国家发放贷款来满足。这直接增加了国家预算的压力。在 20 世纪 80 年代，政府陷入了严重的财政困难，国家债务急剧上升，这促使政府决定在 1984 年取消为住房协会提供贷款，取消政府为住房协会从资本市场贷款所提供的反担保。1983 年，社会住房建设担保基金（WSW）成立，作为一个私有法律实体来满足住房协会的融资需求。最初，WSW 只为住宅改善工程提供贷款担保。5 年后，WSW 开始为新建社会租赁住房提供贷款担保。WSW 致力于帮助住房协会以最低成本从资本市场获得贷款。自此，WSW 已经为新建社会租赁住房、改善住房、收购住房、建造疗养院和养老院等提供贷款担保。然而，WSW 不是唯一的贷款担保机构，当地政府在有限的范围内也为住房协会提供贷款担保。

由 WSW 为住房协会提供的贷款担保有三重安全保障。第一层安全保障来自住房协会以及由住房协会参与中央住房基金所形成的整个社会租赁住房的财务弹性。第二层安全保障来自 WSW 的资本资产构成。这些资产来自国家一次性的资本注入和住房协会为了得到担保服务所支付的费用等。第三层安全保障来自中央政府和地方政府的担保，中央政府和地方政府分别为 WSW 提供 50% 的担保。由 WSW 提供贷款担保的贷款利率非常有吸引力，反映了贷款人对 WSW 有极大的信心，这在很大程度上来自国家提供的安全保证。

住房协会想要获得 WSW 提供的贷款担保必须先在该基金登记注册。在 WSW 同意提供贷款担保申请之前，WSW 会审核申请者的信誉。在 2007 年之前，WSW 会基于住房协会所拥有的资产对住房协会的财务状况进行评估。然而，自 2007 年以来，评估基础调整为住房协会的年现金流必须是正的。这意味着，即使那些拥有高偿付能力的住房协会（但是在高偿付能力中钱被冻结），也会在申请这些富有吸引力的贷款时碰壁。

WSW 收到了来自标准普尔和穆迪投资者服务公司等评级机构所给予的最高信用评级：标准普尔给予 WSW 的信用等级为 AAA，穆迪给予 WSW 的信用等级为 Aaa（WSW，2011）。在 2010 年年底之前，荷兰大多数社会住房的房主在 WSW 登记注册，由 WSW 提供贷款担保的资金已上升到 8 530 亿欧元。在 2011 ~ 2016 年，荷兰住房协会预计投资 4 040 亿欧元，其中大部分资金从外部获得（WSW，2011）。

此外，WSW 也有一项重要的监管职能，即密切关注影响社会住房的所有发展情况，所以，WSW 要：

- 评估所有参加 WSW 的住房协会的财务状况和整体质量。
- 关注参与者的现金流。
- 分析市场动态。
- 要求参与的住房协会在一年内提供两次信息，同时要求给出实际的和预测的数字。
- 为参与 WSW 的住房协会提供可能的市场开拓机会等建议。
- 积极参与社会租赁住房金融产品创新（WSW，2011）。

除了 WSW 外，荷兰还有一个重要的机构：中央住房基金（CFV）。这个基金主要负责两项重要任务：财务监管（自 1998 年开始）和财务重建（自 1988 年开始）。当住房协会的财务状况不佳时，可以向 CFV 求助。根据住房法案的草稿，

CFV 将转型为一个新的住房权力机构。

CFV 是由住房协会共同成立并为住房协会提供服务的基金。它的任务是为财务状况不佳的住房协会提供金融支持。当有必要时，CFV 甚至会帮助财务状况不佳的住房协会进行重组。为了达到这个目标，每一个住房协会每年都要向该基金交纳费用。交纳的金额主要根据各住房协会的财务状况来计算，自 2001 年起，交纳金额还要考虑该住房协会是否会向缺乏项目资金的住房协会提供金融支持。如果一个住房协会无法取得加入 WSW 的资格，可以向 CFV 求助。CFV 会提供免息贷款给财务状况不佳的住房协会，前提条件是该住房协会承诺在 3 年内改善财务状况，并实现自给自足。有时，这种前提条件是要求住房协会重组。大多数情况下，中央住房基金的成员之一会接管该财务状况不佳的住房协会。原则上，中央住房基金会支付一半的运营成本，另一半通常由最终负责住房的地方政府承担。CFV 的资助条件充分反映了 WSW 在评估住房协会商誉时所采用的标准。自从中央住房基金成立以来，已给予 18 个住房协会总额超过 50 亿欧元的资金支持。

从 1998 年开始，除了负责住房协会的财务重组以外，中央住房基金也同样承担了监管任务，包括早期预警监测。通过向中央政府及时提供有关住房协会财务状况不佳的信息，CFV 可以作为一个正式的监管者进行干预。因此，CFV 可以帮助住房协会尽可能地避免任何影响其财务状况的问题。由于这个原因，CFV 有了一些新的特定任务。其中之一便是评估住房协会未来需要财务重组的可能性，并进行发布。为此，CFV 编制了关于每个住房协会的财务状况报告，这些报告基于住房协会的年度报告和它们提供的补充信息。而且，CFV 会在新住房协会的加入、合并及章程变更等方面向中央政府提供建议。此外，CFV 也会针对所有住房协会的财务状况发布年度报告，如在 2010 年住房协会年度报告中，CFV 声称社会租赁住房的整体财务状况良好。只有 4 个住房协会因存在清偿能力问题而被认为处于危险状态，这 4 个住房协会的资产价值远低于它们的投资计划。

中央住房基金另一个重要关注点是运营成本。在过去几年中，这些运营成本已经远远超过通货膨胀，相差 5% ~10%。这不由得让人怀疑住房协会是否可以高效运行。在中央住房基金与中央政府的批评下，住房协会的运营成本最终在 2009 年降到了“只有”3%（比前几年降低了很多，但仍然高于通货膨胀率1% ~2%）。行业协会 AEDES 同样意识到了这个问题。实际上，它要求住房协会的运营成本在第二年要降低20%。中央住房基金的年度报告也声明，住房协会在对抗金融危机时是相当成功的，有能力进行反周期性的投资。不论从哪个角度看，住房协会在2008年和2009年的表现都极为抢眼。在这期间，自有住房和租赁住房开发建设及住房宜居性改造支出都得到了快速发展。2010年可以看作是转折点，在2010年之后，由于收入和政府税收的减少，住房协会的这些活动预计将大幅走低。

总之，荷兰社会租赁住房的主要运营特征如下：

- 社会住房建设担保基金为建造和更新提供担保。
- 中央住房基金负责财务监管和财务重组。
- 中央政府不提供直接的“砖头”津贴；把整个社会租赁住房部门看作循环基金。
- 2010年和2011年住房开发占到58%。
- 住房协会是私人组织，履行公共任务并受中央政府管控。
- 欧盟规定，住房协会的活动与国家援助不仅直接关系到房屋的最大值，而且应针对社会贫困家庭。
- 住房协会负责的任何商业性运营应根据市场情况而定，并商业运营的利润必须投资在社会住宅建设领域。
- 2013年开始向社会租赁住房征收巨额的不动产税。

14.5 社会租赁住房的未来

上述内容蕴含着一个警告，即在未来几年，荷兰社会租赁住房部门必须重新考虑它的定位。这是在布鲁塞尔新的竞争规则及房地产市场自主发展的背景下，伴随着荷兰福利体制的改变以及随之而来的收入再分配制度的变化而引起的。另一个重要原因是，近年来，一些住房协会的财务管理不善。几个住房协会因为在金融衍生品（利率陷阱）的投机行为已经陷入巨大的困境之中。例如，在2012

年，荷兰最大的住房协会——Vestia 损失了大约 20 亿欧元。

以下是荷兰住房协会未来可能的几种发展路径，这些发展路径都与荷兰福利体制的未来发展息息相关。

14.5.1　延续当前体系

关于荷兰住房协会未来发展的争论最有可能的结果是用新的布鲁塞尔规则来调整当前的体系，以避免任何进一步的失败。这个方向与现代社团主义福利体制的巩固完全契合，也与由住建部长引入的修改《住房法案》的最新提议相符，这份提议于 2012 年 7 月得到荷兰议会的批准。为了解决目前的治理问题，避免未来的财务危机，中央政府会加强对住房协会的治理。一般而言，财政法规将更加严格，对金融衍生品的使用管理规定也会更加具体（市政府或多或少会采取相同的做法）。此外，住房协会的业务将被分为营利性和非营利性两部分。住房协会的活动可能会进行行政性划分，分为针对目标群体（家庭收入低于 33 600 欧元）的活动与针对非目标群体的活动。对于后者，政府不再给予支持，如 WSW 的贷款担保支持或者市政府给予的廉价土地支持。这种划分将为房地产市场创建一个公平的竞争环境。此外，住房协会的内部治理将得到进一步的改进和更加专业化。

14.5.2　选择退出

一个相反的政策方向是政府完全退出，住房协会将成为一个没有任何政府支持的非营利组织。这是 1995 年《总收益与收支平衡法案》的延续。这意味着政府将停止对 WSW 的支持，荷兰的住房协会将会像德国的住房协会一样，被看作普通的租赁住房房东。循环基金将确保住房协会仍然能够为低收入和其他贫困群体提供住房。对于大多数住房协会而言，这将是一个光明的未来，他们将自由决策而不再受政府规制的制约。同时，最近针对住房协会推出的税收也将停止征收。在两年前，有一个住房协会试图脱离非营利组织体系。然而，这一举措在法庭上被否决了。在这样的背景下，中央政府是否会支持这样的退出行动，不禁令人非常怀疑。不过这也是可以协商的，只要住房协会愿意把大部分资产上交给中央政府。此外，政府仍需按照宪法负责弱势群体的住房。如果政府完全失去了对住房协会控制的能力，这几乎是不可能完成的任务。

14.5.3 组织功能分解

在这个功能分解的变体中，住房协会的实体活动与其资产分开（see also Boelhouwer & Priemus，2012）。一些学者（Conijn，2011）认为，社会住房的房东效率低下，他们应该以一种更有成本效益及受市场影响更大的方式开展工作。目前，荷兰大部分的住房协会都以一个合法基金会的形式存在。为了对资本和管理业务做出合法有效的划分，基金会需要成立一个新公司，承接住房协会的所有实体业务（物业所有权、管理和开发），基金会只持有该公司的股份。新公司将作为一个常规的商业资产管理公司来经营，力争在租赁物业的开发与利用上取得最好的收益。利润将分配给股东（基金会）或用于提高未来利润的投资，当然这些投资收益最终还是分配给股东。原住房协会（基金会）将转型成为一个基金投资和资产管理公司；原住房协会与公司之间唯一的联系是前者持有后者的股份。基金会很可能还是受到《社会租赁住房管理条例》（BBSH）的监管，盈余将用于社会租赁住房，从而与议会制定的指导方针相符合。在这个变体中，保留了住房协会的义务，即住房协会的资产应用于社会住房领域。

14.5.4 从房地产管理者到资本管理者：私人资本的选择

组织功能分解的一个扩展是在住房协会中引入私人投资资本。这个变种符合现代社团主义福利体制向自由主义福利体制发展的要求，进而导致公司模式的转变。这种转变似乎不太可能与荷兰福利体制的历史相冲突。这种变体将会孕育出一个新的商业企业，并且它拥有该公司一半以上的股份。余下的股份将出售给私人投资者，如养老基金和保险公司，新股东将依据其份额获得公司的股息分红。当然，住房协会将从转让股份中得到补偿，并转型成为一个受托基金机构，它可以投资于各种市场不能提供的社会需求（例如，为低收入群体提供低租金住房和投资于宜居性措施等）。原则上，新商业公司的股票可以自由交易，并欢迎更多的私人资本对公司进行投资。这些基金会将出售所持股份的一部分（最好是更大的一部分）给新公司，并投资于其他股票，从而在业务活动和资本间进行经济且合法的分离。与组织功能分解的情形相一致，经济独立的一个优点就是外部股东对管理者产生更多有效压力，促使公司更高效的运作。养老基金通常对获得这样的股份很感兴趣，只要收益与风险之间的关系是有利的。由于资产管理的规模效益，可以想象的是，基金（基金会）可能会对利用一个或多个资产管理公司产生兴趣。在 2012 年，一群房地产专家、前政要和投资者共同提出了这样的建议（2012 住房和生活论坛）。然而，我和普里莫斯（Priemus，2012 年）指出了这个建议的一些负面后果。一个问题是，资本的流动性将更多地诱使我们去挥霍资产。另一个潜在的问题是，政治家们将不得不放弃他们对租金政策的全权控制以吸引新的潜在股东。

正如前面提到的，延续当前的制度并加强政府作为外部监督者的地位，最适合荷兰现代社团主义福利国家的现状。我们只能将组织功能分割和私人资本选择的变体解释为住房协会从一个具有混合性质的非营利组织全面转型的序幕。转型的方向是针对特定目标群体，住房协会有义务把其资产投入到符合《住房法》的特定（社会）目的中。将来，住房协会将转型成为一个完全成熟的住房市场的一员，股东的利益最终会战胜使用住房协会基金为特定目标群体服务的利益。在我看来，这无异于把“孩子”和“洗澡水”一起倒掉。在过去，荷兰住房协会在维持社会住房稳定方面做出了重要贡献。如果条件允许，它们依旧可以继续这样做。因此，我相信，调整当前系统会优于组织功能分解和私人资本选择。

14.6　结论

本章的核心问题是如何解释荷兰社会租赁住房在国家住房体系中的地位。一般来说，社会租赁住房的地位受到社会发展的强烈影响。特别是，社会租赁住房的特定地位与荷兰福利体制的建立与转型密切相关。例如，直到 20 世纪 50 年代，荷兰社会租赁住房的数量是适度的（占住房总数的 12%），即使与其他西欧国家相比也一样。在第二次世界大战之后，福利体制这一现象开始出现，尽管最初在荷兰的发展非常弱小，但它以非常快的速度发展成熟。事实上，相较于其他国家，荷兰在几十年内已由“落后者”转变为富庶的领导者。而且，福利体制在荷兰保持了更长的时间，直到20世纪90年代中期才迎来转折点。在20世纪70年代，其他西欧国家政府对市民社会进程的影响已经大大减弱，市场力量开始崛起。而在荷兰，社会租赁住房的发展与福利体制的蓬勃发展保持一致。在荷兰，社会租赁住房的持续发展时间比多数西欧国家都要长许多，最终荷兰社会租赁住房的市场份额在20世纪90年代初达到了最高值41%。

除了从发展的视角研究社会租赁住房外，这一章还从国际视角分析了荷兰社会租赁住房独特的发展成熟过程。荷兰以32%的社会租赁住房比重，不仅成为欧洲最大的社会租赁住房国家，而且也拥有独立、大量的住房资本存量。汇集租金、积累资本的投入，以及自由处置房产的权利使得投资于住房的资本可以投资于其他机会，住房协会可以以低于成本的租金出租新建的社会租赁住房。以70 000欧元的成本建造一套社会租赁住房是无利可图的，该成本远高于20世纪90年代初期政府给予的补贴。融资需求也完全可以通过WSW得到满足，除了能够获得足够的资金，在国际资本市场借款也可以规避敏感的税收问题。这种独特的情况带来了相互合作与团结，并得到国家担保所带来的资金安全保证。经济状况不佳的住房协会也会通过CFV得以重组。然而，未来财务状况稳健的住房协会也存在着风险。目前，中央政府正面临着由经济危机所导致的财政困难，政治家们正虎视眈眈地盯着住房协会所积累起来的资本。第一个冲击便是从2014年开始要支付的一项每年6.2亿欧元的新的不动产税。同样，市政府也面临着财政困境，并试图将耗资巨大的建设活动转移给住房协会。

参考文献

1. Boelhouwer PJ (2007). The future of Dutch housing associations. J Housing Built Environ 22 (4): 383 –391.

2. Boelhouwer PJ, Hoekstra J (2009). Towards a better balance on the Dutch housing market? Analysis and policy proposition. Eur J Housing Policy 9 (4): 457 –475.

3. Boelhouwer P, Hoekstra J (2012). Housing and the state in Western Europe. In: Smith

SJ, Elsinga M, Fox O'Mahony L, Seow Eng O, Watcher S, Hamnett C (eds). International encyclopedia of housing and home, vol 3. Elsevier, Oxford, pp 363 – 373.

4. Boelhouwer P, Priemus H (2012). Housing system reform: The opinion of advisory board versus political reality in the Netherlands. J Housing Built Environ 27 (4): 527 – 542.

5. Boelhouwer PJ, van der Heijden HMH (1992). Housing systems in Europe: Part I, A comparative study of housing policy, Housing and urban policy studies 1. Delft University Press, Delft

6. Centraal Fonds Volkshuisvesting (Central Housing Fund) (2011). Jaarverslag 2010 (Annual Report 2010). CFV, Huizen.

7. Centraal Fonds Volkshuisvesting (2012). Sectorbeeld realisaties woningcorporaties. Verslagjaar 2011 (Picture of sector realisations housing associations. Year 2011). CFV, Baarn.

8. Conijn J (2011). Woningcorporaties op een kruispunt. Amsterdam School of Real Estate, Amsterdam.

9. Danermark B, Elander I (1994). Social rented housing in Europe: Policy, tenure and design, Housing and urban policy studies 9. Delft University Press, Delft.

10. Esping-Andersen G (1990). The three worlds of welfare capitalism. Polity Press, Cambridge

11. Forum for Housing and Living (2012). Woningcorporaties op eigen benen: verdienen om te kunnen dienen. Forum for Housing and Living, Naarden.

12. Gruis V (1997). The Netherlands. In: Boelhouwer PJ (ed). Financing the social rented sector in Western Europe. Delft University Press, Delft, pp 7 – 20.

13. Harloe M (1995). The people's home? Social rented housing in Europe and America. Blackwell, Oxford/Cambridge.

14. Heerma E (1989). Nota volkshuisvesting in de jaren negentig (Memorandum on Housing in the 1990s). The Hague (ministerie VROM).

15. Kemeny J (1995). From public housing to the social market: Rental policy strategies in comparative perspective. Routledge, London.

16. Kemeny J (2006). Corporatism and housing regimes. Housing Theory Soc 23 (1): 1 – 18.

17. Murie A (1992). Public rented housing in Britain. In: Danermark B, Elander I (eds). Social rented housing in Europe: Policy, tenure and design, Housing and urban policy studies 9. Delft University Press, Delft, pp 77 –94.

18. Priemus H (1995). How to abolish social housing? The Dutch case. Int J Urban Reg Res 19 (1).

19. Torgersen U (1987). Housing: The wobbly pillar under the welfare state. In: Turner B, Kemeny J, Ludqvist L (eds). Between state and market: Housing in the post-industrial era. Almqvist & Wiksell International, Stockholm, pp 116 –127.

20. van der Schaar J (1991). Volkshuisvesting een zaak van beleid (Social housing: A matter of policy) . The Spectrum, Utrecht.

21. Waarborgfonds Sociale Woningbouw (Social House-building Guarantee Fund) (WSW) (2011). Jaarverslag 2010. WSW, Huizen.

第15章　瑞典各城市公共住房规模的变化：政治的作用*

15.1　引言

从20世纪40年代到90年代，瑞典社会民主党一直致力于为大众建立一个高品质、负担得起的住房保障体系，公共住房是住房保障体系的一个重要组成部分。市政所属的房地产公司仍然持有17.5%的房源，为14%的百姓提供住房。但在过去的20年里，这些房地产公司在住房保障体系的逐步改制中失去了特权地位。

人们常说理解未来的最好方法是学习历史（Malpass，2005）。虽然历史教训常常有用，但那些戏剧性的变化却不容易预测。在20世纪30年代的瑞典，很少有人能预见当时根本没什么概念的公共住房最终会随着“二战”后蓬勃发展的现代化建设而急剧扩张。现代化与快速城市化、经济快速增长与社会改革齐头并进。连激进的左翼政党都没有预见市政所属的住房会成为这一发展的一个重要组成部分，政治左翼曾一直致力于建设一个更强盛的国家、为百姓建造更好的住房，并且更多地再分配财富和发放福利（Elander，1991）。当一些市政府合并相邻城市土地，组建更强大、资源更多的地方政府时，不可避免需要开展一些行政改革促使城市不断发展。

仅仅在1951～1974年的23年间，瑞典的城市数量分两个阶段从2 281个减少

* 本章由罗杰·安德森（Roger Andersson）（乌普萨拉大学住房与城市研究所社会和经济地理学教授）执笔。

到1 037个，再到280个左右。每次城市规模变大，市政府都在城市重建和扩大社会服务、基础设施和住房方面发挥关键作用（Nielsen，2003，p. 23）。然而，由于中央政府的职责是为城市发展建立不同类型的法律和金融框架，所以市一级政府的权力仍然很大。地方上的人口结构以及社会经济发展的差异往往会导致地区差异，不过也有意识形态方面的原因。

并非所有政党都支持扩大公共住房的建设量。可以预计的是，左翼政党掌权的城市比较倾向于建设公共住房。瑞典经济学家佩特森（Pettersson-Lidbom，2008）发现，左翼政府比右翼政府开支更多、征税超过2%～3%。他们还雇用更多的工人，因此也有较低的失业率。在这样的政府决策引导下的消费和就业情况的差异，不管是历史上还是现在都与公共住房相关。

有研究者发现，“关于选举在政策形成中的作用有两个完全不同的看法。有一种观点认为，选民会影响候选人的政策选择：拉选票促使政治家走向中心。这种观点认为，选举能带来某种程度的政策妥协。另一种观点则认为，选民只是选出政策：政治家不能做出可信的承诺来改变政策，选举只能决定两个对立的政策最后哪个得以实施。”他们分析的数据来自美国众议院的投票记录（1946～1995年），数据分析的结果支持第二种观点，即选民选出的其实是政策。如果这在瑞典也是一样的，那么我们可以假设本地支持左翼政党和公共住房的数量呈正相关。

本章讨论瑞典的公共住房情况，尤其是过去20年的发展情况，这有助于探讨公共住房的未来和相关研究。我们将讨论两个实证问题：（1）当地的政治、人口和社会经济的哪些情况可以解释瑞典各地公共住房的建设规模？（2）这些情况及变化能否解释一定时间跨度内公共住房相对规模的变化？然而，在探究这些问题之前，我们要简要介绍一下瑞典公共住房的历史背景和最新趋势。

15.2 历史背景

根据政治学家本特松（Bo Bengtsson，2012）的研究，瑞典住房制度近半个世纪（20世纪60年代～2010年）的特征可以概括为4点：（1）一个不涉及个性化需求或家庭经济情况调查的大众化住房政策；（2）一个由市政所属房地产公司所拥有的公共租赁住房项目，并由具有政治背景的专业公司管理；（3）一个既有公共租赁又有私人租赁定价的综合性租赁市场；（4）在（公共与私人）房东和一个强大的、组织良好的国家租户运动的代表们之间的一个统一的"社团主义"租赁谈判系统。在同一篇论文中，本特松（2012）认为，这些特征"有很强的关联性，几乎是充分必要条件"。

在另一篇论文中，本特松（2006）从路径依赖的角度分析了瑞典的住房，从早期的"建立时期"（从 20 世纪初至 20 世纪 40 年代，有限的房屋改革，以应对城市化初期）到"建设时期"（20 世纪 50 年代到 70 年代中期，综合性、制度化的住房政策，旨在应对住房短缺），再到"管理时期"（20 世纪 70 年代中期到 90 年代初，住房需求已经饱和），最后到"紧缩期"，政府在住房供给方面降低了参与度。表 15.1 表明，尽管一些市属公共住房在"建立时期"出现，大部分城市的住房租赁公司于第二次世界大战后建立，但大量公共住房建于 20 世纪 50 年代和 60 年代，即在社会民主党执政的全盛时期。

表 15.1　瑞典住房的所有权结构（占所有住房的比例，1945～2006 年）　　（单位：%）

年份	业主	合作	公租房	私人租赁	总计
1945	38	4	6	52	100
1960	34	9	14	43	100
1970	34	13	23	30	100
1975 *	40	14	24	22	100
1980 *	42	16	23	19	100
1985 *	43	16	24	17	100
1990 *	43	17	23	16	100
2002 * *	42	19	22	17	100
2011 * *	41	23	18	18	100

资料来源：* Statistics Sweden Census 1975，1980，1985 and 1990

* * Statistics Sweden，Estimated housing stock December 31，2002 and 2011

在1974年之前，虽然不是市政府而是其他利益相关者在为每一位大众建房，因而在不同方面享受中央政府的特殊待遇，但是直到最近，这种特定形式的公共租赁住房一直有4个特点（Hedman，2008，P.7）：它是无利润经营的；它归市政府所有；它是为所有住户设计的，不论收入多少；最后，在各个地方房地产市场，所有租赁住房的租金都受到公共事业部门的设定，再加上一定的需求方的住宿补贴。

瑞典社会住房政策背后的政治意图是为大众提供良好的住房，无论收入多少，并打破收入和住房好坏之间的联系。从20世纪40年代到90年代，瑞典的公共住房一直是社会民主党致力于为大众提供高品质经济适用房的住房保障体系的一个关键要素（Elander，1991）。住房政策不是唯一手段——大量的市政用地、权益租金补贴、租金调控和住房补贴也发挥了重要作用，但住房政策保障了地方政府在住房建设和住房分配方面的影响力。

15.3 最新进展

瑞典市属房地产公司仍持有约20%的存量住房，并为14%的百姓提供住房。但是在过去的20年里，这些房地产公司在住房体系的逐步改制中失去了特权地位，其重要作用受到质疑。正如特纳和怀特黑德（Turner and Whitehead，2002，p.201）指出的："在欧洲和工业化国家，住房政策已经经历了快速变化。这种变化在瑞典显得尤为突出，因为住房历来是福利国家的一个核心要素。"正如范·根特（van Gent）在研究西班牙和荷兰时提出的，"福利改革的政治与置业理念有关。资产所有权是改变国家、市场和各家各户关系的一种手段（van Gent，2010，p.735）"。表15.2显示，在瑞典，居民置业本身并没有增加（如果算上合作公寓，略有增加），但毫无疑问，瑞典的政治权利在业主和那些希望在福利和住房方面减少国家干预、加大市场行为的人中间拥有一定的选民基础。

20世纪90年代初期的保守与自由主义国家政府对瑞典的住房政策进行了调整（see Lindbom，2001），并针对住房所有制转换征求当地意见，例如公租房转成市场形式（合作公寓）。正式的决定于1992年出台，但这个决定至少有一部分源于英国保守党政府于十几年前提出的提议（Forrest and Murie，1988）。在一些瑞典城市，主要是那些社会民主党占多数的城市，这个决定对房产市场没有什么影响或者影响较小。在另一些城市，则影响非常大，因为保守党占大多数的市政府打算出售大部分市属存量房，要么转让给私人租赁公司，要么转让给合作协会（进行房屋所有权转让）。1994～2006 年间执政的社会民主党政府出台的措施使得公共住房更加难以出售，新政要求只有 75% 的居民同意，房屋才能出售，而原来只要多数居民赞成即可。社会民主党还颁布法律，禁止市政府把公共住房出售给私人房地产商，这些措施很有效，房屋转化率从根本上减少了（Swedish Board of Housing，Building and Planning，2011）。

表 15.2　1990 年和 2008 年瑞士房屋所有权结构概述（所有居民的百分比）

所有权比例	1990 年	2008 年
住在公共住房的比例（%）	16.3	14.1
住在合作公寓的比例（%）	12.4	15.7
业主的比例（%）	54.8	54.9
私人租赁或者所有权不明的比例（%）	16.5	15.3
总计	100.0	100.0
总人口	8 591 000	9 237 000

资料来源：Geosweden database，Institute for Housing and Urban Research，Uppsala University

伴随着 2006 年自由保守党拿到了多数席位，之前的住房政策不再实行，房屋的出售和转换又恢复发展势头。仅在 2010 年，瑞典共售出 15 000 套住宅，差不多是 2009 年以及 2000 年以后几年的总量。从瑞典住宅、建筑及规划国家委员会（Swedish Board of Housing，Building and Planning）的数据看，首都斯德哥尔摩继续引领这一发展趋势，和其他城市不同的是，首都地区的房子是出售给住房合作协会，而其他城市的房子主要出售给私人租赁公司。2000～2011 年，瑞典有155 000套公共和私人租赁公寓转让给了住房合作协会，其中 112 000 套在斯德哥尔摩转让，而这其中约 40% 为公共租赁住房

（Statistics，Swedens，2012）。

公共租赁住房仍然是一个政治上有争议的所有权形式，社会民主党占多数的城市——如哥德堡和马尔默——继续保留和发展公共租赁住房。不过在斯德哥尔摩，占多数席位的政党几乎每一届都会换，导致住房政策常常变更。此外，房源短缺问题也日益严峻。

将公共租赁住房所有权转让为其他所有形式，是瑞典政府削弱公共住房作用的一个例证。如上所述，公共住房在软租金调控系统中发挥过重要作用，即基于住宅的实用价值来谈判租金。公共住房公司和当地的承租人协会共同协商租金。这个租金主要基于成本，较少考虑房屋的地理位置，较多考虑参考标准（Lind，2007 and Wilhelmson 等，2011）。在一些城市同样重要或更为重要的是，协商后的租金也是私人业主的基准线，私人业主不能依据房屋所在城市的地理位置或者不同社区来制定基于市场的租金。2010 年 6 月，当局的中央政府经议会通过了一项法案，即市政所属的公共住房公司不再补贴租金，租金也不再受公共事业部门的设定。正因为这样，它们为百姓造房的功能逐渐淡化，转而需要按照商业准则操作，事实上“逐渐偏离了当地政府法案中要求的，按照成本经营并且禁止以盈利为目的经营原则”（SABO，2010）。与此同时，新法案明确了“商业化运作可以兼顾社会责任”。（Government Proposition，2009/10，p. 185）然而，很少有人知道，具体实践中如何遵守这条准则。克里斯多夫（Christophers，2013）认为，瑞典现在代表了“一种怪异混合”，有明显的新自由主义特征，但重大的监管框架仍然存在。他发现，因为租赁房源不足而导致的房屋短缺现象将持续，并且越来越多的普通百姓买不起房子，这是目前瑞典住房两个最大的挑战和问题。

未来会怎样很难预知，但研究新的法规框架对全国的影响以及在当地不同的效应同样重要（Musterd，2014），马斯塔德（Musterd）用荷兰的案例强调了同样的观点。正如我在引言中说明的，很可能是当地政治在持续影响瑞典公共住房的规模和功能。本章接下来的几个部分将论述政治是如何影响从 20 世纪 90 年代初开始的紧缩阶段的国家住房政策和住房发展的。

15.4　本地政治与公共住房：实证研究变量的选择和说明

本章关注以下两个研究问题：（1）当地的政治、人口和社会经济的哪些情况可以解释瑞典各地公共住房的建设规模？（2）这些情况及变化能否解释一定时间跨度内公共住房相对规模的变化？

对于第一个研究问题，本章作者采用了瑞典所有城市在 1990 年和 2008 年的横截面数据，相同的变量将被用于预测在这两个时间点的一系列当地特征及其影响。需要利用路径依赖使当代条件只有边际解释值（Bengtsson and Rounavaara, 2010）。对 1990 年和 2008 年的数据应用同一套独立变量，希望能够测试出解释力是否随着时间的推移而改变。对于第二个研究问题，可以用差分方法来衡量随着时间推移，对公共住房的相对规模有解释性价值的变量的变化。

理想的情况下，我们偏向使用长的数据串。然而，对于这个案例，长数据串难以建立，主要原因是引言中提到的时隔几年的行政改革。20 世纪 50 年代和 60 年代，公共住房的规模迅速扩大。瑞典当时有超过 1 200 个自治市。20 世纪 70 年代初期的行政改革对政府部门进行了合并，城市数量大幅减少。行政改革之后，瑞典有 277 个自治市。从那时起，有的自治市拆分成两个，所以现在有 290 个自治市。一些将要使用的变量不能及时做到回测，因为回测需要投入大量工作，所以有些回测可能找不到数据。1990 年以后影响住房制度的重大改革以及数据资料的有限，是把研究时间缩减为 1990～2008 年的两个重要原因。

当然，我们都知道，现在瑞典公共住房的规模是 20 世纪 50 年代和 60 年代占大多数席位的政党改革的结果（当时房屋新开工量达到顶峰），用当代的数据试图解释当时住房的重要性，可能会行不通。然而，有两种情况仍然让我们保持乐观。首先，尽管政治格局一直在变，但是多数城市十年如一日地保持相对稳定的政治派别。也有一些例外，在 20 世纪 50 年代和 60 年代那些被政治左翼主导的区域，支持率处于一个较低的水平。如果政治派别换了，最好的解释是中产阶级逐渐壮大，因为他们一般支持去工业化和郊区化。这种变化通常集中在大城市，而很多传统的阶级结构在城市化程度较低的区域保持完整。其次，新的公共住房继续在建，过去 20 年发生的出售和转让也导致了公共住房的不均衡发展。如果说1990年公共住房的规模是受历史政治遗留问题的影响，那么我们也可以假设后来公共住房的发展更多是受到了现在的政治以及当地阶层结构的影响。伯格（Berg）和伯杰（Berger，2006）发现，1990年左右的政策变化导致瑞典房地产市场发生了一个结构性断裂，这些变化"导致在瑞典住房的投资更易受市场驱动"。这与某种想法背道而驰，即地方政客会影响房地产投资，包括决定公共住房的数量。

下面我们将提到，1990～2008年出现过一个由左翼政党主导转换到由右翼政党主导的时期。在众多的政治变化中，从1992年开始，中央政府减少住房补贴，使得新的公共住宅的建设量减少，经济合作与发展组织（OECD）成员国从1990年开始很少有这么少的新住房建设量（参考2012年OECD，在20个经济合作与发展组织成员国从1980～2008年人均住房投资数据中，瑞典垫底）。尽管住房所有制从私人租赁和公共租赁转到了合作公寓，但新住房开工量少是住房使用权结构与1990年和2008年非常相似的主要原因（见表15.2）。

可以预料的是，所有权结构包括在不同规模的城市中公共住房的不同作用（见表15.3）。其中一些变化与城市化的程度和人口发展有关。在20世纪60年代经历过人口减少的自治市往往是在乡下以及偏离全国人口统计平均值的地方。公共住房一直以多户住房的形式建造，很少有例外。前面曾提到，20世纪50年代、60年代和70年代是瑞典建设公共住房的重要时期。公共住房公司积极参加了所谓的万套住宅项目（1965～1974年）。这是一段大量建设公共住房的时期，而且大城市和规模迅速扩大的中等城市建设得更多一些。

表15.3　1990年和2008年不同城市规模居住在公共住房的人口的相对比例（按人口规划排名）

（单位:%）

城市规模	1990年	2008年
斯德哥尔摩	32.2	21.4
哥德堡	29.5	26.0
马尔默	15.8	15.5
100 000～200 000人	20.3	15.6
50 000～100 000人	18.7	14.3

（续表）

城市规模	1990 年	2008 年
20 000 ~ 50 000 人	14. 6	11. 5
低于 20 000 人	10. 1	8. 4
总数（均值）	12. 7	10. 2
加权平均	16. 3	14. 1

资料来源：Geosweden　database，Institute for Housing and Urban Research，Uppsala University

从表 15. 3 可以看出，1990 ~ 2008 年，瑞典大多数自治市公共住房的相对规模纷纷下降，下降最快的是斯德哥尔摩（Andersson and Magnusson，2014），住在公共住房里的人口比例从 32% 下降至 21%。公共住房的减少不是由拆迁引起的，虽然在一些规模较小的城市或者偏农村的自治市会受到拆迁的影响（因为人口减少之后房屋过剩）。在人口持续增长的城市，居住在公共住房的人口比例减少是因为新建公共住房的数量不够。其他所有权的房屋建造起来，公共住房的相对规模就减小了。在另一些城市，比如斯德哥尔摩，公共住房的相对规模减小是由于公共住房出售给了老房客，房客再成立合作社，然后正式接管房屋的所有权。

随后关于当地政治与公共住房的多元统计分析将利用两个数据源：一是竞选数据；二是人口登记数据。

15. 4. 1　竞选数据

我们从瑞典统计局公共网站下载了不同城市在 1988 年和 2006 年的竞选数据（即每个政党在地方议会的席位数），并借助这些数据计算左翼政党（社会民主党和左翼党）所占席位的比例。可以说，这些数据包含了有关政治左翼影响的相关信息，但它绝非完美。

当地政府有时候建立在广泛联盟的基础上（对联盟理论和瑞典实践的概述，参见 Bäck，2003），有时是跨越左翼、右翼之争的鸿沟而形成的联盟，例如，中央党或自由党，还有社会民主党。此外，地方政治中也会因为特定议题（例如，关闭一所学校或医院，修建一条公路等）而出现小型反对党，这并不少见。在某些情况下，此类型的当地政党以之前的社会民主党选民为基础，以此使左翼在诸如住房问题这样的话题上获得比两个传统左翼政党更强的政治力量，一般这种传统左翼政党的力量会透过其所占席位比例显示出来。另有一点需要注意，本研究期间，社会民主党人士，无论有没有取得左翼政党的支持，通过获取绿党的支持而形成多数这一现象越来越普遍。

收集数据以追踪这些地区特定的政治条件并不费时，简单地计算出左翼力量的相对强度，既直接又与研究主题的相关度高。应该说，假如城市中资产阶级（通常由保守/自由温和党、自由党、中央党和基督民主党4个政党组成）是主要力量，那么非左翼通常会控制地方议程和决策，瑞典全国和大多地方都表明，温和党主要活跃于这类政党中。直到现在，温和党一直主张新自由主义价值观：低税收、放松管制、公有财产私有化、提供福利服务等，而在温和党主导地方政治的那些城市中，业主所有是主要的所有权形式，而公共住房被边缘化。

表15.4中包含了1988年选举以来6个城市的数据，利用这284个样本，可以对1990年的情况以及1990~2008年的变化进行实证分析。2008年的数据分析基于全部290个城市展开。如表15.4所示，左翼在1990年（1988年选举）的影响比2008年（2006年选举）要大得多。1990年，有120个以上的城市左翼政党占多数，但人口最多的13个城市中，只有3个城市由左翼主导。2008年，左翼仅在68个城市中占多数，且没有一个是人口十三大城市。与此同时，非左翼占压倒性胜利的城市数量在持续增多。

表15.4 按城市类型（人口规模）统计的1988年和2006年选举结果［左翼席位比例（社会民主党和左翼党）］

城市/人口规模	少数席位						多数席位					
	低于30%		30%~40%		40%~50%		50%~60%		60%以上		总计	
	1988年	2006年	1988年	2006年	1988年	2006年	1988年	2006年	1988年	2006年	1988年	2006年
斯德哥尔摩	0	0	0	1	1	0	0	0	0	0	1	1
哥德堡	0	0	0	0	1	1	0	0	0	0	1	1
马尔默	0	0	0	0	0	1	1	0	0	0	1	1

（续表）

城市/人口规模	少数席位						多数席位					
	低于 30%		30%~40%		40%~50%		50%~60%		60%以上		总计	
	1988 年	2006 年	1988 年	2006 年	1988 年	2006 年	1988 年	2006 年	1988 年	2006 年	1988 年	2006 年
100 000 ~ 200 000	0	0	0	3	5	7	2	0	0	0	7	10
50 000 ~ 100 000	2	4	3	8	12	15	12	3	1	2	30	32
20 000 ~ 50 000	4	10	11	22	26	29	29	12	10	2	80	75
小于 20 000	15	20	38	51	42	48	37	31	32	20	164	170

15.4.2　人口登记数据

本章利用瑞典地理人口信息数据库（Geosweden database）对人口登记数据进行分析，该数据库包括了 1990 ~2008 年年度人口、纵向数据、地理编码注册数据。除上文讨论的竞选数据外，表 15.5 中列出的所有变量都是利用该数据库计算得出的。而个体数据记录表明，住房、人口和社会经济地位这些数据都已经聚合在城市一级。

表 15.5　多元分析所含变量的描述统计

变量类型	变量	1990 年					2008 年			
		样本数*	最小值	最大值	均值	标准值	最小值	最大值	均值	标准值
因变量	公共住房中占比（%）	290	0.00	63.33	12.68	8.04	0.00	49.04	10.24	6.18
政治平衡	左翼席位（%）	290	17.78	74.36	47.81	11.41	8.89	82.86	43.29	11.86
人口统计	移民背景（%）	290	2.48	45.88	9.41	5.81	4.27	52.10	13.38	7.27
	80 岁以上（%）	290	1.04	7.04	4.50	1.23	2.05	10.31	5.99	1.44
	20 ~34 岁（%）	290	13.82	28.36	19.01	2.16	10.02	29.21	15.13	2.98

（续表）

变量类型	变量	1990 年					2008 年			
		样本数*	最小值	最大值	均值	标准值	最小值	最大值	均值	标准值
城市（规模）	斯德哥尔摩	290	0.00	1.00			0.00	1.00		
	哥德堡	290	0.00	1.00			0.00	1.00		
	马尔默	290	0.00	1.00			0.00	1.00		
	100 000 ~ 200 000	290	0.00	1.00	0.02	0.15	0.00	1.00	0.03	0.18
	50 000 ~ 100 000	290	0.00	1.00	0.10	0.30	0.00	1.00	0.11	0.31
	20 000 ~ 50 000	290	0.00	1.00	0.27	0.45	0.00	1.00	0.26	0.44
	小于 200 000	290	0.00	1.00	0.58	0.50	0.00	1.00	0.58	0.49
房产市场条件	Tobin's Q（托宾 Q 值）	290	0.37	2.44	0.84	0.34	0.18	3.37	0.89	0.53
社会经济结构	就业（%）	290	68.17	90.63	84.36	2.94	63.06	86.63	79.15	3.71
	低收入家庭可支配收入（%）	290	18.35	41.95	27.49	4.26	19.17	36.41	25.69	3.11
	高收入家庭可支配收入（%）	290	13.20	45.40	22.95	6.00	11.74	49.37	21.88	6.66
	接受住房补贴（%）	290	4.41	19.92	13.58	2.52	2.83	14.23	8.23	1.73
	低收入（%）	290	19.21	40.54	25.61	2.91	15.66	38.83	23.78	3.72
	高收入（%）	290	12.41	40.60	22.08	5.66	12.23	47.61	22.19	6.17

* 1990 年，样本数是 284。

表 15.5 列出了后续多元分析中所有变量的描述性信息，包括因变量和所有自

变量在 1990 ~ 2008 年的最小值、最大值和均值（以及标准差）。需指出的是，相比 1990 年，2008 年的因变量——城市中居住在市政公共住房中的人口比例——的最小值和均值要更低，这说明城市公共住房在整体性地减少（见表 15.2 和表 15.3），而从自变量的角度来看，还有很多地方需要进行深入探讨。

第一，1990 年瑞典是左翼党支持下的社会民主党执政，他们在 20 世纪 90 年代早期失去了多数席位，1994 年又重新掌权，并将优势保持到 1998 年和 2002 年的选举，然后 2006 年的选举中再次败北。其实，这种全国范围的多数席位的波动同样见于地方层面（见表 15.4）。1990 年民众对左翼的平均支持度要高于 2008 年，但从中也能发现一种两极化的趋势，因而对左翼支持度的最高值和最低值均高于 2008 年。

第二，自 1990 ~ 2008 年，有移民背景的居民（不在瑞典出生或父母均在国外出生）的比例在持续增加，城市一级的均值从 9.4% 增至 13.4%，这些数值远低于各年的全国均值，这说明大型城市中常常移民比例较高（Andersson，2012），在这里阐述这一指标是因为公共住房领域中移民数量过多。

第三，和其他国家一样，瑞典的人口结构也趋于老龄化，但是这种状况在地理分布上并不均衡，有些城市中 80 岁及以上的人口数量是另一些城市的 5 倍。从历史情况来看，虽然老年人更偏向租住公共住房，但年轻人也会有这种行为，后者指代 20 ~ 34 岁的个体，在 1990 ~ 2008 年其比例降低，但是标准差上升。

第四，居民的数量随时间而变化，但其整体结构保持稳定。我们将斯德哥尔摩、哥德堡和马尔默这 3 个瑞典最大的城市分别进行分析（图示模型），居民数在 10 万 ~ 20 万的城市在全部的 290 个城市中只占几个百分点，而那些人口规模最小（2 万以下）的城市数量众多，这些小规模城市中有许多地方是乡村，但并非全部都是，通常其人口密度比较低。

第五，纳入托宾 Q 值（Tobin's Q）是因为要考虑住房市场的总体水平。Tobin's Q 利用当地价格衡量新建住房成本与现有住房成本的比值。比值小于 1 说明新建住房的成本远高于现有住房的市场价值，因此，修建行为很少。比值大于 1 的情况通常在经济和人口都在增长的大型城市和热门地区出现。因此，这一指标不仅反映住房供需平衡，也能间接反映地区劳动力市场的长期情况。1990 年和 2008 年的均值小于 1 意味着一半以上城市的住房市场疲软，住房空置率增加或住房单元减少。

第六，表 15.5 报告了一系列社会经济指标，如就业率和工作收入比例（20～64 岁人群）、家庭可支配收入占比（15 岁及以上人群）、一年内接受各类住房补贴的人群比例。在家庭可支配收入和工作收入方面，低收入是指收入排最低 25% 的人群的工资收入，高收入指的是收入排最高 25% 的人群的工资收入。研究中假设可支配收入较低的那部分居民平均来说会需要更多的公共租赁住房。在这一时期，接受住房补贴的居民比例在持续降低。这主要与制度体系中政治的变化有关，如今具备领取补贴资格的人越来越少（Enström-Östh，2010）。将这一指标考虑进来是为了确定当地最需要帮助的家庭，可以假设这些家庭占公共住房租户的绝大多数，也许被过度代表。

15.5　结果

本章分 3 个阶段对数据进行分析，每一个阶段都包含了 3 个模型（运行 SPSS 软件中的线性回归命令）。第一个模型中只有一个控制变量，即地方议会中左翼席位的比例。第二个模型中，我们增加了有移民背景的人群的比例、两个年龄段（80 岁以上和 20～34 岁）所占比例及城市（共有 7 组，斯德哥尔摩、哥德堡和马尔默单独分析）人口规模。第三个模型也包括了关于住房市场条件（Tobin's Q）的信息和社会经济状况控制变量（就业、收入和住房补贴）。

第一阶段是分析 1990 年的数据，第二阶段是分析 2008 年的数据，第三阶段利用差分模型解释 1990～2008 年所有变量的变化。我们将按照以下顺序呈现分析结果：

15.5.1　1990 年模型

表 15.6 中模型 1 展现的是政治平衡对因变量（公共住房比例）变化的解释，这种预估结果在统计学意义上非常显著，但是只能解释变化的 10%（调整后的 R^2 参见表 15.6 最后一行）。在加入人口学特征和人口规模之后，政治平衡变量在统计意义上依然显著。新增的控制变量中，大多数都是统计学意义上显著且能增加解释比例的变量，这时 38% 的变化被解释了。增加最后一组控制变量（模型 3）之后，模型的解释力增强了（调整后的 $R^2 = 0.56$），但是政治和城市规模在统计学意义上都

不显著了。当地对左翼的支持接近显著。而马尔默这个城市比较特殊，其公共住房数量比基于政治、人口和城市社会经济指标得出的预期量要少许多。Tobin's Q 与公共住房份额成正相关，这意味着在住房市场发达的地方，公共住房的份额也会更大。

表 15.6　解释瑞典 1990 年各城市间公共住房居住比例差异的指标

变量类型	变量（1990 年）	模型 1			模型 2			模型 3		
		B	标准误差	Beta	B	标准误差	Beta	B	标准误差	Beta
	（常数）	1.842	1.964		-24.780	12.661		34.466	49.117	
政治平衡	左翼 1988 年（%）	0.227	0.040	0.321***	0.221	0.035	0.311***	0.080	0.052	0.113
人口	移民背景（%）				0.401	0.080	0.289***	0.241	0.083	0.174***
	80 岁以上（%）				0.605	0.621	0.091	-0.891	0.719	-0.134
	20~34 岁（%）				0.580	0.321	0.187*	0.576	0.317	0.186*
城市规模	斯德哥尔摩				16.286	6.500	0.120	4.710	5.864	0.035
	哥德堡				13.486	6.488	0.099**	-0.604	5.811	-0.004
	马尔默				-1.389	6.478	-0.010	-14.601	5.765	-0.107**
	100 000~200 000				7.160	2.529	0.138***	-0.152	2.334	-0.003
	50 000~100 000				5.496	1.384	0.209***	0.376	1.325	-0.014
	20 000~50 000				3.489	0.906	0.195***	0.3881	0.861	0.022
住房市场条件	Tobin's Q							12.485	1.846	0.517***
社会经济结构	就业（%）							-0.281	0.475	-0.102
	低收入家庭可支配收入（%）							-0.446	0.273	-0.235
	高收入家庭可支配收入（%）							-1.477	0.255	-1.084***
	接受住房补贴（%）							0.900	0.310	0.278
	低收入（%）							-0.564	0.524	-0.203
	高收入（%）							0.865	0.255	0.604***
调整后的 R^2		0.10			0.38			0.56		

P > | z | : * = P < 0.05, ** = P < 0.01, *** = P < 0.001

值得注意的是，如果高收入家庭的比例更高，那么会与因变量呈负相关，但令人惊讶的是，高收入人群的比例会提供找到更多公共住房的可能性。另外要注意的一点是，有移民背景的人群的比例与公共住房的相对规模在统计学意义上的相关性是显著的，即有移民的地方更可能存在公共住房，这种因果关系很有可能反过来也是成立的，只有拥有大量公共住房的城市才会吸引移民进入。同样的道理也许也适用于年轻人这一群体，那些在1990年20～34岁人群比例较高的城市趋向拥有更多的公共住房。

15.5.2 2008年模型

1990年模型中的模型3解释了因变量50%以上的变化，但用同一组自变量去解释2008年的数据，因变量被解释比例跌到了40%（参见表15.7中模型3）。有趣的是，并不是政治或人口学变量削弱了预估的有效性，而是社会经济结构控制变量的影响减弱造成的。1990年和2008年中模型2的R^2值一致，而模型3显然不是。

表15.7 解释瑞典2008年各城市间公共住房居住比例差异的指标

变量类型	变量（2008年）	模型1			模型2			模型3		
		B	标准误差	Beta	B	标准误差	Beta	B	标准误差	Beta
	（常数）	5.607	1.350	***	-12.668	3.096	***	-3.463	51.298	
政治平衡	左翼2006年（%）	0.107	0.030	0.0205 ***	0.125	0.0254	0.239 ***	0.248	0.0587	0.291***
人口	移民背景（%）				0.238	0.489	0.279 ***	0.248	0.0587	0.291***
	80岁以上（%）				0.199	0.247	0.0463	-0.496	0.363	-0.116
	20～34岁（%）				0.834	0.166	0.401 ***	0.529	0.178	0.254***
城市规模	斯德哥尔摩				1.009	5.234	0.010	1.612	5.258	0.015
	哥德堡				2.884	5.300	0.027	3.515	5.256	0.033
	马尔默				-9.800	5.345	-0.0930*	-9.527	5.352	-0.090*
	100 000～200 000				-1.318	2.083	-0.039	-1.459	2.146	-0.043
	50 000～100 000				1.067	1.186	0.054	0.496	1.237	0.025
	20 000～50 000				1.828	0.737	0.130 **	1.382	0.797	0.098*

（续表）

变量类型	变量（2008 年）	模型 1			模型 2			模型 3		
		B	标准误差	Beta	B	标准误差	Beta	B	标准误差	Beta
	（常数）	5.607	1.350	***	-12.668	3.096	***	-3.463	51.298	
住房市场条件	Tobin's Q							3.124	1.117	0.226 ***
社会经济结构	就业（%）							0.376	0.504	-0.226
	低收入家庭可支配收入（%）							-0.402	0.281	-0.202
	高收入家庭可支配收入（%）							-0.632	0.300	-0.680 **
	接受住房补贴（%）							0.759	0.317	0.213 **
	低收入（%）							0.282	0.551	0.169
	高收入（%）							0.315	0.248	0.313
调整后的 R^2		0.04			0.37			0.40		

P > | z | ：* = P < 0.05，** = P < 0.01，*** = P < 0.001

在 2008 年模型中，左翼力量的相对强度与公共住房发展水平的关系在统计学意义上是显著的：相比 1990 年，民众对左翼的支持力度在降低。但是那些支持左翼的选民比例越高的城市，其公共住房的份额越高。

此模型中，其他控制变量的估计结果与 1990 年的结果十分相近，这意味着年轻人、移民和住房补贴领取人的比例与公共住房的比例呈正相关，Tobin's Q 同样如此。马尔默的数据仍旧呈负相关，可支配收入较高的家庭占据较大比例，同样产生负向作用。

15.5.3　1990 ~ 2008 年的差分模型

建立差分模型是为了明确那些随时间而变化的变量之间的统计学关系。在这个案例中，唯一不随时间变化的输入变量是依据人口规模对城市所进行的等级划分，因此差分模型中排除了该变量而引入了人口变化这一因素。模型中会测量包括因变量在内的所有维度上的变化，因此 1990 ~ 2008 年地方公共住房比例的相对变化也算作因变量。

对 1990 年和 2008 年的数据进行分析，使得这些解释变量的选择顺理成章。虽非全部，但是多数变量都能够从统计学意义上解释瑞典不同城市间公共住房的重要性各不相同的原因。因此现在的问题是，这些变量能否在解释特定年份之间的关系之外，还能解释变化发生的动力机制？表 15.8 呈现了分析结果。

表 15.8　解释瑞典各城市间公共住房居住比例变化差异的指标（1990 ~ 2008 年）

变量类型	变量变化（1990 ~ 2008 年）	模型 1			模型 2			模型 3		
		B	标准误差	Beta	B	标准误差	Beta	B	标准误差	Beta
	（常数）	-1.616	0.341	***	2.010	1.200	*	-5.467	2.797	**
政治平衡	左翼 1988 ~ 2006 年变化（%）	0.192	0.045	0.245 ***	0.177	0.045	0.226 ***	0.122	0.043	0.156 ***
人口	人口变化（1990 ~ 2008 年）				-0.000	0.000	-0.216 ***	0.000	0.000	-0.065
	移民背景（%）				-0.128	0.115	-0.075 ***	0.212	0.119	0.124 *
	80 岁以上（%）				-0.452	0.427	-0.065 ***	-0.311	0.441	-0.045
	20 ~ 34 岁（%）				0.584	0.180	0.218	0.555	0.175	0.207 ***
住房市场条件	Tobin's Q							0.483	1.131	0.027
社会经济结构	就业（%）							-0.378	0.274	-0.225
	低收入家庭可支配收入（%）							-0.393	0.161	-0.233 **
	高收入家庭可支配收入（%）							-1.056	0.214	-0.476 ***
	接受住房补贴（%）							-0.402	0.286	0.254
	低收入（%）							0.916	0.216	0.419 ***
	高收入（%）							-0.136	0.173	-0.056
调整后的 R^2		0.06			0.12			0.28		

P > | z | : * = P < 0.05 , ** = P < 0.01 , *** = P < 0.001

3 个差分模型对政治平衡的预估是正向显著的，这意味着左翼比较强势的地区其公共住房的变化负向更小或正向更大。因此对公共住房的地区重要性的解释变量之一是政治，支持了主要假设。

移民这一变量解释了跨地区公共住房的一部分变化，且将移民比例的变化用于解释公共住房的纵向改变时，这一变量依然在统计学意义上显著（尽管置信水平较低），这一状况同样适用于年轻人群体，因为 20 ~ 34 岁人群比例的增加可以预期到公共住房份额的增加。

有趣的是，之前在 Tobin's Q 和公共住房之间存在的强统计学关系现在消失了，好像并不能通过地区住房市场是随时间变得更加繁荣还是进一步衰退来预测公共住房的变化。

最后，两个社会经济变量与因变量之间在统计学意义上显著相关，并且通过此两者可以预期：一座城市中可支配收入高的家庭比例持续增高不利于公共住房的发展，而低收入居民数量增多，则公共住房会发展更快。这意味着，公共住房仍然是一个社会阶层问题：在左翼政党影响力大的地方，公共住房发展得更好，即使考虑到左翼政党的影响，公共住房还是低收入人群和少数族裔的一个重要选择。

15.6　结论

本特松等人（2006）确定了北欧五国住房供给的 4 个历史阶段：从早期的“建立时期”（有限的房屋改革，以应对城市化初期）到“建设时期”（综合性、制度化的住房政策，旨在应对住房短缺），再到“管理时期”（住房需求已经饱和），最后到“紧缩期”（政府在住房供给方面降低参与度）。这项研究关注瑞典政府减少住房供给的紧缩阶段。无论是从政治权力的平衡转移看待政府参与度降低，还是其他因素，都值得关注。玛尔帕斯（Malpass，2008）说的可能是对的，住房是一种“工具，或者是变化的杠杆，而不是驱动程序”，这也许在瑞典也成立。然而，国家住房供给政策紧缩的一个后果是明显的：肯定有很多局部变化，这更可能在瑞典这样的国家发生，因为瑞典的直辖市制度完善、资源丰富，并且能在很多事情上施加影响力。这种假定的差异是本章讨论的前提，引言中介绍了两个研究问题：（1）当地的政治、人口和社会经济的哪些情况可以解释瑞典各地公共住房的建设规模？（2）这些情况及变化能否解释一定时间跨度内公共房屋相对规模的变化？

自20世纪90年代初期，瑞典经历了政治变革。其中一些在本质上是意识形态的变化，不会引起阶级结构的变化和之后的投票行为的变化。其他变化涉及左翼右翼区分，包括90年代许多由瑞典国家预算危机触发的住房政策的重要改变。然而，在国家和地方层面上，政治权利明显带动政策削弱了公共住房的作用（Turner，2007）。关键的问题是，政治是否能解释瑞典290个城市的公共住房的规模差异。

三个实证分析使用了1990年和2008年的竞选数据和人口登记数据。地方政治似乎不能解释1990年的整体变化——尤其是在控制一系列其他因素之后仍然不能解释。很明显，政治能解释2008年公共住房事件，也能解释1990～2008年公共住宅的角色变化。此结果证实了这个逻辑：在中央调控松懈的时候，内部的地域差异变大；地方政治更能决定未来公共住房的发展。

公共住房在瑞典一直并且仍然是一个与社会阶层有关的问题：当政治左翼能施加更多影响的时候，公共住房就发展得好一些，公共住房是低收入群体和少数族裔的一个非常重要的住房选择。公共住房是否能保留它现有的形式，由市政府拥有并控制他们的房产公司也是一个政治问题，不过也部分取决于欧盟层面的决策（和瑞典对那些决策的调整）。房屋本身不包含在欧盟的竞争力之中（即它取决于其他成员国），但它间接受到很多欧盟监管政策以及有关自由市场和公平竞争政策的影响。社会住房被排除在这类管制之外，因为它服务于弱势消费群体（Boverket，2012）。瑞典公共住房却是对任何人开放的，公共住房公司因此需要与民营公司竞争。2010年，瑞典议会要求公共住房公司按照商业化准则运作，为的是缓和欧盟关于瑞典公共住房制度违反公平竞争的批评。2010年以前，公共住房公司一直有设定租金的特权，这种政策得到欧盟的质疑（Boverket，2012）。毫无疑问，许多改革近期削弱了公共住房在瑞典的作用，公共住房最初是政治权利发起的，但是通常参照欧盟成员国以及欧洲的就业战略。

马格努松（Magnusson）和特纳（Turner，2008）以及安德森和马格努松-特纳（2011）关于瑞典的研究，以及近期马斯塔德（2014）关于荷兰的研究显示，公共住房逐步缩小规模有导致“残留”的风险，即弱势消费群体在公共住房中占比相对增大，这可能反过来使得公共住房显得档次低，以至于公共住房对中等收入家庭不那么具有吸引力。这样做的结果很可能使瑞典的公共住房逐渐呈现出一种类似于一些国家的社会住房的特征。

参考文献

1. Andersson R, Magnusson Turner L (2011). Segregation, gentrification, and residualisation: From public housing to market driven housing allocation in inner city Stockholm. Paper presented at the Symposium on Public Housing Futures, City University of Hong Kong and Fudan Centre for Housing Studies, Fudan University, 22nd – 23rd Aug 2011.

2. Andersson R (2012). Understanding ethnic minorities' settlement and geographical mobility patterns in Sweden using longitudinal data. In: Finney N, Catney G (eds). Minority internal migration in Europe. Ashgate, Aldershot, pp 263 – 291.

3. Andersson R, Magnusson Turner L (2014). Segregation, gentrification, and residualisation: From public housing to market driven housing allocation in inner city Stockholm. Forthcoming in Int J Hous Policy.

4. Bäck H (2003). Explaining and predicting coalition outcomes: Conclusions from studying data on local coalitions. Eur J Polit Res 42: 441 – 472.

5. Bengtsson B (2006). Sverige-kommunal allmännytta och korporativa särintressen (Sweden-municipal non-profit housing and corporative interests). In: Bengtsson et al (eds). Varför såolika? Nordisk bostadspolitik i jämförande historiskt ljus [Why so different? Nordic housing policy in comparative historical light]. Égalité, Malmö, pp 101 – 157.

6. Bengtsson B (2012). Path dependence or historical juncture? The Swedish housing regime before and after adjustment to the European competition policy. Paper presented at the ENHR 2012 conference 'Housing: Local Welfare and Local Markets in a Globalised World', Lillehammer, Norway, 24 – 27 June 2012.

7. Bengtsson B (ed), Annaniassen E, Jensen L, Ruonavaara H, Sveinsson JR (2006). Varför så olika? Nordisk bostadspolitik i jämförande historiskt ljus (Why so different? Nordic hous-

ing policy in comparative historical light). É galité, Malmö.

8. Bengtsson B, Rounavaara H (2010). Introduction to the special issue: Path dependence in housing. Hous Theory Soc 27 (3): 193 – 203.

9. Berg L, Berger T (2006). The Q theory and the Swedish housing market-An empirical test. J Real Estate Financ Econ 33 (4): 329 – 344.

10. Boverket (Swedish Board of Housing, Building and Planning) (2011). Bostadsmarknaden 2011 – 2012, Karlskrona. http://www.boverket.se/Global/Webbokhandel/Dokument/2011/BME-2011-2012.pdf. Retrieved Dec 2012.

11. Boverket (Swedish Board of Housing, Building and Planning) (2012). EU och bostadspolitiken 2011-Rättsutveckling och samarbete inom EU av betydelse för svensk bostadspolitik Rapport 2012: 4. Karlskrona. http://www.boverket.se/Global/Webbokhandel/Dokument/2012/EU-och-Bostadspolitiken-2011.pdf Retrieved Dec 2012.

12. Christophers B (2013). A monstrous hybrid: The political economy of housing in early-twenty-first century Sweden. New Polit Econ. doi: 10.1080/13563467.2012.753521.

13. Elander I (1991). Good dwellings for all: The case of social rented housing in Sweden. Hous Stud 6 (1): 29 – 43.

14. Enström Öst C (2010). Housing policy and family formation, Economic studies 123, Uppsala University.

15. Forrest R, Murie A (1988). Selling the welfare state: The privatisation of public housing. Routledge, London.

16. Government Proposition (2009/10: 185). Allmännyttiga kommunala bostadsaktiebolag och reformerade hyressättningsregler (New Public Municipal Housing Companies Act), Stockholm.

17. Lee DS, Moretti E, Butler MJ (2004). Do voters affect or elect policies? Evidence from the U.S. House. Q J Econ 119 (3): 807 – 859.

18. Lindbom A (2001). Dismantling Swedish housing policy. Gov Int J Policy Admin 14 (4): 503 – 526.

19. Lind H (2007). The municipal housing companies in Sweden: Current situation and future prospects. Paper presented to the 2007 ENHR International Conference, http://www.enhr2007rotterdam.nl/documents/W16_paper_Lind.pdf Retrieved Dec 2012.

20. Malpass P (2005). Housing and the welfare state. The development of housing policy in Britain. Palgrave MacMillan, Basingstoke.

21. Malpass P (2008). Housing and the new welfare state: Wobbly pillar or cornerstone. Hous Stud 23 (1): 1 – 19.

22. Magnusson L, Turner B (2008). Municipal housing companies in Sweden-social by default. Hous Theory Soc 25 (4): 275 – 296.

23. Musterd S (2014). Public housing for whom? Experiences in an era of mature Neo-Liberalism: The Netherlands and Amsterdam (Forthcoming in Housing Studies).

24. Nielsen P (2003). Kommunindelning och demokrati: Om sammanläggning och delning av kommuner i Sverige (Municipality division and democracy: amalgamation and secession of municipalities in Sweden). Statsvetenskapliga föreningens skrifter 157, Uppsala.

25. OECD (2012). Economic outlook analysis and forecasts. http://www.oecd.org/eco/economi coutlookanalysisandforecasts/42150567.pdf. Retrieved Dec 2012.

26. Pettersson-Lidbom P (2008). Do parties matter for economic outcomes? A regression-discontinuity approach. J Eur Econ Assoc 6 (5): 1037 – 1056.

27. SABO (Swedish Association of Public Housing Companies) (2010). The Riksdag has passed the new Public Municipal Housing Companies Act. http://www.sabo.se/aktuellt/nyheter_s/2010/juni/Sidor/Riksdagen_nyalagen.aspx Retrieved Dec 2012.

28. Statistics Sweden (2012). Press release from Statistics Sweden, No 2012: 760. Kalkylerat bostadsbestånd 2011. http://www.scb.se/Pages/PressRelease_335520.aspx. Retrieved Dec 2012.

29. Turner B, Whitehead CME (2002). Reducing housing subsidy: Swedish housing policy in an international context. Urban Stud 39 (2): 201 – 217.

30. Turner B (2007). Social housing in Sweden. In: Whitehead C, Scanlon K (eds). Social housing in Europe. London School of Economics and Political Science, London, pp 148 – 164.

31. Van Gent WPC (2010). Housing policy as a lever for change? The politics of welfare, assets and tenure. Hous Stud 25 (5): 735 – 753.

32. Wilhelmson M, Andersson R, Klingborg K (2011). Rent control and vacancies in Sweden. Int J Hous Mark Anal 4: 105 – 129.

第 16 章　匈牙利的非正统住房政策：可以回归到公共住房吗？*

16.1　引言——非正统经济政策的兴起

由于高额的财政赤字和巨大的外汇债务/GDP 比率，匈牙利的经济受到了全球经济危机的严重影响。匈牙利政府不得不向国际货币基金组织申请紧急贷款，并采取一些临时措施，比如削减政府开支（住房补贴、退休养老金等）和征收特别税。匈牙利临时政府推出了一项财政紧缩计划，即加强统一预算，到 2009 年将赤字削减到 GDP 的 3.8%。2010 年选举之后，获得 53% 的选票和 2/3 议会席位的新一届政府引入了“非正统”（unorthodox）经济政策，此举在匈牙利国内外引发了广泛的讨论和批评。这一政策的经济理论基础是修正后的新凯恩斯主义，其试图通过政府支出或税收的减免来促进经济增长。“非正统”经济政策旨在不采取紧缩措施的情况下恢复经济增长和财政平衡。

自 2008 年金融危机之后，非正统经济政策和非正统货币政策必须严格区分，非正统经济政策成为许多国家金融治理的一个重要组成部分。非正统货币政策的应用旨在维护金融体系和信贷供应的稳定，以避免经济萧条。尽管包括阿根廷模式和委内瑞拉模式在内的很多模式似乎为匈牙利政策决策者提供了榜样，这或许能帮助我们辨认一个看似混乱的措施的总体规划，但是非正统经济政策并没有系统的组织元素。通过两种方式可以理解匈牙利当前的“非正统”经济政策。大多

* 本章由约瑟夫·黑格迪斯（József Hegedüs）（匈牙利城市研究所执行所长）执笔。

数经济学家坚决主张，该政策是以短视的政治利益为动机的一组毫不相干的经济决策组合，它源于对经济学基本原理的一种误读。其他人则坚信，政府遵循着某种类型的“总体规划”（Szelényi，2012；Valentinyi，2012）。

本章作者认为，一个具有一致性的经济政策框架是可以预期的，即使这样的经济政策与一个带有较强专制色彩的政治框架相关联。“非正统”经济政策是缺乏理论基础的，我们看到的都是宣传性文本。这些都是基于一般的指导方针和管理原则，而不是一个详细的计划，并且它们在实践中包含一组大致符合总体规划的特定的、自发创造出来的想法。

从社会学的观点来看，关键问题是新政策将如何改变政治和经济的制度架构，以及它如何帮助解决经济危机引发的社会矛盾。但是我们不能忽视该措施有赢得最多选民支持的动机（这是政治的最重要目的），我们的重点是更广泛的结构性影响。

（正统或非正统）经济政策的目标是加强经济增长，确保可持续的经济平衡。在经济衰退期过后，其目标是提供资源以推动增长，因而预算赤字可能是一个有效的工具。2010 年当选的新政府为刺激经济增长而增加公共赤字的野心受制于严格的欧盟法规，这意味着政府必须找到一个替代的解决方案。2010 年的问题是，国际市场不再容忍这些赤字增加作为不可预知的经济政策结果。政府（和民盟政府、执政党）没有放弃经济政策对需求方的干预，但为了实现这一点，他们不得不使用“非正统”的政策措施。非正统的政策措施包括四大支柱：

首先，私人资源被没收以减少财政赤字和国家债务。私人养老基金被国有化，银行（其目标首当其冲是外资银行）、垄断能源供应商以及大型零售商被征收新税。执政党认为，国际市场会喜欢强有力的政府和“非正统”措施，他们可以在没有国际货币基金组织的支持下为赤字提供融资。2010 年，政府拒绝与国际货币基金组织合作，但预期的经济增长并没有实现，而且根据金融市场的评估，匈牙利的借贷出现了高风险。2011 年年底，政府要求与国际货币基金组织协商贷款，但谈判在 2012 年年底再次停止。

其次，中央政府开启大规模的中央集权。在过去的 25 年里，被分散的当地市政府系统几乎被重新收归国有：过去占用地方政府预算 60% 的医院和学校，现在变为国有化；以前由地方政府履行的公共政策功能被委派给新创建的由中央政府直接控制的行政区。自来水行业正在经历类似的改革，供应商被迫采用一个容易控制的集中式系统，而以前的本地控制功能被迁移到匈牙利能源机构。

再次，余下的跨国公司（汽车行业）以及由与现任政府关系密切的特定经济利益集团（KÖZGÉP——建筑和金属结构制造公司）所垄断的欧盟结构基金（EU structural funds）成了经济增长的引擎。中央政府通过购买战略企业和能源提供商的股份来增强其对经济的直接影响力。政府还采取措施控制匈牙利国有银行，但该计划在欧盟委员会和欧洲中央银行对匈牙利中央银行的独立性表示担忧后被迫撤销。但是，从 2013 年年中以后，政府不惜代价地任命非正统经济政策之父马托奇（Matolcsy）先生为匈牙利国有银行（HNB）的负责人，以此控制匈牙利的国有银行。与此同时，总理宣布（2012 年 7 月）以获取匈牙利银行业 50% 所有权为目标，其第一阶段是通过匈牙利国家开发银行购买储蓄银行。此外，政府旨在公共服务部门用非营利公司取代营利性企业。

最后，社会的转型是激进的。政府采取扁平化的个人所得税税率来迎合高收入群体（因此承担预算平衡的风险），并为因全球金融危机而失去了生活来源的弱势人群启动了大规模的公共工作计划，社会转移和免责特权也被重新修订。中央政府的目标是削减极度贫困人群的转移支出，并希望由此产生的新资源被中产阶级吸收，加强其偿付能力。全面降低 10% 的使用成本，这样的最新举措是有可能的，其目的是加强高收入群体的融资能力。同时，这一思维方式还因为经济收缩使预算平衡不可持续，从而要求限制中央财政对医疗保健和教育方面的资金支持。为了维持中产阶级的政治支持，政府并未采取直接增加其负担的措施。这就对政府的公共关系部门提出了一个挑战，即必须掩盖经济措施的后果，然而其最终的结果是给予中产阶级更高的价格以及更低的福利。

非正统经济政策实现了将这场危机所造成的经济负担在不同利益相关者之间进行彻底的重新分配，它是否成功取决于能否引发经济增长或使经济脱离当前的不景气，以及经济参与主体对不寻常的紧缩措施的反应。

本章讨论的核心问题是：匈牙利新一届政府的住房政策由哪些部分组成？新办法在作为金融危机和“非正统”经济政策结果的社会住房方面有哪些机会？在

第16.2节，我们将概述匈牙利社会住房的发展历程；在第16.3节，我们将分析抵押贷款市场在过去12年的发展历程，并关注那些导致高风险的外汇贷款投资组合的因素。在第16.4节，我们将概述2009年以后的住房市场，并总结住房政策的理念及其背后的机构动态。在第16.5节，我们将分析抵押贷款援助计划及其结果（截至2012年年底）。最后，我们将从匈牙利社会住房的未来这个角度来评估其未来的发展。

16.2　新的后社会主义国家的社会住房——匈牙利的情况

在过去的25年里，东欧住房模式①（Hegedüs and Tosics，1996）经历了向以市场为基础的住房制度的转变。然而，这些进程比20世纪90年代推测的主流方法更复杂（World Bank，1993；Hegedüs等，1996；Buckley and Tsenkova，2001；Tsenkova，2009；Hegedüs，2013b，c），因为市场调整战略（不同的安全网方法降低了转型的困难）和福利传统支持的社会势力均纠正了市场创造的政策措施。不同参与主体（公共机构、私人组织和家庭）的适应性发生在涉及非正式经济、大家庭、社会和政治网等应对策略的冲突环境中。

试图概括福利制度发展的主要趋势被证明是没有结论的，并产生了一些结合了自由党、社会民主党和家庭型南欧政权的联合政治制度类型（Tomka，2005；Ferge，2002；Cerami，2005；Tausz，2009）。公共部门（教育、医疗保健系统等）改革是不完整的，即使在同一个国家，不同社会福利部门的政策和机构遵循不同的原则，并且在计划的华美图景和实际的执行情况之间有很大的差别，这是对新政权的评价具有不确定性的原因。事实上，不同部门的福利政策倾向于逐步的改变，它们遵循不同的轨迹和动态（Kasza，2002，P.282）。

因此，该地区福利政策的发展不是来自一个连续的意识形态模型，即决策者

① 东欧住房模式的主要特征是：一党专政的政府控制房地产行业，市场机制处于从属地位，房地产机构之间缺乏市场竞争（官僚协调），并且大范围地控制住房服务的分配（高额的、非透明的补贴）。但在这种模式下出现了一些“子模型（sub-models）”；这些都是各个国家在发展社会主义经济的过程中对遇到的特别挑战所做出的一种反应（Hegedüs，2013c）。

并没有遵循“总体规划”。相反，福利政策的演变直接反映了具体社会问题。福利政策（收入福利计划、教育、养老体系等）的各个方面通常以松散的协调措施来调整（Hegedüs and Szemzö，2010）。这种“试错”或“争夺”的方法或多或少是该地区的普遍现象（Tsenkova，2009）。

该地区的社会住房政策仍处于过渡时期。但是，它们有3个重要的共同之处：一是私有化导致的社会地主的作用有限问题；二是公共租赁和自有住房的收入与住房成本之间的差距导致的负担能力问题；三是低收入群体租房和自有住房的可实现性问题。这些结构性问题的制度性答案在各个国家间有所不同，但是它们仍形成了植根于中西部地区节能住宅（Energy Efficient Homes Midwest，EEHM）相同模型的亚种（Hegedüs，2013a）。

匈牙利社会住房政策的发展给住房和福利部门带来了3个方面的变化：（1）社会租赁住房；（2）住房补贴和收入福利项目；（3）低成本住房机会（包括修缮和获得新的/现有住房单元）。

16.2.1 社会租赁住房

截至2007年，匈牙利住房私有化的结果是只有14万套社会租赁住房（占住房存量总数的3%）（1990年有721 000套住房，占住房存量总数的23%）。而且，因为社会租赁住房的业主（政府）仍有激励措施去消除存量，所以住房私有化并没有停止。社会租赁住房集中在城市：69%的存量在匈牙利首都布达佩斯和其他较大的城市。

作为私有化的结果，市政管理部门留下了需要大量修缮的、低质量的住房存量，而且租户家庭通常有不少的社会问题。其余的社会租赁住房往往集中在城市最糟糕的地方，并且分配系统也导致了弱势家庭的居住区被隔离。维护市政租赁存量的成本并不是由中央财政支持。由于租金无法完全抵消费用支出，因此市政管理部门需要花费大量资金来维护社会租赁住房。所以，许多市政管理部门想清除当地的社会租赁住房，并解决由于贫困租户集中在一起而频繁发生的社会问题。

2000年，政府为地方政府推出了一项大型计划，该计划使后者有资格获得高达 75% 的投资成本。因此，地方政府建造了 12 800 套住房。但是，这一计划有不足之处。平均成本太高，新租户的分配标准不规范，因此分配依赖于通常偏好于中低收入家庭的市政管理部门。此外，在该计划执行期间，私有化进程仍持续进行，因此地方政府将 25 000 套住房私有化，但只建造、购买或者翻新了 8 900 套社会租赁住房。

2004 年，由于财政压力，政府以单位成本高为由停止了社会住房租赁计划。同时提出了一个租房补贴计划来代替融资预算租赁计划。由于建设成本较高，且投资者要求的担保租金水平两倍于市场的实际租金，高得令人无法接受，因此这项提案最终以失败告终（没有被引入）。然而，社会租赁住房的重要性在政府公文中从来没有被质疑过。2005 年，一个新的租金补贴计划终于实施，该计划旨在将私人租赁住房用作社会租赁住房。当地政府可以为有私人租赁合同、有孩子的低收入家庭申请租金补贴。该计划是一个失败的计划：因为不愿意承担私人租赁住房的管理责任和风险，所以很少有地方政府为符合条件的低收入家庭提出申请。

16. 2. 2　住房支付能力和住房补贴

住房可负担问题已成为主要问题。从社会住房政策的角度来看，基本问题是如何安置穷人和哪些类型的公共计划可以帮助他们在一个社会可接受的范围内买得起房子。大多数贫困人口作为低收入业主或低收入私人租房者居住在私人住房里。在转型期的第一个十年，与住房相关的支出占家庭总支出的比重从 9% 增加到 20%，而收入差距（最低收入 10% 的平均收入比例与最高收入 10% 的平均收入比例之差）从 4. 7 增加到 7. 3（CSO，2007）。在 2007 年，能源支出作为最大住房成本占与住房相关的总支出的大约 70% 。

《社会法》（1993 年）通过地方政府弹性预算为住房补贴计划供给资金。由于该计划的资金是专用资金，不像其他的收入福利计划，所以地方政府只能在有限的范围内使用它。2004 年，政府推出了新的住房补贴计划，该计划 90% 的资金来自中央预算。除了住房补贴制度，家庭购买力也得到了间接（全面的）补贴，其中能源消费的补贴是最重要的。2006 年，间接能源价格补贴的总额是 2 080 亿福林，比住房补贴的总成本高出12倍。2007年1月1日，政府出台了一项新能源补贴政策，该补贴计划遵循这样的逻辑，即处于高收入区间的家庭获得更少的消费补贴（根据收入调查结果而定）。该计划2007年花费了1 100亿福林。2007～2010年，能源补贴从1 090亿福林降到630亿福林，并在2012年被整合到住房补贴计划中。

补贴制度的设计并不能保证低收入家庭在满足他们的基本生活需求之后，还能支付他们的住房成本。补贴只覆盖一小部分的住房成本，而这会产生另一个问题。

16.2.3 住房建设补贴

从1990～1998年，住房建设下降到20 000套/年（20世纪80年代建设量的25%）。因为大多数政府补贴被削减，所以住房变得不那么便宜。唯一的例外是住房建设补贴，它是对新建住宅的一种现金补助。

住房建设补贴于1971年被首次引入，且其功能已经变换多次。它是一个现金补助，用来帮助购房者支付房屋首付款。补贴金额的多少取决于家庭中孩子的数量，而不是根据收入调查结果，只有新建住房的买家或“自建房者”——构建或组织建立自己的家庭——有这个资格。更多的标准包括：申请人在申请时并不拥有自己的住宅，同时新房的标准低于中央规定的标准面积和限制成本。1995年，对于有两个或3个孩子的家庭，政府增加了补助金额，这使得低收入家庭无须拥有巨额储蓄或者贷款就有可能建造新的“低成本”住房。有意思的是，尽管这不是政策制定者的意图，但在中介机构［建筑商、律师、承包商和吉卜赛非政府组织（Roma NGOs）］的帮助下，这个补贴计划使大量的贫困家庭［比如，吉卜赛家庭（Roma families）］受益。欠发达地区尤其显著，该补贴几乎覆盖了建设的总成本。基于这一点，出现了专门运用这种方案优点的私人开发商（Zolnay，2002）。这个计划有几个负面影响。许多以这种方式建造的房屋质量较差。此外，大部分的建设发生在高失业率的欠发达地区。据估计，1995～1997年在该补贴的帮助下，匈牙利建造了10 000套住房，这是吉卜赛住房计划（Roma housing program）在1990年之后最大的成果（Hegedus，2013）。但是，该计划的社会影响远远低于它本该有的。比如，住房建设补贴的金额取决于家庭儿童数量的做法明显导致了贫穷的吉卜赛家庭的社会隔离，通过私人开发商，他们利用这个机会迁到土地价格较低的区域。2000 年之后，因为通货膨胀，住房建设补贴服务了越来越少的贫困家庭。

16.2.4　修缮计划

2004 年以后，住房修缮计划（住房政策的目标是提高住房质量）逐渐变得重要，尤其是“面板计划”，它用预制技术来修缮建筑。这是一个在政治上受欢迎的计划，因为它覆盖了广泛的社会阶层，而且从财政的角度来说，它相对便宜些。自 2004 年启动以来，“面板计划”不断扩大，其结果是到 2009 年有 25% 的住房存量（190 000 套住房）得到一定程度的翻新修复。隔离住宅区和有高比例吉卜赛人口的破旧城市有着更严重的社会问题，这需要更多的社会关注和财政资源。一些计划始于 2006 年但其中大部分均在试点中。1990 年之后，在当地政府的控制和支持下，城市修缮计划缓慢启动。但在大多数情况下，城市贫困人口被迫搬出新建社区。成立于 2006 年的第一个城市修缮计划旨在改善“公认贫困家庭”的居住条件。

16.2.5　结论

通过上面的论述我们可以得出这样的结论，即转型后最重要的住房政策最支持高收入群体，其中包括住房私有化、抵押贷款补贴计划（包括签署储蓄计划），以及一部分隐含的能源价格补贴（2002 ~ 2007 年支持高收入群体多于贫困群体）。但是，一些重要计划旨在平和收入不平等带来的结果，如住房补贴计划（特别是在 2006 年以后）、社会租赁住房计划（尽管 4 年之后该计划失败了）以及面板计划（主要帮助中低收入群体改善居住条件）。

但是，房地产政策仍然无法阻止由劳动力市场和房地产市场相互作用引起的排它过程。因此，在过去的 20 年里，穷人的社会隔离还是增加了，而且某些计划还增强了隔离的趋势。住房政策（实际执行的措施和方案，不是白皮书）带来了不同的社会势力：其背后没有总体规划（Hegedüs-Somogyi，2005）。分析表明，收入福利项目和社会服务是循序渐进地回应各种社会问题。

16.3 匈牙利抵押贷款市场的发展（2000～2009年）

由于1995～1996年的财政紧缩计划，匈牙利经济在经历转型衰退之后逐渐复苏。在1997～2002年，实际GDP平均增长率为4.4%，GDP总值在2001年恢复到转型之前的水平。尽管就业率一直维持在低位，但是失业率从20世纪90年代中期起一直在降低，并于世纪之交稳定在5%～7%。20世纪90年代末，通货膨胀稳定而利率降低，是宏观经济稳定的一个清晰信号。

右翼政府（1998～2002年）在2000年对住房政策做出了重大改变，其中最显著的变化是支持住房抵押贷款。除了为有孩子的家庭提供现有的需求方建设补贴之外，又引入了两类利率补贴：（1）抵押贷款债券的利率补贴（由“银行游说团”支持）；（2）新建住房贷款的利率补贴（由“建设方游说团”支持）[①]。补贴计划的第三个元素是个人所得税抵押贷款支付补贴。

在最初的提议（2000年）中，抵押贷款补贴和个人所得税补贴的规模均较小，这给财政管理提供了动力，推动抵押贷款融资发展。但是，政府承受着来自各游说团体的持续压力，因此，在2000～2002年，这两种利率补贴计划的条件和资格标准被放宽。此外，在2002年春季（在大选前），个人所得税减免的范围被扩大到包括购买现有住房的贷款，由此为抵押贷款银行打开了一个巨大的市场。到2002年年底，住房抵押贷款的数量由于补贴而迅速增加。2002年，贷款余额增长逾一倍，达到GDP的4.5%。

该计划有两个重要的缺点：财政后果和公平效果。首先，抵押贷款计划的财政效应（fiscal effects）被大幅低估，实际花费比预期高3倍（Hegedüs，2011，P.119）。此外，社会主义政府（2002～2006年）出于政治原因，一直推迟削减补贴的决定。执政党进入了一场“竞赛”，即在不了解所提出计划的财政和社会后果的情况下，承诺越来越多地对公共住房的支持。其次，住房补贴计划的社会后果是收

---

① 见Hegedüs and Somogyi（2005）中计划的社会方面和Szalay and Tóth（2003）对技术的描述。

入重新分配的倒退。2002～2004 年，抵押贷款补贴（包括两种利率补贴和个人所得税补贴）的净值是贷款的 50%～70%，这一结果可以不经资产测查即可得出。2004 年，个人所得税补贴的分配清晰地显示了抵押贷款计划退化的公平效应，收入最高的 20% 家庭得到了收入分配补贴总额的 60%，而收入最高的 40% 家庭获得了收入分配补贴总额的 80%（Hegedüs and Somogyi，2005，P. 199－202）。

经过长时间的政治辩论后，2004 年政府改变了抵押贷款计划的条件。利率补贴下降，抵押贷款偿还的个人所得税首次被大幅削减，甚至免税，但该条件在 2007 年被终止。2000～2004 年，匈牙利住房抵押贷款增长非常迅速，因为主导的外汇贷款成功取代了政府补贴的福林贷款，所以削减补贴并没有使市场停止扩张。外汇贷款的份额在 2004 年几乎为零，到 2008 年，外汇贷款占新增贷款的 90%。外汇贷款没有直接的财政负担发放。廉价资金的可获得性和异常高的扩散性给银行和抵押贷款经纪人提供了极大的动力去扩大消费贷款市场（见图 16.1）。

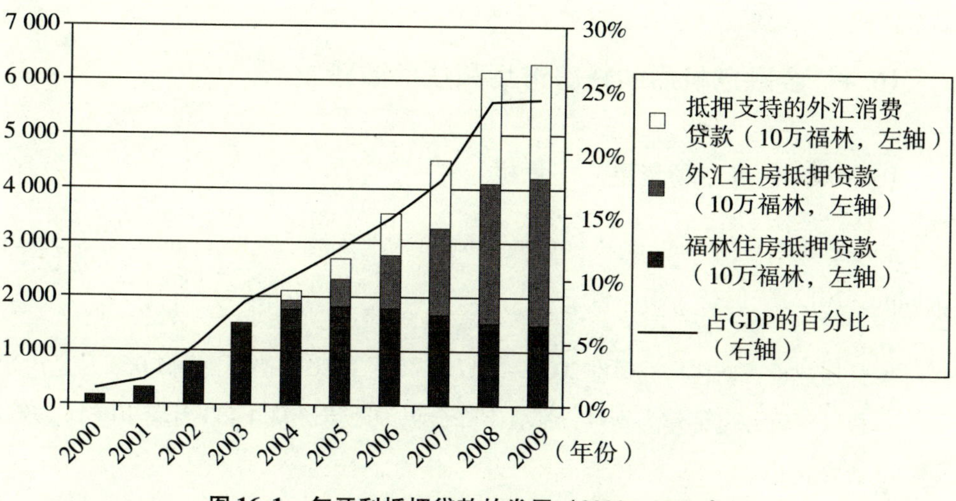

图 16.1　匈牙利抵押贷款的发展（2000～2009 年）

然而，政府忽视了外汇对经济的风险。因为政府和银行游说团之间有强大的关系，所以在外汇贷款上并没有明确的法律规定。监管机构——匈牙利国有银行（HNB）、银行监管机构和消费者保护机构——没有获得政治支持对外汇贷款进行干预，但他们会不时地暗示外汇贷款可能出现的风险，即使反对党也不支持对经济增长采取限制措施。

宽松的财政政策是外汇贷款不断增加的最重要的驱动力，这导致了福林贷款和外汇贷款在利率上的一个巨大差异。由于高额赤字，匈牙利国有银行不得不保持高利率以激励政府进行债务融资。

银行间的竞争非常激烈，但不是价格竞争，而是用以风险为基础的竞争来主宰市场，而这导致信贷投资组合的恶化。“强劲的贷款扩张使银行体系变得脆弱：外汇计价的贷款比率、银行贷款/存款的比率，以及对外国资金的依赖度都显著上升。这些累积的失衡增加了这些国家未来危机的脆弱性。”（Banai等，2009，P. 12）银行（没有被匈牙利国有银行和银行监管机构实际控制的）的“创造性”角色在解释贷款扩张［新产品、激进的广告以及个人抵押贷款经纪人的重要作用（Csányi，2007）］时是一个重要的因素。尽管在过去的10年间房价上涨了，但匈牙利并没有出现房价泡沫，它们远非那些类似抵押贷款扩张的国家的房价。

16.4 金融危机后的住房市场和住房政策

16.4.1 住房市场衰退——危机

金融危机对匈牙利房地产行业的影响和其他国家很像（Scanlon等，2012；Deloitte，2012）。但是，匈牙利住房市场的衰退似乎是最明显的：

- 住房建设：新住房建设在2007～2012年间从3 620万套下降到1 060万套，如果以建筑许可证作为衡量，那么下降会更为严重（从4 430万套下降到1 060万套）。
- 房价：房价逐年下降，在2008～2009年，名义值和实际值分布下降了8%和12%。降价一直在持续，到2012年年底，房价的真实价格比2008年降低了25%以上（FHB价格指数）。
- 住房市场交易量：在2008～2012年，住房交易量下降了40%，预计达到94 000套，占2012年住房存量的2.3%。

- 不良贷款：不良抵押贷款存量（比如，贷款偿付逾期 90 天）在 2008 ~ 2009 年，从总余额的 2.6% 增加到 6.3%，该趋势仍在延续，到 2011 年（一季度），这一数字达到 12.3%。

匈牙利政府对危机的最初应对集中在管理财政赤字上，这是国际货币基金组织（IMF）向其提供贷款的条件之一。作为财政调整计划的一部分，政府大幅削减住房补贴。利息补贴和自有住房首付补偿金均被取消。

危机过后，匈牙利的两届政府（2008 ~ 2010 年的社会民主党和自由民主党联盟以及 2010 年后的右翼青民盟）均尝试了一些应对方案，但这两届政府所采用的方法差别很大。第一届政府，紧随 2008 年国际货币基金组织贷款的条件，引入了"正统的"政策：削减住房补贴，并按部就班地与银行和建筑公司谈判，针对弱势群体推出救助计划。为了避免可能不受控制的财政影响，该计划非常谨慎。因此，它们的结果也是温和的。

青民盟政府的方法则差别很大。在强大的政治支持下，它们的回旋余地更大，当增加赤字的政府财政计划被欧盟驳回时，执政党（总理）开始以"自由战斗"反对外资银行和跨国公司。该方法在这种意义下成为了"非正统"的方法，政府计划优先帮助富人，并利用公众对银行的愤怒帮助政府将计划成本转移到银行业，而不考虑可能产生的宏观经济影响。

16.4.2　抵押贷款救助计划——在正统与非正统之间

抵押贷款救助计划旨在降低宏观经济变化带来的负面影响。国际经验表明，根据违约的原因和程度，各国已经实施了不同的解决方案，如法律变化（丧失抵押品赎回权的流程促进庭外重组）、税收和贷款的收紧、驱逐房客的临时禁令、租赁后购买的计划等（Wilcoxs 等，2010；Long and Wilson，2011；Howard，2011；UC，2011）。抵押贷款救助计划的"正统"方法明确提出，政府或任何大型公共机构应该只在有足够的证据证明以市场为导向的解决方案失效的情况下进行干预，这是因为干预的成本很可能超过其带来的好处，同时威胁到"为政治化创造机会，并被特殊利益集团俘获"（Erbenova et al. 2011）。这种正统的方法以补贴社会困难群体为目标，但要以前景展望克服各种困难，把道德风险等行为风险挡回去。

“非正统”的解决方案不易被精确定义，但它似乎针对的是“一揽子债务减免计划”，该计划导致了经济未预期的高负担（取决于谁来负担成本）或扭曲了当事人的行为。在（匈牙利）的案例中，非正统的方法意味着危机应该由银行业（尽可能多地由外资银行）承担，并支持中产阶级以产生购买力（减轻他们的预算压力）来提振经济。这一政策基于救助计划的成本可以被银行业吸收而不承担预期经济复苏的风险。

住房信贷危机“解决方案”的关键问题是：谁将为救助计划买单，以及如何在政府（纳税人）、银行（包括外资银行和匈牙利银行）和不同群体的借款人之间分配成本？这个问题最重要的因素之一是，因为没有大量的社会住宅存量，且私人租赁行业非常难以预测，所以借款人很少能规避违约风险。因此，如果贷款的价值高于房屋的价值，那么无法支付抵押贷款的借款人会处于不利地位。这就是大规模拆迁导致巨大政治问题的原因。

对青民盟政府来说，抵押贷款救助计划是非常重要的（假设政府遵循总体规划），因为政府必须承担福林贬值和进一步提高外汇借款人负担的风险。在政治上，这个增加了基本上属于中产阶级20% ~25%的家庭负担，该经济政策所引起的反抗也很难控制。在外汇贷款的问题解决之前，房地产市场不会复苏。

上一届匈牙利政府最初采用主流的方法。政府将丧失抵押品赎回权的期限延期到2009年9月1日，之后延长到2010年6月底，随后新政府又将其延期至2012年7月1日。两年的延期禁令给金融体系的稳定带来了风险，因为拒付不会产生后果，所以它给处于金融压力的借款人以更少的激励去偿还他们之前的贷款。延期禁令以及政府的并行预期会帮助违约家庭增加不良贷款比例（HNB，2010）。

延期禁令也会对拖欠支付产生影响。在2009 ~2012年，拖欠超过12个月的家庭数量从231 000增加到292 000（增加25%）（Herpai，2010；NFM，2010）。

通过配额制，逐渐暂停的丧失抵押品赎回权被采用：允许银行出售价值超过3 000万福林的丧失抵押品赎回权的房产，并实施2 000万福林的抵押贷款；2012

年第四季度的配额是所有丧失抵押品赎回权房屋价值的3%，同时预计在2013年和2014年该比例达到4%和5%。2012年前两个季度实际的丧失抵押品赎回权的房屋价值达到配额的80%～85%（PSZAF，2012 b）。不过，延期偿债一直备受争议，因为新的巡视官（2012年由国民经济发展部长指定）再次提出重新引入延期偿债政策的可能性，直到他的新计划被接受。

为了在政府不进行太严格的干预的情况下解决问题，并且只帮助那些处于最危急境地的家庭，使他们的住房成本降到最低，上一届政府的政策是鼓励银行和借款人的。

银行感兴趣的是重组贷款以保持投资组合的效益。在2008年爆发全球金融危机之后，银行改善了其贷款管理部门，并为财务困难的借款人提供了不同的放宽选项，如增加贷款条款的修改、减少支付、资本化欠款等。政府在2008～2010年提出了不同的建议，甚至提供补贴（尽管非常谨慎）以激励借款人和银行达成债务重组协议。例如，在2009年年初，匈牙利政府向由于失业而难以偿还贷款的困难家庭提供了一个在最长两年内减少支付其抵押贷款的分期付款的选择。两年之后，借款人必须覆盖其增加的债务成本。延期还款由政府提供担保。然而，该计划的资格标准太严格了，以至于只有很少的借款人被认定是符合要求的。为了避免对过去由匈牙利的银行发行的大部分“不良贷款”负责，政府在确定合格标准上很谨慎。在2010年，在24 000笔重组贷款中，只有3 000笔符合该政府计划的要求。

银行通过制定自己的解决方案来回应政府模式，这对他们来说，行政上更简捷，经济上更有利。因此，银行说服他们的客户选择他们（而不是政府）的重组产品。

外汇贷款存量给经济带来了高风险。因此，从一开始，抵押贷款救助计划的目标之一就是在不产生巨大财政成本的情况下将外汇贷款转换成福林贷款。法律迫使银行以外汇市场价格将外汇贷款转换成福林贷款，但是很少有家庭使用这个选项，因为他们希望福林恢复其价值。

上一届政府成立了一个金融危机管理基金，富裕的个人和公司会在自愿的基础上为该基金做出贡献。金融危机管理基金向在2008年10月1日后有家庭成员失去工作的大约30 000个匈牙利最弱势的家庭或者贷款分期付款增加超过20%的个人提供了一次性援助。这一计划于2010年停止，因为它被证明是无效的和高成本的。

青民盟政府有关抵押贷款危机的政策与上一届政府的政策有很大的不同，它所实行的政策与新的“非正统”政策不相容。首先，它们将危机归咎于上一届政府和银行。同时，它们从一开始以准备就绪的状态去沟通、救助借款人。但是，面对这个项目的成本，政府意识到不承担货币稳定的风险是不可能的。因此，它们的策略是把尽可能多的负担转嫁给银行。然而，如果银行业停止发放贷款，那么这种冲突将引发宏观经济风险。其次，新一届政府并不想限制对贫困人口的计划，因为其政治支持者来自中产阶级。因此，该计划给富裕家庭、面临经济困难的家庭，以及无法偿还贷款的家庭提供了多种可能性。抵押贷款救助计划发展历程中一个重要因素就是计划中没有详细的总体规划，不同的计划都要和银行，甚至非政府组织进行协商，民间组织在谈判中也起到一些作用。计划的细节会根据经验做出频繁的变化。最后，值得一提的是，该计划与其他非正统计划极其相似，即政府用战争的言论来描述该计划，例如，“打击银行”。宣传策略中的共同元素是它们总是以“半真半假”作为一个支持元素。

16.4.3 青民盟政府的抵押贷款救助计划

16.4.3.1 外汇贷款提前偿付计划

从2011年9月到2012年2月底实施的计划，使借款人在法郎对福林的汇率价格为235 ~250时，仅以180的法郎对福林汇率价格来偿还其外汇抵押贷款成为可能。

最终结果是近1/4（23.3%）的抵押贷款被偿还，其中9 840亿福林以汇率折扣偿还，13.55亿福林以当前的汇率偿还（PSZAF，2012a，b）。新贷款占提前还款来源的30%，剩下的70%来自家庭的储蓄（人寿保险、证券等）。这表明，境况较好的家庭能够利用这个好机会。当然，提前还款计划导致了利率增加，但由于银行贷款组合的合理风险增加，所以利率增加是合理的（见图 16.2）。

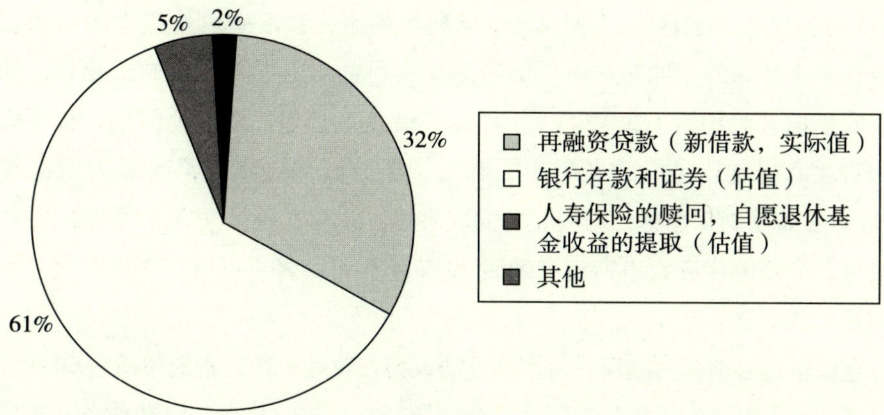

图 16.2　“提前还款计划”的资金来源（总额：9 800 亿福林）

资料来源：HNB 2011

根据分析，15%的偿还金额与非正式经济相关。实际上，法律规定，税务机关不能检查与无痕的财富增加有关的早期还款来源（Law CXXX，2011）。

银行被迫实行费用折扣，以抵销接近 4 000 亿福林的损失（占 GDP 的 0.5%）。之后，银行和政府之间达成协议，允许 30%的损失通过对银行特殊征税的方式被修改；因此，该计划的成本是在银行和政府之间共享 70%/30%。这种隐性补贴向那些可以垫付还款（从存款或贷款）的家庭提供，这对收入分配有一个递减的影响效果。

作为提前还款的结果，预计剩余贷款存量的质量会恶化，正如 K&H 银行最近的一份报告所示：不良贷款（拖欠还款超过 90 天的贷款）占抵押贷款存量的比例在过去 3 个月已经从 10.7%上升到 13.4%（详细分析见 HNB，2011）。

16.4.3.2　外汇贷款利率上限方案

2012 年，政府推出了一项为还款设置汇率上限以及开设一个特殊的汇率差额账户的计划。客户可以申请参与该汇率上限计划，并在信贷机构支付其贷款直到 2012 年年底。该计划对那些已经获得最多 2 000 万福林外汇贷款的客户有效，并在支付方面提供了不超过 90 天的延期，而该计划不是还款救助计划的一部分。在计划期间，银行将暂时采用1瑞士法郎兑180福林、1欧元兑250福林、1日元兑2.5福林的汇率。与市场利率相比，该汇率价格产生的差额将被记录在一个特殊的缓冲账户中。每月支付的利息超出汇率上限的部分将由银行和政府承担（大约为1/3～2/3的比例），借款人必须偿还本金部分，根据缓冲账户贷款的规定，包括后者产生的利息。还款额超过指定汇率最大值的部分（1瑞士法郎兑270福林，1欧元兑340福林，以及1日元兑3.3福林）将由国家支付。最新的优惠利率期将持续到2017年6月。客户可以在3年有效期满后结束汇率的限制。

金融机构必须尽力确保，信用额度协议将在收到一个完整的申请后60天内达成。缓冲账户已经达成的贷款协议将会按照新规定进行修改，除非债务人拒绝提供他/她的书面同意书。

据估计，75%～90%的符合条件的借款人将加入这一计划。但是，该计划已经有一个缓慢的开始：在61万份可能的合同中只有11 000已转换为该特定计划（Palkó，2012）。该计划的预期成本是每年250亿福林（HNB，2012）或5年以上65亿～107亿福林（Palkó，2012）。

16.4.3.3 租赁后购买方案——国有资产管理公司

上一届政府还推出了抵押租赁计划，向地方政府提供优惠贷款，这样他们就可以购买重新收回的房屋，让原来的主人仍作为一个租户居住。但是，许多地方政府都拒绝参与这个计划，因为中央政府无法长期保证持续支持这个新创建的租赁住房存量。

2010年，青民盟政府宣布引进国有资产管理公司（NAMC），根据原来的计划，NAMC将购买违约借款人的住房，然后将这些房子返租给他们①。但是，在计划宣布后不久，青民盟政府就意识到它没有足够的资源来大规模地购买债务。不过，直到2011年年底该计划才被执行，而国有资产管理公司则在2012年年中开始操作。

① 还有一个针对办理的外汇贷款低于2 000万福林且拖欠还款超过90天的家庭计划。这类借款人有可能以25%的折扣将他们的贷款转换成福林贷款。2012年8月31日之前他们均可提出申请。然而，似乎只有有限的借款人选择该选项，因为转换后的偿还额仍将高于他们大多数人所能承担的金额。

2011 年，经过长期的政治争论以及银行的准备，青民盟政府成立了国有资产管理公司，该公司可购买有限数量的拖欠贷款，并为债务人提供租赁住房的机会。一开始，该公司计划购买 5 000 个单位；后来增加到 2012 年的 8 000 个单位，到 2014 年增加到 25 000 个单位。国有资产管理公司将支付布达佩斯的原抵押合同价值的 55%，郡政府所在城市的原抵押合同价值的 50%，以及其他定居城市的原抵押合同价值的 35%。银行和债务人必须启动交易，但是要有严格的资格标准，而该标准已改变了多次。

2011 年夏天，政府引入了另一个计划：为那些由于没有支付能力而处于被驱逐风险的人建立一个距布达佩斯（ócsa 社会住房建设计划）60 公里的新建绿色居住区。经过广泛的辩论后，该社区于 2012 年开始建设，80 间公寓在 2012 年年底建成，这些公寓都是计划作为国有资产管理公司管理的社会租赁住房。

16.5 结论

16.5.1 抵押贷款救助计划以及中产阶级的支持

截至 2012 年，抵押贷款救助计划已经覆盖所有借款人；然而，在时间与金钱方面，这些借款人享受不同的优先权。最富有的家庭享受最高的补贴，25% 的债务被减免，约花费 450 亿～500 亿福林，政府和银行业支付的比例分别为1/3和2/3。银行起初反对这一计划，但最终它们因为 1/3 的成本可以通过额外银行税抵销的政府特许权而接受该计划。该计划给银行带来了很大的行政负担，因为它们不得不在短时间内处理几千个客户。该计划的成本是无固定期限的，所以银行试图减缓这一进程，并限制用于提前还款的贷款规模。这是银行之间的团结协作问题，人们期待银行限制为其他银行客户提供用于偿还其贷款的贷款规模。政府指责银行“操纵价格”，而银行监事会启动程序检查银行勾结建立“利率卡特尔”组织的可能性。

作为银行竞争的一部分，政府采取多项措施鼓励提前还款，比如为愿意将资源转移给员工以偿还贷款的公司提供税收优惠（最高达 750 万福林）。最不可靠的措施之一就是，保证税务机关不会检查用于还款的资金来源。对政府来说，减少外汇贷款余额比保持法治更重要。观察员们强调这样一个事实，很大一部分资金来源是难以捉摸的，并且肯定来自非正式经济领域。

提前还款计划的后果之一是，大约占15%的支付能力最强的贷款从银行的资产组合中消失，同时不良抵押贷款比例由2009年第一季度的4.1%上升到2012年第二季度的16.2%（HNB，2012）。

16.5.2 国有资产管理公司对这项任务有准备吗?

抵押贷款救助计划在政治上的关键元素是涉及那些拖欠还款超过90天的最弱势债务人的政策。银行可以终止这类债务人的合同，并在法院的判决之后启动丧失抵押品赎回权流程。家庭对此却毫无防备意识，因为他们通常会拖欠公共事业费用和贷款（有时不止一个贷款）。政府承诺从2010年开始提供帮助，但实际上，该帮助直到2012年年中才开始。首先，没有系统性的研究来确定拖欠的原因。财务统计清楚地表明，拖欠贷款的家庭数量在过去两三年里显著增加，部分原因是支付负担的增加，还有一部分原因是政府保证将救助拖欠贷款的借款人（据专家所言，3年的丧失抵押品赎回权延缓偿付期将确保这个情况）。国有资产管理公司的想法是，在青民盟政府成立后立刻筹资，但政府专家很快意识到，对政府来说，购买不良贷款的价格太贵了。帮助最弱势群体的基本理念在2011年年底形成并被接纳。最初，这一政策旨在通过特殊的租赁方案购买8 000（总数是140 000笔）笔不良贷款，但即使是专家对此也没有一个清晰的概念，即谁将有资格获得这个项目以及如何管理该项目。

基于权利资格的选择权意味着国有资产管理公司必须购买（据法律的最高限额，2011年11月为8 000套和2012年5月为25 000套）每一个符合选择程序资格的不良贷款。国有资产管理公司没有选择的裁决权。所以，在2012年上半年，政府逐步改变该资格标准，但也不能把标准定得太宽，以免负担过于沉重。

政治信息的一个强大因素是该计划将使债务人买回他们的家园，这似乎是很不现实的。如果债务人无法买回他们的家园，那么该计划将对扩大社会住宅存量产生影响，且影响要大于自1989年以来其他任何计划。

另一个问题是如何管理新的租赁住房存量。到2014年，25 000套将占市政管理部门目前所拥有公共住房的10%。一开始，该计划有一个清晰的愿景，那就是国有资产管理公司所持有的房地产应该转移到地方政府，地方政府根据过去20年里发展形成的管理规则和程序来管理这些房产，并在管理公司的控制之下配售住房。但是，政府虽然不完全排除市政管理部门，但也不希望市政管理部门参与房地产存量的管理。

法律将年租金设置为原贷款合同上房屋价值的1.5%，这是一个比现有的社会租金更低的租金水平。对于市政管理部门的租赁存量，没有中央监管。在议会的法律讨论期间，因为租金太低不能支付维护费用，所以负责社会住房的国会议员批评该计划将难以把存量整合到现有的市属租赁住房。

计划中一个重要的新元素（与现有市政管理部门的社会住房管制相比）是法律明确定义了社会住房家庭的资格标准：（1）家庭中至少有一个孩子（排除了单身家庭和退休老人家庭）；（2）参与住房补贴计划或求职收入福利计划（换句话说，家庭必须被市政管理部门选择参与一个福利计划）。这是必要的，因为国有资产管理公司没有能力控制这个资格，因此，现有的地方政府计划必须提供必要的信息。

真正的问题在于国有资产管理公司不能预估如果新租户无法支付租金和公用事业费用怎么办。法律规定是明确的：3个月后，合同失效，并将启动驱逐计划。但是，目前尚不清楚政府是否愿意在2014年选举前因驱逐那些无法支付的人而付出政治代价。

16.5.3　经济复苏乏力下的社会住房压力

非正统的经济政策（如果我们假设一个非正统的经济政策存在一个“总体规划”）没有达到政府预期的结果。没有经济增长，贫困增加，青年外迁，较低的就业水平，相对较高的通货膨胀，以及政府为稳定财务状况而采取较低的投资（低赤字、贷款/国内生产总值的比率没有增加）。

缓慢的经济复苏对住房政策和住房市场产生了重要影响。首先，住房补贴预算有限，这意味着住房计划将不会被实施。其次，如果没有经济增长，那么不良贷款的比例将上升，这意味着国有资产管理公司的压力也会增加。

然而，拖欠外汇抵押贷款的家庭以及虽然没有贷款但无法承担住房成本的家庭都在对社会住房施加压力。在后过渡时期的20年间，贫困家庭的住房已经成为最重要的社会问题之一。抵押贷款救助计划变得非常重要，但是我们也不应该忘记它的救助主要由富裕的家庭获得："由于50%的银行贷款投资组合集中在富裕家庭，所以税收体系的修正案将对整个银行投资组合的质量产生正向影响。"（HNB，2010，P. 17）

住房负担能力是一个非常严重的社会问题。如今，14% ~18%的家庭在与住房相关的支出方面有严重的困难，这将会增加拖欠贷款的数量以及公共住房和私人住房的不稳定性。只有3%的家庭对抵押贷款的拖欠负责。

2010年，政府冻结了集中供热和供水的成本，以防止拖欠住房成本的扩大，甚至打算降低家庭日常费用支出。这是一种典型的"非正统"解决办法：把价格增加的负担加到服务提供者的身上。这种做法是无法长久维持的，并且会导致倒退的隐性补贴分配。真正的社会问题是低水平就业，在这样的环境下，社会住房政策的缺乏起了很大作用。失业者不能流动到经济增长的地区，部分原因是住房成本高，并且社会租赁住房严重缺乏。

16.5.4 新模式的必要性

在应对住房贫困问题上，匈牙利政府出台的政策一直表现得很弱（Hegedüs，2013c）。有一个针对新的社会住房建设的提议（由施工行业游说团体支持），但由于政府支出约束，这一提议是不现实的。此外，当地政府储蓄的扩张不仅受到市政管理部门稀缺金融资源的限制，还因为市政管理部门对扩大社会住宅存量缺乏兴趣而受到约束。匈牙利的社会住房处于防御状态，且其政治支持很弱。房地产市场上，人口结构压力的不足允许市政管理部门吸收私人租赁市场和空置住宅存量作为社会住房。私人租赁业是非正规经济的最主要部分，其规模据估计是2011年人口普查时住宅存量的12%。一个可能的解决办法是为当地政府或注册的非政府组织发展社会租赁机构，由比新建项目更具成本效益的租金补贴计划来提供融资，给社会贫困群体租用住房。新系统是否成功是不确定的，因为政府的政策是不可预知的，而且不清楚来自社会最底层20%～30%（一直在为支付住房成本而努力）的压力是否将迫使政府使用该计划的预算，并采取进一步措施建立机构。但是，由于预算压力、人口结构压力以及住宅存量的现状，不久的将来没有任何可供政府选择的模式。因此，无所作为将会使住房体系陷入一种境况，即住房将成为社会冲突的最重要来源之一。

参考文献

1. Banai Á, Király J, Várhegyi E (2009). A special aspect of the past 20 years: Dominance of foreign banks in emerging Europe with special regard to Hungary. Presentation at the CICM conference of 16. 18 September 2009, London. http://services. bepress. com/cgi/viewcontent. cgi? article = 2052&context = eot&z = 1260557057.

2. Buckley R, Tsenkova S (2001). Housing market systems in reforming socialist economies: Comparative indicators of performance and policy. Eur J Hous Policy 1 (2): 1 - 34.

3. Cerami A (2005). Social policy in central and Eastern Europe. The emergence of a New European model of solidarity. Dissertation zur Erlangung des Grades eines Doktors der Sozialwissenschaft der Universität Erfurt. Manuscript.

4. Csányi S (2007). A verseny és transzparencia kérdései a bankszektorban. Presentation Verseny és transzparencia, II. Bankkonferencia, Visegrád, 6 - 7 Nov.

5. CSO (2007). Household Budget Survey. Central Statistical Office, Budapest.

6. Deloitte (2012). Property index (Overview of European residentialmarket). http://www. deloitte. com/assets/Dcom - Belgium/Local%20Assets/Documents/EN/be_ deloitte-property-index-2012. pdf.

7. Erbenova M, Liu Y, Saxegaard M (2011). Corporate and household debt distress in Latvia: Strengthening the incentives for market-based approach to debt resolution. IMF working paper WP/11/85 http://www. imf. org/external/pubs/ft/wp/2011/wp1185. pdf.

8. Ferge Z (2002). Social structure and inequalities in old socialism and new capitalism in Hungary. Rev Sociol. The Hungarian Sociological Association 8 (2): 9 - 34.

9. Hegedüs J (2011). Housing policy and the economic crisis—The case of Hungary. In: Forrest R, Yip N-M (eds). Housing markets and the global financial crisis: The uneven impact on households. Edward Elgar Publishing Limited, Cheltenham, pp 113 – 130.

10. Hegedüs J (2013a). Hungary—Ideas and plans without political will. In: Hegedüs J, Lux M, Teller N (eds). Social housing in transition countries. New York, London, pp 180 – 194.

11. Hegedüs J (2013b). Housing privatization and restitution. In: Hegedüs J, Lux M, Teller N (eds). Social housing in transition countries. New York, London, pp 33 – 49.

12. Hegedüs J (2013c). The transformation of the social housing sector in eastern Europe: A conceptual framework. In: Hegedüs J, Lux M, Teller N (eds). Social housing in transition countries. New York, London, pp 3 – 32.

13. Hegedüs J, Somogyi E (2005). Evaluation of the Hungarian mortgage program 2000 – 2004. In: J Hegedüs, Struyk RJ (eds). Housing finance: New and old models in Central Europe, Russia and Kazakhstan. OSI/LGI, Budapest, pp 177 – 208.

14. Hegedüs J, Szemzó H (2010). Shaping the new welfare regime in transition countries: The interplay of public policies and households' strategies (Case of Hungary). Comparative housing research: Approaches and policy challenges in a new international era, 24/25 March 2010, OTB Research Institute and the Faculty of Architecture, Delft University of Technology, The Netherlands.

15. Hegedüs J, Tosics I (1996). Disintegration of East-European housing model. In: Clapham D, Hegedüs K, Kintrea K, Tosics I (eds). Housing privatization in Eastern Europe. Greenwood, Westport.

16. Hegedüs J, Mayo ES, Tosics I (1996). Transition of the housing sector in the east central European countries. Rev Urban Reg Dev Stud 8: 101 – 136.

17. Herpai BA (2010). lakossági díjhátralékok alakulása egy felmérés tükrében (Households' utility cost arrears) Esély, 2010/6, pp 22 – 40.

18. HNB (2010). Report on financial stability. November 2010. Hungarian National Bank, Budapest.

19. HNB (2011). Report on financial stability. November 2011. Hungarian National Bank, Budapest.

20. HNB (2012). Report on financial stability. November 2012. Hungarian National Bank, Budapest.

21. Howard J (2011). Long term safety nets to protect mortgage borrowers. Building Societies Association, London.

22. Kasza G (2002). The illusion of the welfare "regime". J Soc Policy 31 (2): 271 – 287.

23. Law CXXX (2011). Law on extensions of protection measures in connection with the amendment of Law CXII 1996 on Credit Institution and Financial Enterprises.

24. Long R, Wilson W (2011). Mortgage arrears and repossessions. Library House of Commons, London, June 9.

25. NFM (2012) Utility cost arrears—Report to Parliament downloaded from http://www.parlament.hu/irom39/09104/09104-0001.pdf.

26. Palkó I (2012). Nem tudják a devizahitelesek, miro. l maradnak le? (The FX borrowers do not know what they loose?) Portfolio http://www.portfolio.hu/vallalatok/penzugy/nem_tudjak_a_devizahitelesek_mirol_maradnak_le.170699.html.

27. PSZAF (2012a). Gyorselemzés a végtórlesztésről. 2012 március 12. http://www.pszaf.hu/data/cms2334451/gyorselemzes_vegtorlesztes_120312j.pdf.

28. PSZAF (2012b). Kényszerértékesítésre kijelölt ingatlanok adatai. 2012. Május 16. http://www.pszaf.hu/bal_menu/jelentesek_statisztikak/statisztikak/kenyszerertekesites.

29. Scanlon K, Lunde J, Whitehead C (2012). Post-crisis mortgage and housing markets in Europe: a comparative review. Copenhagen, London.

30. Szalai G, Tóth G (2003). A lakásfinanszírozás gyakorlata, kapcsolodó kockázatok és azok kezelése a Magyar bankrendszerben (The finance of home purchase and construction, the risks involved and their management in the Hungarian banking system) Hungarian National Bank, Report on Financial Stability 2003 December, Budapest, pp 100 – 115.

31. Szelényi I (2012). Az argentin model (The Argentine model). HVG, 15. January 2012. http://m.hvg.hu/hvgfriss/2012.02/201202_szelenyi_ivan_az_argentin_modell.

32. Tausz K (2009). From state socialism to a hybrid welfare state: Hungary. In: Schubert K, Simon Hegelich S, Bazant U (eds). The handbook of European welfare systems. Routledge, London.

33. Tomka B (2005). Determinants of East Central European welfare systems a comparative perspective, 1945. 2000. Paper presented at the 20th ICHS conference, Sydney, 3 –9 July 2005.

34. Tsenkova S (2009). Housing reforms in post – socialist Europe. Lost in transition. Springer, Heidelberg.

35. UC (2011). National measures and practices to avoid foreclosure procedures for residential mortgage loans. Commission Staff Working Paper. Brussels. http://ec. europa. eu/internal_ market/finservices – retail/docs/credit/mortgage/sec_2011_357_en. pdf.

36. Valentinyi Á (2012). Ortodox kalauz IMF nélküli kormányoknak (Orthodox guide for government without IM? F): downloaded from http: //index. hu/gazdasag/penzbeszel/2012/01/02/ortodox_ kalauz_ imf_ nelkuli_ kormanyoknak/? cp =1.

37. Wilcox SA, Wallace G, Bramley J, Morgan F Sosenko, Ford J (2010). Evaluation of the Mortgage rescue scheme and homeowners mortgage support. The Centre for Housing Policy, University of York School of the Built Environment, Heriot Watt University, New York.

38. World Bank (1993). Housing: Enabling markets to work/with technical supplements. World Bank, Washington, DC.

39. Zolnay J (2002). A Housing Program of the social housing PBC set up by the Nation-Wide Roma.

40. Self Government. http: //www. romaweb. hu/romaweb/cikk. jsp? p =7.

第三部分

结论

第 17 章　反思*

17.1　引言

本书探讨了从 21 世纪初开始，在各种社会条件下各国公共住房经历的一系列复杂变化。这项工作传递了两个重要信息：

第一个信息是公共住房体系植根于社会压力、经济周期、政治机构和文化习俗，并受其约束。公共住房的时间差异和空间差异都非常大。虽然这看起来是很显然的一点，但是在讨论住房体系时，有一种趋势是即使假设市场存在多样性，但政府和准政府的约束本质上会使住房体系产生趋同性。在住房问题的争论中，基本上都会提到私人住房拥有不同特性，而公共住房会产生同一性。我们倾向于私人住宅的特性是丰富多彩的，而公共住房的特性是单一的。国家公共住房体系已经沿着特定路径产生，然而在不同环境下，它们会随着时间的推移产生不同的轨迹。

第二个信息是关于目的的一致性。尽管方法和结果存在多样性，但发展公共住房的目标始终是为负担不起私人住宅以及市场租金的人们提供住处。随着时间和空间的转换，住房问题会有所不同，但是公共住房往往是在一个最广泛的社会需求层面来解决社会目标。例如，作为经济战略的一部分，给工人提供更好的住所；作为更好的公共卫生战略，为民众提供更好的住房条件。更好的住房为赢得政治支持买单。社会需求是多层次的，由各种动机和目的交织而成。因此，公共住房的出现不能由单一的原因来解释。然而微妙的是，公共住房的作用是提供有质量保证的住房，

---

* 本章由雷·福瑞斯特（Ray Forrest）（香港城市大学公共政策系教授）执笔。

因为如果只是通过市场来调节，那么低的成本预算只能造出低质量、让人无法居住的住房。

我们不得不常常面对术语方面的难题。谈到住房时，往往会涉及个体、市场、社会、政府、公共等术语在不同组合中的使用。在西方语境下，社会住房和公共住房经常互换使用，尽管公共住房通常被认为是由中央或地方政府直接提供并管理的住房，而社会住房则会由一些其他类型的供给者（诸如住房协会或慈善机构）提供并管理住房。不管是社会住房还是公共住房，通常都只涉及租房部门。这种术语性难题变得越发复杂，不仅有翻译问题，还会涉及形式和功能的差异。一些分析人员花了大量的时间和精力来区分不同住房供给模式的差异（参见 Harloe，1995 中的案例）。这段总结性反思就是为了让问题变得相对简单。本章提及的公共住房通常是指由中央政府或地方政府直接为低收入家庭提供的保障性住房。这其中包括租售计划（rental for sales schemes）、市民置业计划（public home ownership schemes）和长租计划（long term renting）。虽然这些公共住房由政府筹资兴建并拥有产权和经营管理，但它有一定的使用期限。前提是这些公共住房是为了供集体使用，并且基于当局的管理需要来分配。公共住房的入市交易有时主要依赖现时支付能力，但通常都需要直接或间接的补助。

这篇简要的总结分为 3 个部分。首先，回顾了公共住房的历史。其次，审视了公共住房的现状，见证了公共住房系统的规模和覆盖范围的缩小。最后，展望了公共住房未来的发展趋势。在后危机时代，鉴于最近的经济危机造成的不平衡影响以及现存公共住房系统中各种不同的组织形式和政策历史，我们将何去何从？在许多核心机构，经济危机产生了愈发广泛的社会信任危机和法律危机。围绕公共住房的争论在当代语境中比比皆是，有积极的，也有消极的。在我们从过去走向未来时，亚洲的数据表现出更强的说服力，这也暗示了世界的日新月异，且与本书的核心观点相契合。

17.2 公共住房的历史

纵览世界公共住房的历史、现状和未来，“二战”结束后至 20 世纪 70 年代被视为公共住房的黄金年代。随后的 30 年基本奠定了公共住房的现状。目前，我们正转向一个不同的时代，这种转变是由西方发生的全球金融危机以及东方快速城市化进程中日益增加的社会和经济压力共同造成的。全球金融危机引发的政治和社会变化将重塑公共住房供给的新时代。全球冲突的余波开启了公共住房的早期时代，它恰逢相对稳定的辉煌三十年和后福特资本主义时期。那时，工人阶级成立强大的工会，城市百废待兴。与此同时，欧洲计划和独特的英国住房模式影响了后殖民地国家或地区——新加坡和中国香港。令人惊奇的是，公共住房模式在这两个地方以不同的方式强劲地发展着。

经历了"一战"洗礼的战后欧洲出现了一个强大的"为英雄造房"的政治言论，同时出于经济需要，出现了为普通民众提供更好的居住条件的大势。有很多已经褪色的照片记录了当时内阁大臣和地方高官自豪地视察新建公共住房项目时的情景。更值得骄傲的是，这些新建公共住房体现了大量工人阶级居住条件的重大改善。我们能直观地感受到，仁慈的政府用更好的居住和医疗卫生条件来补偿工人阶级所做出的牺牲。与此同时，战后出现的非法占地和无家可归的浪潮表达了底层群众对更好的居住条件的迫切要求（参见 Malpass，2003 对这一时期的细致描述）。

正如本书所强调的政府对住房市场的这些干预，在不同的欧洲国家不可避免地呈现出不同的形式。但是，不可否认的影响是这些干预极大地改善了普通民众的居住条件，提高了居民获得住房的机会。例如，在英国，绝大多数新的公共住房的租户是从 20 世纪 40 年代末期的私人业主那里转移过来的，在私人业主那里，很少有人能居住在有热水或卫生间的房屋。他们都搬到了公共住房里，几乎所有的住所都带热水或卫生设施（Lupton 等，2009）。但是，对当时公共住房的一些批评也是不绝于耳，比如它们主要提供给了拥有特权的劳动贵族——高级技工，而不是穷人。穷人仍然普遍生活在低质量、低舒适度的私人租赁住房里。高级技工在战后工业复苏进程中起着战略性重要作用，拥有很强大的政治力量。那时，拥有住房产权的仅是那些增长缓慢的专业人士阶层和中产阶层。

即使在美国，公共住房在为工人阶级提供住房方面的作用也很有限，在战后时代，还是有大量的支持公共住房的政治鼓动。20 世纪 30 年代的经济大萧条摧毁了大量的就业机会，居民收入和住房新开工量大幅下滑。到了20世纪40年代中期，住房市场越发糟糕，作为新政法案的一部分，一个大型的公共住房项目呼之欲出。的确，尽管受到了房地产商游说团体和保守派的强烈抵制，但1949《住房法案》仍然得以通过，并承诺开工建设超过80万个单元的公共住房项目（见Hackworth 2003那篇有趣的讨论）。

美国虽从未建立一个大规模的公共租赁住房体系，但它普遍秉持的一点是，在20世纪40年代末期，实体、社会和经济条件相结合，使得政府补贴的公共租赁住房获得了大量的支持。几十年过去了，这些条件发生了巨变。尤其是这种绝对的住房短缺得到了缓解，住房条件和便利设施得到了改善，住房所有权变得更易获取，以及大规模公共租赁住房的政治支持减弱。公共租赁住房成为住房改革成功和失败的牺牲品。透过大量的社会团体，公共租赁住房为改善居住条件和住房机会做出了巨大贡献。尤其是它切断或者大幅削弱了收入和住房条件之间的联系，极大地影响了那些因为住房潮湿和破败而得病的病人。这使得那些没有相对高收入的家庭能住进体面的房屋。公共住房的租户避免了私有业主所有制下的不安全、不确定性和苛刻的条件。此外，公共住房正如预期那样受到欢迎。后来，现代主义者经常指责公共住房租户想要成为房屋的所有者，这样公共住房租户就陷入了不受欢迎的住房所有权形式。然而，谋求住房所有权的愿望没有成为反思公共租赁住房不受欢迎的一种解释（Forrest & Murie，1990）。恰恰相反，战后时期公共租赁住房的新建浪潮为后期租户获得房屋所有权提供了一条受欢迎的路径。

在该领域，曾经出现过因过度的社会控制和空间集中而造成的错误。这些往往是制约、迫切需求和回顾检讨中轻松的谴责态度造成的结果。对潜在租户过度审查、较为明显的官僚作风和傲慢、缺乏自由和选择似乎已成为许多国家早期公共租赁住房系统的内在缺陷。但是在今天看来无法接受的这些规则、程序和行为，需要从他们当时的社会和文化背景来看。此外，他们几乎没有接受那些来自公共住房部门的意见。你可以把这些归结为盲目感激，掺入或随便什么，但它是新的住房机会。而且，这些新的住房机会及其质量是战后欧洲许多新租户最关心的部分。对承租人选择和自由的顾虑是后来才提出来的，并没有与政府机构的质量和数量下降断开联系，要在住房更稀缺的条件下让租户有更多的选择自由。

公共住房存量的管理和维护通常严重不足。低租金经常就意味着维修不力。对于存在大量住宅的东欧社会主义国家和中国来说，这尤其明显。在一些国家，承租人购房和相关的住房使用权转移政策包括优质房屋向业主所有转移的增加。但是在部分东欧国家，特别是俄罗斯，“休克疗法”（Klein，2007）的私有化模式非常不同，住房很可能是负债而非资产。在前东欧国家，住房自有率往往非常高，比西欧等老牌发达经济体高很多。这些国家的政府已经成功地在短期内卸去他们应该负的责任，然而这种推责对个人和政府所造成的长期影响，无论是在财政方面还是在社会层面，都会十分重大。在20世纪后期，这个迹象已经变得十分明显，低成本、低质量的自有住房不再是公共或私人租赁的升级选择。

17.3　公共住房的现状

正如本书所强调的，我们正进入公共住房的新时代。公共住房的私有化正如火如荼地进行着，且通过租户购买或在公开市场出售的形式实现。在许多案例中，公共住房没有多少供转移或出售。总的来说，土地使用权一经移交，将是不可逆转和撤回的。这也算是思维的转变，至少在对待公共住房的重建和所谓的现代化进程时，政府采取了更加谨慎的方法。公共租赁住房的后私有化时代将会在不同的地理位置新建不同形式的住房。现阶段的西方福利国家很少再支持对公共租赁住房进行大量的新投资。鉴于政府向低收入家庭提供足够的住房所有权存在困难，所以政府优先选择市场主导，一个更具体的倾向是选择私人租房。英国提供了一个典型的做法，即政府不再帮助年轻的家庭获得房屋所有权。在1991年，16～34岁年龄段60%的年轻人拥有住房。据英国住房协会2010/2011/2012年的调查，2011年，这一比例是36%。而且英国绝非特例，许多国家和地区都呈现出这样一种趋势，那就是年轻家庭向私人租房或留在父母的住房直到成年的比例明显上升（Forrest & Yip，2013）。

更年轻和更低收入的家庭发现，他们正夹在一个日益缩小的公共住房市场和一个无力购买的房屋所有权市场中间。包括中国、韩国、印度在内的许多亚洲国家和地区都在担忧日益突出的住房问题以及民众对住房市场施加大规模干预所带来的相关社会压力。例如，在中国香港，由于收入水平的提升和投机资本的刺激，当地房价不停地上涨，然而肮脏的小隔间仍存在于私人租房市场，住房问题已成为当地政府的首要议题。香港政府郑重承诺，将持续推进公共租赁住房项目并实施新的购房补助计划。一般来说，亚洲快速城市化的压力伴随着更具实用主义色彩的住房提供手段，意味着政府对公共租赁住房存在很少的政治反感，并认可日益扩大的中产阶级需要帮助以获得住房所有权。对这些发展进程和东西方之间就住房对策出现反差的一种解释是，亚洲和拉美快速扩张的城市正面临着类似于欧洲城市在一个世纪前经历的城乡转移和财富增加所带来的压力。对公共租赁住房进行投资的最终反应正如现在这样。公共住房出现在特定的历史关头，这一时期充斥着无产阶级化、定量而非定性的住房问题、城乡转移以及对经济竞争力的担忧。欧洲的住房供应历史表明，结果是具体的，路径是独立的，给城镇居民提供的条件糟糕的住房并没有促使政府改善应对措施。

顺便提一下，当我们提到东亚社会独特的发展主义理论时，值得引用1924年英国卫生部长惠特利（Wheatley）的言论。在国会辩论中，他提及英国经济面临的日益增加的竞争压力，并敦促他的政治对手“认识到，让那些有能力在未来市场竞争中获得成功的工人在今天的居住条件下积极从事生产是不可能的”。当然，当今世界非常不同。其中一个区别是，我们拥有公共住房发展的遗产。在这一历史背景下，任何新的干预政策都是可以有依据评估的。但或许同样重要的是，在市场崩溃后，需要重新评估住房政策和住房意愿。重新评估时，公共住房租赁住房在住房所有权发展历程中共生互助的角色变得更加明显。在许多国家，尽管存在着充满活力的公共住房租赁行业，但房屋所有权仍占主导地位。房产所有权在许多国家变为主旋律，不仅仅是因为存在着充满活力的公租房部门。有时，这种支持是以折价购买和随时间推移产生的小幅增值形式来实现的。在上面提到的其他情况下，它涉及大规模的财产转移和在极短时间内人们从公共租房向私人住房转移。有时，它提供了令人满意的可持续的住房产权，有时却没有。一个时代的住房供应模式和政策决定了下一代的住房状况和各种可能性。在郑重承诺住房供应走向市场化的期间，如果社会压力越来越大，社会和经济重心发生转移，可能就会导致后续时期出台更多的政策进行干预。同样，大量的直接供给或补贴将产生土地使用权的转移或减少支持出台新一轮政策的可能性。正如可预期的那样，在形成住房政策时，有社会学家博尼兰（Polanyi）所谓的市场化与反市场化的“双重运动”这样一个基本元素。

17.4　公共住房的未来

我们经常会推测未来公共住房的角色，特别是公共租赁住房和福利房，它们是居民大部分的住房需求被照顾到之后的重点。我们可以从社会需求、城市化、迁徙、人口、就业等历史经验来观测公共住房的未来发展趋势。但是，战后欧洲的总体情况与当前中国、拉美所面临的城市化压力和移民潮没有多大关系。现阶段欧洲内部在社会流动、劳动力市场和人口结构方面迥然不同。在所有社会体系中，关于住房机会和标准的愿望及期望发生了改变。

许多国家的社会调查反映了居民对住房所有权的普遍渴望，但是在不同的地区，设想中的所有权形式和获得它的必要途径明显不同。正如上面所建议的，房屋所有权的未来应该与公共住房的未来密切相关。这不仅是为少数人提供福利的问题，而且是用何种方式利用集体资源来解决多数人和后世子孙的住房需求的问题。我们正从年轻家庭以及新组建家庭越来越难获得住房机会的阶段走出。提供保障性住房的新自由主义试验一直停滞不前，甚至要结束了。公共住房通常非常少，而且住房所有权也难以负担。我们该做什么呢？对于无力购买房屋的大多数人而言，我们该怎么做？或者换句话说，对中产阶级未来的承诺，如何将有能力支付房屋所有权作为核心部分？公租房和补助购房将起到重大作用。这些干预的属性将会受到以往的政策、经济状况和当前条件的影响。正如中国和韩国新政策的发展所显现的，无约束的住房商品化所带来的社会成本必须削减。新组建家庭和年轻家庭需要帮助。好的住房政策也是缓解社会不平等现象的最有效方式之一。不管是南半球还是北半球，不管是后社会主义国家还是后工业化国家，不管是发达国家还是发展中国家，近些年的社会差距都在扩大。瑟伯恩（Theborn，2012）观测到，20 世纪国家国内不同阶层的不平等预示了 21 世纪这些国家国内不同阶层的不平等……“国家之间在趋同，而阶层之间在分化”。收入不平等的大多数度量方法都会遵循这一规则。在这种背景下，住房政策对于改善这种不平等起到了至关重要的作用。

还有其他两个更广泛的问题值得我们关注。

第一，人口老龄化。过去政府对住房市场的干预主要集中在低收入家庭。老年家庭一直是被边缘化的，只有很少一部分住房是为年老的穷人提供的。当前，许多公共住房的住户正在快速衰老，并且其他公共住房群体需求资源的差异化意味着其在未来对政府集中供应公共住房和补助购房的需求更大。市场能够满足那些条件较好的老龄化家庭的住房需求，但是那些依赖私人租房以及处于劣势、市场竞争能力低下的住房的贫穷老年家庭代表着对新增公共住房存在需求的主要力量。这些住房需求的性质会随着年龄的增长而发生改变，且日趋复杂。此外，不论在哪种文化背景下，性别平衡将明显地转变为老年妇女比重更大。这些发展很可能成为未来公共住房政策的重要驱动因素。

第二，由谁来提供公共住房，为了何种目的。我们已经提及以往公共住房涉及的过度的家长式作风与不必要的规则和控制。然而，在谈到公共住房部门和公共住房市场时，会涉及以上问题的另一面。换句话说，如果员工在他们的工作中以使用价值或交换价值为导向，那么是否有影响？在公共机构的员工们是否更有可能视他们的工作为任务而不是商业机会，或仅仅是收入的来源？在公共部门，社会责任是否具有更重要的价值？（后一点见 Jorgensen，2007 的讨论）

制度的价值植根于更广泛的社会价值中，并随着时空的变化而不同。“跨文化、跨国界的公共住房价值和运行规范是一成不变的”这一假设是错误的。然而，未来关于住房的供给方式以及为了谁的福利的争论，与房屋所有权、住房公平以及住房供应者对自身利益的优先权密不可分。在后私有化时代，如何衡量社会福利以及市场化、公司化下的社会成本，值得人们认真审视。在谈及住房时，如果过度依赖以成本补偿和必要的支付能力为主导的机构，那么将会引发社会、经济和政治等风险。不论是在穷国还是在富国，住房支付能力和福利问题几乎都是最重要的政治议题。在全球范围内，粗略估计，相比半个世纪前，住房问题现在变得更加突出。这一挑战无法被简单地视为涉及不同部门效率的经济问题。不论在哪个国家、哪种文化背景下，住房供给的性质都将是一个政治争论热点。在我们的日常生活中，住房是一个特殊的商品，占据重要位置，与国民经济紧密相连。由于政治潮流和政策想象力的影响，住房干预政策的名称和结构毫无疑问将会发生变化，但未来它们不太可能减少。正如本书所表明的，未来的几十年中，这些干预政策的规模和地理分布很可能发生巨大变化。

参考文献

1. Department of Communities and Local Government (2010, 2011, 2012). English housing survey. Office for National Statistics, London.

2. Forrest R, Murie A (1990). A dissatisfied state-consumer preferences and council housing in Britain. Urban Stud 27 (5): 617 – 635.

3. Forrest R, Yip N – m (2013). Young people and housing-transitions, trajectories and generational fractures. Routledge, London.

4. Hackworth J (2003). Public housing and the rescaling of regulation in the USA. Environ Plan A 35: 531 – 549.

5. Harloe M (1995). The people' s home: Social rented housing in Europe and America. Basil Blackwell, Oxford.

6. Jorgensen TB (2007). Public values, their nature, stability and change. Case of Denmark. Pub Adm Q 13: 365 – 398.

7. Klein N (2007). The shock doctrine. Metropolitan Books, New York.

8. Lupton R et al (2009). Growing up in social housing in Britain. Tenant Services Authority, London.

9. Malpass P (2003). The wobbly pillar? Housing and the British postwar welfare state. J Soc Policy 32: 589 – 606.

10. Therborn G (2012). Class in the 21st century. New Left Review 78: 5 – 29.

11. Wheatley J (1924). Houses to let. Trades Union Congress and the Labour Party, London.

本书作者列表

姓名	单位与头衔	国别/地区	E-mail
罗杰·安德森（Roger Andersson）	乌普萨拉大学住房与城市研究所教授	瑞典	roger. andersson@ ibf. uu. se
彼得·布豪威尔（Peter Boelhouwer）	代尔夫特大学 OTB 建筑研究所所长、教授	荷兰	P. J. Boelhouwer@ tudelft. nl
张金鹗（Chin-Oh Chang）	台湾政治大学地政系教授	中国台湾	changchinoh@ gmail. com
常莹（Ying Chang）	西交利物浦大学城市规划与设计系教授	中国	Ying. Chang@ xjtlu. edu. cn
陈杰（Jie Chen，第一主编）	上海财经大学公共经济与管理学院教授，校学术委员会委员，不动产研究所执行所长	中国	chen. jie@ mail. shufe. edu. cn
赵丽霞（Rebecca L. H. Chiu）	香港大学城市规划与设计系教授	中国香港	rlhchiu@ hku. hk
邓岚（Lan Deng）	密歇根大学城市规划系副教授	美国	landeng@ umich. edu
邓永恒（Yongheng Deng）	新加坡国立大学房地产研究院院长、房地产系主任，校教务长讲席教授	新加坡	irsdy@ nus. edu. sg
克莱尔·莱维（Claire Lévy-Vroelant）	巴黎第八大学社会学系教授，前系主任	法国	clevyvroelant@ gmail. com
雷·福瑞斯特（Ray Forrest）	香港城市大学公共政策系主任、教授	中国香港	safray@ cityu. edu. hk
约瑟夫·黑格迪斯（Joseph Hegedus）	匈牙利城市研究所执行所长	匈牙利	hegedus@ mri. hu
平山洋介（Yosuke Hirayama）	神户大学人类发展与环境研究生院住房与城市研究教授	日本	yosukeh@ kobe-u. ac. jp

（续表）

姓名	单位与头衔	国别/地区	E-mail
张金姬（Young-hee Jang）	首尔研究院副院长	韩国	yhjang@ si. re. kr
金秀顯（Soo-Hyun Kim）	韩国世宗大学城市与房地产研究研究生院副教授	韩国	shkimsdi@ sejong. ac. kr
满燕云（Yanyun Man，第三主编）	美国印第安纳大学公共与环境事务学院终身教授	美国	yman @ plc. pku. edu. cn；yman@ indiana. edu
艾伦·缪里（Alan Murie）	伯明翰大学地理、地球与环境科学学院城市与区域研究荣休教授	英国	a. s. murie@ bham. ac. uk
程天富（Tien Foo Sing）	新加坡国立大学房地产系副教授	新加坡	rststf@ nus. edu. sg
马克·斯蒂芬斯（Mark Stephens，第二主编）	英国赫瑞瓦特大学建筑环境学院教授	英国	M. Stephens@ hw. ac. uk
杨赞（Zan Yang）	清华大学土木水利学院恒隆房地产研究所副教授	中国	zanyang@ tsinghua. edu. cn
易成栋（Chengdong Yi）	中央财经大学管理科学与工程学院城市房地产系教授	中国	chdyi@ cufe. edu. cn
叶毅明（Ngai-ming Yip）	香港城市大学公共政策系教授	中国香港	sayip@ cityu. edu. hk
朱小棣（Zhu Xiaodi）	安生基金会华盛顿办公室主任	美国	zhuxiaodi@ ameson. org